广州社科规划丛书

广州市
哲学社会科学规划课题
成果选编
（2012年度）

广州市社会科学规划领导小组办公室 编

CHENGGUO
XUANBIAN

中国出版集团
世界图书出版公司

图书在版编目（CIP）数据

广州市哲学社会科学规划课题成果选编. 2012年度 / 广州市社会科学规划领导小组办公室编. —广州：世界图书出版广东有限公司，2014.12
ISBN 978-7-5100-5564-5

Ⅰ. ①广… Ⅱ. ①广… Ⅲ. ①哲学社会科学－研究成果－汇编－广州市－2012 Ⅳ. ①C126.51

中国版本图书馆 CIP 数据核字（2014）第 306658 号

广州市哲学社会科学规划课题成果选编（2012 年度）

策划编辑：卢家彬　刘正武
责任编辑：张　华　张东文
出版发行：世界图书出版广东有限公司
（地址：广州市新港西路大江冲 25 号　邮编：510300
网址：http://www.gdst.com.cn）
联系方式：020-84451969　84459539　E-mail：pub@gdst.com.cn
经　　销：各地新华书店
印　　刷：广州市怡升印刷有限公司
版　　次：2014 年 12 月第 1 版　2014 年 12 月第 1 次印刷
开　　本：787 mm × 1092 mm　1/16
字　　数：473 千
印　　张：26.25
ISBN 978-7-5100-5564-5 / Z · 0082
定　　价：56.00 元

咨询、投稿：020-84460251　gzlzw@126.com

目录

Contents

第一部分　经济与管理篇

第二部分　法律与社会篇

第三部分　文化、艺术、教育与新闻传媒篇

第一部分

经济与管理篇

广州发展低碳经济的长效机制研究

王可达（中共广州市委党校）

发展低碳经济、建设低碳城市是“十二五”乃至今后更长时期经济发展的重大趋势。《广州国民经济和社会发展第十二个五年规划纲要》提出，发展低碳经济，加快建设低碳广州。因此，根据发展低碳经济的理论基础、低碳经济将成为世界经济发展的最新规则和广州发展低碳经济面临的主要挑战，深入研究构建广州发展低碳经济的长效机制的主要对策，对加快转型升级、建设幸福广州具有重大意义。

一、我国发展低碳经济的理论基础

（一）低碳经济发展的必要性：生态足迹理论

“生态足迹”（ecological footprint）这一概念最早由加拿大生态经济学家W.雷斯在1992年提出，生态足迹是一种衡量人类对自然资源利用程度以及自然界为人类提供的生命支持服务功能的方法。生态足迹是指生产某人口群体所消费的物质资料的所有资源和吸纳这些人口所产生的所有废弃物质所需要的具有生物生产力的地域空间（biological productive areas），包括生产性生态足迹和消费性生态足迹。生态足迹将每个人消耗的资源折合成为全球统一的、具有生产力的地域面积，通过计算区域生态足迹总供给与总需求之间的差值——生态赤字或生态盈余，准确地反映不同区域对于全球生态环境现状的贡献。生态足迹既能够反映出个人或地区的资源消耗强度，又能够反映出区域的资源供给能力和资源消耗总量，也揭示了人类持续生存的生态阈值。它通过相同的单位比较人类的需求和自然界的供给，使可持续发展的衡量真正具有区域可比性，评估的结果清楚地表明在所分析的每一个时空尺度上，人类对生物圈所施加的压力及其量级，因为生态足迹取决于人口规模、物质生活水平、技术条件和生态生产力。生态足迹的意义在于判断某个国家或区域的发展是否处于生态承载力范围内，是否具有大生态安全性：如果生态足迹大于生态承载能力，那么，大生态安全出现危机，生态环境具有不可持续性，社会经济发展的生态安全基础出现危机，必然导致社会经济发展的不可持续性；反之，大生态安全保持稳定，生态环境具有可持续性，社会经济发展的生态安全基础持续稳定，可以支撑社会经济发展的可持续性。

（二）低碳经济发展的可能性：脱钩发展理论

“脱钩”（decoupling）一词最初源于物理领域，物理学界一般理解为“解耦”，通俗地说就是使两个或多个物理量之间的响应关系尽早分道扬镳。早在 1966 年，国外学者就提出了关于经济发展与环境压力的脱钩问题，首次将脱钩概念引入社会经济领域。近年来，脱钩理论的研究进一步拓展到能源与环境、农业政策、循环经济等领域，并取得了阶段性成果。脱钩理论主要用来分析经济发展与资源消耗之间的响应关系。对经济增长与物质消耗之间关系的大量研究表明，在一国或一地区工业发展初期，物质消耗总量随经济总量的增长而同比增长，甚至更高；但在某个特定阶段后会出现变化，经济增长时物质消耗并不同步增长，而是略低甚至开始呈下降趋势，出现倒 U 型，这就是“脱钩”理论。从脱钩理论看来，“两型社会”的本质是经济社会发展与资源环境消耗的脱钩。因此，“两型社会”既不是单一地节约资源和保护环境，也不是单一地提高社会经济发展水平。判断“两型社会”是否成功，可以借鉴欧洲国家制定脱钩发展战略中提出的资源生产率等概念和指标，通过大幅度提高资源生产率和环境生产率，做到用较少的水、地、能、材消耗和较少的污染排放，换来较好的经济社会发展。

（三）低碳经济的发展态势：“过山车”理论（EKC 假说）

脱钩理论证实了低碳经济的可能性，但从高碳经济到低碳经济的转型并非是一条一帆风顺的线型道路。1991 年，美国普林斯顿大学的经济学家 G. 格鲁斯曼和 A. 克鲁格对 66 个国家和地区的空气污染物（1979—1990）和水污染物（1977—1988）的变动情况进行研究。他们发现，大多数污染物的变动趋势与人均国民收入的变动趋势间呈倒 U 型关系，并于 1995 年发表题为《Economic Growth and the Environment》的文章，提出环境库兹涅茨曲线（Environmental Kuznets Curve，缩写为 EKC）假说。环境库兹涅茨曲线通过对人均收入与环境污染指标之间的演变模拟，说明经济发展对环境污染程度的影响。格鲁斯曼和克鲁格认为经济发展和环境压力有如下关系：经济发展对环境污染水平有着很强的影响，在经济发展过程中，生态环境会随着经济的增长、人均收入的增加而不可避免地持续恶化，只有人均 GDP 达到一定水平的时候，环境污染才会随着人均 GDP 的进一步提高而下降。人均收入和环境保护的关系呈倒 U 型的曲线。

环境库兹涅茨曲线的基本含义是：沿着一个国家的发展轨迹，尤其是在工业化的起飞阶段，不可避免地会出现一定程度的环境恶化；在人均收入达到一定水平后，经济发展会有利于环境质量的改善。这就是说，在经济发展过程中，环境状况先是恶化而后得到逐步改善。换言之，从高碳经济到低碳经济的转型轨迹就是人类经历生态环境质量的“过山车”。相关的制度创新、技术创新和生态创新也许不能够改变“过山车”的倒 U 型轨迹，但人类可以削减“过山车”轨迹的“峰度”和“上坡路”的里程，最低的现实要求是控制“过山车”的峰顶不高于人类持续生存的生态阀值，并促使“过山车”尽早经过“拐点”。

二、低碳经济将成为世界经济发展的最新规则

（一）低碳经济的构成

低碳经济是在全球气候变暖的情况下出现的新概念，由英国布莱尔于 2003 年 2 月 24 日在题为《我们未来的能源——创建低碳经济》的白皮书中首次提出。对于低碳经济的含义，不同学者进行了不同的概括。本文认为，低碳经济是一种可持续的经济发展模式，是通过消费理念、生活方式和制度安排的转变，在促进人的全面发展的前提下，以更低的温室气体排放支撑更高的经济社会发展水平的经济发展模式。这里特别强调促进人的全面发展，因为这是发展低碳经济的最终目的，同时强调碳排放量增加与经济社会发展速度的脱钩，强调低碳经济发展的核心在于技术创新和制度创新。一般认为，低碳经济的构成要素包括：

1. 绿色能源

面对国际能源危机，越来越多的国家认识到必须采取开源节流的战略，即一方面节约能源，另一方面开发新能源。为此，许多国家都在下大力气研究和开发利用“绿色能源”（包括太阳能、生物质能源、风电、水电）的新技术新工艺。“绿色能

源”可概述为清洁能源和再生能源。目前“绿色能源”在全球能源结构中的比重已占到15%—20%，今后由石油、煤炭和天然气能源唱主角的局面将得到改善。目前，世界上对“绿色能源”开发比较重视，拥有先进技术并已取得良好效益的国家主要集中在欧美，还有日本。

2. 清洁技术

实现低碳生产，就必须实行循环经济和清洁生产。循环经济是一种与环境和谐的经济发展模式，它要求把经济活动组织成一个“资源—产品—再生资源”的反馈式流程，其特征是低开采、高利用、低排放甚至零排放。它要求所有的物质和能源在经济和社会活动的全过程中不断进行循环，并得到合理和持久的利用，以使经济活动对环境的影响降低到最低程度。清洁生产是从资源的开采、产品的生产、产品的使用和废弃物的处置的全过程中，最大限度地提高资源和能源的利用率，最大限度地减少它们的消耗和污染物的产生。循环经济和清洁生产的一个共同目的是最大限度地减少高碳能源的使用和碳的排放。

3. 低碳规划

科学的规划是发展低碳经济的关键，它主要体现在城市发展的一系列规划方面。在城市发展中，要从决策源头上保证城市总体规划符合可持续发展原则，在规划阶段就推动城市向低碳城市的方向发展。完善城市交通规划，控制私人交通工具出行的数量。在单位排放为一定的情况下，减少私人交通工具出行的数量，必然会降低城市交通的碳排放。同时，在私人交通工具出行的数量是一定的情况下，只要持续降低单位汽车的碳强度，就必然降低城市交通的碳排放。完善城市森林规划，发挥城市森林在发展低碳经济中的特殊作用。

4. 低碳建筑

建筑施工和维持建筑物运行是城市能源消耗的大户，低碳经济的一个重要组成部分是绿色建筑。对绿色建筑的要求是既能最大限度地节约资源、保护环境和减少污染，又能为人们提供健康、适用、高效的工作和生活空间。绿色建筑的建设包括：建筑节能政策与法规的建立；建筑节能设计与评价技术、供热计量控制技术的研究；可再生能源等新能源和低能耗、超低能耗技术与产品在住宅建筑中的应用等；推广建筑节能技术，促进政府部门、设计单位等进行有效沟通。

5. 低碳消费

减少碳排放不仅仅是政府的责任，个人也应当承担责任。我们应当倡导和实施一种低碳的消费模式，一种可持续的消费模式，在维持高标准生活的同时尽量减少使用消费能源多的产品。在减少碳排放方面，个人的行动至关重要，我们在衣食住行用方面都可以减少碳排放。低碳消费方式（包括生产消费和非生产消费）体现人们的一种价值、一种文化。

6. 低碳制度

制度是决定低碳经济发展的重要因素甚至是根本性的因素。世界各国发展低碳经济的历程说明，制度保障在低碳经济发展中具有重要作用。2008 年，英国发布了全球第一部《气候变化法案》；2009 年，英国发布了《英国低碳转换计划》等一系列配套方案。日本近年来不断出台重大政策，2009 年公布了《绿色经济与社会变革》的改革政策草案。2007 年，美国参议院提出了《低碳经济法案》；2009 年，美国众议院通过了《美国清洁能源安全法案》。真正有利于发展低碳经济的制度安排必须发挥其基本的职能，能够有效规范人们的行为，能够平衡各方面的利益，能够得到有效的实施。

（二）低碳经济是经济发展的必然趋势

1. 低碳经济将成为世界经济发展的最新规则

从目前全球低碳经济的发展看，《联合国气候变化框架公约》（以下简称《公约》）很可能成为第三个规制全球发展的总则。如果说《联合国宪章》是以土地为主要资源的农业文明的游戏规则，世界贸易组织以及《关贸总协定》是突破以土地为主要资源而利用市场规则的工业文明的游戏规则，那么《公约》可能成为未来以低碳经济为主的生态文明的游戏规则，引领世界经济的未来发展。《公约》的本质就是抢占话语权、分配排放权、划分环境容量空间，以及争夺经济发展空间。作为人类从工业文明向生态文明过渡的法律文件，它将要求任何国家、民族、企业甚至个人的生存和发展，不能危及其他国家、民族、企业和个人发展的权利，不仅对当代负责，而且对未来负责。随着低碳经济的发展，低碳产业将产生新的技术标准和贸易壁垒，这必将导致以低碳为代表的新技术、新标准及相关专利的出现。最先开发并掌握相关技术的国家将成为新的领先者、主导者乃至垄断者，其他国家将面临新的技术贸易壁垒。因此，在全球化经济格局中，发达国家和发展中国家的差距将会因为新的低碳模式而再次拉开。发达国家早已完成了工业化，在节能减排技术上拥有绝对领先优势，在根据全球气候谈判确定的世界新体系中的主导地位将进一步加强。发展中国家尚未完成工业化，发展低碳经济面临许多挑战，但如果发展中国家忽视低碳经济的发展，那么，面对世界经济发展的新规则，发展中国家必然处处被动。

2. 低碳经济是应对气候变化的现实选择

目前，全球正面临两场危机：金融危机和气候变化。正当人们开始享受全球经济复苏成果之时，另一场旷日持久的危机——气候变化却已紧逼而来。联合国环境规划署在《走向绿色经济》的报告中指出："要化解当今威胁世界经济的重重危机，需要采取与20世纪30年代罗斯福新政类似的措施，实施'全球绿色新政'。"发展低碳经济是应对金融危机和气候变化的共同选择。在全球气候变暖的背景下，我国的气候也发生了明显变化。近百年来，我国气温上升了0.4—0.5℃。1986—2006年，我国连续出现21个全国性暖冬，极端天气、气候事件与灾害的频率和强度明显增大、损失增加，水资源短缺和区域不平衡加剧、生态环境恶化，农业生产损失巨大、粮食安全受到严重威胁，海平面持续上升、沿海地区经济社会发展受到威胁，人类的身心健康受到严重破坏。根据2006年发布的《气候变化国家评估报告》，未来中国气候变暖的速度进一步加快，很可能在未来50年至80年全国平均气温升高2—3℃。到2030年，中国沿海海平面可能上升的幅度为10—16厘米，洪水泛滥的机会增大。面对气候变化及其可能导致的一系列严重后果，发展低碳经济已成我国的当务之急。

3. 低碳经济是新一轮经济增长的推动力量

低碳经济将催生新的经济增长点，成为金融危机后带动新一轮世界经济增长的强大力量。其实，在应对全球金融危机的过程中，人类的第四次产业革命正在酝酿中，新能源是这一革命的突破口。如果从能源角度审视产业革命，不难发现新能源的使用是产业革命的前提，产业革命的发展过程也是高碳化的过程。在产业革命中，人类相继使用了煤、石油、煤气和电力。产业革命改变了人类生产的方式，机器代替了人力。然而，两百多年后的今天，似乎历史又回到了"原点"，迫于生存环境的变化，人类又试图用"人力"进行自我的"救赎"。第一次产业革命的核心是蒸汽机，由于能源代替了手工劳动而有效地提高了劳动生产率；第二次产业革命的核心是电力，实质是能源传输，通过降低能源传输成本提高生产效率；第三次产业革命的核心是计算机和互联网，由于信息处理速度加快而提高劳动生产率。目前，新能源产业已成为新一轮国际竞争的战略制高点。低碳经济有望成为继蒸汽机、电力、互联网之后的第四次产业革命。从“高碳经济”向“低碳经济”转型成为一种全球化的重要而紧迫的发展趋势。在过去的产业革命中，中国的落后使中国遭受了上百年的屈辱历史，因此，我们再也不能错过这次作为“第四次产业革命”的低碳经济所带来的发展机遇。

4. 低碳经济是经济结构转型的推动力量

低碳经济以能源变革为核心，涉及的行业和领域十分广泛，主要包括低碳产品、低碳技术、低碳能源的开发和利用。从技术创新看，低碳经济涉及电力、交通、建筑、冶金、石化等多个行业，以及可再生能源、新能源、煤的高效利用、油气资源和煤层气的勘探开发、二氧化碳捕获等领域开发的有效控制温室气体排放的新技术。低碳经济所引发的技术革命是一个体系，包括可再生能源技术、碳捕获和封存技术、智能电网技术、节能技术、环保技术、储能技术、建筑新材料技术、新能源汽车技术等。这些技术广泛应用于生产和生活的各个领域，在一定程度上可以实现减排和经济发展的双重目标。从产业结构看，低碳农业将降低对化石能源的依赖，呈现有机、生态和高效的特征；低碳工业将减少对能源的依赖，电气、电子等低碳产业将得到较快发展；低碳物流将提高利用物流比率，发展减排物流线路，大大提高物流效率。从社会生活看，低碳城市的建设将更受重视，在建筑和家居方面，节能家电、保温住宅系统将不断发展；在交通运输方面，城市轨道交通将快速发展。从价值链的分布看，过去和现在价值链的分布一直是向资源型企业倾斜，今后价值链的分布主要在高技术产业，即向掌握低碳经济核心技术的环节和链条倾斜。

三、广州发展低碳经济面临的主要挑战

（一）广州发展低碳经济的成效

近年来，广州市以贯彻《珠江三角洲发展规划纲要（2008—2020年）》为契机，围绕建设国家中心城市的目标，积极应对金融危机，着力调整产业结构，转变

经济发展方式，为发展低碳经济迈出了坚实的步伐。

1. 高度重视发展低碳经济

为加快广州市低碳城市建设，大力发展低碳经济，2010 年广州市成立了广州低碳经济发展领导小组，时任广州市长担任组长，市政府多个部门为成员单位，定期就重大问题进行研究。2010 年 10 月，广州市制定了《关于大力发展低碳经济的指导意见》。2010 年 11 月，在广东省召开的国家低碳省试点工作启动大会上，时任广州市长表示广州要建设全省低碳示范城市，争当全省乃至全国低碳发展排头兵。2011 年 2 月，广州召开建设低碳城市工作会议，时任广东省委常委、广州市委书记张广宁，时任广州市市长出席会议并做了重要讲话。在 2011 年 3 月召开的广州市第十三届人大六次会议上，市政府工作报告正式提出要建设低碳广州。

2. 发展低碳经济目标明确

《广州国民经济和社会发展第十二个五年规划纲要》明确提出，要以绿色发展为导向，推动广州市经济社会切实走节约发展、清洁发展、安全发展、可持续发展的道路，加快建设低碳广州。《关于大力发展低碳经济的指导意见》提出，到 2015 年广州市发展低碳经济的工作目标是“一年开好局，三年打基础，五年见成效”。争取到 2015 年，单位地区生产总值能耗降低至 0.54—0.56 吨标准煤，碳排放强度年均下降 3% 左右，力争优于国家和省同期标准。广州市低碳产业特征进一步凸显，低碳消费体系进一步完善，资源利用效率进一步提高。这些目标和任务明确了下一步努力的方向和工作的重点，符合广州市的实际和发展的需要。

3. 相关制度体系逐步完善

近年来，为推动经济低碳发展，在宏观政策方面，广州市出台了《关于大力发展低碳经济的指导意见》、《广州市低碳示范城市工作实施方案》；在低碳产业方面，广州市出台了《建设现代产业体系规划纲要（2009—2015 年）》、《关于加快经济发展方式转变的实施意见》；在低碳城市规划与建筑方面，广州市出台了《广州市城市可持续发展研究》、《广州市发展绿色建筑指导意见》；在循环经济方面，广州市出台了《广州市新能源和可再生能源发展规划（2010—2020 年）》、《广州市循环经济实施工作方案》；在低碳交通方面，广州市出台了《广州市发展新能源汽车行动方案》、《广州中心城区治理拥堵方案》；在节能和新能源方面，广州市出台了《广州市节能工作实施方案》、《分布式能源站发展规划》、《广州市天然气发展工作方案》、《广州市天然气利用工程外围高压管线和应急气源规划方案（2010年—2020年）》等。目前，还有一些配套政策和措施正在研究和制定中。从总体来看，广州市低碳城市建设的政策框架已基本形成。

4. 产业体系转型初见成效

产业层次和发展水平决定了产业的低碳发展水平。近年来，围绕加快现代产业体系建设，广州市出台了40多个规划及政策指引，大力发展低耗能高附加值的先进制造业和现代服务业；坚持大项目、大基地、大集群建设。2012年，广州市第一、二、三产业增加值占广州市生产总值的比重由2011年的1.6 ∶ 36.9 ∶ 61.5调整为1.6 ∶ 34.8 ∶ 63.6，第三产业比重提高2.1个百分点。第三产业对经济增长的贡献率持续上升，成为经济发展的主要推动力。以低碳为特征的高新技术产业快速发展，2010年，全市规模以上高新技术产品产值5670.71亿元，同比增长28.9%。以太阳能、风能、核能为代表的新能源产业和以污水处理、垃圾处理、环境监测为代表的节能环保产业加快发展。产业体系逐步呈现出结构优化、技术先进、清洁安全、附加值高等低碳发展的特征，大力淘汰落后产能。“十一五”期间，全市共淘汰91家企业1425万吨落后水泥产能，关停23个小火电项目共209.8万千瓦机组，淘汰994家企业的燃煤小锅炉，淘汰印染落后产能约5750万米。扎实推进节能减排约束性指标“四个下降”，即规模以上单位工业增加值能耗下降，六大高耗能行业单位产值能耗下降，主要耗能产品单位能耗下降，工业减排主要指标下降。2010年，广州市单位生产总值能耗初步统计将同比下降4.2%以上，顺利完成“十一五”节能减排任务。

5. 一批低碳核心技术取得突破并实现产业化

通过合理规划、政策激励和引导扶持，广州积累了一批优势创新资源。创新基础设施建设逐步完善，自主创新能力明显提升，一批具有自主知识产权的核心关键技术实现了突破并得到推广应用和产业化。以“低消耗、高附加值”为特征的电子信息、软件和信息服务、生物产业、新材料、先进制造、新能源与节能环保等新兴产业日益壮大。高能耗、高污染的传统钢铁、石化、轻工、纺织等产业逐渐被转移或利用高新技术得以改造提升。此外，推行低碳建筑和发展低碳交通。建筑和交通是城市能耗与排放的重要组成部分。自2006年始，积极推广节能新墙材，新增节能建筑10132万平方米，新增可再生能源建筑应用面积超过300万平方米。开展建筑节能技术研发推广。亚运城110多万平方米居住建筑全部执行65%节能的地方标准；通过试点示范推进既有建筑节能改造，完成既有建筑节能改造超过210万平方米，国家级各类示范项目达22个，总建筑面积约480万平方米。国家机关办公建筑和大型公共建筑节能监管体系建设、民用建筑能耗统计等取得了明显成效。

（二）广州发展低碳经济面临的挑战

发展低碳经济是大势所趋，但发展低碳经济是一项涉及面极广的系统工程，对广州市这样一个经济社会快速发展、常住人口超过1000万的城市而言，发展低碳经济面临以下挑战：

1. 经济总量快速发展的挑战

2010年，广州生产总值突破一万亿元，成为继上海、北京之后第三个进入地区生产总值“万亿元俱乐部”的城市。2012年，广州市实现地区生产总值13551.21亿元，比上年增长10.5%。其中第一、二、三产业分别完成增加值220.72亿元、4713.16亿元和8617.33亿元，分别增长3.3%、9.9%和11.1%。“十二五”期间，全市生产总值将保持较快增长的态势，以一次能源消费为主的结构难以改变，伴随经济总量的进一步增长，能源消耗和碳排放在未来很长一段时间内仍将呈增长趋势。经济增长与资源环境之间的矛盾日益凸显，保持经济稳定、低碳增长是广州市经济发展面临的严峻挑战。

2. 产业结构和增长方式的挑战

传统的经济发展模式难以摆脱对能源的大量消耗。目前，广州经济增长方式还比较粗放，更多依赖出口和投资拉动。重型化、低端化的产业结构必然带来高能耗的增长。尽管广州市服务业在三次产业中的比重已经超过61%，但产业结构低端化特征仍较明显，工业结构重型化，制造业仍然处于国际产业链的相对低端，先进制造业、现代服务业和战略性新兴产业发展相对不足，部分行业产能落后问题依然突出。2011年，广州规模以上工业总产值中轻重工业比例为35.10 ∶ 64.90，重工业的能源消费占工业能源消费79.69%。2010年，广州市CO_2排放总量约为14980万吨。其中，工业（41%）和电力（38%）是广州市最重要的两个排放部门，二者排放之和约占广州CO_2排放总量的79%；建筑部门排放为6%，交通部门排放为

14%，农业部门的排放仅占排放总量的1%。因此，广州经济发展方式还没有完全摆脱先发展后治理的传统模式，经济发展与资源环境之间的矛盾凸显，经济可持续发展正面临着严峻的挑战。

3. 能源结构与资源禀赋的挑战

受资源禀赋的限制，广州市的能源需求对外依存度高，能源结构中煤、石油等传统高碳排放能源的比重仍然过大，天然气、太阳能等清洁能源和再生能源利用相对不足。广州100%的煤、85%的油、100%的气都从外面输入。2009年，广州市工业增加值仅占广州生产总值的34.1%，能耗却达到全市总量的52.75%。2010年，广州市规模以上六大高能耗行业（石油加工炼焦及核燃料加工、化学原料及化学制品制造、非金属矿物制品、黑色金属冶炼、有色金属冶炼和电力热力生产供应）能耗占规模以上工业能源消费量的69.97%，而增加值比值仅26.68%。资源环境压力大，在提供能源利用效率和加强合同能源管理方面，与国际先进城市相比仍有较大差距。这些因素都将成为建设低碳城市的重大障碍。广州有相当一部分企业属于高能耗、高排放、高污染的低端产业。这种经济发展模式虽然带来短期的经济发展速度，但是长期以来给社会环境和民众生活带来极大影响。目前，广州最大的碳排放是来自化石燃料的燃烧，在能源消费结构方面不尽合理。煤炭和石油消费量占广州市能源消费总量的比重达到70%以上，可再生能源比重过小，人均资源严重不足，而能源需求增长迅速。

4. 低碳节能技术研发和应用相对薄弱的挑战

技术创新是建设低碳城市的关键，但我国低碳技术的研发还面临诸多困难。一方面，缺乏完整、有效的政策支持体系。尽管我国相关主管部门出台了一些与低碳技术研发有关的优惠政策，但随着体制改革的发展和管理机构的变化，加之政策规定本身的缺陷，一些鼓励政策名存实亡。另一方面，我国低碳技术项目特别是大规模的示范项目的投资主要依靠政府临时拨款和政策贷款，以及国际机构的捐款和贷款，没有形成稳定的投入机制。此外，从低碳技术的转让看，尽管《公约》和《京都议定书》要求发达国家向发展中国家转让技术，但实际执行的情况并不乐观。低碳技术是发展低碳经济和建设低碳城市的动力和核心，低碳技术创新能力的高低，在很大程度上决定了能否顺利实现低碳经济发展和低碳城市建设。由于财政投入不足、金融信贷扶持不力，产学研整合不够，总体来看，目前，发达国家明显处于技术的制高点，是先进的降碳、固碳技术的主要拥有者，广州市企业在技术研发和产品推广方面优势较少。根据原全国政协副主席张梅颖的调查，中国70%的减排核心技术需进口。令人遗憾的是，广州低碳技术创新的现状与发展低碳经济的要求差距较大。

5. 政策环境和市场机制的挑战

发展低碳经济，建设低碳城市是一项前沿性、综合性、系统性、高投入的工作，需要比较完善的政策环境和市场机制引导。目前，广州市建设低碳城市的工作刚刚起步，一些政府官员和人民群众对低碳经济和低碳城市建设认识还不到位，有利于低碳经济发展的政策环境尚在完善中，政策的激励扶持引导作用尚未凸显，市场引导机制尚未建立，企业和社会公众的参与度还有待提高。此外，广州一些政府部门与企业的领导对低碳节能减排工作的执行力度不够，以及对低碳经济是广州市未来经济发展转型升级的制高点认识不足，导致缺乏发展低碳经济的长远规划，对低碳科技研发和应用成果转化的投入不足，对低碳新兴产业的政策支持力度不够。

四、构建广州发展低碳经济的长效机制

构建广州发展低碳经济的长效机制是一项复杂的系统工程，必须科学规划、统筹兼顾、重点推进、协调发展。当前，要根据广州城市化的发展进程，重点完善以下主要机制：

（一）政府规划引导机制

广州发展低碳经济，必须以科学发展观为指导，以建设“两型社会”为契机，既着眼于在“源”上的替代、减少和提高效率，又着眼于在“汇”处的吸收。其中，制定广州低碳战略规划发挥着重要作用。建议在把低碳城市发展模式纳入广州“十二五”规划的基础上，进一步制定广州低碳城市战略规划，从前瞻、长远和全局的角度，部署低碳城市的思路。建议编制《广州“十二五”低碳发展规划》和《广州市低碳城市建设规划纲要》，形成指导广州低碳城市建设工作的行动纲领；建议制定《广州市城市总体规划——低碳专项规划》，优化城乡建设空间布局，根据不同生态功能区的生态功能要求和建设重点，配套相应的投资、产业、土地和财政等引导政策；建议制定《广州市建筑节能管理规定》、《广州市绿色建筑设计指南》、《民用建筑太阳能热水系统建筑一体化设计标准》，编制《广州市热电联产和分布

式能源站发展规划》、《广州市能源消费总量控制实施方案》；建议编制《2013年广州市交通基础设施建设计划》、《广州市低碳交通运输体系试点城市规划（2013—2017年）》和具体实施方案。

此外，必须采取以下措施：一是将低碳技术研发纳入广州科技规划和相关科技计划；二是制定广州专项规划，提出发展低碳城市的目标、重点和保障措施等，提出低碳城市的统计和考核指标，并作为国民经济规划中的引导指标；三是制定广州城市支柱产业的低碳发展规划，引导城市支柱产业的发展。

同时，制定符合广州城市特点的低碳城市战略规划。一是通过规划手段降低广州能源消耗。在城市功能定位和产业发展规划方面，降低高碳产业的发展速度，提高发展质量；加快经济结构调整，加大污染工艺、设备和企业的退出力度；提高各类企业的能源使用效率和排放标准。在城市交通规划方面，实施以公共交通为主导的交通模式。二是通过规划手段优化广州能源结构。在我国新一轮的能源基础设施规划中，要把重点放在绿色能源和清洁技术上。三是通过规划手段增强广州碳汇能力。在广州城市规划中，多建生态景观，少建体现"形象工程"的大面积硬地广场，限建高耗电能的人工瀑布、喷泉，多造有利于户外健身、增氧、减少热岛效应的树林绿地，提高城市绿地单位面积的吸碳功能。

（二）产业结构优化机制

要不断优化广州城市能源结构。进入"后化石经济时代"，现代城市的发展面临着化石资源短缺与环境污染两个严重问题。大力优化城市能源结构是广州解决上述问题、建设广州低碳城市的现实途径。一是降低煤炭在广州城市能源结构中的比例，提高煤炭净化比重。加速城市能源消费从传统煤炭为主，向现代石油和天然气为主的结构转变是我们的必然选择。虽然国际油价的波动会给我国通过扩大进口方式改善城市能源消费结构带来很大风险，但与其他减排方式相比，这种政策成功的风险成本依然较小。同时，作为最大的能源矿种，煤炭在城市能源消费的主导地位还将持续相当长的时期，因此，利用城市的资金和技术优势，大力实施煤炭净化技术及加强相关基础设施的建设，将成为未来改善城市能源消费结构的一个基本任务。二是提高广州能源效率，重点改善城市的能源消费结构、提高城市的能源消费效率。世界主要国家和城市都将提高能源效率作为应对气候变化能源战略的核心目标之一。应注重纤维素乙醇和氢燃料等车用燃料生产技术，清洁煤、核能、太阳能和风能等先进发电技术，碳捕获和贮存技术，可再生能源等新技术的开发。此外，根据城市化进程的需求，将国家能源消费结构的变化与城市化燃料供应的改善紧密结合起来。三是发展广州低碳和无碳能源，促进能源供应的多样化。从保证能源安全和保护环境的角度看，发展低碳和无碳能源，促进能源供应的多样化，是减少煤炭消费降低对进口石油依赖度的必然选择。应逐步降低煤炭终端消费比例，大力发展洁净煤技术，减少能源开发利用引起的环境污染。同时，值得特别注意的是，发展低碳经济绝对不能超越我国的经济发展阶段，必须正确处理发展低碳经济和经济社会发展的关系。应该看到，我国具有重工业化特征的行业相继进入快速增长通道，今后若干年更是我国基本完成工业化中期任务并进入后工业化阶段的重要时期，重化产业和以“住行”为特征的汽车、船舶工业的发展仍将成为增长的重要因素。所以，无论工业或能源结构调整还是技术进步都不可能一蹴而就。

广州当前的重点在于：一是调整广州工业结构。一般来说，城市重化工业的能源强度远高于一般制造业，而且在同一行业中，技术水平越低则能源强度越高。因此，调整工业结构特别是重化工业结构是重中之重。要大力推进清洁能源产业化，以生物质能、核能、风能、氢能、太阳能等为主要方向，积极发展清洁及可再生能源，加大产业化力度；要积极发展低碳装备制造业，加快城市低碳装备制造业和节能汽车产业的发展步伐；要大力发展高新技术产业，信息技术产业是低碳经济中最具发展潜力的产业。值得注意的是，不能为减排而盲目调低第二产业的比重。处于工业化进程中的发展中国家，工业在国民经济中的比例会在相当长的时期内占据主导地位，只有在充分工业化之后，才可能由服务业来主导国民经济。现阶段，建设低碳城市不可能完全抛弃工业中的“高碳”成分，而是要在降低其碳排放量中即低碳化过程中推进其优化和发展。二是大力发展广州低碳农业。要大幅度减少化肥和农药使用量，降低农业生产过程对化石能源的依赖，走有机生态农业之路；要充分利用农业的剩余能量；要推广太阳能和沼气技术，普及太阳能集热技术。三是大力发展广州现代服务业。现代服务业是一个能耗低、污染小、就业容量大的低碳产业。要优先发展电子信息、金融、保险、旅游等低碳产业和服务业。按市场化原则淘汰高耗能、高污染、低效率的传统产业，通过低碳经济寻找新的经济增长点，大力发展文化、创意、动漫、商旅、物联网等低碳产业，加快做好产业的升级转型。

（三）低碳技术创新机制

人类控制大气中二氧化碳水平有四条途径：一是提高能源使用效率；二是发展碳捕捉和封存技术；三是可再生能源的使用；四是植树造林。但这四条途径都存在着目前难以克服的技术瓶颈。因此，推动低碳技术创新既是城市摒弃高碳技术模式、实现经济跨越式发展的重要途径，也是未来提升城市核心竞争力的关键所在。在未来，低碳技术将成为城市核心竞争力的重要标志，谁掌握了先进的低碳技术，谁就拥有了核心竞争力。我国获得低碳技术有两个途径：通过清洁发展机制（CDM）引进发达国家的成熟技术，但往往不能获得国外的核心技术；自主研发，重点攻关中短期内可以获得较大效益的低碳技术，逐步建立中国的低碳技术创新体系。对我国而言，发展低碳能源技术的实质是可再生能源的开发和化石能源的洁净、高效利用，重点是煤炭的洁净高效利用和节能减排技术。

由于我国建设低碳城市面临的四大挑战，短时间内不可能根本扭转温室气体排放增长的势头，过早、过急或过激的减排将会严重影响广州城市经济社会的持续增长。因此，要探索一条既能满足城市发展需要，又不会对资源环境造成严重破坏的新型低碳城市道路。目前，广州必须推动建立以企业为主体的技术创新体系，加快公共技术服务平台建设，改善创新服务环境，充分利用广州地区高等院校、科研院所、测试中心配套齐全的优势，深化企业与高校、科研机构的合作，加强产学研结合，在核心技术领域开展深层次合作，突破一批关键和共性技术瓶颈。围绕低碳产业的开发利用，组织实施重大技术装备研发和产业化示范项目，提高技术装备的自主创新水平和制造能力，掌握一批具有自主知识产权的关键技术，开发一批具有自主产权和市场前景广阔的产品，打造一批具有核心竞争力的知名品牌。

在科技研发资金使用、高新技术企业认定上，对低碳产业企业予以倾斜。培育发展各类科技中介服务机构，发挥行业协会的桥梁作用，引导企业向专业化、规模化和规范化方向发展，建设社会化、网络化的科技服务体系，提高科技服务水平。致力于搭建人才培训及流动平台、物流支持平台、信息平台、售后服务平台、资金流优化配置平台。通过委托培养或补贴的形式培养产业集群发展所需要的技术人才和经营管理人才。推动低碳技术的研究应用，充分利用市产业资金，积极支持节能与新能源、环保与资源综合利用、温室气体减排技术、碳吸收以及智能电网、节能检测评估、建立温室气体排放基础数据库和温室气体排放测量评估等关键领域的科技创新和关键技术攻关。建立低碳发展公共技术平台，支持组建一批重点实验室、行业工程中心和企业技术中心，建立低碳检测评价技术平台，集聚前沿性技术领先的低碳研究机构。加强低碳技术及产品的推广与应用，发布推广目录。加快低碳技术的引进和研发，重点研究新一代生物燃料技术、碳捕捉、碳中和、碳贮存、碳运送等技术，以及智能电力系统开发和提高能效的相关技术等，大力实施煤炭净化技术和加强相关基础设施的建设，减少和控制碳排放。对低碳开发应用科技项目优先立项。加快建立产学研长效合作机制，实施光伏发电、生物质能发电以及与建筑一体化的光伏屋顶等重大科技成果应用示范项目。

此外，一是制定广州城市低碳技术线路图。紧密结合广州实际情况，重点制定混合动力汽车与电动汽车开发路线图、高度道路交通系统开发线路图、节能住宅办公楼开发线路图、高性能电力储藏技术线路图。二是整合市场现有的低碳技术，加速科技成果的转化和应用。三是加大低碳技术的研发力度，大力开发低碳技术和低碳产品。四是加快核能、水电等低碳特征能源的开发利用，协调推进传统产业技术升级与污染减排，持续提高生态系统碳汇功能。

特别值得注意的是，广州汽车企业要特别关注外国公司在中国进行的电动汽车专利“跑马圈地”，避免“DVD”专利事件的悲剧在电动汽车行业重演。广州选择六大产业十六个领域作为广州市战略性新兴产业，分提升发展、培育突破两个层面推进：一是提升发展新一代信息技术产业、新材料产业和生物产业，形成三个千亿元级的战略性新兴支柱产业。二是培育突破新能源汽车、新能源与节能环保和海洋产业，形成三个百亿元级的战略性新兴先导产业。培育突破新能源汽车是广州发展战略性新兴产业的重要内容。但是，必须看到，在我国发展新能源汽车的同时，世界电池行业的“职业选手”们已为我国企业的扩张构造了一道无形的铜墙铁壁。这些竞争者包括：拥有原料专利和 Carbon Coating 制程专利的加拿大企业 Phostech Lithium 公司，Small Particle Size 制程专利最佳代表——美国的 A123 公司，取得了部分 Carbon Coating 制程专利的美国 Valence 公司。这三家公司为了取得可能改变电池、汽车和所有动力相关产业生态的磷酸锂铁正极材料的专利主导权，早已大打专利战。此外，随着全球经济一体化和专利国际化的发展趋势，“专利地痞”（Patent Troll）作为新兴事物在美国等国家频繁出现，最新情况表明“专利地痞”已经“瞄”上中国企业，开始在我国兴风作浪。广州企业必须密切关注“专利地痞”的最新发展动向并做好应对的准备。

（四）低碳交通发展机制

交通运输部门是二氧化碳排放的主要来源之一。据统计，交通运输部门温室气体排放仅次于工业部门，美国占28%，欧盟国家平均为21%。传统的以小汽车为主导的交通模式使我国城市交通发展面临环境、能源和土地三大瓶颈。而城市轨道交通具有运量大、效率高、能耗低、无污染、用地省、噪音低、优化城市布局、带动产业发展等低碳经济特征。在我国大城市大力发展城市轨道交通、构建以轨道交通为骨干的城市交通体系，将是我国低碳城市交通的发展方向。发展城市轨道交通将大幅度降低城市碳排放强度。这一减排作用主要通过城市轨道交通对其他交通方式的替代得以实现。发展城市轨道交通将有效提升城市交通效率。只有大力发展城市轨道交通，采用城市轨道交通作为公共交通的骨干网络，才能有效满足城市日益增长的客运任务和正在转型的城市发展要求。发展城市轨道交通将促进城市低碳经济发展，带动城市其他部门或产业实现减排，实现集约化利用土地，破解城市发展的土地瓶颈。广州地铁开通十多年对经济社会发展和减少二氧化碳排放发挥了重要作用，到2010年广州地铁对广州生产总值直接贡献约2000亿元，综合带动超过5000亿元。

当前，应当统筹兼顾，将解决城市交通问题、优化城市合理布局、促进城市低碳经济发展、实现轨道交通发展与低碳城市建设的良性互动，作为发展城市轨道交通的目标。一是制定广州城市轨道交通发展配套扶持政策。从国家到地方应当明确我国大城市的交通将是以城市轨道交通为骨干的低碳交通体系，在轨道交通项目的审批、投融资、用地、税收、政府贴息和担保等方面，出台系统化和长期有效的政策法规。二是建立广州城市轨道交通节能减排效益的激励机制。应鼓励在城市轨道交通行业利用清洁发展机制和相应排放贸易系统，将城市轨道交通发展带来的二氧化碳减排量进行交易，获取经济效益；同时也应出台相应的奖励措施，增加并不断完善对城市轨道交通节能减排效益的激励性制度安排，促进城市轨道交通领域低碳经济技术的研究开发和不断完善，加快广州城市轨道交通发展步伐。三是注重广州城市轨道交通与其他交通的衔接。应对城市交通和对外交通进行综合交通运输规划，重点将城市轨道交通与外部快速轨道交通及对外交通枢纽有机地衔接起来。以城市轨道网为基础骨架，并通过对外快速轨道网向外辐射，逐步形成现代化的一体化城市轨道交通网络体系。同时要强化轨道交通与土地的一体化开发。要对轨道线周边用地性质进行适当的调整，实现土地使用与轨道交通建设“捆绑式”的综合性开发利用。四是根据广州机动车“限牌”和“限外”的实施情况和有关方案，逐步建立和完善与“珠三角”其他城市的沟通和协调机制，实现提高广州通行效率、提高广州辐射能力和“珠三角”共同发展的共赢。

（五）增加森林碳汇机制

森林碳汇是指森林植物通过光合作用将大气中的二氧化碳吸收并固定在植被与土壤之中，从而减少大气中二氧化碳浓度的过程、活动或机制。地球上的绿色植物包括各种各样的高、中、低等植物，都能利用自身光合作用来吸收和储存碳素。保护和管理好现有森林，扩大森林面积、蓄积量、生物量和生长量，有利于充分发挥森林的碳汇作用，是控制和储存二氧化碳最直接最有效的方法之一。森林碳汇的作用机制可分为直接作用机制和间接作用机制。前者包括碳吸收和碳保护，后者包括碳延伸和碳替代。其中，碳吸收属于增加森林固碳，碳保护与碳延伸属于固碳与减排的结合，而碳替代属于减排二氧化碳。碳吸收是指通过造林再造林、退化生态系统恢复、建立农林复合系统、加强森林可持续管理等活动，森林植被和森林土壤等吸收二氧化碳的过程。表明增加森林资源可以增加碳吸收，但是同时应该考虑森林资源的可再生性和可持续性，应该考虑森林成熟和森林资源的合理采伐利用，才能保持森林碳汇吸收的最大化与可持续性。森林与陆地其他生态系统相比具有较高的生物量和生长量，是陆地生态系统的最大碳库，对维护陆地生态平衡、保护生态安全、防止生态危机发挥决定性作用。

据联合国政府间气候变化专门委员会估算：全球陆地生态系统中约储存了 2.48 万亿吨碳，其中 1.15 万亿吨碳储存在森林生态系统中，占 46%。研究表明，林木每生长 $1m^3$，平均吸收 1.83 吨二氧化碳，放出 1.62 吨氧气。森林面积占全球面积的 27.6%，森林植被的碳储量约占全球植被的 77%，森林土壤的碳储量约占全球土壤的 39%，森林生态系统的碳储量约占陆地生态系统的 57%。全球森林对碳的吸收和储量约占全球每年大气和地表碳流动量的 90%。碳保护是指保护现有森林生态系统中储存的碳，减少其向大气中的排放。研究表明，我国目前森林固碳总量达到 78 亿吨。每增加 1% 的森林覆盖率，可从大气中吸收固定 0.6 亿—7.1 亿吨的碳。采伐利用后的木材及其产品是一个巨大的碳储存库，这个碳库的碳在林产品的寿命周期内不会被排放在大气中，这就是森林碳汇的延伸作用。只要木材及其产品不腐烂、不燃烧，其固碳作用就会长期稳定地持续下去，固碳时间可达上百年。新疆胡杨林有“活着一千年不死，死了一千年不倒，倒了一千年不朽”的特点，固碳时间更长。据 IPCC 估计，目前木质林产品碳储量高达 423 亿吨，每年增加量 1.39 亿吨。

碳替代包括能源替代和原材料替代。能源替代，森林生物质不仅作为薪材，还可以用来发电。原材料替代是指用林产品替代化石能源或化石能源产品。目前，广州市森林覆盖率达到 41.1%，人均公共绿地面积 13.76 平方米，成为“国家园林城市”和“国家森林城市”。广州要全面提升林分质量、优化林相、发展森林碳汇，持续开展对现有 256 万亩低质低效林和中幼林的改造和抚育，至 2015 年，完成总计 10 万亩碳汇森林建设，消灭宜林荒山 3.7 万亩，增加森林面积 3.2 万亩，使广州森林碳密度实现平均每年每公顷增长 2 吨的目标，在全国特大城市中保持前列。

为了不断增加森林碳汇，广州必须采取以下措施：

第一，完善城市绿地规划布局，增加绿地覆盖。中部地区是广州的都市区，其绿地要注重空间秩序的建立与人居环境的营造，构筑以城区公园、新老城市中轴线、珠江两岸、白云山、万亩果园，以及外围防护绿带为基本网络的绿地格局。

第二，循环利用自然资源，减少消耗排放。城市园林绿化过程中产生了大量的树枝、落叶、草末等废弃物，国外大多采用堆肥、粉碎覆盖、作为食用菌培养基质和制作生物农药的方式，形成有机肥料和土壤改良剂，达到无害化，来实现园林绿化废弃物循环利用。

第三，发展立体绿化，增加绿地覆盖。广州近几年已对 198 座城市天桥进行了立体绿化，建成了 200 多公里的城市绿化长廊，在社区通过花园社区创建，鼓励天台绿化，增加绿化面积。要着力发展立体绿化。开展天台、阳台绿化美化试点，将立体绿化纳入专项政策扶持范围。

第四，改善城市绿地结构。将不同根系种类、根系深度的植物配置在一起，使单位面积植物的固碳量最大化。不同树龄的树木进行混栽，减少除草和清除落叶等不必要的养护，发挥自然式丛林及其土壤固碳能力最强的优势。

第五，推进森林碳汇重点建设工程。以增加森林碳汇为主要目标，逐年开展疏残林、低质低效林的林分改造；对尚存的荒山、灌木地进行新造林；实施城区增绿、新农村绿化和四旁绿化的措施；加强湿地保护与恢复。逐步优化森林资源结构与分布格局，全面提升全市林地绿地碳汇功能，实现森林面积、蓄积量、森林碳密度、总碳储量的全面增长。

第六，开展基础理论研究。摸清广州现有森林储量和森林碳汇的潜力，建立广州森林碳汇监测网络的计量体系。依托广州林业产权交易中心，探索建立区域性森林碳汇交易平台，鼓励大型企业、组织、团体出资营造碳汇林或出资购买森林碳汇。

第七，实施森林围城工程。高标准、高起点推进城乡接合部、城市出入口片林的规划建设。加快培育吸收二氧化碳能力强的树种和品种，探索构建二氧化碳吸收储存能力强的营造林模式和林分改造模式。全面实行立体绿化，积极开展绿道网建设，鼓励面积在 500 平方米以上的屋顶继续绿化，大力推广立面绿化，推行道路绿地生态改造，构建区域、城市、社区间无缝衔接、互为补充的三级绿道网络。

第八，着力打造园林精品。打造一批既突出岭南特色，又能够集中展现花城风貌的园林精品。2012 年规划启动 16 个岭南花园建设，至 2015 年，在中心城区及南沙新区等新城区率先形成白云新城、麓湖等若干引领广州绿色景观亮点的园林精品片区。要着力构建休闲绿化空间。以人为本，全方位建设社区公园、街头绿地、街心花园，完善游园功能和配套设施，继续推进绿道网建设，串联城乡绿色空间。至 2015 年，城区基本实现居住区 500 米以内见公园绿地，全市绿道总长度达到 3000 公里。

第九，提高森林碳汇的经营管理水平。森林碳汇是一种无形资产。森林碳汇资产不具有实物形态，其由特定主体所控制，可为其拥有者带来一定收益。森林碳汇作为森林所具有的一种功能，必须依托于森林这一载体，在一定条件下与一定的物质实体相结合，才能发挥其作用。要根据无形资产的最新发展趋势和森林碳汇项目的发展趋势，构建广州森林碳汇绿色营销模式。

（六）低碳政策法律机制

广州发展低碳经济，科学有效的制度安排特别重要。一是建立广州低碳城市的政绩考核制度。要通过法律法规规范地方政府发展低碳经济的权利和义务，使地方政府在建设低碳城市的过程中有法可依。要推行“低碳 GDP”考核制度，建立适合广州市情的低碳城市指标体系，将现行的 GDP 指标扣除因环境污染、自然资源消耗、生态环境退化的损失。要将实施低碳发展的评价指标纳入经济的核算体系和政府官员的政绩考核，防止违背低碳城市客观规律的短期行为发生。

二是完善广州低碳技术创新的激励制度。推行科技人员和经营管理人员、低碳产品开发人员的技术入股、专利入股、成果入股和持股经营政策，采取期权、期股等各种分配激励方式，以奖励在低碳技术创新方面有突出贡献的科技人员和经营管理人员，使他们的薪酬水平与人才市场接轨。放宽低碳技术入股的比例限制，加大奖励力度，使低碳技术人员的收入与岗位技能、工作业绩以及经济效益紧密挂钩。

三是实施促进广州低碳技术创新的采购政策。政府“低碳”采购，是指政府购买和使用符合低碳认证标准的产品和服务的行为。政府采购是弥补市场机制不足，保护、激励技术创新的重要渠道。利用政府采购创造市场空间，对于实现低碳技术创新会起到极大的扶持和促进作用。在低碳新产品、新技术刚刚推向市场，产品发展的初期阶段，政府“低碳”采购是一种很重要的激励手段。为了促进低碳技术创新，政府应制定具有可操作性的低碳采购制度，科学规范地制定政府低碳采购标准、清单和指南，指导具体的低碳采购活动，如规定公共工程项目要采用国内的高新低碳技术产品，规定低碳科技产品采购占政府总采购的比例等。政府应定期公布低碳采购清单和数量，优先采购和使用符合低碳认证标准的产品。

四是发展广州低碳技术风险投资机构。一项低碳技术成果从开发出来到大规模推广应用，其中存在很大风险。科研单位和高等院校在低碳技术研究过程中投入了大量人力、物力、财力，无力继续承担后续风险，而企业作为受让技术方也投入了大量成本，因而也不愿承担这些风险。低碳技术创新与产业化的高风险性，已成为制约低碳技术产业化发展的重要因素。因此，政府部门应给予优惠政策，扶持建立低碳技术风险投资机构，由这些机构承担低碳技术成果研究、开发和产业化过程中的风险，若低碳技术开发应用成功，投资机构可从企业生产新产品所得利润中提取一定比例作为风险投资的回报。

五是制定和实施广州城市低碳认证制度。低碳标志是一种产品的证明性商标，表明该产品不仅质量合格，而且从产品原材料的采掘到最终废弃物的处理，整个生命周期过程均符合特定的环境保护要求，对生态环境和人类健康无害。低碳认证一方面有利于消费者选择低碳产品，促进低碳产品的生产和销售，另一方面有利于提高企业低碳意识。应积极推动低碳认证制度的制定和实施，建立健全低碳标志标准，向企业宣传低碳标志的意义，鼓励企业进行认证。

六是建立和实行一批制度和标准。研究建立温室气体排放的统计和监测体系，完善能源消耗统计体系，研究建立公共机构能源消耗统计制度。组织编制《广州市绿色建筑设计标准》、《广州市绿色施工导则》、《广州市绿色建筑施工验收规范》等技术标准，在琶州、白云新城等新区域推广实施绿色建筑节能新标准。

七是不断完善价格政策。逐步建立能够反映资源稀缺程度、环境损害成本的价格机制。鼓励实施居民用水阶梯式价格制度，合理确定再生水价格，提高水资源重复利用水平。合理调整污水和垃圾处理费、排污费等收费标准，鼓励企业实现“零排放”。对光伏发电、风电、垃圾焚烧发电等可再生能源发电电价，按照国家可再生发电价格和费用分摊规定执行。对国家明令淘汰和限制类项目及高能耗企业实行差别电价，限制高耗能高污染企业盲目发展，引导全社会节约资源。同时积极贯彻落实税收政策。积极贯彻落实国家制定的鼓励低碳经济发展的税收政策，及时向上级税务机关反馈执行政策过程中遇到的问题，积极提出完善税收政策的意见和建议。

参考文献：

[1] 李向阳. 全球气候变化规则对世界经济的影响 [J]. 求是，2010 (4).

[2] 中国社会科学院经济学部. 生态环境与经济发展 [M]. 北京：经济管理出版社，2008.

[3] 毕军. 后危机时代我国低碳城市建设的路径 [J]. 南京社会科学，2009 (11).

[4] 付允，汪云林，李丁. 低碳城市的发展路径研究 [J]. 科学对社会的影响，2008 (2).

[5] 蔡林海. 低碳经济：绿色革命与全球创新竞争大格局 [M]. 北京：经济科学出版社，2009.

[6] 余凌曲，张建森. 轨道交通对低碳城市建设的作用 [J]. 开放导报，2009 (5).

[7] 乐正，廖明中. 发展低碳经济　建设低碳城市 [J]. 特区实践与理论，2009 (5).

[8] 刘志林，戴亦欣，董长贵，齐晔. 低碳城市理念与国际经验 [J]. 城市发展研究，2009 (6).

[9] 广州市人民政府. 广州市发展低碳经济指导意见（2011—2015 年）[Z].

［10］王可达．建设低碳城市路径研究［J］．开放导报，2010（2）．

［11］王可达．我国发展低碳经济的路径研究［J］．岭南学刊，2010（3）．

［12］王可达．我国增加森林碳汇的对策研究［J］．开放导报，2011（2）．

［13］王可达．低碳技术创新的意义及路径选择［J］．探求，2011（2）．

［14］王可达．广州低碳产业发展研究［J］．开放导报，2013（1）．

［15］王可达，马蓉蓉．广州建设低碳城市的对策研究［M］// 2012年中国广州经济形势分析与预测．北京：社会科学文献出版社，2012．

［16］王可达，张军．构建广佛肇低碳城市群的对策研究［J］．探求，2013（2）．

［17］马蓉蓉．基于低碳技术创新的专利制度安排［J］．开放导报，2011（2）．

（选自广州市哲学社会科学发展“十二五”规划2012年度课题“广州发展低碳经济的长效机制研究”。课题负责人：王可达；成员：马蓉蓉、周权雄。）

基于IT能力的广州制造业核心竞争力提升路径研究
——以战略性新兴产业为例

谢卫红（广东工业大学）

一、关键变量的概念内涵

（一）IT能力

Ross等（1996）首次基于资源基础观提出了IT能力的定义："控制与IT相关的成本以及通过实施IT来影响组织目标方面的能力。"此后众多学者也对IT能力进行了定义，最具有代表性的是学者Bharadwaj（2000），他将IT能力定义为组织调用和部署IT资源的能力，这些资源要和组织的其他资源和能力结合起来。这种定义不是把IT作为一种孤立的资源或能力，而是更多从互补视角去定义IT能力。为避免从资源视角下对吸收能力进行定义的局限性，也有学者从信息处理视角界定IT能力。例如Tippins和Sohi（2003）认为IT能力是企业运用IT技术获取和利用信息的能力。Sambamurthy等（2003）则从实物期权视角定义了组织的IT能力，认为它是一系列由信息技术引致（IT-enabled）的以电子化的组织工作流程和知识系统形式存在的能力，也称为数字期权（digital options）。他们认为信息技术能够增强组织的流程和知识资本，将IT能力分为流程导向IT能力与知识导向IT能力。本文采用Sambamurthy等（2003）的定义，从流程广度导向IT能力、流程深度导向IT能力、知识广度导向IT能力以及知识深度导向IT能力四个维度测量IT能力。

（二）组织学习

组织学习的经典定义是组织成员检查组织存在的问题，通过重构组织行为并把探究结果渗透到组织规范和组织愿景中，进而加以纠正的过程（Argyris，1978）。March（1991）最早将组织学习分为探索式学习和利用式学习，认为探索式学习是具有以下特征的活动：探索、变异、风险承担、实验、扮演、柔性、发现、创新等；而利用式学习是具有另外一些特征的活动：精炼、选择、生产、效率、实施、执行等。他指出探索式学习的本质是对新方案的实验，它的回报是不确定的；而利用式学习的本质是对现有能力、技术和模式的精炼和扩展，它的回报是可预测的。

（三）吸收能力

Cohen 和 Levinthal（1990）对吸收能力进行了开创性的研究，他们将企业吸收能力定义为企业识别、消化新的外部信息并将它应用到商业活动中的能力。随后，一大批学者被吸引到这一领域的研究当中，对企业吸收能力的认识也不断深化。2002 年，Zahra 和 Georg（2002）在整合前人研究成果的基础上，首次对吸收能力的构成进行系统阐述。他们将吸收能力划分成潜在吸收能力和现实吸收能力两大类，他们的研究获得了学者们的广泛认可，对后续研究产生了深远影响。本文所关注的也是这两类吸收能力。潜在吸收能力包括知识获取和知识消化两种能力，而现实吸收能力则包括知识转化和知识应用两种能力。

二、广州市战略新兴产业发展现状

（一）战略性新兴产业的界定

战略性新兴产业是对一类具有相似特定特征产业的统称，国外学者并没有这类提法，所以相关的研究主要在于国内学者。王小强（1997）提出的战略产业是从国家整体利益出发，关系到国家的经济命脉和国家安全，关系到国家在世界经济、政治、军事事务中的战略行动能力，对提升国家综合实力具有重大作用。林平凡和刘城（2010）提出，战略性新兴产业是新兴科技和新兴产业的深度融合，具有技术含量高、资源消耗低、综合效益好、竞争优势强的特点，属于技术密集、知识密集、人才密集的高科技产业。刘中虎（2013）提出，战略性新兴产业是内含当代科技发展前沿成果、引导产业结构优化升级、提升国民经济素质和竞争力的先导产业。

笔者在整理归纳以往学者研究的基础上，提出从区域和产业特征两个角度来界定战略性新兴产业：（1）从区域的角度，战略性新兴产业是关系到区域经济命脉和国家安全的关键产业，是区域综合国力和竞争力的重要来源与体现，是全球化竞争激烈争夺的制高点；（2）从产业特征的角度，战略性新兴产业是具有资源能耗低、科技含量高、成长潜力大、综合效益好、投资风险大、就业机会多等特点的新兴产业，是技术密集、知识密集、人才密集的高科技产业，对产业结构优化升级有全局性、长远性、导向性和动态性的影响。

（二）广州市战略性新兴产业现状

广州市将电子信息产业行业、高端装备制造产业行业、新材料产业行业、新能源和节能环保行业、新能源汽车行业、生物与健康行业六大行业定位为重点扶持发展的战略性新兴产业。为推动广州市战略性新兴产业的发展，广州市2008—2012年相继发布了7个政策文件，目前广州六大战略性新兴产业的发展情况如下：

1. 电子信息产业行业

根据《高新技术企业认定管理办法》，广州高新区重新认定了666家高新技术企业。其中，电子信息企业约占32%。广州拥有国家火炬计划软件产业基地，另外还建有家用电器、平板显示、动漫网游等一批国家级信息产业园区。依托这些产业基地和产业园区的支撑，电子信息产业得到有效集聚和快速发展。

2. 高端装备制造产业行业

广州市在高端制造方面，大力发展轨道交通等重大技术装备、海上石油钻井平台和海洋工程辅助船舶等海洋工程装备，积极发展具有自主知识产权的数字控制系统、注射成型技术及工业机器人等智能制造装备。依托广州新材料国家高技术产业基地建设，突出“制造业升级”和“碳减排”两条主线，形成产业高度集聚、分工明确、特色明显的产业布局结构。

3. 新材料产业行业

广州高新区认定的666家高新技术企业中，环保新材料企业约占18%。目前广东的新材料产业主要集聚在广州和西部沿海地区，广州初步形成产业集聚度较高的新材料产业群。现有新材料企业约250家，实现产值及利税均占全省新材料总值的20%。据不完全统计，广州新材料产品产值超亿元的企业有100多家，其中超

10亿元的企业有17家。

4. 新能源和节能环保

通过与国内外新能源汽车整车龙头企业的合作，广州市重点发展新能源汽车，以广州市泓源燃料电池等新能源汽车关键零部件为突破口，积极推动区内现有的汽车行业企业向新能源汽车方向对接、发展，加速新能源汽车的产业化进程。依托中科天元新能源科技有限公司的生物质能源技术和迪森集团的生物能源、替代能源、煤基能源技术，发展能源高科技，突破关键技术，开发新型能源，减少对煤、油等不可再生资源的依赖，构建多元化能源结构，推动能源产业发展；开展工业、建筑、交通和生活节能技术研发，提高能源利用效率，为建设节能型社会提供技术支持。

5. 新能源汽车

依托广州开发区、科学城、广州出口加工区和广州保税区为核心的汽车产业和贸易基地，尤其是本田经济型轿车出口项目、日产新一代无极变速箱项目、丰田汽车技术项目，紧紧围绕汽车零部件生产企业如何融入国内外OEM配套供应链和后市场采购链为重点，引进国外先进企业及研究机构，为入驻科学城、中新广州知识城、广州民营科技园的汽车零部件制造企业在研发、技术、质量、成本、管理、销售、流通、展示、宣传、信息等各环节展开综合服务，生产规模化、经营国际化、超前开发和同步开发并重，进一步提升以日系汽车配套为主的集汽车制造与零配件生产、汽车贸易与服务、汽车仓储与物流、汽车展览于一体的汽车产业链竞争力。

6. 生物与健康

广州市将重点发展生物医药、生物能源、生物环保、生物技术与研究、生物食品与保健品、生物农业、生物制造、生物服务。依托海洋生物资源和亚热带气候资源优势，以科学城、广州国际生物岛为主要载体，大量引入国内领先和国际著名的生物企业、研发机构和技术服务机构。结合产业重点发展的方向，与国内外生物技术领先的大学、科研院所以及企业研究中心在高新区内组建生物医药、基因工程、医药诊断等专业化的联合研发实验室，提高生物产业的基础研究能力，打造世界级的“技术极”。搭建专业化的生物技术研发服务平台，建立起生物信息服务、科技成果评估和转换、生物实验基地以及其他配套服务的完整产业体系，通过专业化产业服务体系强化产业的技术竞争优势。整合国家和地方的各类科技资源，重点支持前沿和核心生物技术的研究开发与国际标准的参与和制订，以实现此领域的自主技术突破和技术标准的国际化认可与推广。

三、理论推导与假设

（一）IT 能力与企业核心竞争力

实物期权理论认为，流程导向 IT 能力旨在使企业在将当前的资源转换成产品或服务，或在将产品、服务转换成企业利润等一系列流程活动过程中，通过使用信息技术使客户搜索、供应链管理、信息的无缝传递等工作流程实现自动化和信息化（Sambamurthy，2003）。企业对不同部门、区域以及不同价值网络伙伴之间的信息流和活动通过以信息技术为主导的流程进行连接（彭泽余，2011）。这在很大程度上会促进企业各部门间以及企业之间的信息交流，有利于技术创新的产生（Cohen and Levinthal，1990）。

知识导向 IT 能力致力于提高企业所存储知识的全面性和可得性，促进组织成员之间的交流来增进彼此的了解，分享观点以及开发新知识（Sambamurthy，2003）。通过引进信息系统支持员工收集各种相关的外部知识并对其进行上传、打包、存储和传递来扩大企业知识的全面性和可得性。这样，通过广泛搜集和获取外部知识，可以有效打破企业内部资源有限的状态，降低研发成本，有利于企业经常创造和引入产品的新类型，改进现有的工艺，还能够避免由企业内部同质性知识的积累所导致的创新能力刚性问题（周玉泉、李垣，2006），激发新的创意和构思，进而促进企业技术创新（简兆权等，2010）。综上讨论，本文提出如下假设：

H1a：IT 能力（流程导向 IT 能力和知识导向 IT 能力）对创新优势有显著正向影响。

企业信息技术的应用可以从生产成本和交易成本这两个方面降低企业成本。从生产成本来看，企业 IT 能力的提升可以从以下四个方面降低企业成本：减少库存数量，降低库存管理费用；降低采购成本；减少生产管理人员；缩短生产周期，提高生产效率。从交易成本来看，IT 应用有利于降低企业的信息搜寻成本。由于商品和服务具有多种属性，交易双方所掌握的信息具有不对称的特点，为了进行交易，需要花费信息搜寻成本。交易成本主要包括搜寻和信息费用、讨价还价和决策费用，以及监督和执行费用。交易过程所发生的交易成本可以分为两种类型：一是交易所必需的，如为了达成交易所付出的信息搜寻成本；二是纯粹浪费的，如由于人的机会主义行为引起的交易一方的损失或者由此引起诉讼费用。当今，互联网技术在企业中的应用，使企业能够做到足不出户就可以寻找到有关客户的信息，在网上进行讨价还价等商业谈判行为，从而大大降低企业在信息搜寻方面的费用。因此，本研究提出如下假设：

H1b：IT能力（流程导向IT能力和知识导向IT能力）对成本优势有显著正向影响。

（二）组织学习的中介作用

组织学习理论认为组织学习能够促进技术创新。探索式学习要解决的是全新的问题，由于没有现成的方法和知识基础，行动者只能去接近或开发新知识，采用新方法或者新旧结合的方法来处理现有问题，这会导致内部知识的创造，增强企业内部的研发能力，促使组织进入新的市场或者最早引入新产品（Ahuja and Lampert，2011）。而利用式学习虽然没有开发新的技术或进入新的市场，但是，利用式技术学习通过对现有知识的提炼、总结或者重新组合对现有的技术组件进行改进，是将旧的知识或方法运用于新的具体情境，这能够促进企业渐进性创新（Benner and Tushman，2003）。因此，本文提出如下假设：

H2：组织学习（探索式和利用式）对企业核心竞争力（创新优势和成本优势）有显著正向影响。

IT能力对组织学习的促进作用则体现在两个方面：一是IT能力将大大提高组织记忆的精确度、可塑性、完整性和高反馈性。二是IT将增强组织的信息协同性，使组织成员间的交流与沟通变得更加通畅（罗慧等，2004）。对于二者更加细致的关系体现在IT能力为组织提供的三种学习机制：第一种，知识仓库和门户网站，主要作用是知识的存储与检索；第二种，虚拟团队空间，在这样的空间中，项目团队成员可以互相分享和讨论特定的知识；第三种，电子交流社区，是一种即时信息传递机制，通过它可以使处在不同地区的成员去分享他们的经验和共同的兴趣爱好（Kane and Alavi，2007）。经仿真分析后发现：不同机制对组织学习的影响是不一样的，知识仓库、门户网站和虚拟团队空间有助于利用式学习，而电子交流社区则有利于探索式学习。因此，本文提出如下假设：

H3：IT 能力（流程导向 IT 能力和知识导向 IT 能力）对组织学习（探索式和利用式）有显著正向影响。

互补资产理论（Teece，1986）认为，企业从技术创新到商业化的成功必须依赖于一系列互补资产的支持，这些互补资产可以分为通用性互补资产、专有性互补资产和共生性互补资产三种类型。专有性互补资产会促进企业突破式创新，而通用性互补资产则会抑制企业的突破性创新（李泓桥，2013）。IT 能力作为企业的一种专有性互补性资产（方晓波，2010），必须通过企业其他资源的互补支撑才能促进企业的技术创新。大量的研究已经表明，IT 能力对于企业绩效的影响是间接的（池芳微，2010；吴增源，2007），而组织学习是研究 IT 能力与企业绩效时被频繁使用的中介变量（孙晓琳等，2012）。实际上，IT 最直接的功能是信息处理（Tippins and Sohi，2003），通过对各种信息的高效获取、存储、传输、记忆，通过提供顺畅的知识交流共享平台（Kane and Alavi，2007），进而间接促进企业技术创新。因此，我们认为 IT 能力通过组织学习作用于技术创新，于是，提出如下假设：

H4：组织学习（探索式和利用式）在 IT 能力（流程导向 IT 能力和知识导向 IT 能力）和企业核心竞争力（创新优势和成本优势）之间具有中介作用。

（三）吸收能力的中介作用

企业吸收能力对突破式创新也具有重要影响。Cohen 和 Levinthal（1990）发现：吸收能力对企业创新绩效具有预测作用。Zahra 和 George（2002）也指出，只有那些具有良好吸收能力的企业才更有可能实现产品开发和技术创新，从而降低成本获得竞争优势。一方面，企业对外部知识的获取与消化，有利于企业间信息共享与协作，从而对突破式创新起驱动作用。Liu 和 White（1997）的实证研究进一步强调：外部知识源投资与自身吸收能力对企业创新源有重要影响作用。另一方面，企业内部知识转移与利用，有助于有价值的信息的物化，促进新产品和新服务的创新。Cohen 等人研究发现，不同的职能部门和学科之间及其内部共享知识有利于技术创新的产生。信息作为重要创新要素，拥有良好吸收能力的企业可促进其在企业内外部的流通，从而促进企业的创新。因此，本文提出如下假设：

H5：吸收能力（潜在吸收能力和现实吸收能力）对核心竞争力（创新优势和成本优势）具有显著正向影响。

信息处理理论认为组织就是一个对内外部信息进行加工处理的系统，获取和消化外部信息时企业潜在吸收能力的核心，而IT最本质的功能便是处理信息（Tippins and Sohi，2003），从这一视角看，IT能力对提高企业潜在吸收能力具有重要意义。流程广度导向IT能力和流程深度IT能力确保了企业能够与供应链上的伙伴进行实时的信息共享和交流（Sambamurthy，2003）。具体来说，企业可以通过供应链管理系统、客户关系管理系统、产品数据管理系统、物流管理系统等，直接与供应商、客户、政府等保持联系（Lee and Lim，2005），确保企业尽可能及时获取外部可靠的顾客需求或技术变革的信息，大大提高了企业获取外部信息的能力，从而有助于企业提高潜在吸收能力。

IT能力对企业现实吸收能力同样具有促进作用。上一部分的理论阐述已经表明IT能力在获取和消化外部信息进而提升潜在吸收能力具有重要意义，而获取和消化外部信息是转化和利用的前提，这已经潜在表明了IT能力对现实吸收能力的意义。事实上，IT能力对现实吸收能力的促进作用主要体现在整合新旧知识并将新知识加以利用方面。通过电子交流社区、视频会议等IT应用，员工之间可以将消化的新信息或知识进行分享、转移（Kane and Alavi，2007），这有利于新信息和知识在整个组织的流动和转化。综上所述，本研究提出如下假设：

H6：IT能力（流程导向IT能力和知识导向IT能力）对吸收能力（潜在吸收能力和现实吸收能力）具有正向影响。

创新动力源理论认为，IT能力是核心竞争力的重要内部动力源。而这种驱动作用主要来源于企业利用IT能力对信息的获取、消化、转移和利用。同时IT以其巨大的信息处理优势，为企业吸收有价值的信息提供了重要的支撑。现有研究已经表明IT能力对企业核心竞争力的影响是间接的。基于上述理论推导，我们认为IT能力通过吸收能力作用于核心竞争力，因此，提出如下假设：

H7：吸收能力（潜在吸收能力和现实吸收能力）在IT能力（流程导向IT能力和知识导向IT能力）与核心竞争力（创新优势和成本优势）的关系间具有中介作用。

（四）环境不确定性的调节作用

在组织理论及其相关问题的研究中对“环境不确定性”最为通常的三种定义是：（1）没有能力对将来事件的可能性赋概率值；（2）缺乏关于因果关系的信息；（3）没有能力精确预测一项决策的结果会是什么（杜维等，2010）。得到普遍认可的是 Milliken（1987）的定义，他将环境不确定性定义为：由于缺乏信息或者没有能力区别相关和不相关的信息，个体感到不能精确地进行预测。

已有研究也表明，IT 能力价值的发挥不仅受到组织内部因素的影响，外部环境也将极大地影响 IT 能力价值发挥的程度。Pavlou 等（2006）通过实证研究发现，环境越动荡，新产品开发部门的信息技术利用能力越能支持企业的动态能力，从而获得竞争优势。王念新等人（2010）的实证研究表明，环境的动态性在企业信息技术应用能力与企业核心能力的关系之间起正向调节作用，同时环境动态性还负向调节企业核心能力与企业绩效之间的关系，从而他们认为环境动态性在信息技术战略价值实现过程中有显著的调节作用。综上讨论，本研究提出如下假设：

H8：环境不确定性对IT能力（流程导向IT能力和知识导向IT能力）与企业核心竞争力（创新优势和成本优势）的关系有显著的调节作用。

四、研究方法与数据分析

（一）样本选择

本研究收集的数据主要通过问卷调查和随机抽样方法获得。问卷发放的主要对象为广州、佛山、东莞、中山等珠三角地区的企业中高层管理人员，企业涉及了电子信息、电气机械及专用设备、医药、家电等多个行业。问卷正式发放之前进行了预调查，根据预试者反馈的问题对问卷做了修订。主要通过三种途径发放问卷，一是直接发放给珠三角地区各企业，二是通过学校在读 MBA 学员发放，三是委托广东高科技产业商会发放。本研究共发放问卷 600 份，回收问卷 259 份，回收率为 43.2%。其中填答不完整或规律性太强的问卷有 38 份，此外非战略性新兴产业的企业有91家，将这些问卷全部剔除，最终得到有效问卷为130份，有效回收率为21.7%。所得样本更为具体的情况如表1所示。

表1　样本的基本情况

项目	类别	数量	比例（%）
公司年龄	1—3年	7	5.4
	3—5年	10	7.7
	5—10年	26	20.0
	10—15年	26	20.0
	15—20年	15	11.5
	20—30年	17	13.1
	30年以上	29	22.3
员工数	300及以下	45	34.6
	301—1000	22	16.9
	1001—2000	19	14.6
	2001—3000	8	6.2
	3000以上	36	27.7
销售额（万元）	3000及以下	19	14.6
	3000—10000	24	18.5
	10000—20000	10	7.7
	20000—30000	4	3.1
	30000以上	73	56.2
资产额（万元）	4000及以下	26	20.0
	4000—10000	21	16.2
	10000—20000	8	6.2
	20000—30000	3	2.3
	30000以上	72	55.4
所有权	国有	53	40.8
	非国有	77	59.2

（二）变量测量

1. 测量题项的选择

（1）IT能力。主要借鉴Sambamurthy（2003），Lee和Lim（2005）对IT能

力维度的划分，从流程导向 IT 能力和知识导向 IT 能力两个大维度予以考察，问卷问句主要参考他们对 IT 能力各维度的具体描述而形成，共 15 个题项。

（2）组织学习。对组织学习的测量，划分为探索式学习和利用式学习两个维度，探索式 / 利用式学习的测量主要根据 March 等（1991）对两类不同学习方式的描述和定义。

（3）吸收能力。包含潜在吸收能力和现实吸收能力两个维度，具体主要参考了 Jansen（2005）的研究中有关吸收能力的量表进行测量。潜在吸收能力有 5 个题项，现实吸收能力有 5 个题项。

（4）核心竞争力。对于核心竞争力的测量，目前并未有一致的研究成果，但较为公认的是企业的核心竞争力，主要体现为创新和成本两个方面的内容。在本研究中，项目组自主设计了这两个方面的测量问句，其中创新优势包括产品、流程、管理和市场四个方面的内容，共 4 个问句；而成本优势则包括研发、制造、市场开发以及管理四个方面的成本，共 4 个问句。

（5）环境不确定性。环境不确定性的测量则根据 Gaur 等（2011）设计的量表，为单一维度变量，由 5 个条目构成，其中，包括如"公司所面对的市场变化速度很快且市场需求难以预测"等题项。

（6）控制变量。以企业的目前销售额、资产总额、所有制性质作为本研究的控制变量。其中，企业的目前销售额以及资产总额均被设置为连续变量，企业目前销售额一项共划分了 5 个等级，即 3000 万及以下、3000 万—1 亿、1 亿—2 亿、2 亿—3 亿、3 亿以上，按照该等级排序对企业目前销售额分别赋值 1—5；资产总额共划分 5 个等级，即 4000 万及以下、4000 万—1 亿、1 亿—2 亿、2 亿—3 亿以及 3 亿以上，按等级顺序分别赋值 1—5；此外，我们将所有制性质分为国有企业和非国有企业。

2. 信度与效度分析

本研究在评估数据的质量时，用 SPSS19.0 分析中的 Cronbach's α 值检验变量的信度，LISREL8.70 做验证性因子分析检验变量的效度。结果显示，各观测变量的 Cronbach's α 值均大于 0.73（见表 2），表明各量表具有较高的信度。需要注意的是，流程导向 IT 能力、利用式学习、现实吸收能力以及环境不确定性等变量均有 1 个题项的 CITC 值小于 0.4，予以删除，其他量表均与原假设一致。

表 2　各变量的信度检验

潜变量		Cronbach's α 值	
IT 能力	流程导向 IT 能力	0.892	0.912
	知识广度导向 IT 能力	0.854	
	知识深度导向 IT 能力	0.832	
组织学习	探索式学习	0.923	0.940
	利用式学习	0.933	
吸收能力	潜在吸收能力	0.764	0.876
	现实吸收能力	0.839	
核心竞争力	创新优势	0.913	
	成本优势	0.879	
环境不确定性	环境不确定性	0.731	

在效度检验方面，首先，由于问卷中大部分变量的测量都是参照和借鉴过去学者的相关研究，是一种成熟的量表，再通过企业访谈、专家咨询等步骤的修正，因此量表具有较高的内容效度；其次，分别检验了变量的收敛效度和区分效度，此过程利用探索性因子分析进行。在前面信度检验所得结果的基础上，本研究对关键变量的探索性因子分析结果如下：

（1）IT 能力的效度。分析结果显示，对 IT 能力进行探索性因子分析得到的 KMO 值为 0.855，巴特利球形检验值为 1003.03（df=78，Sig 值为 0.000），说明该变量适合进行探索性因子分析。需要注意的是，题项 9 因为在两个因子中的载荷均大于 0.5，故将其删除，得到最终的分析结果如表 3 所示。从表中结果来看，IT 能力聚合为三个因子，分别为流程导向的 IT 能力、知识广度导向的 IT 能力和知识深度导向的 IT 能力，并且所有题项的因子载荷大于或者接近于 0.6，同时 CR 大于 0.7，说明变量的内部一致性较好；另外，AVE 大于 0.5，说明变量具有较高的收敛效度，并且其平方根大于变量与其他变量的相关系数，说明其区分效度较高。上述结果说明流程深度导向 IT 能力和流程广度导向 IT 能力具有共变性，与国外学者对 IT 能力划分有所不同。

表 3 IT 能力的探索性因子分析结果

<table>
<tr><th rowspan="2">题项</th><th colspan="3">因子载荷</th><th rowspan="2">CR</th><th rowspan="2">AVE</th></tr>
<tr><th>因子 1</th><th>因子 2</th><th>因子 3</th></tr>
<tr><td>1. 各部门不管地理位置如何，都能实现信息的跨部门直接共享</td><td>0.628</td><td></td><td></td><td rowspan="9">0.890</td><td rowspan="9">0.541</td></tr>
<tr><td>2. 公司通过电子链接（如信息发布台）能够与供应商直接进行信息共享</td><td>0.839</td><td></td><td></td></tr>
<tr><td>3. 公司通过电子链接（如信息发布台）能够与客户直接进行信息共享</td><td>0.839</td><td></td><td></td></tr>
<tr><td>4. 企业成员可以轻易从公司以外获取办公室的办公信息</td><td colspan="3">信度检验中被删除</td></tr>
<tr><td>5. 公司通过电子链接（如信息发布平台）从供应商处获取的信息十分可靠</td><td>0.767</td><td></td><td></td></tr>
<tr><td>6. 公司通过电子链接（如信息发布平台）从客户处获取的信息十分可靠</td><td>0.783</td><td></td><td></td></tr>
<tr><td>7. 公司的用户界面上的所有应用都有明确易见的入口</td><td>0.652</td><td></td><td></td></tr>
<tr><td>8. 公司能够不断应用最新的 IT 技术</td><td>0.598</td><td></td><td></td></tr>
<tr><td>9. 公司通过不同媒介为下游用户提供大量各种信息</td><td colspan="3">效度检验中被删除</td></tr>
<tr><td>10. 公司员工可以很容易地从公司内部网中获取企业生产或管理实践中对业务属性统一编码的最佳技术、方式、方法</td><td></td><td>0.790</td><td></td><td rowspan="3">0.861</td><td rowspan="3">0.674</td></tr>
<tr><td>11. 公司对所有知识归类整理，编制了目录及查询指南</td><td></td><td>0.881</td><td></td></tr>
<tr><td>12. 公司的信息系统支持员工收集与企业相关的各种外部知识</td><td></td><td>0.789</td><td></td></tr>
<tr><td>13. 公司在日常交流中大量使用了视频会议等先进的 IT 工具</td><td></td><td></td><td>0.663</td><td rowspan="3">0.836</td><td rowspan="3">0.633</td></tr>
<tr><td>14. 公司的信息技术使来自各种背景的管理者很容易一起开发新知识</td><td></td><td></td><td>0.853</td></tr>
<tr><td>15. 公司的信息技术增进了管理者之间的交流、了解和信任</td><td></td><td></td><td>0.855</td></tr>
<tr><td>方差变异解释度（%）</td><td>31.7</td><td>19.208</td><td>18.233</td><td colspan="2"></td></tr>
</table>

注：CR 表示组合信度，AVE 表示平均提取方差。

（2）组织学习的效度。结果显示，对组织学习进行探索性因子分析得到的

KMO 值为 0.921，巴特利球形检验值为 929.062（df=36，Sig 值为 0.000），说明该变量适合进行探索性因子分析。需要注意的是，题项 10 因为在两个因子中的载荷均大于 0.5，故将其删除，得到最终的分析结果如表 4 所示。从表中结果来看，组织学习聚合为两个因子，分别为探索式学习和利用式学习，并且所有题项的因子载荷均在 0.7 以上，同时 CR 大于 0.7，说明变量的内部一致性较好；另外，AVE 大于 0.6，说明变量具有较高的收敛效度，并且其平方根大于变量与其他变量的相关系数，说明其区分效度较高。

表 4　组织学习的探索性因子分析结果

题项	因子载荷		CR	AVE
	因子 1	因子 2		
1. 公司创建对公司具有创新意义的新的产品与服务	0.846		0.904	0.655
2. 公司将自己的成功建立在开发新的工作流程和技术上	0.789			
3. 公司通过跳出原有思维模式寻求新奇想法	0.856			
4. 公司寻求新的方式以满足顾客的需求	0.757			
5. 公司将目标定于新的顾客团体	0.793			
6. 公司持续提高自己产品和服务的可靠性		0.840	0.911	0.719
7. 公司提高自己产品和服务的生产率		0.847		
8. 公司致力于提高产品和服务的质量和降低成本		0.887		
9. 公司持续改进自己已有的技术		0.815		
10. 公司改良已有的产品和服务引入到本地市场	效度检验中被删除			
方差变异解释度（%）	41.449	38.283		

注：CR 表示组合信度，AVE 表示平均提取方差。

（3）吸收能力的效度。分析结果显示，对吸收能力进行探索性因子分析得到的 KMO 值为 0.820，巴特利球形检验值为 393.819（df=21，Sig 值为 0.000），说明该变量适合进行探索性因子分析。需要注意的是，题项 4 和题项 5 因为在两个因子上的载荷均大于 0.5 被删除，于是最终分析结果如表 5 所示。从表中结果来看，吸收能力聚合为两个因子，分别为现实吸收能力和潜在吸收能力，所有题项的因子载荷均在 0.6 以上，同时 CR 大于 0.7，说明变量的内部一致性较好；另外，AVE 大于 0.5，说明变量具有较高的收敛效度，并且其平方根大于变量与其他变量的相关系数，说明其区分效度较高。

表 5　吸收能力的探索性因子分析结果

<table>
<tr><td rowspan="2">题项</td><td colspan="2">因子载荷</td><td rowspan="2">CR</td><td rowspan="2">AVE</td></tr>
<tr><td>因子 1</td><td>因子 2</td></tr>
<tr><td>1. 公司为获得新知识经常与其他企业进行交流</td><td></td><td>0.756</td><td rowspan="5">0.813</td><td rowspan="5">0.596</td></tr>
<tr><td>2. 公司员工通过非正式渠道获得业内信息（与行业伙伴吃饭、与贸易伙伴聊天）</td><td></td><td>0.896</td></tr>
<tr><td>3. 公司经常通过与顾客、第三方（如会计事务所、咨询公司）交流来获取新知识</td><td></td><td>0.644</td></tr>
<tr><td>4. 公司能够快速分析和理解变化的市场需求</td><td colspan="2" rowspan="2">效度检验中被删除</td></tr>
<tr><td>5. 公司能够快速理解外部的技术 / 服务机遇</td></tr>
<tr><td>6. 公司员工会主动学习和积累未来可能用到的新技术或知识</td><td>0.736</td><td></td><td rowspan="5">0.865</td><td rowspan="5">0.617</td></tr>
<tr><td>7. 公司员工很少分享实践经验（f）</td><td colspan="2">信度检验中被删除</td></tr>
<tr><td>8. 公司定期讨论市场发展趋势和新产品开发事宜</td><td>0.735</td><td></td></tr>
<tr><td>9. 公司员工都清楚公司各项活动应如何执行</td><td>0.866</td><td></td></tr>
<tr><td>10. 公司很容易推行新产品 / 新服务</td><td>0.797</td><td></td></tr>
<tr><td>方差变异解释度（%）</td><td>39.989</td><td>28.935</td><td></td><td></td></tr>
</table>

注：CR 表示组合信度，AVE 表示平均提取方差。

（4）核心竞争力的效度。分别对创新优势和成本优势进行探索性因子分析，结果显示，对创新优势进行探索性因子分析得到的 KMO 值为 0.848，巴特利球形检验值为 350.976（df=6，Sig 值为 0.000）；而成本优势的 KMO 值为 0.757，巴特利球形检验值为 296.577（df=6，Sig 值为 0.000），说明上述两个变量均适合进行探索性因子分析，其分析结果分别如表 6 和表 7 所示。从表中结果来看，创新优势和成本优势分别都聚合为一个因子，并且所有题项的因子载荷均在 0.7 以上，同时 CR 大于 0.7，说明变量的内部一致性较好；另外，AVE 大于 0.5，说明变量具有较高的收敛效度，并且其平方根大于变量与其他变量的相关系数，说明其区分效度较高。

表 6　创新优势的探索性因子分析结果

<table>
<tr><td>题项</td><td>因子载荷</td><td>CR</td><td>AVE</td></tr>
<tr><td>1. 近三年来，公司同主要竞争者相比，对产品创新的满意度</td><td>0.879</td><td rowspan="2">0.939</td><td rowspan="2">0.794</td></tr>
<tr><td>2. 近三年来，公司同主要竞争者相比，对流程创新的满意度</td><td>0.916</td></tr>
</table>

（续表）

题项	因子载荷	CR	AVE
3. 近三年来，公司同主要竞争者相比，对管理创新的满意度	0.892	0.939	0.794
4. 近三年来，公司同主要竞争者相比，对市场创新的满意度	0.876		
方差变异解释度（%）	79.339		

注：CR 表示组合信度，AVE 表示平均提取方差。

表 7　成本优势的探索性因子分析结果

题项	因子载荷	CR	AVE
1. 近三年来，公司同主要竞争者相比，对研发成本的满意度	0.876	0.917	0.735
2. 近三年来，公司同主要竞争者相比，对制造成本的满意度	0.879		
3. 近三年来，公司同主要竞争者相比，对市场开发成本的满意度	0.890		
4. 近三年来，公司同主要竞争者相比，对管理成本的满意度	0.780		
方差变异解释度（%）	73.486		

注：CR 表示组合信度，AVE 表示平均提取方差。

（5）环境不确定性的效度。分析结果显示，对环境不确定性进行探索性因子分析得到的 KMO 值为 0.744，巴特利球形检验值为 64.948（df=6，Sig 值为 0.000），说明该变量适合进行探索性因子分析，其分析结果如表 8 所示。从表中结果来看，环境不确定性聚合为一个因子，并且所有题项的因子载荷均在 0.7 以上，同时 CR 大于 0.7，说明变量的内部一致性较好；另外，AVE 大于 0.5，说明变量具有较高的收敛效度，并且其平方根大于变量与其他变量的相关系数，说明其区分效度较高。

表 8　环境不确定性的探索性因子分析结果

题项	因子载荷	CR	AVE
1. 公司所在行业的进入障碍很低	信度检验中被删除	0.86	0.607
2. 公司所面对的市场变化速度很快且市场需求难以预测	0.773		
3. 公司所处行业的技术标准变化频率很高	0.812		

（续表）

题项	因子载荷	CR	AVE
4. 公司所在行业推出新产品和服务的速度很快	0.824	0.86	0.607
5. 公司所在行业的政策环境变化速度很快	0.700		
方差变异解释度（%）	60.678		

注：CR 表示组合信度，AVE 表示平均提取方差。

3. 描述性统计分析

将 IT 能力、组织学习、吸收能力、核心竞争力以及环境动态性等关键变量进行相关性分析和描述性统计，分析结果显示了各变量的均值、标准差和相关系数（见表 9）。结果表明，除部分控制变量之外，其他各变量间都是显著相关的，适合接下来的数据分析，为检验本文所提出的假设提供前提条件。

表 9　变量的均值、标准差及相关系数

	均值	标准差	X1	X2	X3	X4	X5	X6	X7	X8	X9	X10	X11	X12	X13
销售额	3.68	1.61	1												
资产额	3.59	1.7	.784**	1											
所有制	2.86	1.4	−.226*	−.255**	1										
流程导向 IT 能力	3.34	0.75	.258**	.203*	−.201*	1									
知识广度导向 IT 能力	3.32	0.9	.382**	.286**	−.247**	.508**	1								
知识深度导向 IT 能力	3.31	0.85	.321**	.235**	−0.084	.546**	.554**	1							
探索式学习	3.41	0.9	.181*	0.098	−0.013	.380**	.532**	.464**	1						
利用式学习	3.81	0.85	.206*	0.132	−0.102	.434**	.472**	.433**	.696**	1					
潜在吸收能力	3.5	0.84	.190*	0.078	−0.133	.214*	.358**	.373**	.552**	.449**	1				
实现吸收能力	2.67	0.66	.219*	0.095	−0.071	.414**	.524**	.532**	.749**	.570**	.589**	1			
创新优势	3.32	0.81	.231**	.195*	−0.063	.491**	.487**	.468**	.618**	.546**	.292**	.547**	1		
成本优势	3.19	0.75	.233**	.259**	−0.082	.447**	.503**	.375**	.541**	.533**	.292**	.499**	.778**	1	
环境不确定性	0.14	0.82	0.071	0.071	0.004	0.034	0.144	.176*	.250**	0.068	.287**	.209*	0.066	0.072	1

（三）假设检验

1. IT 能力与企业核心竞争力的关系

利用 SPSS 进行回归分析，对 IT 能力与企业核心竞争力的主效应进行检验，其中以IT能力的三个维度为自变量，以企业销售额、资产总额以及所有制性质为控制变量，而分别以创新优势和成本优势为因变量，所得研究结果如表10所示。从表中结果可以看到，流程导向的IT能力以及知识广度导向IT能力与创新优势和成本优势都存在显著的正向关系，而知识深度导向IT能力对创新优势和成本优势的影响均不显著。这说明假设H1a和H1b均只获得部分支持。

表10　主效应检验

		创新优势	成本优势
		模型1	模型2
控制变量	目前销售额	−0.071	−0.18
	资产总额	0.093	0.249
	所有制性质	0.079	0.086
自变量	流程导向IT能力	0.288**	0.263**
	知识广度导向IT能力	0.25*	0.351***
	知识深度导向IT能力	0.19	0.052
回归指标	R^2	0.350	0.33
	Adjusted R^2	0.317	0.296
	F值	10.579***	9.669***

注：*p<0.05，**p<0.01，***p<0.001。

2. 组织学习的中介作用

以组织学习（探索式学习和利用式学习）为中介变量进行回归分析，所得结果如表11所示。从表中结果来看，探索式学习对创新优势有显著正向影响，而对成本优势没有，但是利用式学习刚好相反，其对成本优势有显著正向影响，而对创新优势没有，因此，假设H2获得部分支持。此外，在IT能力与组织学习的关系中，流程导向IT能力以及知识广度导向IT能力对利用式学习有显著正向影响，而知识深度导向IT能力对利用式学习的影响不显著，同时流程导向IT能力对探索式学习的影响不显著，但知识广度导向和深度导向IT能力对探索式学习均有显著正向影响，假设H3也获得了部分支持。

进一步地，利用中介效应的判别方法，可以发现，由于知识深度导向IT能力对企业核心竞争力影响的主效应不显著，因此，组织学习在两者关系中的中介效应也是不存在的；而加入中介变量后，流程导向IT能力对创新优势、成本优势的直接影响效应依然存在且显著，并且其对利用式学习有显著正向影响，而利用式学习对成本优势有显著影响，因此，利用式学习在流程导向 IT 能力与成本优势的关系间起着显著的部分中介作用。同理，可以得出，探索式学习在知识广度导向 IT 能力与创新优势的关系间起完全中介作用，而利用式学习则在知识广度导向 IT 能力与成本优势的关系间起完全中介作用。综上，假设 H4 获得部分支持。

表 11　组织学习中介效应回归分析结果

		创新优势	成本优势	探索式学习	利用式学习
		模型 1	模型 2	模型 3	模型 4
控制变量	目前销售额	−0.079	−0.198	−0.010	0.074
	资产总额	0.131	0.286*	−0.072	−0.082
	所有制性质	0.038	0.057	0.105	0.027
自变量	流程导向 IT 能力	0.212*	0.180*	0.118	0.218*
	知识广度导向 IT 能力	0.057	0.185	0.407***	0.308**
	知识深度导向 IT 能力	0.089	−0.032	0.218*	0.148
中介变量	探索式学习	0.352***	0.203		
	利用式学习	0.160	0.271**		
回归指标	R^2	0.491	0.449	0.358	0.316
	Adjusted R^2	0.455	0.411	0.325	0.282
	F 值	13.966***	11.794***	10.956***	9.100***

注：*$p<0.05$，**$p<0.01$，***$p<0.001$。

3. 吸收能力的中介作用

以吸收能力（潜在吸收能力和现实吸收能力）为中介变量进行回归分析，所得结果如表 12 所示。从表中结果来看，只有现实吸收能力对创新优势和成本优势有显著正向影响，而潜在吸收能力没有，假设 H5 获得部分支持。此外，在 IT 能力与吸收能力的关系中，知识广度导向 IT 能力和知识深度导向 IT 能力对潜在吸收能力和现实吸收能力都有显著的正向影响，但流程导向 IT 能力对两类吸收能力的影响均不显著，于是假设 H6 也获得了部分支持。

进一步地，利用中介效应的判别方法，可以发现，由于知识深度导向 IT 能力对企业核心竞争力影响的主效应不显著，因此，吸收能力在两者关系中的中介效应也是不存在的；此外，由于流程导向 IT 能力对企业吸收能力的影响也不显著，因此吸收能力在流程导向 IT 能力与核心竞争力两者关系间的影响也不显著。而加入中介变量后，知识广度导向 IT 能力对成本优势的直接影响效应依然存在且显著，而对创新优势的直接影响不显著了，且其对潜在吸收能力和现实吸收能力均有显著正向影响，但只有现实吸收能力对企业核心竞争力有显著正向影响。因此，可以得出结论，现实吸收能力在知识广度导向 IT 能力与创新优势的关系间起完全中介作用，而在知识广度导向 IT 能力与成本优势的关系间起部分中介作用，而潜在吸收能力在知识广度导向 IT 能力与核心竞争力关系间不存在中介作用。综上所述，假设 H7 获得部分支持。

表 12　吸收能力的中介作用

		创新绩效	成本优势	潜在吸收能力	现实吸收能力
		模型 1	模型 2	模型 3	模型 4
控制变量	目前销售额	−0.101	−0.216	0.188	0.097
	资产总额	0.142	0.302*	−0.211	−0.154
	所有制性质	0.071	0.082	−0.080	0.023
自变量	流程导向 IT 能力	0.258**	0.240**	−0.071	0.087
	知识广度导向 IT 能力	0.152	0.255*	0.216*	0.301**
	知识深度导向 IT 能力	0.086	−0.052	0.271*	0.321**
中介变量	潜在吸收能力	−0.013	0.036		
	现实吸收能力	0.336**	0.294**		
回归指标	R^2	0.419	0.393	0.197	0.360
	Adjusted R^2	0.379	0.351	0.156	0.328
	F 值	10.450***	9.401***	4.813***	11.066***

注：*p<0.05，**p<0.01，***p<0.001。

4. 环境不确定性的调节作用

进一步地，本研究以环境不确定性为调节变量研究其对 IT 能力与企业核心竞争力之间关系的调节效应，所得研究结果如表 13 所示，结果发现，环境不确定性对 IT 能力的三个维度与核心竞争力（创新优势和成本优势）的调节效应均不显著，这说明无论是在高度不确定还是低度不确定的环境中，IT 能力都能够为企业带来竞争优势。于是，假设 H8 未获得支持。

表 13　环境不确定性的调节效应

		创新优势		成本优势	
		模型 1	模型 2	模型 3	模型 4
	目前销售额	−0.071	−0.062	−0.181	−0.172
	资产总额	0.093	0.093	0.250*	0.251*
	所有制性质	0.080	0.070	0.086	0.072
自变量	流程导向 IT 能力	0.287**	0.279*	0.263**	0.243*
	知识广度导向 IT 能力	0.251*	0.226*	0.351***	0.311**
	知识深度导向 IT 能力	0.192	0.187	0.053	0.056
调节变量	环境不确定性	−0.011	−0.342	−0.005	−0.387
交互作用	流程导向 IT 能力 × 环境不确定性		0.037		−0.395
	知识广度导向 IT 能力 × 环境不确定性		0.138		0.063
	知识深度导向 IT 能力 × 环境不确定性		0.170		0.732
R^2		0.350	0.355	0.330	0.347
Adj-R^2		0.311	0.298	0.290	0.290
F 值		8.995***	6.262***	8.218***	6.057***

注：$^{+}$p<0.1，*p<0.05，**p<0.01，***p<0.001。

五、结论与讨论

利用来自广州地区战略性新兴产业企业的 130 份调查问卷，本研究从组织学习和吸收能力探讨了企业 IT 能力影响其核心竞争力的内在机理。首先，本研究对关键变量的测量进行了研究，结果表明所有假设均在一定程度上获得了支持。

（一）研究结果的讨论

1. IT 能力与企业核心竞争力的主效应

首先，从 IT 能力的维度划分来看，本研究根据国内外学者的最新研究成果将 IT 能力划分为两个大维度四个小维度，即流程广度导向 IT 能力、流程深度导向 IT 能力、知识广度导向 IT 能力和知识深度导向 IT 能力。但数据分析结果表明，IT 能力最终只能被划分为流程导向 IT 能力、知识广度导向 IT 能力和知识深度导向 IT 能力三个维度。这表明流程广度导向 IT 能力和流程深度导向 IT 能力具有较强的共变性，因而被整合成为一个因子。从实践的角度来看，也在一定程度上说明目前广州战略性新兴企业在流程导向 IT 能力的建设方面，无论是在广度还是深度都达到了较高的水平，并且两者达到了协同的水平，但是在知识导向 IT 能力建设方面则在广度和深度上存在差异。

接着，在 IT 能力与企业核心竞争力的回归分析中，研究发现，流程导向 IT 能力对创新优势和成本优势都存在显著的正向影响，知识广度导向 IT 能力对创新优势和成本优势也存在显著的正向影响，但知识深度导向 IT 能力对上述两类核心竞争力均不存在显著正向影响。流程导向 IT 能力主要关注与供应商、客户等外部利益者建立信息交流平台并获取可靠信息，这在很大程度上可以降低企业的交易成本，而从社会网络理论的角度来看，流程导向 IT 能力实质上是在为企业构建一种网络关系结构，使得企业能够与供应商、客户更好地进行信息的交流和相互碰撞，从而产生新的观点、构思，激发创新的火花，而这又是实现创新所必须具备的条件。知识导向 IT 能力的意义在于全面获取外部知识以及实现内部知识的交流和共享，它聚焦于企业内部知识的存储、分享进而转换成内部能力。这有利于企业注重已有产品、技术并对其不断进行完善，同时也为企业创新提供了厚实的知识基础，当然也可以降低企业的生产成本和交易成本。但要注意的是，知识广度导向 IT 能力有影响，而知识深度导向 IT 能力的影响不显著，这就可能说明目前企业在知识导向 IT 能力建设方面还存在一些不足之处，还有待进一步加强。

2. 组织学习的中介作用

首先，从 IT 能力与组织学习的关系来看，流程导向 IT 能力只对利用式学习有显著正向影响，知识广度导向 IT 能力则对探索式学习和利用式学习都有显著正向影响，而深度导向 IT 能力则对探索式学习有显著正向影响。这一结果表明，流程导向 IT 能力在企业中往往体现的是企业利用 IT 进行信息搜索的能力，因而也只能够在一定程度上帮助企业进行利用式学习，但是当企业能够有效建立和提升知识导向 IT 能力时，就能够很好地将企业的知识进行归类存储、查询和利用（知识广度导向 IT 能力）。这种对信息的再加工不仅能够有效促进组织的利用式学习，还能够增强其探索式学习的能力，更为重要的是，利用 IT 增加管理者之间的交流、信任、开发新知识（知识深度导向 IT 能力）对于探索式学习的促进作用则表现得更为明显。

其次，组织学习与核心竞争力关系的研究结果表明，探索式学习只对创新优势有显著正向影响，而利用式学习只对成本优势有显著正向影响。March（1991）就曾指出探索式学习的本质是对新方案的实验，它的回报是不确定的；而利用式学习的本质是对现有能力、技术和模式的精炼和扩展，它的回报是可预测的。而本研究得到的这一结论在一定程度上就是对这一观点的佐证，因为创新本身就具有一定的风险性，即不能够马上就为企业带来财务上的回报，但是成本的控制则能够很明显地反映在企业的财务指标上。

3. 吸收能力的中介作用

第一，在 IT 能力与吸收能力的关系中，尽管本文只发现知识导向 IT 能力（包括广度和深度）对潜在吸收能力有直接的显著正向影响，但同时，知识导向 IT 能力（包括广度和深度）对现实吸收能力也有直接影响；不过，流程导向 IT 能力对吸收能力（包括潜在和现实）既没有直接影响也没有间接影响。本文的研究结论表明 IT 能力确实有利于提升企业的吸收能力，这与已有的理论与实证研究的结论是一致的。但与现有研究进行仔细比较后可以发现，本文的研究更为深入和细致。例如，彭泽余等（2011）从理论上对 IT 能力与潜在吸收能力及现实吸收能力之间的关系进行了探讨，但缺乏实证研究的支持；而 Liu 等（2013）将 IT 能力和吸收能力都作为单一维度进行研究。相比而言，本文不仅从实物期权理论视角对 IT 能力的维度进行了划分，同时还将吸收能力分为两个维度，并在此基础上对 IT 能力与吸收能力的关系进行了实证分析。从所得研究结论来看，知识导向 IT 能力对企业吸收能力有显著影响（可能是直接的，也可能是间接的），而流程导向 IT 能力对吸收能力的影响都不显著，这可能是由于流程导向 IT 能力作用的发挥具有一定的时滞效应。上述研究结论将能够拓展和丰富有关 IT 能力与吸收能力关系研究的理论文献，加深我们对两者关系的理解。

第二，本文对吸收能力（包括潜在与现实吸收能力）对核心竞争力（创新优势和成本优势）的影响进行了探讨，发现现实吸收能力对创新优势和成本优势都有显著的正向影响；但与我们设想不一致的是，潜在吸收能力对创新优势和成本优势都没有直接显著影响。这一研究结果表明，潜在吸收能力效果的发挥可能存在一定的时滞效应，也就是说，潜在吸收能力可能不能够马上就为企业带来竞争优势，相反，现实吸收能力则可以很快见效。但要注意是，已有的研究也表明，潜在吸收能力对现实吸收能力的促进作用不容忽视，Zahra 和 George（2002）就明确指出，潜在吸收能力对现实吸收能力的影响是显而易见的，而 Cepeda 等（2012）则通过实证研究对此予以支持。因此，不能因为潜在吸收能力对企业核心竞争力的影响不显著而忽视其重要性。

4. 环境不确定性的调节作用

本研究的结果表明，环境不确定性在 IT 能力与企业竞争力的关系中的调节效应并不显著，这表明 IT 能力对组织技术以及竞争优势的影响都呈现出一定的刚性，它们之间的影响关系的方向和强度不会受到外部环境变化的影响。需要注意的是，这与国内外一些学者的研究成果结论并不一致，例如 Pavlou 等（2006）通过实证研究发现，环境越动荡，新产品开发部门的信息技术利用能力越能支持企业的动态能力，从而获得竞争优势。王念新等人（2010）的实证研究表明，环境的动态性在企业信息技术应用能力与企业核心能力的关系之间起正向调节作用。但是，本研究团队在 2010 年也做过类似的研究，当时对 IT 能力的内涵采用较为传统的方式，利用珠三角制造企业的调查数据研究同样发现，环境不确定性在 IT 能力与企业竞争优势的关系间不存在调节作用，与现在所得的研究结论一致，这在一定程度上说明，至少在珠三角地区，企业无论是在高度还是在低度的不确定环境中，提升 IT 能力都能够有助于企业核心竞争力的提升，甚至可以说，IT 已经成为珠三角企业公认的战略资产。

（二）理论贡献与实践启示

1. 本研究的理论贡献

第一，本研究从实物期权理论出发，丰富了 IT 能力的理论内涵及其与企业核心竞争力关系的相关研究。现有的关于 IT 能力与竞争优势二者关系研究大多是基于资源互补视角。从企业核心竞争力来看，大多数研究关注的是企业财务绩效、创新绩效等，部分研究认为 IT 对于降低企业成本有重要作用，但缺乏相关的实证研究。本研究从实物期权理论出发，从流程导向与知识导向维度更为细致地剖析了 IT 能力与创新优势、成本优势的关系，厘清了 IT 能力对企业核心竞争力影响的内在关系。

第二，从组织学习和吸收能力两个不同的视角揭示了 IT 能力影响企业核心竞争力的中介作用机理，进一步打开了两者关系的“黑箱”。有关 IT 能力影响企业核心竞争力的中介作用机理一直以来都是学者们关注的焦点问题，例如 Tippins（2003）就研究了组织学习在 IT 能力与企业绩效间的中介作用，而谢卫红等（2014）在基于广东省战略新兴产业做实证研究时发现组织学习是 IT 能力影响技术创新的中介变量。在本研究中，尽管我们也以组织学习为中介变量，但研究更为深入细致，不仅将组织学习划分为探索式学习和利用式学习两个维度，同时还将 IT 能力拆分为不同维度进行研究，并且考察了创新优势和成本优势两类不同的竞争优势。此外，关于吸收能力的中介作用，已有研究仅仅是停留在理论分析上，实证分析还相当缺乏，本研究则是对此的一个补充。

第三，考虑了 IT 能力影响企业核心竞争力的情景变量，即考察了环境不确定性的调节作用，从而丰富和拓展了 IT 能力作用发挥的理解和认识，同时也拓展相关的理论知识。尤其需要注意的是，本课题组在不同的时间段，采用不同的 IT 能力维度，并且针对不同的企业进行了问卷调查，进而考察环境不确定性在 IT 能力与企业竞争优势关系间的调节作用，但最终都获得了一致的结果。这在很大程度上表明了 IT 作为企业战略性资产无论在何种条件下都起着非常关键的作用。这样的结论也丰富和拓展了相关的理论知识。

2. 本研究的实践启示

第一，企业管理者要充分认识到 IT 能力对于企业核心竞争力提升的重要性。本研究的结论启示管理者应该重视 IT 的战略价值，加强对 IT 的投资，注重企业 IT 能力的培育。具体来说，在 IT 能力构建中，企业要配备足够的 IT 基础设施，包括 IT 硬件、软件、通信设备等，加强对 IT 人才的引进、培养和重视；管理者要重视 IT 部门与企业业务部门的合作沟通，建立良好的 IT- 业务关系；另外，公司高层管理者对 IT 战略规划、IT 治理的重视也是建立企业 IT 能力的重要条件。

第二，IT 必须通过组织其他互补性资源才能发挥其价值。IT 投资能够促进企业核心竞争力的提升，组织学习和吸收能力在 IT 能力与核心竞争力的关系间具有显著的中介作用。因此，管理者要重视与 IT 相关的组织资源的培养，在加强 IT 能力建设的同时，一方面要积极建设学习型组织，发挥 IT 与知识的互补作用：（1）要在公司范围内倡导探索和创新性的工作方式，鼓励员工提出新的、创新性的想法；（2）通过 IT 对组织现有知识进行挖掘再利用，通过 IT 对现有知识进行整理保存以供未来使用。此外，管理者也需要特别重视吸收能力的构建和提升，进而提高加大 IT 投资所带来的回报，本文认为在加强吸收能力方面可从以下几方面入手：（1）利用 IT 工具与供应商、客户以及其他行业伙伴保持交流；（2）获取有价值的信息快速分析市场需求的变化；（3）建立共享沟通机制，促进企业内部员工之间的沟通交流；（4）建立良好的激励机制，为新产品和新服务的产生提供良好的环境。只有这样，才能充分发挥 IT 能力和吸收能力的作用，从而推动企业突破式创新。

第三，制定产业发展政策的政府相关部门需要注意，在推动战略性新兴产业的发展过程中，推动和支持企业信息化建设非常有必要。一方面，可以从支持战略性新兴产业发展的产业发展基金中专门划拨出一部分的资金用于支持企业的信息化建设；另一方面，则需要出台一系列的政策制度，为企业的信息化建设提供宽松的政策环境；此外，推动经济社会的信息化建设，为企业的信息化建设创造良好的发展环境和氛围，并且要加大为企业提供信息服务以及人才等多方面服务的支持力度。

（三）不足与展望

本研究主要存在三个方面的不足：第一，本研究仅以广州地区的战略性新兴产业中的企业为调查对象，样本数据具有地域局限性，研究结论是否适用于其他地域还有待进一步检验，未来的相关研究对样本的收集可以选择更广泛的区域。第二，本研究使用的是截面数据，而 IT 能力的形成和作用发挥是一个动态过程，IT 能力对核心竞争力的影响在时间上可能存在一定的滞后性。这可能会给研究结论的客观性造成一定影响，采用纵向的数据应是未来研究应该予以考虑的。第三，未来的研究可以考虑 IT 能力与企业核心竞争力关系间的其他中介变量的影响，或者也可以更为深入地探究制度环境因素、组织文化因素等调节变量的影响。此外，关于如何提升企业的 IT 能力也应该是未来研究应该考虑的一个非常重要的问题。

参考文献：

［1］Ahuja G, Lampert C M. Entrepreneurship in the Large Corporation: A Longitudinal Study of How Established Firms Create Breakthrough Inventions [J]. Strategic Management Journal, 2001, 22 (6): 521–543.

［2］Anandhi S. Bharadwaj. A Resource-based Perspective on Information Technology Capability and Firm Performance: An Empirical Investigation [J]. MIS

Quarterly, 2000, 24 (1): 169-196.

[3] Anil K. Gupta, Ken G. Smith, Christina E. Shalley. The Interplay between Exploration and Exploitation [J]. Academy of Management Journal, 2006, 49 (4): 693-706.

[4] Arun Rai, Ravi Patnayakuni, Nainika Seth. Firm Performance Impacts of Digitally Enabled Supply Chain Integration Capabilities [J] . MIS Quarterly 2006, 30: 225-246.

[5] Baum J A C, Li S X, Usher J M. Making the Next Move: How Experiential and Vicarious Learning Shape the Locations of Chains' Acquisitions [J]. Administrative Science Quarterly, 2000, 45: 766—801.

[6] Benner M J, Tushman M L. Exploitation, Exploration, and Process Management: The Productivity Dilemma Revisited [J]. Academy of Management Review, 2003 (28): 238-256.

[7] C. Argyris, A. Schon. Organizational Learning: A Theory of Action Perspective [M]. MA: Addison-Wesley, 1978.

[8] Catherine L. Wang, Mohammed Rafiq. Organizational Diversity and Shared Vision: Resolving the Paradox of Exploratory and Exploitative Learning [J]. European Journal of Innovation Management, 2009, 12 (1): 86-101.

[9] Cepeda-Carrion G, Cegarra-Navarro J G, Jimenez-Jimenez D. The Effect of Absorptive Capacity on Innovativeness: Context and Information Systems Capability as Catalysts [J]. British Journal of Management, 2012, 23 (1): 110-129.

[10] Chandy R K, Tellis G J. Organizing for Radical Product Innovation: The Overlooked Role of Willingness to Cannibalize [J]. Journal of Marketing Research, 1998, 35 (11): 474-487.

（选自广州市哲学社会科学发展“十二五”规划2012年度课题“基于IT能力的广州制造业核心竞争力提升路径研究——以战略性新兴产业为例”。课题负责人：谢卫红；成员：董振林、张延林、黄山、王永健、李颖、刘海涛、王田绘、胡仁杰。）

新型城市化背景下广州制造业率先转型升级研究

蔡进兵（广州市社会科学院）

立足于广州所处的历史方位和面临的阶段性特征，着眼于城市科学发展的大局和前途，市第十次党代会做出推进新型城市化发展的重大决策部署。新型城市化发展的主要内容之一是产业转型升级，走低碳、绿色、集约、可持续的经济发展道路，本质是要求实施新型工业化战略。本研究将在广州实施新型城市化战略的背景下，通过对广州制造业发展进行分析，力求为广州制造业转型升级指明方向及提供对策建议。本研究通过对广州工业化发展阶段进行判断，对世界性城市的工业化历程进行总结归纳，认为广州仍应大力发展制造业，在走新型城市化道路、推进产业转型升级的背景下仍应重点推进制造业转型升级。

一、广州工业化阶段与制造业发展

进一步强化对广州所处经济发展阶段的再认识，明确广州所处的经济发展阶段及其阶段性特征，是制定科学的产业发展战略，实现经济协调发展和产业结构合理化的前提。本部分将重点分析广州当前所处的工业化阶段，从而明确制造业在广州未来发展中将扮演的角色。

（一）经济发展与工业化阶段分析

世界各国特别是工业化先行国家发展的经验表明，经济发展和工业化伴随着一个产业结构变化的过程，且变化呈现出一定的规律性，即：第一产业的比重不断下降；第二产业的比重先上升，后保持稳定，再持续下降；第三产业比重则是先略微下降，后基本平稳，再持续上升。对此现象，国外经济学家钱纳里、库兹涅茨、赛尔奎等人，基于几十以至上百个国家的案例，采取实证分析的方法，得出了经济发展阶段和工业化发展阶段的经验性判断。不同学者对发展阶段的划分不尽相同，其中具有代表性的是钱纳里和赛尔奎的方法，他们将经济发展阶段分为前工业化、工业化实现和后工业化三个阶段，其中工业化实现阶段又分为初期、中期和后期三个时期。判断依据主要有人均收入水平、三次产业结构、就业结构和城市化水平等标准。

具体而言，完成工业化进入后工业化阶段的主要标志是：人均GDP超过11170美元（2005年美元，购买力平价）；农业在三次产业结构中的比重小于10%，而且第三产业的比重高于第二产业；农业就业人口比重小于10%；城市化水平超过75%。进入工业化后期的标志是：农业在三次产业结构中的比重小于10%，但第二产业的比重仍然大于第三产业；农业就业人口比重为10%—30%；城市化水平为60%—70%。

按此标准，美国完成工业化并进入后工业化阶段的时间是1955年，当年工业（不包括建筑业）比重为39.1%，达到最高值。日本、韩国进入相同阶段的时间分别为1973年、1995年，工业比重的最高值分别为36.6%、41.9%。

此外，工业内部结构也发生显著变化。工业化初期，纺织、食品等工业比重较高，之后比重持续下降；工业化中期，钢铁、水泥、电力等能源原材料工业比重较大，之后开始下降；工业化后期，装备制造等高加工度的制造业比重明显上升。对工业内部结构的变化，德国经济学家霍夫曼提出了“霍夫曼定理”——在工业化进程中，霍夫曼比率或霍夫曼系数（消费品工业的净产值与资本品工业净产值之比）是不断下降的，特别是进入工业化中期，霍夫曼比率小于1，呈现出重化工业加速发展的阶段性特征。

需求结构、供应结构和比较优势的变化是造成结构变化的根本原因。从需求的角度来看，消费是沿着衣食住行以及非物质消费的方向升级的；从供给和比较优势的角度来看，一个国家要素禀赋优势是沿着土地、劳动力、资本和技术知识升级的。消费和供给两方面的共同作用使得经济增长呈现农业—能源原材料工业—高加工度工业—服务业的变化轨迹。

上述划分工业化发展阶段的经典理论，是基于几十年前的时代背景得出的经验性结论。而新的时代特征却对经典理论形成了一定的挑战，其中最重要的是经济全球化的影响。20世纪90年代以来不断向纵深发展的全球化浪潮，使得国际产业分工转变为产业链的垂直分工，市场的边界得到了极大的扩展。发达国家主要从事研发、设计、品牌以及管理组织的环节，这些环节多属于服务业；而发展中国家特别是新兴经济体主要从事加工和组装，这些环节多属于制造业。全球化使得发达国家形成了服务于全球的服务业，使其服务业比重更高；新兴经济体形成了服务于全球的制造业，其制造业比重更高。这样，就在一定程度上偏离了经典理论的“标准结构”。

（二）广州制造业现阶段的主要特征

1. 广州制造业依靠资金、土地要素投入的发展路径尚未发生根本改变，增长质量持续恶化

2011年，广州工业增加值率24.5%，低于全国26.5%的工业增加值率。以1996—2011年数据观察，广州工业增加值总体呈现下降的态势，从1996年的27.0%降至2011年24.5%，降幅达2.5个百分点。工业增加值率的下降表明，工业企业所创造的附加值在下降、盈利水平在下降，投入产出的效果变差，广州的经济增长质量在日益恶化。在土地、劳动力成本上涨、环境约束增强的大背景下，要创造与前些年相同的增加值，广州需要更多的投入，而且这种趋势正在增强。工业增加值率是从宏观上度量一个地区工业投入的产出效益及增长质量的综合指标。从增加值率看，广州工业粗放增长的路径尚未根本改变，在同样的中间投入下，产生的增加值越来越低。

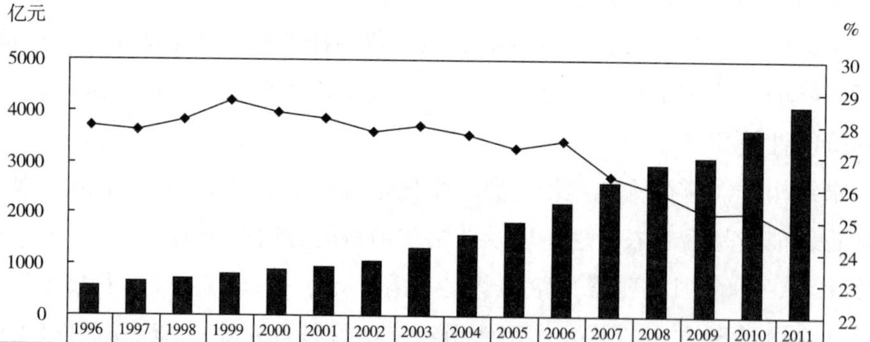

	1996	1997	1998	1999	2000	2001	2002	2003	2004	2005	2006	2007	2008	2009	2010	2011
工业增加值	578	661	707	798	878	955	1051	1314	1594	1844	2227	2603	2972	3117	3645	4096
增加值率	27.9	27.8	28.1	28.7	28.3	28.2	27.7	27.9	27.6	27.2	27.5	26.4	25.9	25.2	25.2	24.5

■ 工业增加值 —◆— 增加值率

图1 1996—2011年广州工业增加值及工业增加值率

资料来源：根据《广州统计年鉴（2012）》数据整理。

2. 企业技术创新投入不足，创新能力相对较低

广州企业创新投入相对不足。与国内主要城市比较，广州工业企业创新投入也有很大差距。2010 年，广州 R&D 经费支出占广州生产总值比例仅为 1.7%，在国内 20 个主要城市中排第 15 位，尚未达到 20 个城市的平均水平（2.62%），远低于北京（5.50%）、深圳（3.30%）和上海（2.81%）。2010 年，广州规模以上工业企业 R&D 经费支出占工业增加值的比重也只有 3.53%，与深圳（7.12%）、北京（4.81%）、上海（4.19%）还有很大差距。与世界性城市新加坡比较，广州工业企业创新投入严重不足。2006—2009 年，新加坡制造业企业 R&D 年均支出都超过了 100 亿元（按各年年底汇率折算），分别占制造业增加值的 3.75%、4.89%、7.14% 和 4.28%。相对于新加坡的持续大量投入，广州市研发资金投入虽保持快速增长的态势，但当前占增加值的比重仍然偏低。2006 年，广州市大中型制造业企业 R&D 投入只有 22.22 亿元，占当年制造业的比重只有 1.26%；之后年份投入资金保持快速增长，2011 年规模以上制造业企业 R&D 资金增加到 140.67 亿元，占当年规模以上制造业企业增加值的 3.51%，但与新加坡相比仍有一定的差距。

表 1　广州与新加坡制造业 R&D 投入比较

年份	新加坡		广州	
	制造业 R&D 支出（亿元）	占制造业增加值比重（%）	制造业 R&D 支出（亿元）	占制造业增加值比重（%）
2006	112.12	3.75	22.22	1.26
2007	151.61	4.89	65.35	3.01
2008	178.29	7.14	80.83	3.16
2009	112.60	4.28	103.05	3.75
2010			118.77	3.53

注：广州市制造业 R&D 支出中，2008 年及以前年份的数据为大中型制造业企业支出数据；2009 年及之后年份的数据为规模以上制造业企业数据。

数据来源：相关年份《新加坡统计年鉴》、《广州统计年鉴》。

自主创新能力还相当薄弱，产业核心竞争力不强。具有自主知识产权的核心技术不多，自主品牌建设相对滞后，具有国际影响力和美誉度的著名商标拥有量相对偏少，高新技术企业规模普遍偏小，缺少有影响力的企业航母。2011 年，广州市

专利授权量为 8172 件，在六个主要城市中授权数量最少，分别只有上海（47959 件）的 17%、北京的 20%、深圳的 20.8%、重庆的 52.7%、天津的 58.4%。虽然发明专利授权数相对更多，有 3146 件，但也只有北京的 19.8%、上海的 34.3%。

3. 产业竞争力弱，在全球分工体系中主要处于产业价值链的中低端环节

虽然近年来广州先进制造业发展迅速，高新技术产品产值占工业总产值的比重大幅度攀升，2011 年达到 40%，但是，广州的先进制造业在全球分工格局中，仍处于产业价值链的低端、低附加值环节，参与的工作仍以加工装配环节为主。以广州先进制造业的名片——大型盾构机为例，产品的主要技术、核心零部件均来自合资外方，合资企业只是从事组装工作，然后在国内进行销售。合资企业在技术研发、设计方面全部依赖外方。作为广州工业三大支柱产业之一的广州电子信息制造业已形成一定的基础，但产业发展也主要集中于价值链的组装制造环节，技术水平和附加值都比较低。在广州先进制造业中地位举足轻重的汽车产业也存在同样的问题。广州的汽车工业主要是通过与日本三大跨国汽车公司（本田、丰田、日产）合资，嵌入全球价值链的生产环节。2011 年，在汽车行业实现的利税中，真正属于“广州制造”所创造的价值不及 10%。而作为创造利税主体的合资企业，主要以“三来倾销”工业模式为主，即由外商提供车型、技术、核心零部件，然后在国内销售，由中方提供土地、厂房、劳力，中方仅获少部分的“加工费”。

4. 民营经济发展缓慢，国有经济、外资经济所占比重过高

广州市民营经济发展缓慢。2011 年，广州市规模以上民营工业总产值为 2538.34 亿元，占规模以上工业总产值的比重为 16.06%。国有经济比重较高。2011 年，规模以上国有及国有控股的企业实现产值 4265.47 亿，占规模以上工业总产值的比重达到 26.98%。在广州市知名企业中，绝大多数都是国有或国有控股企业，如广汽集团、广发集团、珠江啤酒集团等等。过高的国有经济比重在较大程度上不利于广州工业运营效率的提高。外资经济所占比重过高，2011 年，外商及港澳台企业甚至实现工业产值 10431.37 亿元，占规模以上工业总产值的比重达到 65.99%。外资企业根植性差，产业拉动能力弱，对当地经济贡献度较小，过高的外资比重会影响到一个地区工业长期发展。①

① 民营经济、国有经济和外资经济三者并不是同一范畴内的平行概念，所以三者数据统计时会有所交叉。

（三）结论：广州工业化阶段与制造业地位

按照钱纳里工业化阶段理论的研究结论，当人均生产总值介于7940—12700美元之间，产业结构转化为以第三产业为主，经济社会发展处于后工业阶段的初级时期。2011年，广州人均生产总值达12882美元，三次产业结构为1.65∶36.84∶61.51。根据钱纳里经济社会发展阶段划分标准判断，广州开始进入后工业化时代。相当一部分研究文献，包括一些为政府制定政策、编制发展规划服务的研究成果也据此认定：广州传统工业化的基本任务已经完成，广州正在进入以"服务经济"为主导的后工业化发展时代。但是，广州制造业的发展路径、现状与钱纳里工业化阶段理论存在一定的偏差。

根据产业发展规律，工业化过程首先表现为消费资料工业（轻工业）的生产在制造业中占主导地位，这是第一阶段；第二阶段，资本资料工业（重工业）快速增长，并逐渐实现与消费资料工业规模相当；第三阶段，资本资料工业的规模超过了消费资料工业的规模。在第三阶段，即重化工业阶段，自身也有一个结构变化的过程，主要表现为以原材料和基础工业为主逐步升级到以"高加工度和技术密集为主"产业的变化过程。虽然广州已经形成了"三、二、一"的三次产业结构，重工业总产值占全市工业总产值比重达到64.95%（2011年），但广州的制造业因全球化分工所带来的"对外依附性"和"不大且不强"特征明显，技术创新能力比较薄弱，依靠土地及人工的成本优势、税收优惠、市场优势等参与全球分工，主要处于全球产业价值链中低技术含量、低附加值环节。发达国家进入服务业时代是因为发达国家已经建立了最先进而又庞大的现代制造业体系，凭借技术和品牌的垄断，在上游技术研发和下游销售渠道"两头通吃"，拥有对全球产业链和价值链的强大控制力，实现收益最大化。从工业化历程来看，一个国家或地区要完成工业化，进入以服务经济为主导的后工业化阶段，必须经历技术集约化阶段。而目前广州远没有进入技术集约化阶段，作为低技术环节的参与者，在国际产业链分工体系中处于配套和配角地位，其工业化进程远未结束，广州仍处于工业化中后期。根据产业演进规律和都市工业的特点，在今后相当长一段时期内，广州仍应高度重视发展"高加工度和技术密集为主"的先进制造业和符合都市型工业特性的传统优势产业。

二、世界性城市产业结构演变对广州的启示

通过分析典型城市产业演进的历史，探讨其背后的规律，并与广州发展状况进行比较，更加全面、准确地判断广州所处的经济发展阶段，更加深入地理解广州当前所面临的经济转型、产业升级的阶段性特征，更好地把握广州产业发展的方向与趋势，为研究广州先进制造业和传统优势产业的发展提供新的视角和理念。

（一）世界性城市的产业发展及结构演变

与国家一级的经济体相比，城市（城市国家）有着不同的产业变动规律，并与城市的功能属性紧密相连。下面以纽约、东京、新加坡、香港四个世界性城市的产业发展及结构演进轨迹为分析对象，研究世界性城市产业结构的特性，为广州产业转型升级提供参照系与经验借鉴。

1. 纽约

纽约最早是一座商业城市。17 世纪初商贸的兴旺促使大量资本积聚于纽约，这为其日后成为全美金融中心奠定了基础，同时也为其发展制造业创造了必要的条件。19 世纪中叶末，纽约已成为美国一大制造业中心。由于纽约自然资源缺乏而劳动力、资本充足，因此其制造业以劳动密集型、资本密集型的轻工业为主，形成了以制糖业、出版业和服装制造业为主要支柱产业的产业格局。

二战结束后，随着美国产业结构的调整以及传统制造业部门的衰落，纽约制造业也开始步入衰退期。20 世纪 60、70、80 年代纽约制造业就业人数分别减少了 9.2 万、18.1 万、26.7 万人，下降率分别为 9%、19%、35%。在这一过程中，损失最为惨重的是服装制造业。1950—1980 年，该行业共有 20 万人失业，占纽约制造业失业人口总数的 1/5。自 1980 年以来，该行业就业人数减少了 60%。在纺织品、橡胶及塑料制品、运输设备及多种制成品（办公用品、工艺品、珠宝、玩具和体育用品）行业，工作岗位减少约 2/3。有些行业部门包括纸制品、金属加工制品、石陶及玻璃制品、家具和家居设备、食品、电子和电机设备仪器及相关产品、皮革与皮鞋制品和初级金属制品，经历了 70% 甚至更多的就业萎缩。从规模上看，1969—1977 年纽约市 143 个制造业行业中，只有 9 个行业就业增长，共增加了 7500 个工作岗位，而其他行业同期减少 314000 个工作岗位。

但是，纽约制造业的衰落并不等于完全的消亡，纽约仍保有一定份额的制造业。实际上，正是那些有竞争力的产业在制造业整体衰退的环境下生存了下来。在这个过程中，纽约产业集聚的表现形式为轻工业内部的大批量让位于小批量、非标准化的生产，同时，产业部门的集聚也逐渐增强。这些产业既符合大都市的生产特性，又带有纽约市的一些特点，其中最为突出的就是服装业和印刷出版业。从纽约市制造业前五名来看，产业集中度都已经超过了 67%（见表 2）。

表 2　1997 年纽约市五大制造业占整个制造业比重

	就业		增加值		产值	
	人数	比例	数额（千美元）	比例	数额（千美元）	比例
全部制造业	207975	100%	13875950	100%	27735815	100%
服装业	80364	38.6%	3812680	27.5%	8501957	30.7%
印刷业	19148	9.2%	1903597	13.7%	2761169	10.0%
小件物品	22386	10.8%	1551807	11.2%	3353421	12.1%
食品业	15735	7.6%	1079797	7.8%	2449017	8.8%
化学工业	6332	3.0%	1009578	7.3%	1605624	5.8%
前五位累计	143965	69.20%	9357459	67.50%	18671188	67.40%

数据来源：根据 1997 Economic Census 数据整理。

其中，服装业在纽约市一直占有重要的地位。纽约市作为服装设计中心，以款式新颖、风格多样的特点，引领着美国乃至世界的时装潮流，吸引了来自国内外的顾客。在流行风尚快速变化的条件下，设计师倾向于就近选择厂家生产其产品，纽约的服装业就显示了近距离的优势。此外，作为移民第一站的纽约也为服装业提供了充足的劳动力。因此，尽管有许多纺织厂陆续迁到成本较低的地方去，但纽约仍有大量的成衣厂和从业人员。纽约大部分工厂有相当高的专业技术和管理水平，它们的产品在国际市场上也具有很强的竞争力。

此外，作为典型都市型产业——印刷业，在纽约市也占有很大的比重。根据 1997 年纽约工业普查结果，纽约有印刷厂 1265 家，从业人员 1.9 万人，年销售额 27.6 亿美元。纽约是美国出版业中心，数百家国家级杂志的总部设立于此。整个美国出版业 18% 的从业人员工作、生活于纽约。美国三大报之一的《纽约时报》，以及主要报刊《华尔街日报》、《纽约每日新闻》、《纽约邮报》、《财富杂志》、《福布斯》、《商业周刊》、《外交季刊》、《时代周刊》、《新闻周刊》等都在纽约出版发行，其中《财富杂志》、《福布斯》、《时代周刊》、《新闻周刊》在海外均有较大的影响。

同样，作为旅游中心、文化娱乐中心、广告咨询中心，纽约也为相关的制造业创造了就业机会。

2. 东京

东京作为日本全国的政治、经济及文化中心，东京的工业发展大致经历了 4 个阶段：

（1）工业起步阶段（19 世纪 80 年代—20 世纪 30 年代中期）。该阶段纺织业和食品业是东京工业部门的两大主导产业，以其为代表和核心的轻工业推动着东京工业的发展。同期，重化工业也有所发展，这为战后日本经济恢复并进入重化工业阶段奠定了基础。

（2）工业复苏阶段（20 世纪 40 年代后期—20 世纪 50 年代）。这一时期正是东京的战后重建阶段，钢铁、化工、机械等战略部门成为重要的工业部门。但由于处于恢复阶段，许多重工业部门的比例并不是很大，而食品行业作为生活必需品排在了首位，位于第二位的出版印刷业则与东京作为日本政治文化中心的职能密切相关。

（3）工业高速发展与结构调整阶段（20 世纪 60 年代后期—20 世纪 70 年代）。60 年代钢铁工业和化工工业在工业中的比重逐渐降低，直到退出主导产业之列，而技术含量、附加值较高的一些行业，如机器机械业、运输机械业和一般机械业增长较快，在工业占有较高比重。

（4）工业结构稳定阶段（20 世纪 80 年代后）。80 年代后，工业的五大主导产业为出版印刷业、电气机械业、运输机械业、一般机械业和食品业。其中出版印刷业、电气机械业和运输机械业的比重继续增加，而一般机械业和食品业的比重则有所下降。

到 90 年代以后，东京的制造业逐渐形成了两个非常鲜明的特点。一是产业集聚性很强，城市型经济特色十分显著。东京的制造业产值在 1993 年仅占日本全国的 6.6%，但它却集中了日本全国 50% 以上的航空发动机、出版、铅笔、测量器具、制本和图片制版等行业的产值。工业计量器具、新闻发行、印刷加工和皮革制品也占有相当的比重。二是制造业的行业分布也相当集中，七种主要产业的产值占了全部制造业产值的 80%。这些高度集中的行业都有一个共同的特点，即技术含量比较高，占地、耗能、用水都比较少，但集聚效应却很明显，是典型的城市型产业。

表 3　东京主要工业销售产值位次及所占制造业比重的演变（%）

1953 年		1963 年		1973 年		1983 年		1993 年	
食品	12.5	电气机械	11.5	电气机械	17.2	出版印刷	21.0	出版印刷	27.1
出版印刷	11.5	出版印刷	11.2	出版印刷	15.0	电气机械	20.2	电气机械	22.0
钢铁	11.2	一般机械	10.4	一般机械	9.3	运输机械	8.1	运输机械	8.4
化工	10.4	食品	9.4	运输机械	8.0	食品	7.6	一般机械	6.7
电气机械	7.7	化工	8.3	食品	7.8	一般机械	7.6	食品	6.7

数据来源：许仁祥、高汝熹：《上海与东京产业结构特点的比较与分析》，载《科技导报》，1996 年第 7 期。

3. 新加坡

综观 40 年来新加坡经济的发展，可以发现，新加坡经济的奇迹与其产业结构的转换有着密切的关系。新加坡产业结构的转换经过了 5 个阶段：

（1）产业结构由单一的转口贸易向发展进口替代加工业的转变（1959—1967 年）。新加坡独特的地理位置和长期的殖民地地位，使得新加坡的产业结构在此之前表现为以单一的转口贸易为中心，而农业、渔业、采矿业、制造业和建筑业等居于次要地位，呈现出一种畸形的发展。但是，由于东南亚国家在 20 世纪 50 年代末期纷纷开展直接的进出口贸易，经由新加坡转口的贸易额急剧下降，新加坡经济备受打击，国内失业率上升，1959 年高达 13.2%。针对这一困境，新加坡政府提出了实行工业化的经济发展战略，以发展进口替代工业来改变对转口贸易的依赖。在政府的鼓励和扶持下，新加坡的进口替代工业有了很大的发展。在 1960 年到 1965 年这段时间里，新加坡的新兴工业企业从无增加到 95 家，制造业部门在国内生产总值的比重由 8.6% 上升为 16.3%，平均经济增长率高达 7.4%。失业率也急剧下降，到 1967 年，失业率已降到 8.1%。

（2）产业结构由进口替代工业向发展出口工业的转变（1968—1979 年）。由于国内外经济形势的变化，新加坡的产业结构不得不由进口替代工业向发展出口工业进行转变。首先，由于 1965 年新加坡脱离马来西亚成为独立国家，进口替代工业便失去了马来西亚这块市场；其次，由于此时西方发达国家经济正处于持续高涨期，把劳动密集型出口工业向发展中国家转移，新加坡利用这一国际机遇，开始重点发展造船、电子和炼油二大支柱产业。到 1979 年，新加坡已经形成了以制造业、贸易业、交通运输业、金融业和旅游业等五大产业为支柱的多元经济结构，失业率降至 3.3%，平均经济增长率达 10.1%。

（3）产业结构重组阶段（1979—1985 年）。由于 20 世纪 70 年代末期东南亚等国建立的劳动密集型企业，使新加坡的外向型经济受到了强烈的挑战，再加上西方发达国家贸易保护主义的抬头，新加坡的劳动密集型出口工业失去了比较优势。于是，新加坡政府于 1979 年提出了在经济领域进行“第二次工业革命”的战略目标，通过制定并实施一系列的政策和措施，促使企业实行产业结构升级，大力发展资本、技术密集型的出口工业，逐步淘汰劳动密集型企业。但是由于新加坡政府在促进高新技术产业发展的过程中，采取了一些过于冒进的政策，新加坡经济在 1985 年出现了建国以来的首次负增长，工业制成品的出口竞争能力下降。

（4）经济发展新方向时期（1986—1996 年）。通过对 1985 年新加坡经济危机的分析，新加坡政府提出了经济发展战略调整方向与对策措施，即在发展资本、技术密集型出口工业的同时，着重转向优先发展有增长潜力的服务业，以使新加坡发展成为东南亚和亚太地区的区域性服务中心。

（5）以知识经济为主的产业结构时期（1997 年至现在）。由于世界经济大环境的影响，新加坡先后遭遇到亚洲金融危机、美伊战争和 SARS 爆发以及欧、美、日等市场需求不振等问题，给原本刚刚有所起色的新加坡经济带来了不利影响。新加坡的经济增长率在 2000 年时为 9.9%，2001 年为 −2%，2003 年经济略有增长，为 1.1%。新加坡为应付这种经济衰退，开始进行全面的结构性改变，在着重投资和效率的经济上引入创新，重组经济，使新加坡经济向更富有创新精神的知识型经济方向转变，从而应付不断变化的外部世界环境。这种政策发挥了作用，新加坡经济增长率在 2004 年已达到 8.1%。

新加坡产业结构经过 5 个阶段的调整，已由最初的单一转口贸易转变为多元化的产业结构，并且体现了产业向知识和技术型方向的发展。产业结构的不断调整与转换不仅使新加坡迅速摆脱了经济衰退的困境，而且实现了经济持续、高速增长，国际竞争力不断增强。如今，新加坡已发展成为东南亚地区重要的金融中心、运输中心、世界电子产品重要制造中心和炼油中心。

（二）结论

通过世界性城市产业发展的分析，可以得出以下结论：

1. 世界性城市的制造业演进，基本都遵循了不同工业化阶段产业结构变迁的“标准模式”，即：第一阶段，轻型工业阶段，以技术含量较低的消费资料工业在制造业中占主导地位。第二阶段，重化工业阶段，重化工业（资本资料工业）快速增长，并逐渐超过轻工业（消费资料工业）的规模。在此期间，重化工业阶段自身也有一个结构变化的过程，主要表现为以原材料和基础工业为主，逐步升级到以“高加工度和技术密集为主”产业的变化过程。第三阶段，知识密集型阶段，重点发展知识密集型产业，通过区域水平分工和知识融合化，来促进产业结构的新发展。

2. 世界性城市经济发展的历程证明，工业化和制造业发展的发展阶段不可逾越。从工业化进入到后工业阶段必须经历技术集约化阶段，只有经过完整的制造业技术升级、高级化，才能培育壮大研发、设计、营销、品牌、管理等高技术、高附加值环节，从而实现制造业高端环节的专业化分工，带动金融、信息服务、咨询服务、文化创意等知识产业的发展，为现代服务业的大繁荣与大发展准备条件，打好基础。

3. 制造业仍然是世界性城市的重要组成部分。从纽约、东京等城市看，世界性城市中心地位的确立都有赖于其早期制造业的快速发展和中心地位的建立。即使后来由于外部环境和竞争优势的变化，这些世界性城市制造业的地位趋于下降，但至今为止，制造业仍然是构成各个世界性城市经济的重要组成部分。

4. 从世界性城市制造业构成看，一类是与知识密集相关的高技术产业，如研究开发工业（如火箭、飞机、大型电子计算机、原子能、生物医药等）、高级装配工业（数控机床、精密仪器等）。另一类是现代都市工业，如印刷出版、服装服饰、食品、装饰品、化妆洗涤用品产业等。这两类都是典型的城市型工业，其特点是知识含量、技术含量、附加值高，占地、耗能、用水都比较少，集聚效应明显。

三、广州制造业发展分析

本部分将从制造业规模、支柱产业素质以及固定资产投资等方面，分析广州制造业整体发展状况。通过分析可知，广州制造业与发达城市还有很大的差距，未来应科学、合理选择重点发展的产业并加以扶持、培育，为将来形成具有全球竞争力产业打下良好基础。

（一）产业增速偏慢，产出水平相对较低

1. 制造业增速偏慢

与全国主要城市比较，由于工业增速偏慢，广州工业规模优势日益缩小，在全国位次排名中逐渐退后。“十一五”期间，广州工业平均增速为16.47%，在全国主要城市中只高于北京、上海和深圳，而低于天津、重庆和苏州。2011年，广州工业总产值增速则只高于北京和上海。在与北京、上海、天津、重庆、深圳、苏州的比较中，2011年广州工业增加值位居第六位，只比北京高，只有上海的56.7%、苏州的67.6%。

表4　广州与其他重点城市工业发展状况

城市	类别	2006年	2007年	2008年	2009年	2010年	2011年
北京	增加值（亿元）	1821.80	2082.80	2131.70	2303.10	2764.00	3039.00
	增速（%）	6.73	14.33	2.35	8.04	20.01	9.95
上海	增加值（亿元）	4575.30	5154.42	5576.79	5408.75	6536.21	7230.57
	增速（%）	13.34	12.66	8.19	−3.01	20.85	10.62
天津	增加值（亿元）	2290.81	2668.95	3533.86	3749.81	4410.70	5380.53
	增速（%）	16.73	16.51	32.41	6.11	17.62	21.99
重庆	增加值（亿元）	1566.83	2004.51	2607.15	2917.40	3697.83	4690.46
	增速（%）	21.10	27.93	30.06	11.90	26.75	26.84
广州	增加值（亿元）	2227.01	2602.93	2972.48	3117.34	3644.96	4096.14
	增速（%）	20.77	16.88	14.20	4.87	16.93	12.38
深圳	增加值（亿元）	2897.18	3241.88	3663.01	3593.05	4233.23	5228.78
	增速（%）	16.23	11.90	12.99	−1.91	17.82	23.52
苏州	增加值（亿元）	2978.55	3442.20	4025.30	4265.47	4916.49	6057.30
	增速（%）	18.18	15.57	16.94	5.97	15.26	23.20

数据来源：相关年份《北京统计年鉴》、《上海统计年鉴》、《天津统计年鉴》、《重庆统计年鉴》、《广州统计年鉴》、《深圳统计年鉴》、《苏州统计年鉴》。

2. 劳动生产效率低于北京、上海

与国内主要城市比较，广州规模以上工业企业全员劳动生产率低于北京、上海。2010年，广州规模以上工业企业全员劳动生产率为214.97千元/人，略低于

北京和上海，略高于重庆。（2011 年，广州规模以上工业企业全员劳动生产率为 259.10 千元 / 人。）“十一五”期间，广州规模以上工业企业全员劳动生产率提高了将近一倍，与北京、上海的差距不断缩小。2005 年，广州的全员劳动生产率为北京的 82.7%、上海的 76.2%；2010 年增加到北京的 97.0%、上海的 99.3%。

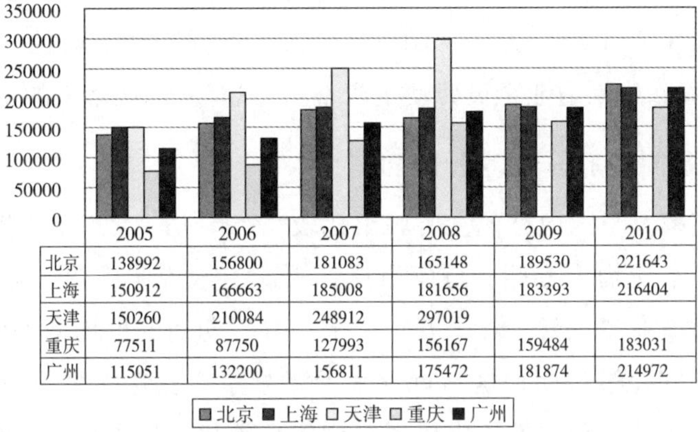

	2005	2006	2007	2008	2009	2010
北京	138992	156800	181083	165148	189530	221643
上海	150912	166663	185008	181656	183393	216404
天津	150260	210084	248912	297019		
重庆	77511	87750	127993	156167	159484	183031
广州	115051	132200	156811	175472	181874	214972

图 2　国内主要城市规模以上工业企业全员劳动生产率（元 / 人）

数据来源：相关年份《北京统计年鉴》、《上海统计年鉴》、《天津统计年鉴》、《重庆统计年鉴》、《广州统计年鉴》。

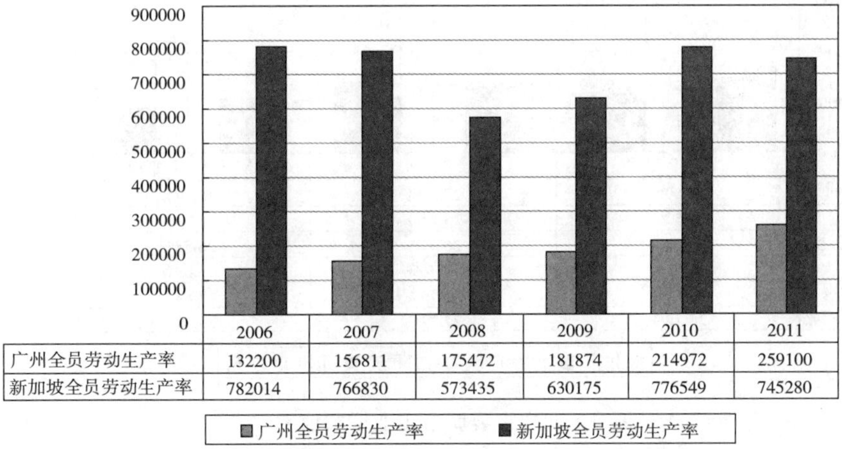

	2006	2007	2008	2009	2010	2011
广州全员劳动生产率	132200	156811	175472	181874	214972	259100
新加坡全员劳动生产率	782014	766830	573435	630175	776549	745280

图 3　广州与新加坡制造业劳动生产效率（元 / 人）

数据来源：相关年份《广州统计年鉴》、《新加坡统计年鉴》。

与世界性城市新加坡比较，广州工业劳动生产效率还有很大差距。随着近些年广州企业技术水平、机器设备等资本使用量和利用率的提高，广州与新加坡之间的差距呈现逐渐缩小趋势。2006年，广州规模以上工业全员劳动生产率只有新加坡的16.9%，2011年上升到34.8%，相对于新加坡的劳动生产效率，广州工业的劳动生产效率提高了一倍左右。但两个城市之间仍存在巨大差距。2011年，广州规模以上工业全员劳动生产率为259.10千元/人，远低于新加坡的745.28千元/人（按年底汇率折算，为制造业全员劳动生产率），只有新加坡水平的三分之一左右。

3. 产业效益水平有进一步提升空间

工业增加值率。与国内其他主要城市比较，"十一五"期间广州的平均工业增加值率高于北京、上海、苏州，低于重庆、天津。这说明广州工业企业的盈利能力相对较高。天津在"九五"、"十五"、"十一五"期间的平均增加值率逐次上升，在"十一五"期间超过广州，这与近年来天津紧紧抓住党中央、国务院关于加快推进天津滨海新区开发开放的历史机遇，构建高端化、高质化、高新化产业结构，始终把引进和实施高水平大项目、好项目作为实现天津又好又快发展的战略举措有关。

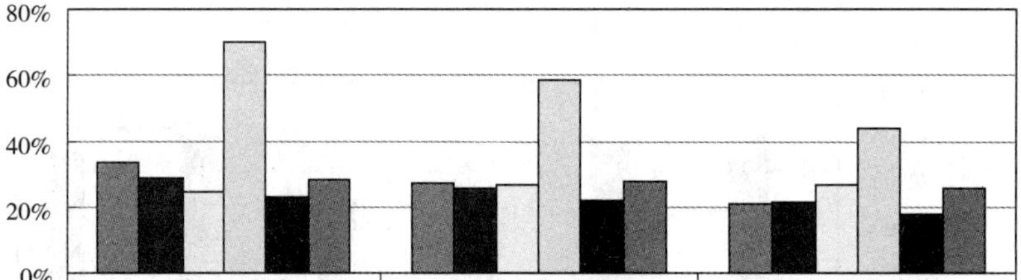

	"九五"平均	"十五"平均	"十一五"平均
北京	33.69%	27.27%	20.77%
上海	28.57%	25.71%	21.64%
天津	24.57%	26.41%	26.58%
重庆	69.93%	58.36%	43.69%
苏州	23.08%	21.79%	17.88%
广州	28.18%	27.74%	25.69%

■北京 ■上海 □天津 □重庆 ■苏州 ■广州

图4　国内主要城市工业增加值率

数据来源：相关年份《北京统计年鉴》、《上海统计年鉴》、《天津统计年鉴》、《重庆统计年鉴》、《广州统计年鉴》、《苏州统计年鉴》。

总资产贡献率。与国内其他主要城市比较，广州工业资产创造价值的能力相对较强。2010 年，广州市规模以上工业企业总资产贡献率为 17.99%，高于同期的上海、天津、重庆、深圳和苏州。同比，广州市规模以上工业企业总资产贡献率在“十一五”期间也保持着增长的态势。2010 年，广州市规模以上工业企业总资产贡献率较 2005 年增加了 2.33 个百分点。但和这几个国内主要城市相比，广州市总资产贡献率在增速上并不占优。从 2005 年到 2010 年，上海规模以上工业企业总资产贡献率增加了 3.68 个百分点，天津增加了 2.8 个百分点，重庆增加了 3.59 个百分点，都比广州的指标值要高。因此，虽然广州市规模以上工业企业总资产创造价值能力较强，但这种优势正在缓慢缩小。

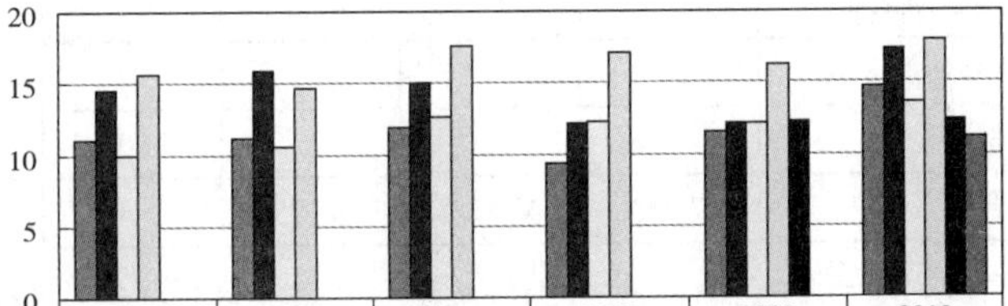

	2005	2006	2007	2008	2009	2010
上海	11	11.2	11.9	9.31	11.46	14.68
天津	14.5	15.9	15	12.1	12.1	17.3
重庆	9.98	10.54	12.57	12.2	12.1	13.57
广州	15.66	14.71	17.54	17.14	16.25	17.99
深圳					12.26	12.32
苏州						11.1

■上海 ■天津 □重庆 □广州 ■深圳 ■苏州

图 5　国内主要城市规模以上工业企业总资产贡献率（%）

数据来源：相关年份《上海统计年鉴》、《天津统计年鉴》、《重庆统计年鉴》、《广州统计年鉴》、《深圳统计年鉴》、《苏州统计年鉴》。

（二）支柱产业素质有待逐步提高

1. 与国内主要城市比较，广州支柱产业素质相对较高

2010 年，广州、上海、天津、重庆、深圳和苏州六个城市支柱产业基本都包含了“通信设备、计算机及其他电子设备制造业”和“交通运输设备制造业”，它们分别是或者单独某个行业是当地最重要的工业行业。广州、上海和天津在这两个行业中的总产值占当地工业总产值的比重分别为 37.07%、34.87% 和 21.77%；重庆“交通运输设备制造业”总产值占当地总产值的 31.76%，深圳的“通信设备、计算机及其他电子设备制造业”占了 57.6%，苏州的“通信设备、计算机及其他电子设备制造业”也占了 33.85%。从下表也可以知道，国内主要城市的支柱产业类

型基本类似，各城市的这些产业在全国都具有很强的影响力和竞争力，支柱产业的素质都相对较高。

表5　2010年国内主要城市工业三大支柱产业及其比重

行业门类	广州	上海	天津	重庆	深圳	苏州
通用设备制造业		7.95%				
通信设备、计算机及其他电子设备制造业	12.00%	20.01%	10.28%		57.60%	33.85%
交通运输设备制造业	25.07%	14.86%	11.49%	31.76%		
化学原料及化学制品制造业	10.18%			5.85%		
黑色金属冶炼及压延加工业			16.36%			8.72%
工艺品及其他制造业					3.80%	
电气机械及器材制造业				5.50%	8.60%	7.38%
三大行业合计	47.25%	42.82%	38.12%	43.10%	70.00%	49.95%

数据来源：《广州统计年鉴（2011）》、《上海统计年鉴（2011）》、《天津统计年鉴（2011）》、《重庆统计年鉴（2011）》、《深圳统计年鉴（2011）》、《苏州统计年鉴（2011）》。

2. 与世界性城市比较，广州支柱产业的产业素质仍有很大差距

2011年，广州全年规模以上汽车制造业、电子产品制造业和石油化工制造业三大支柱产业完成工业总产值7580.35亿元，增长11.4%，占全市规模以上工业总产值的47.96%，占全市规模以上制造业总产值的52.23%。相对于广州，新加坡制造业集中程度更高，支柱产业的支撑作用更强。2010年，新加坡工业四大支柱产业“电子、化工、生物医药、精密工程制造”的总产值达2220.45亿新加坡元，约合11410.23亿元人民币，占新加坡制造业总产值的82.09%。其中电子业的比重占到36%以上，而化工产业的比重也达到30%左右。

表6　广州与新加坡制造业支柱产业占当地制造业总产值比重（%）

广州（2011年）			新加坡（2010年）			
汽车	电子产品	石油化工	电子	化工	生物医药	精密工程业
21.13	13.95	17.15	36.29	29.45	7.27	9.08

数据来源：《广州统计年鉴（2012）》、《新加坡统计年鉴（2011）》。

从新加坡的支柱产业类型分析，可以知道产业更多地集中于高新技术领域，或

者当前世界正大力推进的新兴产业，如生物医药（以生物医药研发、制造，及医疗设备研发、制造等为主）、电子（以半导体晶圆、硬盘介质、集成电路设计及制造等为主）、精密工程业（以制冷压缩机、助听器、半导体引线焊接机、石油与天然气设备制造、航空航天维护、修理等为主）等。即使作为传统产业的化工产业，也主要依赖于技术创新，重点发展高附加值的先进材料、特种化工产业等。相对于新加坡，广州的支柱产业更多地集中于传统行业，产品的技术水平以及附加值程度相对较低。

（三）固定资产投资比重下降，投入不足

1. 固定资产投资额下降，比重降低

自进入“十五”时期以来，广州市工业固定资产投资额虽然总体保持增长态势，但近些年面临着增速下降、占全社会固定资产投资额比重下降等问题，甚至在 2011 年出现工业固定资产投资额绝对下降现象，不利于广州市工业的持续发展。广州工业固定资产投资额增速从 2004 年最高峰时期的 37.81% 下降到 2011 年的 −14.12%，且自 2009 年以来工业固定资产投资增速持续大幅度下滑；工业固定资产投资额占全社会固定资产投资总额的比重不断下降，已从 2006 年的 26.92% 下降到 2011 年的 15.12%；且 2011 年，工业固定资产投资总额只有 516.28 亿元，远少于 2010 年的 601.15 亿元，甚至少于 2009 年的投资额。

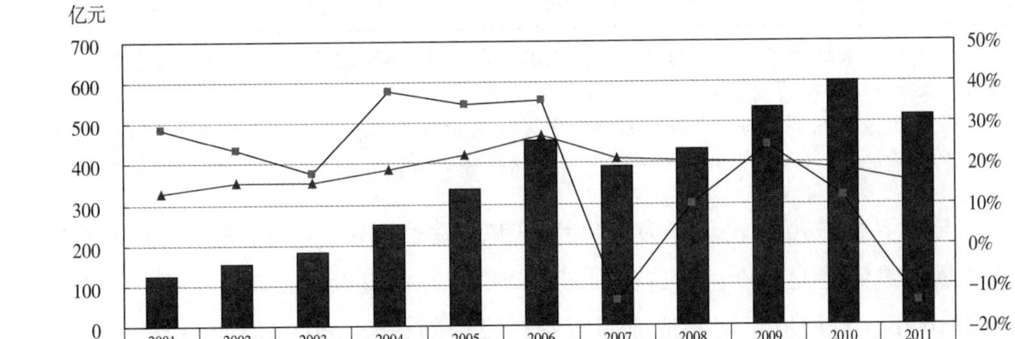

	2001	2002	2003	2004	2005	2006	2007	2008	2009	2010	2011
投资额	125.28	154.35	181.66	250.35	336.95	456.64	393.06	432.14	537.61	601.15	516.28
增速	28.38%	23.20%	17.69%	37.81%	34.59%	35.52%	−13.92%	9.94%	24.41%	11.82%	−14.12%
占全部投资额比重	12.81%	15.29%	15.46%	18.56%	22.18%	26.92%	21.09%	20.52%	20.21%	18.42%	15.12%

图 6　广州市工业固定资产投资额

数据来源：相关年份《广州统计年鉴》。

2. 与其他重点城市比较，工业固定资产投资不足

与国内城市比较。“十一五”期间，广州工业固定资产投资额平均只有484.1亿元，在与北京、上海、天津、重庆、深圳、苏州等主要城市比较中，只高于北京和深圳。2011年，广州工业固定资产投资额只有516.3亿元，同比更是负增长。从下表可以非常清楚地看出，2011年广州第二产业固定资产投资额甚至低于北京，而只比深圳高，只有天津、重庆的六分之一左右；第二产业固定资产投资额占总投资额的15.5%，仅高于北京（12.9%），低于苏州（42.1%）、天津（41.3%）、重庆（36.5%）、上海（25.6%）、深圳（22.0%）。

表7 国内主要城市第二产业固定资产投资情况（亿元）

年份	北京	上海	天津	重庆	深圳	苏州	广州
2006	363.2	1212.7	765.5	755.3	450.2		463.2
2007	484.1	1397.6	1051.0	1085.1	371.5		401.6
2008	386.0	1420.8	1506.4	1437.1	386.0	1278.2	451.1
2009	411.4	1427.5	2216.7	1891.5	385.6	1305.0	545.5
2010	528.1	1435.4	2946.0	2423.2	480.9	1564.9	626.3
“十一五”期间平均值	434.6	1378.8	1697.1	1518.4	414.8	1382.7	497.5
2011	762.2	1295.8	3104.1	2784.8	470.0	1894.0	530.0

注：由于数据的完整性，同时第二产业固定资产投资额基本等于“工业”固定资产投资额，因此本表采用“第二产业”数据说明工业投资情况。

数据来源：相关年份《北京统计年鉴》、《上海统计年鉴》、《天津统计年鉴》、《重庆统计年鉴》、《深圳统计年鉴》、《苏州统计年鉴》、《广州统计年鉴》。

与世界性城市比较。作为世界性城市和发达国家，新加坡为了振兴制造业，大规模促进制造业投资，制造业固定资产投资额一直保持在高位水平。从2006年至2010年，新加坡年均制造业固定资产投资额达到609.96亿元（按各年年底汇率折算），2007年投资额甚至达到816.42亿元。在新加坡固定资产投资的产业构成中，近些年制造业固定资产投资也一直占据着绝对支配地位，2006年至2010年年均占比达到86.74%，2007年比重最高甚至达到93.58%，即使2010年最低也达到78.06%。相对于新加坡制造业固定资产投资的大规模以及高比重，广州无

论从投资额的绝对数还是比重都偏低。2006 年至 2011 年，广州工业固定资产投资额年均只有 489.48 亿元，比新加坡少 120.48 亿元；占全市固定资产投资总额的比重年均更只有 20.38%，只有新加坡制造业固定资产投资所占比重的四分之一不到。如单纯考虑制造业的固定资产投资，则广州无论是投资额还是所占比重都还要更小。

表 8　新加坡与广州固定资产投资比较

年份	新加坡		广州	
	制造业固定资产投资额（亿元）	占投资总额比重（%）	工业固定资产投资额（亿元）	占投资总额比重（%）
2006	447.96	85.38	456.64	26.92
2007	816.42	93.58	393.06	21.09
2008	779.18	90.80	432.14	20.52
2009	490.62	85.86	537.61	20.21
2010	515.60	78.06	601.15	18.42
2011			516.28	15.12
平均	609.96	86.74	489.48	20.38

数据来源：相关年份《新加坡统计年鉴》、《广州统计年鉴》。

（四）结论

通过与国内主要城市以及世界性城市比较，明确广州制造业整体竞争优势仍有很大提升空间，与部分国内主要城市的制造业竞争力有一定的差距，在某些方面甚至有较大的差距；与世界性城市的制造业水平差距更大。广州提升自身制造业的发展水平，前提首先是要正确认识自身经济发展所处的阶段，认识到当前阶段制造业仍必须是经济的基础、支柱，真正重视制造业发展。不能错误认为广州经济已越过“工业化”阶段而进入“后工业化”时期，从而片面强调发展现代服务业，忽略了工业，特别是现代制造业的发展，导致各种生产要素资源在第二产业、第三产业间不均衡配置，造成经济“瘸腿”运行。在相当长一段时期内，广州仍应高度重视实体经济发展，坚持把发展制造业尤其是先进制造业作为支撑经济增长的核心动力。其次，应科学、合理地确定制造业产业发展方向，重点是进一步提升广州先进制造业以及传统优势产业实力，培育壮大战略性新兴产业。

四、促进广州制造业率先转型升级的思路与对策建议

（一）发展思路

立足“一个基本事实”，实施“两大战略”，坚持“两条基本路径”，抓住“四大发展重点”，推动广州制造业竞争力不断提升，实现广州制造业的重新振兴。

1. 一个基本事实

广州目前正处于并将在较长时期内还处于工业化中后期，与其他制造业发达地区比较，制造业竞争力还有待进一步提升，技术创新水平较低，主要处于价值链低端环节，龙头企业品牌影响力还稍显不足，民营企业实力还较弱。

2. 两大战略

推进制造业实现“四个转向”，一是由产业链低端环节逐步转向产业链高端环节，实现本地制造业附加值和竞争力的提升；二是由外资主导转向内资主导，改变当前外资经济在制造业中占据主导地位的现实，推动内资经济的壮大；三是由国外品牌主导转向自主品牌主导，改变当前自主品牌影响力相对较弱的局面，积极培育、扶持自主品牌的发展；四是由缺乏核心技术转向拥有核心技术，鼓励、扶持企业及其他研发机构的自主研发活动。

推动“三个共同发展”，一是推动先进制造业、传统优势产业以及新兴产业的共同发展；二是推动民营经济、国有经济和外资经济的协同发展；三是推动制造业与生产性服务业的融合发展。

3. 两条基本路径

一要坚持重点突破，在进一步做强优势产业的基础上，选择某些有潜力的行业加以重点突破，从而带领制造业整体转型升级和进一步发展；二要坚持依靠科技创新提升经济效益和竞争力。

4. 四大发展重点

一是大力培育战略性新兴产业发展，在坚持产业综合发展的同时，大力推动战略性新兴产业发展，占领未来产业竞争的制高点；二是大力推动价值链环节的提升，无论传统产业还是新兴产业，先进制造业还是传统优势产业，主要在于提升广州制造业在价值链环节中的地位，实现高附加值环节的本地化；三是大力推动品牌

影响力的提升，特别是提升自主品牌的影响力，引导、吸引消费需求，提升产业竞争力；四是大力推动产业空间布局优化，主要是根据产业发展基础及区位条件，推动产业集聚发展，以充分集聚效应。

（二）对策措施

围绕推进制造业转型升级的目标，根据广州制造业发展的现状与特点，借鉴国内外制造业发展经验，从产业结构调整、产业组织结构完善、生产要素供给、产业空间布局、区域经济合作、营商环境、招商引资等七个方面，提出保障未来广州市制造业长期、持续发展的对策和建议。

1. 产业结构

一是明确不同产业发展思路。对于汽车、石化、电子工业等支柱产业，由于广州已具有相对较好的基础，规模可以进一步做大，但更应通过合理的方式引导产业做强。大力推动企业提升自身的研发实力，同时逐渐引导产业链向外延伸，根据社会需求的转型，开发新的相关产品。对于重大装备、船舶、钢铁等其他先进制造业，由于基础还相对较差，应根据产业发展定位和方向，重点引进、建设新的项目，提升产业规模。对于家电、啤酒饮料、钢琴、医药、服装鞋帽、皮革皮具、珠宝等传统优势产业，在提升单个企业规模优势的同时应主要提升品牌的影响力，并推进产业向产业链的两端延伸，提高研发水平，以及对商品销售渠道的控制力。

二是积极培育、发展战略性新兴产业，引领广州制造业转型升级。根据国际、国家产业发展方向，以及自身的产业发展基础和环境，广州应有选择地积极培育、发展战略性新兴产业，引领广州制造业转型升级。进一步扩大战略性新兴产业发展专项资金规模，促进战略性新兴产业发展。积极争取国家、省专项基金支持，实施重大技术创新工程，加快典型战略性新兴产业关键技术的突破。加快推进战略性新兴产业重点项目建设。争取把更多的战略性新兴产业项目纳入广东省、广州市重点项目库，通过“绿色通道”加快对项目的审批，并结合广东省审批制度改革契机，大力试点减少项目审批事项。为了解决土地供应紧张问题，广州市可以根据项目产业属性统筹土地供给，对于重点发展产业予以土地供给保障。

三是推进产业融合。广州应积极推动制造业与服务业深度融合，促进生产性服务业向专业化、高端化和集聚化发展，努力形成综合服务能级高、辐射带动力强的生产性服务业体系。引导具备条件的制造企业努力向产业链两端延伸，加快从单一生产制造向“生产＋服务”转型。推进制造企业生产性服务业务剥离，重点扶持优势产业中的龙头企业开展分离试点，建立具有法人资格的专业化服务企业，培育发展商业模式灵活的新型业态，取得成功经验后逐步推广。

加快建设生产性服务业功能区。主要依托规划产业区块外存量工业用地，继续规划建设一批布局合理、功能完善、特色鲜明的生产性服务业功能区；鼓励工业园区发展为制造业紧密配套的生产性服务业。完善生产性服务业功能建设的配套政策，健全功能区创建、认定、评估机制。

2. 产业组织结构

一是加快出台民资准入细则，推动中小工业企业的发展。根据国家、省的有关政策和规定，广州需加快制定出台“民营资本准入实施细则”。广州应切实解放思想，打破不同利益部门的束缚，允许民营资本进入一切“非禁行业”，实现平等准入、公平待遇。为了使政策能够真正落实，广州应切实推出具体项目向民营资本招商，并通过法规的形式保障民营资本投资后的收益权利，以及根据协议规定应享有的对项目运营权利。发挥市场机制和政府扶持的作用，以完善社会化服务体系为重点，以营造有利于发挥中小企业和民营经济发展活力的环境为基础，鼓励中小企业发展，增强民营经济发展动力。重点培育一批基础较好、潜力较大、行业带动性较强的中小企业，推动其开展专业化生产、精益化管理、自主化创新、集约化经营、品牌化运作，鼓励企业向“专、精、特、新”方向发展。引导大企业调整剥离非核心业务，推动中小企业与大企业加强分工协作，提高中小企业生产专业化水平和技术创新能力。完善企业创新孵化体系，支持高科技中小企业创立和发展。

二是加快推进国有企业改革，提升国有企业效益水平。加快国有企业改制，首先是推进企业治理结构的完善，打破行业垄断，积极引进外部资本，变国有企业为国有控股；积极鼓励有条件的国企上市。改变国企的用人机制。国企相对僵化的用人机制是制约其发展的主要原因之一，要允许国企按照自身经营需要裁减员工；更主要的是改变国企高管的任命方式，改由政府任命（或间接由政府任命）为由董事会面向社会招聘。

3. 生产要素

一是加大财政资金扶持力度，引导社会资本投资重点产业。设立财政专项资金，并充分发挥作用。充分发挥战略性新兴产业新能源汽车专项资金效益，加大对战略性新兴产业发展的扶持力度。积极研究设立产业发展基金。加强政府投资引导，发挥金融机构、企业及各类社会组织在产业发展投融资中的主体作用，构建多层次的投融资支撑体系。政府可以主导设立和完善产业发展基金、风险投资引导基金、融资租赁补偿基金、中小企业信用担保以及再担保基金，针对广州产业的现状以及未来产业发展重点，重点研究设立汽车、新一代信息技术、新材料、生物技术、节能环保、高端装备、船舶、医药等产业发展基金，集中财政以及社会的力量来扶持产业进一步做强做大。

探索利用资本市场促进重点产业发展。探索支持具备条件的高技术企业发行可转换债券、附新股认购权证的企业债券、浮动利率企业债券、企业的境外债券等。支持产业重大项目、重要产业基地开展非上市股份公司股权交易、知识产权交易、无形资产质押等融资工作。优先支持符合条件的企业在国内外上市融资。支持符合条件的企业发行企业债券和企业融资券。

二是严格控制土地供应，加大对“存量土地”的整合力度。严格按照产业政策供应土地，合理安排建设用地，优先安排国家和省市重点建设项目、战略性新兴产业、先进制造业、传统优势产业建设项目用地。对于禁止类项目和未达到国家和省规定的行业准入门槛的允许类项目，不予安排用地。对于限制类项目依据有关规定从严审批。

进一步建立健全土地资源节约集约利用评价考核体系和奖惩机制。针对当前生产要素资源紧张，特别是土地供应日益紧张的局面，应转变思想，除尽量争取新增土地供应指标外，还应充分挖掘存量工业用地的潜力，提高土地产出。大力度摸查各种工业园区、工业集聚区、工业集中区等的土地使用现状，了解各企业的产业性质和产出，对于不符合相关产业发展政策的企业用地，可采取政府赎买、企业赎买等经济方式或者法律手段重新调整土地使用性质。提高土地利用率，项目容积率高于工业项目社会平均容积率的，优先按规定减收市政公用基础设施配套费。推广多层标准厂房，引导中小企业使用标准厂房。支持企业合法利用现有厂区和厂房进行改、扩建，适当提高厂房容积率。

三是建立技术创新体系，推进区域自主创新。积极推进各种“官产学研”联合的攻关机构，扶持共性技术、关键技术研发，以及共享性信息化平台研究等。利用全国乃至世界范围的资源和“外脑”，建立和完善科技服务体系。推动科技中介、科技试验、项目前期研究、不同类型孵化器组织等机构的建立和发展。发展产业公共服务平台，提供产业所需的检验测试、工业设计、创业孵化、设备共享、人才资源、信息咨询等专业化产业服务体系。提供专业、精准、快捷的设计、测试、认证及实验室租赁服务，提供技术及平台保障，解决中小企业科技人才和研发设备缺乏的困境。建设公共信息服务平台，加快发展科技情报、知识产权、技术评估、成果转化等公共服务机构。

明确企业创新主体地位，培育和发展一批集研发、设计、制造于一体的创新型企业和高新技术企业，打造一批具有自主知识产权的高新技术产品和知名品牌。引导和支持创新要素向企业集聚，推进科技型企业兼并重组，培育一批有竞争优势的大公司和大集团。扶持中小企业和民营企业的技术创新活动，培育一批成长型科技企业。

四是完善人才政策，积极引进人才，壮大人才队伍。更加大胆、迅速和不拘一格引进人才，要从全世界网罗高端人才。了解高端人才的需求，针对性地制订、完善一整套吸引人才的制度，包括出入境和长期居留、税收、保险、住房、子女入学、配偶安置，担任领导职务、承担重大科技项目、参与国家标准制定、参加院士评选和政府奖励等方面的特殊政策措施。

加大人才培养力度。与直接引入高端人才相比，培养一流人才要花费更大的耐心和努力。广州要加快自身大学和科研机构的改革，去除行政化和过分商业化对大学和研究机构的干扰，让大学和科研机构成为学术自由和公正的殿堂、能够产生大师的土壤。同时，还要积极引进国内外一流大学和科研机构在广州办学和开展研究。

除了高端人才的引进培养以外，技术工人对广州工业的转型升级起到至关重要的作用。长期以来人们对技术工人培养和使用方面的忽视，以及过分重视高等教育的传统，造成了高级技术工人的严重短缺。广州作为工业发达城市，必须迅速有效地扩大高级技术工人队伍。

4. 产业空间布局

一是鼓励集群、集聚发展，促进工业园区化。编制广州市产业集群发展的指导性目录，优化重点产业集群布局。理清产业链和产业网，明确龙头企业、骨干企业和支撑企业，把握产业链中的关键环节和产业集群中的核心方面，明确支持重点。然后依托龙头企业促进产业集聚。鼓励大型龙头企业对其上下游企业、配套企业进行重组改造，通过产业环节的分解将一些配套件及特定的生产工艺分离，分别发展具有紧密分工和协作关系的专业性关联企业，提高产业集群的竞争力。新建企业要以产业集聚为导向，与现有企业分工协作，提高集群的专业化水平。按照产业发展布局规划要求，通过规划引导、强化统筹、政策支持等系列措施，以高质量、高标准加快园区基础设施建设，提高产业发展的承载能力。尽可能利用原有城区设施扩容延伸，以降低开发成本；园区基础设施与城镇规划相通的，应视为城建内容予以支持。运用市场化的机制，完善区外企业调迁入园的优惠政策。集中力量和资源打造出更高水平、更具核心竞争力的产业聚集区和现代工业产业园区。对各类园区要抓紧进行整合提升，坚持从区域实际出发，以现有园区为依托，以骨干企业为载体，通过集中化布局、规模化经营，提高工业园区化的发展规模、档次和水平。

二是促进园区的合理分工。围绕产业区（园区）定位编制产业发展指导目录，根据园区未来重点发展主导产业方向，科学合理地设置项目准入门槛，并通过制定科学合理的招商指标体系，以发展循环经济为导向，在产业方向、技术水平、产出强度、产值能耗、环境污染等方面对不同的产业项目设立不同的“门槛”，着力促进园区产业特色，提高土地使用效益和企业财政贡献。按园区特色要求，编制工业园区投资指南。打破谁的项目进入谁的园区的行政区域概念，根据产业分工集中布局。

5. 区域经济合作

一是实施互利共赢的产业发展政策。从更加宽广的视角考察广州市工业结构的调整与优化，积极寻求产业发展政策的内容和目标创新，更多地体现跨区域特征，以及广州作为区域中心城市的功能定位。遵循互利共赢的发展理念，顺应区域经济一体化趋势，按照国家统筹区域协调发展的要求，充分发挥广州市的地缘优势，开展跨区域的产业分工与合作，积极参与国际、国家、泛珠三角和珠三角等多级区际分工，形成合作互动、优势互补、互利共赢的区域工业发展格局。

二是深化区域间的合作与交流。探寻加强区域合作的有效途径，不断完善区域合作交流机制，通过搭建稳定的合作交流平台，强化合作协调机制，以协调政府服务，加强产业合作，密切区域间贸易往来。拓宽合作与交流的领域，在产业发展规划、基础设施建设、标准化建设、信息共享、市场监管等方面，加强与其他地区的协调与合作。通过共同协商，积极推进一体化市场体系建设，培育开放、统一、公平的市场环境，促进商品流通和生产要素的跨区域整合。协调与周边地区的物流网络建设，在通关、商检、信息和设施共享等方面加强合作，提高物流效率和服务水平，强化广州作为泛珠三角重要的物流口岸和物流中心地位，降低区域间的贸易成本。

三是着力提升广州市制造业的辐射带动能力。通过加快产业升级和转变增长方式，大力提升广州市工业的辐射带动能力，不断拓展与强化广州工业的发展腹地。通过“腾笼换鸟”，在转移低附加值产业的同时，为承接高档次的先进制造业转移腾出发展空间，推动广州工业升级换代。牢牢抓住国际产业转移的机遇，有序承接国际产业转移，把产业承接的重点放在先进制造业和高端装备制造业上，并以“总部经济”发展为导向，吸引跨国公司地区总部及其研发、采购、营销中心等关键部门集聚广州，引进先进理念、先进技术和管理经验。实施“走出去”战略，支持有条件的企业开展跨区域和跨国经营，明确战略目标，通过“走出去”，达到创造品牌、拓宽能源与原材料的来源、接近最终市场、利用当地的信息和人才等目的。鼓励大型制造企业直接在广州境外投资或设立分支机构，通过设立分销中心、采购中心和服务中心，整合国际资源，在更加广阔的区域范围内进行采购与制造。

6. 营商环境

深入推进“三打两建”工作，优化市场环境，为企业经营发展创造良好的市场经济秩序。积极为企业解决问题，通过整理和汇总企业反映的问题和反馈的意见，相应各部门负责出台相关措施，具有针对性地解决重点问题、共性问题，以专业化、个性化服务解决个性问题，为企业排忧解难。针对企业反映而本级政府不能或者无权解决的问题，如税率降低、税收减免、金融创新等，积极向省以及国家有关部门反映，争取上级部门尽快解决。深化行政审批制度改革，优化项目投资、企业工商登记注册等审批流程，加快电子政务服务平台建设，不断提高政府服务水平和办事效率；跟踪落实上级取消的涉企行政事业性收费项目，清查不合理收费现象，确保减负政策落实到位。

（选自广州市哲学社会科学发展“十二五”规划2012年度课题“新型城市化背景下广州制造业率先转型升级研究”。课题负责人：蔡进兵；成员：秦瑞英、李明充。）

城市化进程中的新型社区治理模式创新研究

黄安心（广州市广播电视大学）

一、研究的目的、意义与方法

（一）社区及新型社区

1. 新型社区概念的产生

1881 年，德国社会学家滕尼斯（Ferdinand Tonnies）首次提出社区的概念，并以人际关系的亲疏远近为尺度区分出社区与社会的不同，从而界定出社区的概念。在社区里，人际关系密切、熟悉、信任、相互依赖和富有人情味；而在社会里，人际关系则具有独立、陌生、不信任、契约性等特征。由此，滕尼斯定义社区是由具有共同价值取向的、同质的人口组成的关系密切、守望相助的社会关系或社会团体。[①] 此后，许多学者在滕尼斯社区概念的基础上基于不同的角度全方位地丰富了社区的内涵。英国社会学家麦基文（Robert M. MacIver）认为，社区是由长期在某一地域生活的人们所自然形成的社会共同体，除了应将村庄看成社区外，城镇和城市中的街道也可看成社区。美国社会学家戴维·波普诺（David Popenoe）认为，社区是指在一定地理区域内由于日常交往而组织起来的一群人。美国芝加哥大学社会学系教授帕克（Robert Park）则言，社区是“占据在一块被或多或少明确限定了的地域上的人群汇集”[②]。韦伯（Max Weber）视野中的社区主要是指商业交易聚集地的城市社区，在这种社区里，商品及金钱的交易过程是最主要的社

① 章人英．普通社会学［M］．上海：上海教育出版社，1990：145．

② 吴开松．城市社区管理［M］．北京：科学出版社，2006：20．

会过程。美国社会学家B.菲利普斯曾言："社区是居住在某一特定区域的，共同实现多元目标的人所构成的群体。在社区中，每个成员都可以过着完整的社会生活。"①

事实上，学者们虽然研究领域与兴趣爱好不同，但是对社区的定义并非莫衷一是，大致可以分为两大类：一类是从功能观点出发，认为社区是由相关联的人组成的社会团体；另一类则从地域观点出发，认为社区是一个地区内共同生活的有组织的人群。② 归纳起来，从一般意义上讲，社区是指一个固定的地理区域范围内的社会团体或有组织的人群。

基于上述关于社区的概念描述，中国长期以来固有的城乡二元格局自然而然形成城市社区与农村社区两大类型。城市社区是按照城市道路、街、巷、里等分布形成的居住群落或商业群落，农村社区则按照传统村落的划分自然形成。三十多年的改革开放使社会、经济高速发展，城市化进程加剧。原来位于城市边缘区域的农村社区逐步被划入城市的范围，包括位于城乡接合地带的郊区、新城区、城中村和城（镇）旧房改造、农村成片商品住宅开发小区等物业区域，并顺应城市扩张、改造的趋势，逐步转型为城市社区。但是这种转型的城市社区又不能简单地等同于传统的城市社区，它在性质上介于成熟的城市社区和传统的农村社区之间，其本质主要是农村社区特性，并逐渐减弱这种特性，同时兼有城市社区特性，并日益增长这种特性。本研究赋予这种带有城市化进程深刻烙印的社区一个新的名词——新型社区，并结合实际，归纳出新型社区的概念。

2. 新型社区及现状

本研究认为新型社区主要是指实行专业化社区管理（物业管理）服务的社区，如商品房开发小区、经济开发拆迁安置小区、城中村社区、旧城（村）改造社区等，是混合型社区。由于新型社区主要分布在广州市城乡接合部，也是新型城市化发展的空间拓展的重点地区，不但承载着广州市经济发展的重任，更是社会管理、社区治理的先导地区，需要探索出适应新型城市化发展需要的新型社区治理模式。

广州市地处珠江三角洲核心地区，自古至今都是我国对外开放的重要口岸，是华南地区的经济中心与交通枢纽。在经济发展的浪潮中，广州市历经数次行政区划

① 方明，王颖．观察社会的新视角：社区新论［M］．北京：世界知识出版社，1991：4．

② 奚从清．社区研究：社区建设与社区发展［M］．北京：华夏出版社，1996：3．

的变迁，城市区域不断扩大，城市化改造持续进行，由此而衍生出众多新型社区。从行政规划看，新型社区大多位于广州市城市区域内新兴的商圈或商业中心，如珠江新城、白云新城、萝岗经济开发区等，它们吸引了大批知识精英和外来务工人员创业打工，并根据工作地点因地制宜聚居于周边地带，形成了居住的群落——社区。他们聚居的社区多为新建的商品房小区，区内配套设施较为现代化，有专业的物业管理服务，在物业小区的范围内与传统的城市物业小区无异。但从他们居住地的发展历程看，这些区域原来都是星罗棋布的自然村落，原住居民多为农民，随着城市化的发展在身份上转为市民，居住地从原来的自建房屋迁移至现代楼宇，但原有的村落血缘伦理关系仍然存在，社区也因此不可避免地仍带有乡村社区的属性。可见，从社区的大范围来看，新型社区同时具备了城市社区的规划与乡村社区的传统特性。根据《广州城市总体规划（2011—2020）》报告，广州市中心城区面积与此前十年相比有望扩张超过一倍，意味着未来广州市主要的社区类型就是新型社区。复杂人群的交汇、功能的混合、观念的冲突、利益的博弈和制度的摩擦，成为新型社区特有的现象，也是新型社区建设、发展与治理面临的、亟待解决的重要问题。

（二）研究的目的、意义与方法

1. 研究目的

2012 年，中共广州市委、广州市人民政府发布了《关于全面推进新型城市化发展的决定》，以新型城市化推动广州科学发展。该决定指出：“广州推进新型城市化发展，要紧紧围绕满足人的需求、提升人的素质、促进人的全面发展，牢固树立低碳、智慧、幸福的城市发展新理念，强化人才、知识、创新的发展新动力，把握战略性基础设施、战略性主导产业、战略性发展平台‘三个重大突破’新抓手，优化‘一个都会区、两个新城区、三个副中心’的城市空间新布局，打造花城、绿城、水城的生态城市新品牌，提升社会服务管理水平，创造绿色健康、文明和谐的幸福新生活，把广州建设成为低碳经济、智慧城市、幸福生活的美好家园。”

按照广州市新型城市化发展的要求，把城市发展与新农村建设结合起来，才能从根本上破除城乡二元结构，实现城乡一体、共同富裕的目标。本研究的目的正是在广州市走新型城市化发展道路的背景下，针对新型社区的特点，综合借鉴和运用不同学科方法，分析、研究和探索新型城市社区治理模式，创新广州市新型城市化发展背景下新型社区治理方式，促进社会进步与经济增长协调平衡发展。

2. 研究意义

广州市要实现长期的、可持续的经济与社会发展，需要良好的社会管理、社区管理服务环境来支持和保障，需要和谐的社区基础来做支撑，在多元主体共存的社区空间，就需要以多元主体共生、共治、共赢的治理模式来共创社区和谐社会。

因此，本研究的理论意义在于：从实践出发、理论应用的角度，构建一种因经济开发而发展起来的新型社区治理模式，提供该模式的创新系统思维。实践意义在于：为广州市新型社区治理模式的创建和实践提供了系统理论指导，使之成为依靠经济开发形成的新型城市社区治理工作可供借鉴的范例和解决问题的新思路，倡导社区理论工作者服务于实践的新风尚。在广州这片改革开放的前沿阵地上，率先探索新型城市化建设过程中新型社区的治理模式，具有极其重要的现实意义和时代意义。

3. 研究方法

由于新型社区治理涉及社区管理服务的相关领域，前期需要解决好征地拆迁遗留问题，基础性工作是良好的物业管理服务，核心内容是做好社区管理服务，关键是多元化主体积极调动，社区居民自治、业主自治和民间组织资源充分运用；同时还需要党委政府强有力的领导，发挥党组织“主心骨”保证和政府资源调控引导作用，还有市场化的机制决定作用、社区文化环境熏陶作用、居民就业和收入增长的民生性根基作用等等。多因素的影响需要综合的研究方法和问题解决思路。为简化研究内容，抓住关键，我们从征地拆迁、社区管理、物业管理、社区文化等四个重要领域进行重点问卷调查分析研究，同时配合访谈、文献研究对相关因素进行综合分析研究，点面结合，提出适应广州市新型城市社区治理需要的治理模式和相应对策。

在2011—2012年间，本研究课题组先后走访了广州市萝岗区、白云区、番禺区等区内的典型新型社区，访问了大量的社区征地拆迁工作人员、社区管理干部和工作人员、物业管理公司管理人员、社区居民等，完成了合共361份有效抽样调研问卷，并以SPSS作为数据统计工具，针对征地拆迁、社区管理、物业融入和文化建设这四个研究维度对数据结果进行了归纳和提炼，为本研究提供依据。

二、文献研究：国内外社区治理模式综述

（一）社区治理模式

所谓社区治理模式是指用于落实特定管理社区的方案和具有特定目的的各种体制、手段与方式等要素的有机结合，并在长期运作中所形成的社区管理、服务的具体形态和关系模式。社区已经成为促进政府、社会、市场共同作用的社会治理格局的重要力量①。Hunter②认为社区政治权力应该掌握在少数社会名流手中，地方各级官员只起配角的作用。Dahl③提出了多元政治论，即社区政治权力应分散在多个团体或个人的集合体中，各个群体都有自己的权力。新公共管理理论强调社区具有公共利益和公共责任的性质，政府在社区管理中起引导作用，充分授权给基层社区，采用民主参与的方式来管理社区。对社区权力结构的不同观点影响着对社区治理模式的探究，并逐步形成以新加坡为代表的政府主导模式、以美国为代表的社区自治模式和以日本为代表的政府指导与民间自治结合的混合模式三足鼎立局面。Billett④等提出通过社区各主体参与职业教育和培训来建立社区建设中“新”的社会伙伴关系。Darcy⑤认为政府应当转变社区管理的思想为社区服务的思想。Doe⑥通过对加纳社区管理的调查，提出一些关于中介服务机构充分发挥在社区管理中的作用的建议。

在国内外的社区发展过程中，由于地理环境、经济形态、社会结构、历史背景、文化传统、宗教信仰等的不同，各个国家的社区治理模式可谓各具特色。总体上，西方国家由于社区建设起步较早，已形成较为完善的社区治理模式。我国的社区建设起步较晚，但经过改革开放后的探索和实践，也已初步形成几种颇具代表性的社区治理模式。

---

① 杨中宣．城市建设中的新型社区管理模式研究［D］．西安：西安建筑科技大学，2009.

② Hunter F. Community Power Structure: A Study of Decision Makers [M]. Chapel Hil: University of North Carolina Press, 1953.

③ Dahl R A. Who Govern?: Democracy and Power in an American City [M]. New Haven: Yale University Press, 1961.

④ Billett S, Seddon T. Building Community through Social Partnerships around Vocational Education and Training [J]. Journal of Vocational Education & Training, 2004, 56 (1): 51-68.

⑤ Darcy M. Community Management: How Management Discourse Killed Participation [J]. Critical Quarterly, 2002, 44 (4): 32-39.

⑥ Doe S R, Khan M S. The Boundaries and Limits of Community Management: Lessons from the Water Sector in Ghana [J]. Community Development Journal, 2004, 39 (4): 360-371.

（二）国内外社区治理模式评析

1. 国外社区治理模式

社区治理中涉及的基本关系是政府行为和社区行为之间的相互关联。从这一角度，根据政府行为与社区行为结合紧密程度的不同，可将国外社区治理模式概括为三种类型：政府主导模式、社区自治模式和混合管理模式。①

政府主导模式是一种强调政府对社区管理服务作用的社区治理模式：政府不仅制定法律以调节与管理社区事务，并且成立专门的机构对社区工作进行具体的指导。该模式的代表国家是新加坡。

社区自治模式中，政府行为与社区行为之间是相对分离的关系，表现在政府通过制定各种法律法规来协调社区不同利益主体之间的关系，并为社区成员的民主参与提供制度保障，而社区内的具体事务则完全实行民主自治，社区自治组织也依靠社区居民自主选举产生。美国是采取社区自治模式的典型代表②。

混合管理模式是政府主导模式向社区自治模式发展过程中的过渡模式。在这一模式中，政府行为与社区行为之间既相互联合，又各有侧重：政府的主要职能是规划、指导并提供经费支持；社区组织则在政府的指导下具体负责社区事务，保证社区的正常运转。这种模式的理想状态是政府和社区“双强”，大多数社区治理比较成功的国家，特别是发达国家，都属于这种模式③。日本是混合模式治理的代表国家之一。

以上三种社区治理模式分别产生于不同的文化传统和政治经济背景之中，对促进国家经济社会的协调发展具有不可替代的重要作用。纵观这三种模式，可以发现有以下五方面的共同之处：第一，组织管理机构健全，权限职责明确。国外社区基本上都有政府、半官方的组织和非营利组织三层管理机构，且每层管理机构都有严格的职责范围，关系较为协调。第二，社区民间组织发育较好，公众参与程度高。由于国外政府相应从政治（如选举）、经济福利、社会荣誉等方面建立起公众社区

---

① 黎熙元，童晓频，蒋廉雄．社区建设：理念、实践与模式比较［M］．北京：商务印书馆，2006；谢守红，谢双喜．国外城市社区管理模式的比较与借鉴［J］．社会科学家，2004（1）．

② 吴群刚，孙志祥．中国式社区治理：基层社会服务管理创新的探索与实践［M］．北京：中国社会出版社，2011：133-134．

③ 吴群刚，孙志祥．中国式社区治理：基层社会服务管理创新的探索与实践［M］．北京：中国社会出版社，2011：131-132．

参与体制和相应的激励机制，公众普遍对自己的权利和责任有较强的意识和自主性，因而也就具有较高的社区参与意识，参与的积极性和主动性也较强。第三，法律体系完善。国外社区中各单位、各集团、各家庭以及居民个人在城市社区中发生的各种关系都受到法律的约束和保护，社区内的工作严格依照法律法规执行。第四，经费来源多渠道，有保障。国外社区活动的经费来源大致有：政府拨款、个人和组织捐赠、自筹经费等。多渠道地筹集社区发展经费，能集各方之力共同推动社区的建设和发展。第五，将社区发展与住宅物业管理统筹考虑。国外政府在政策制定、机构设置、职能分工、财政专项预算、人员培训等方面，将社区发展问题与住宅物业管理问题统筹考虑，将社区服务与物业服务有机结合，不但提高了政府公共财政资源的效益，也增加了社区服务项目，提高社区服务品质，促进了社会资源的有效利用。

目前国外发达国家城市社区已呈现出政府与社区联合治理，政府与社区合理划分责任界限，社区内部的力量占主导地位，社会各方主体共同参与，社区事务处于高度自治的状况和局面。这是我国新型社区治理目前仍然比较欠缺，也是需要重点努力的地方。

2. 国内社区治理模式

由于我国社区建设起步较晚，加上特殊的国情，所以我国的社区治理工作还处于探索阶段，对国外的经验进行了不同程度的引进与尝试。虽然我国的社区治理模式还不够成熟，不够完善，但我国也初步形成了各具特色的社区治理模式。根据我国目前社区治理的现状，从社区管理服务活动主体的差异出发，可将社区治理模式分为政府主导型模式、单位主导型模式、市场主导型模式和社区自治型模式四种类型。总体上，无论是政府主导型模式、单位主导型模式、市场主导型模式，还是社区自治型模式，都对我国的社区治理起到了一定的带动和示范作用。但深入剖析后发现，我国的社区治理模式仍存在着一些深层问题与缺陷，严重影响和制约了我国社区建设向纵深推进的步伐。对此，应予以高度重视。

第一，政府统揽社区事务，运作行政化倾向。现有的几种社会管理模式从形式上看有一定的区别，但本质上都是政府在起主导或决定性作用的模式，带有明显的社区管理服务“行政化”特征。

第二，社区自治组织自治性不强，民众参与程度低。我国社区组织体系经历了从“单位制”和“街居制”到正在进行的“社区制”的转变[①]。但目前“街居制”占主导地位，一般以街道（政社合一）、居委会等为骨架，组织行政化程度极高，是准政府机构体系。社区居委会从属于街道办事处，群众自治性不强。这种高度行政一体化的组织网络，替代了社区组织的自治行为，民众缺少参与的积极性。这种情况下，社区组织不但不能很好地实现上级意图，完成上级交办的任务，还致使其自治功能日益萎缩。

第三，社区管理服务运作依据呈现出行政性、法制性不强的状态。在现有的改革中，社区治理中具有可操作性、方案性、基层性的相关配套的法律法规还不完善，存在亟待解决的相关立法空白问题，同时又存在现有的地方政策法规出台因缺少理论研究的逻辑准备和缺乏应有上位法支持而产生的效力前提问题，出现基于问题与危机反应型短促立法的盲目行动。这样又给基层执行者带来思想混乱与困惑，削弱了基层政府的执行力。

第四，社区中硬件与软件管理不平衡。当前，我国社区管理服务多偏重于经济开发、经济建设、市政建设等的硬件建设和管理，严重忽视中国传统文化传承、基层政权建设、社区民情民意关注与满足、社区体制机制建设、文化素质提升、公共服务平台建设、民主意识培育等软件建设与管理，造成了社区工作中“一手硬、一手软”的现实不平衡状况。在社会管理的力量选择上过多关注社会工作和义工的作用，突出危机管理，而缺少对社会管理的系统思考和全面、长远的规划与建设。特别是一方面频频爆发经济开发和城中村社区改造过程中留下的历史遗留问题，另一方面又在制造新的未来的“历史遗留问题”。

（三）当前国内主要城市社区治理模式的探索与借鉴

自20世纪90年代中叶开始，社区建设开始在中国大陆部分大中城市展开，至1999年末，国家民政部在北京、上海、沈阳、武汉、青岛、深圳等城市设立了26个“全国社区建设实验区”，以通过实验区社区治理实践探索，总结社区治理的根本思路、操作原则和基本程序，而后在全国范围进行示范和推广，从而推动全国城市社区的管理和建设。各实验区经过近十四年的实践与发展，取得了初步的成效，为进一步推进全国社区治理工作提供了可贵的经验及借鉴。

① 吴群刚，孙志祥：中国式社区治理：基层社会服务管理创新的探索与实践［M］. 北京：中国社会出版社，2011：32-63.

随着党和国家对社会管理、社区管理服务事业的重视和发展，各地社区管理服务模式探索不断深入，模式创新发展也呈现出共性相通又各具特色的良好局面。具有代表性的治理模式包括政府引导分步推进的新型社区自治模式、以物业服务为基础的市场诱导型社区自治模式和考虑生态融合的产业经济推动城乡一体化的社区发展模式。这些模式在处理政府、社会、市场之间的关系上，积累了经验，形成了自身特色，对广州新型社区治理模式的探索具有较强的借鉴意义。

1. 三种典型的城市社区治理模式

（1）政府引导分步推进的新型社区自治模式：深圳盐田模式①

从 1999 年开始，深圳市盐田区基于创新公共服务型政府、提高行政效率的目标，开始探索以理顺政府与社区关系进而理顺政府与社会关系为主线，以政府组织和公民自治组织的体系构建和职能归位为主要内容的社区管理体制改革，实现了社区治理体制的三次创新，形成了广受好评的深圳盐田模式。三次创新分别是：进行“居企分离”理念下的居委会和企业的分离，构建“议行分设”理念下的新型社区管理体制，构建“会站分离”理念下的“一会两站”社区治理体制。

（2）以物业服务为基础的市场诱导型社区自治模式：深圳莲花北模式②

深圳莲花北模式就是物业管理模式。深圳莲花北社区自 1994 年以来，由深圳市万厦居业有限公司牵头，组织居民共同承担社区的综合管理与服务职能，减弱了依惯例成立 4 个居委会的作用。现在仅保留的一个居委会除计划生育、征兵及办理新生儿出生手续等行政职能外，几乎不再承担社区的其他管理任务。从社区自治角度而言，深圳莲花北物业管理模式充分利用了市场力量，管理了过去政府想管而又管理不好的事，同时调动了业主的经济民主和社区参与的积极性与主动性，提高了公共资源的配置效率，增加了居民满意度，培育了社区居民自治意识和能力，推进了社区民主自治建设。

（3）产业经济推动城乡一体化的社区发展模式：成都锦江“五朵金花”模式③

成都市锦江区在城乡接合部的红砂、幸福、万福、驸马、江家堰、大安桥 6 个

① 侯伊莎．透视盐田模式：社区从管理到治理体制［M］．重庆：重庆出版社，2006：15-34.

② 胡谋，王伟．企业化社区管理：耐人寻味的“莲花北样本”［N］．人民日报，2005-06-07（10）.

③ 参照浙江省农业厅信息产业处．成都“五朵金花”休闲观光农业的借鉴［EB/OL］．2007-10-

行政村，建设占地12平方公里，以“花香农居”、“幸福梅林”、“江家菜地”、“东篱菊园”和“荷塘月色”命名的“五朵金花”为品牌的观光休闲农业区，成为国内外享有盛名的休闲旅游娱乐度假区，被评定为国家AAAA级风景旅游区。“五朵金花”整合了成都市城郊区域之间的农村旅游资源，形成了以农家乐、乡村酒店、国家农业旅游示范区、旅游古镇等为主体的农村旅游发展业态，促进了农村观光休闲农业的可持续协调发展。其成功探索了一条“农民失地不失利、失地不失业、失地不失权、农民变股民、农民变市民、农村变新貌”的新型社区发展道路。“五朵金花”模式不但探索了建设社会主义新农村的新路子，带动了农村新型产业和相关产业的发展，还促进农村社区向城市社区转型发展。

2. 三种模式对构建新型社区治理模式的借鉴意义

（1）坚持党的领导。各地在改革创新实践中，无论是在社区组织架构的创新中设立社区党组织，还是在街道变为社区中设置党工委，都将基层党组织视为各种组织主体的领导核心。社区管理服务模式创新需要党组织领导、指导和协调，以保证基层社区的稳定发展和文明进步。

（2）构建“议行分设”的新模式。深圳盐田模式比较好地解决了由农村社区向城市社区过渡的新型社区管理体制创建的内容和路径问题，从居委会“议行合一”的旧体制向以“议行分设”为理念构建的“一会两站”社区管理体制过渡，进而塑造“会站分离”理念下的“一会两站”社区治理体制新模式。可以说，盐田区社区建设与管理的实践基本上是沿着自上而下的行政建设和自下而上的自治建设双轨同时推进的。二者构成了整个社区建设与治理过程中的两大不可或缺的结构性力量，不但较好地处理了村改居在社区管理体制上的历史缺陷问题，也探索了新型社区治理模式创建的道路，对新型社区治理模式的创新有着特别的借鉴意义。

（3）引入企业化物业管理模式。深圳莲花北的这种政府主导、居民自治与物业公司牵头的社区管理服务模式，被当地学者称为“企业化模式”。这一模式的最大特点在于，社区物业服务公司客观上充当了社区公共事务管理者的角色，其企业化的运作，有效提高了基层社会的管理水平。从公共事业角度看，政府的社区行政管理落地，提高了公共服务效率和效益；从商业角度看，企业的品牌形象树立起来了。同时通过物业管理方式，政府可引导业主参与社区管理服务，培育社区民主精

11. http://wenku.baidu.com/view/e4f0a6c18bd63186bcebbc3f.html.

神，较好地解决一般社区居民参与不足的问题。

（4）推进城乡一体化进程。由农村转型为城市新型社区的规划建设必须统筹考虑城乡一体化发展。“五朵金花”模式的意义在于不是单方面的经济开发，而是将当地资源、产业发展、旧城改造、环境保护、农民转居民后的经济收入和城市社区生活等有关城乡一体化发展的方方面面统筹起来考虑，并走市场化发展的道路。其中有三点是值得借鉴的：一是推进城乡一体化发展；二是产业开发与环境保护相结合；三是推进新农村建设。

（5）鼓励各方力量积极参与。各城市在社区管理体制改革中不同程度地调动了社区各方主体的参与，虽然我国社区管理服务模式变革主要是由党和政府主导推进的，但是在推进过程中始终与驻街、社区的单位组织（如多方建立的协调会、物业公司、社区民间组织等）及居民代表等保持协商和联系，努力促成政府、企业单位、社区民间组织和居民的通力合作。

三、广州市新型社区治理问题实证分析

（一）关于研究重点领域的说明

国内外社区治理的经验对广州市开展新型社区治理起到了积极的借鉴与启示作用。但是如前所述新型社区之所以强调其新型，是因其属性介乎城市社区与农村社区之间，在城市化改造的进程中朝着现代城市社区发展的，几乎是中国特有的社区类型。国外甚少甚至没有这种社区类型，全国各地尤其是沿海地区，虽有不少新型社区，却随着城市化进程发展速度不同而呈现不同的特性。广州市如果照搬任何一种模式，都是极其不明智的。只有首先通过详细的实地调研，深入了解广州市新型社区呈现的各种特性与问题，再吸收国内外先进的、有效的社区治理模式的经验，才能对症下药，为广州市新型社区治理模式的构建开出一张良方。本研究课题组在研究的两年间，实地走访了广州市内一系列的典型新型社区，调研足迹涵盖开发区、萝岗区、白云区、番禺区和南沙区等，访问了新型社区的管理人员和当地居民，获取了大量的一手数据，为深度剖析广州市新型社区的存在问题打下坚实的数据分析基础。

纵观广州市新型社区的发展轨迹，它们大多起源于因城市重新规划、改造而产生的征地拆迁项目。因此新型社区的形成在一定程度上被认为是城市征地拆迁的产物。征地拆迁过程中涉及的居民安置、住房分配、款项赔付等问题，往往会遗留甚

至直接移植到新型社区当中，从而影响新型社区的管理和服务。当新型社区建成，居民入住之后，就面临着如何管理的问题。应采用何等治理手段才能使社区健康、和谐地发展，将取决于社区的管理结构、管理理念、管理方法和管理措施。在倡导政府权力下放社区、政社分离的大背景下，不少社区管理和服务项目将进入市场化选择的阶段，如物业管理公司等会进入社区执行管理与服务工作中去。同时，新型社区的和谐发展也离不开文化的力量。通过建设社区文化，加强社区居民的使命感和安全感，才能提高他们为社区服务的主动性和积极性。居民参与是社区自治的重要前提。综合上述新型社区发展的轨迹，本研究在厘清关于社区治理的认识误区的基础上，选取征地拆迁、社区管理、物业融入和文化建设这四个维度作为深入研究广州市新型社区治理模式的切入点，通过定量和定性方法揭示其内在的问题，结合文献研究和实证分析给出解决问题的重要思路，最后提出针对广州市新型社区的治理对策。

为此，本研究课题组在2011—2012年间，先后走访了广州市开发区、萝岗区、白云区、番禺区等区内的典型新型社区，对收集的数据进行了整理和分析。数据结果直观地反映了广州市新型社区治理过程中的重点问题。

（二）有关新型社区治理的认识问题

新型社区治理中一些普遍的、深层次问题是要通过文献研究和访谈、座谈才能了解到的。本研究从社区理论、管理理论和社会学理论的角度出发，对当前广州市新型社区治理存在的深层问题做出系统化的梳理，主要有：（1）社区治理模式创新的理论依据问题。目前社区治理实现方式的行政化和基于社区问题解决的被动反应模式，仍然是当前社区治理模式运作中存在的主要问题。（2）存在以经济为中心，忽视基层党组织在社区管理服务中的领导作用问题以及社区公共管理服务问题。（3）基层政府行政行为边界及有效性问题。受计划经济体制的影响，我国城市管理体制奉行行政全能主义理念，新型社区治理中存在的主要问题是如前所述的“社区行政化”问题。（4）新的社区治理结构健全和运行机制问题。目前我国社区治理模式（政府主导型模式、单位主导型模式、市场主导型模式和社区自治型模式四种类型）中，政府主导型治理模式分布范围最广，也最常见，是我国社区治理的主流模式。但是四种治理模式的背后都有着政府的影子，都是在政府主导下进行的治理模式变革，居民、企业、第三组织往往只是被动地参与社区治理。

（三）新型社区治理实践中的四个重点问题

1. 征地拆迁的存在问题

征地拆迁中主要存在以下问题：（1）征地程序不规范。征地拆迁中，不仅要履行征地拆迁手续，还要办理拆迁方案等审批手续和征地报批手续，报批环节多，程序复杂，时间冗长。（2）抢修、抢建等违法违规现象较多。为了获得更多的拆迁补偿，许多村民擅自改变土地的使用用途，未经主管部门批准，多建、乱建房屋及其他建筑物。（3）暴力拆迁引发群体恶性事件。一方面，一些行政机关忽视被拆迁当事人的合法权益，打着“公共利益”的口号，对不符合强制拆迁的房屋实施强制拆迁；另一方面，一些行政机关并未按照强制拆迁的法定程序对房屋进行拆迁，而且对被拆迁人的补偿也不到位，造成被拆迁人财产的损失。另外，某些行政机关或拆迁人为保证拆迁工作的效率，加快工程进度，甚至对被拆迁人采取停水、停电、断路、恐吓等恶劣行为。（4）部分失地农民生活状况欠佳。农民劳动能力较差，无法找到合适的岗位，致使整个家庭的收入无法维持原来的生活水平。同时，随着城市化进程的加快和我国经济的不断发展，农民受城镇消费习惯的影响越来越大，消费支出不断增加。在收入没有增加反而减少的情况下，农民承受着更多的现金支出压力。另外，失地农民缺乏与城市居民同等的养老保险、失业保险、医疗卫生教育等社会保障。农村、城乡接合部的征地拆迁是新型社区形成的重要背景，其存在的拆迁赔偿处理和房屋分配得不到有效解决，为新型社区开展管理服务工作留下了极大的隐患。在新型社区管理服务工作开展前清除拆迁遗留的障碍是不可避免的重要工作。

2. 社区管理服务上存在的问题

有关社区管理服务方面的调查研究考虑需求和问题的多样性，本研究采取问卷调查方式进行。问卷调查主要以白云区和番禺区为样本，设置了28个关于社区基层管理者工作状况的属性描述，分别测试社区基层管理者的工作现状、社区基层管理者与居民之间的关系现状，以及社会组织与社区的合作现状，并从中分析在社区管理服务方面存在的问题。

（1）社区基层管理者工作现状。在开展社区日常工作时，83%的社区基层管理者认为他们的工作计划都是按照上级政府的部署来安排的，85.8%表示大部分的工作时间都用于完成上级政府交下来的工作，75.5%表示他们的每项工作都向上级政府汇报，89.2% 表示他们的工作绩效由上级政府考核。在工作状态方面，78% 的社区基层管理者认为工作压力很大，75.3% 认为工作很多，忙不过来，77.6% 认为现有工作人员数量不能够满足现在工作量的要求。

（2）社区基层管理者与社区居民的关系现状。差不多一半（49.1%）社区基本管理者承认居民只在有问题的时候才和社区管理人员沟通，电话是其中一种常用的沟通工具。每项工作开展时，社区管理人员总要花很多时间说服居民。63.8% 的社区基层管理者都表示他们所管辖的社区外来居民数量很多，49.4% 的社区管理者认同外来居民不关心社区发生的事情。

（3）社会组织与社区的合作现状。在与社会组织的合作方面，67.6% 的社区基层管理者认同社会组织的加入能够减轻社区管理者的工作负担。在实际工作中，社区义工队伍的普及率较高，仅有 30.8% 的社区表示现阶段没有建立义工队伍；75.8% 的社区基层管理者表示社区有和慈善团体、工青妇残等组织一起举办活动，但是仅有 42.6% 表示有长期合作的社会组织。63.5% 表示每次和社会组织合作都要向上级政府申请，45.7% 表示和社会组织合办活动要经过繁琐的手续。

综上所述，新型社区在管理服务领域呈现出三个主要问题：（1）社区基层管理者的思想、素质和能力制约了社区自治职能的落实；（2）社区居民缺乏关心和参与社区事务的热情和途径；（3）社会组织与社区的合作受制于现有的准入机制。

3. 物业服务介入社区治理方面存在的问题

对物业，本研究采用 Pearson 相关系数来描述变量间的相关程度的强弱。物业管理介入到社区服务的必要性与其他项目的相关系数都是大于 0 且小于 1，因此它们之间存在正线性相关关系。这说明物业公司与业主大会的关系，物业公司的服务内容、服务质量、服务收费，物业收费对公司提供服务的意愿的影响，政策法规，物业公司能够介入的社区服务类型，这些项目朝积极的方向变化时将有利于推进物业管理对社区服务的介入进程；相反，这些影响要素朝消极的方向发展时，将会阻碍物业管理介入社区服务的脚步。在诸要素中与“介入必要性”相关性最紧密的依次是“物业公司与业主大会的关系”（r=0.482）、“物业公司介入的服务类型”（r=0.481）、“服务内容”（r=0.427）和“服务质量”（r=0.418）。这就说明了物业公司如果能与业主大会建立良性的关系，将推动物业服务融入社区服务之中；物业公司能够介入社区服务的工作的类型决定了其是否能进入社区服务的领域，因为客观上社区服务工作一部分应该由政府来承担，一部分应该由业主来自治，还有一部分才应该由物业公司来介入；物业公司提供的服务内容与服务质量的改善也有利于促进社区服务接纳物业管理的服务介入。

研究表明，新型社区在物业服务介入社区治理方面存在五个主要问题：（1）政府对物业管理在社区治理中的地位和作用认识不足，重视不够；（2）社区居民对于物业服务的认识不足，物业服务的需求未被充分开发；（3）物业公司融入社区服务的广度和深度不够；（4）物业服务的质量有待进一步提高；（5）业主组织的地位缺失。

4. 社区文化建设的存在问题

研究表明，在非中心城区，近 30% 的居民不知道自己身边有什么样的文化设施，居民对于文化经费的投入、文化设施的建设、社区文化服务、社区的文化氛围、文化建设的制度、社区文化活动的安排等方面的清晰度和满意度较低。

归纳起来，社区文化建设领域主要呈现以下四个问题：（1）社区资源配置不合理，社区资源开发利用不够；（2）社区居民主动参与度不高；（3）社区文化建设队伍结构仍需完善；（4）社区文化建设体制不健全。

四、广州市新型社区治理模式的构建

（一）新型社区治理模式构建应遵循的重要原则

构建新型社区治理模式应有基本的价值判断，以指导我们的正确决策和模式构建行动。

1. 生态耦合原则

新型社区治理模式就是系统耦合社区经济、社会、文化、环境等系统因素，形成多元、开放、动态、有机的新型社区生态治理体系和生态化社区治理模式。在广州市新型城市化的发展背景下，新型社区治理模式的生态化变革应按照新型社区的现状和特点，从生态观念培育并诱发、养成社区治理生态观开始，逐步完善社区组织生态结构，重点构建社区权力生态与决策生态，培育社区活动的多元参与能力，最终达成社区发展的自然生态与社会生态的和谐目标。

2. 综合治理原则

强化社区综合治理，稳固社区行政体系，将源头治理、动态管理、应急处理有机结合起来，提高社区综合管理效能。重点是加强社区“三防”（人防、物防、技防）体系和预警系统建设，完善综合治理硬件软件体系建设，并推动综治工作从事后的处置向事前防范、化解方向转变，提高综合治理工作的整体实力。

3. 科学发展原则

科学发展原则要求社区管理者以正确的科学观为指导，加强对社区治理理论和实践研究，改变社区治理观念、方法的错误偏向和落后面貌。在社区治理实践中，基层社区工作人员要增强工作方法的科学性，改变传统重视技术对经济发展的作用，不能忽视科学知识理论和思想意识对社会、社区治理的作用。在为社区居民服务的实践中，应该加强科技项目、理论研究与社区发展模式的结合，实现居民对先进科学技术和先进思想的自愿联结，推动社区生态型治理模式的形成。

4. 物业基础原则

物业是居民最重要的财产，处理好财产（特别是不动产）关系从根本上决定了业主（居民）的幸福感和满意度。而物业管理服务作为社区最专业化的、为社区提供最基本服务的体系，决定了社区服务和社区管理的基本面貌。因此应将物业管理纳入社区治理体系之中。物业管理区域与社区重叠，本身的业务具有很强的社区属性，提供的是面向业主集体的准公共服务，还提供部分基层行政组织、社会组织委托的公共服务或社会服务。同时，物业小区既是基于业主建筑物区分所有权实现的单元——物业管理区域,也是居民公民权实现的基本单元——人群结合体的社区。因此，政府在物业公共服务上应有所作为，如政府购买公共物业服务。

5. 多元共赢原则

“多元”是指基层社区内部的多元利益主体之间的共生关系。当前形势下，要想建设一个适应社会发展的城市社区治理新模式，就必须要处理好社区居委会、街道办事处、社区党组织、业主委员会和物业公司之间的多元关系。核心是在充分发挥各种主体拥有资源的效用的前提下，实现多元主体利益共赢机制，包括单个参与主体的利益持久分享机制，以确保新型社区治理模式持续存在并发育成长，而不是一种空架子。

（二）新型社区治理模式的框架及特征

1. 新型社区治理框架

科学的社区管理服务组织设置应从系统的思维和动态发展的观念出发来构建。重点是框架应能够明确各管理层级的权力与责任边界，增强社区居民参与社区事务的空间，确保社区治理模式构建有明确的方向和愿景。

本研究建议构建一个以小社区为基础管理单元、大社区为宏观调控组织，在党政系统的领导下，由社区自治系统、业主自治系统、社区参与系统共同组成的体现政治先进、多元参与、共同治理、监督有力的“双社区四系统”社区治理模式，使事有所管、人有所为、质有所控、民有所依（如图 1 所示）。逐步建立党组织、社区行政机构、社区自治组织、社区服务企业组织、社区民间公益组织、社区精英多元主体沟通、协调、合作机制，形成社区多元主体关系协调、居民积极参与、治理有序高效的社区治理生态体系。

（1）社区宏观管理者：街道（镇）层面“大社区”组织

作为区政府的派出机构，街道办事处的主要职能是在街道管理范围内贯彻执行政府的有关决定、指示和命令；对社区内的社会管理、社会服务、社会治安综合治理、精神文明建设、街道经济发展等，行使组织领导、综合协调、监督检查的行政管理职能；对地区性、社会性、群众性的工作负全面责任。街道办事处下辖若干社区，组织协调治安、工商、税务、房管、环卫、卫生等工作，为辖内各社区居委会提供良好的宏观环境；从行政上指导和解决居委会工作中遇到的问题和困难，监督考评社区居委会的工作质量。街道办事处对辖下所有社区承担宏观统筹调控的责任，下辖的社区通常具备一些地缘、文化或伦理上的关系。本研究建议在街道（镇）办事处一级建立“大社区”的管理理念，即把下设社区居委会视为一个基本的自治管理单元，称为“小社区”，由“小社区”按照“大社区”制定的宏观方针、政策，执行具体的行政任务。“大社区”从宏观上制定政策，分配资源，协调工作，监督评估“小社区”的事务，尽量提供足够的空间给“小社区”来积极展开社区服务探索，营造良好环境，保障“小社区”顺利开展各项服务项目；同时，对“小社区”的工作进行监督考评，确保社区服务项目在合法、合理的条件下展开。

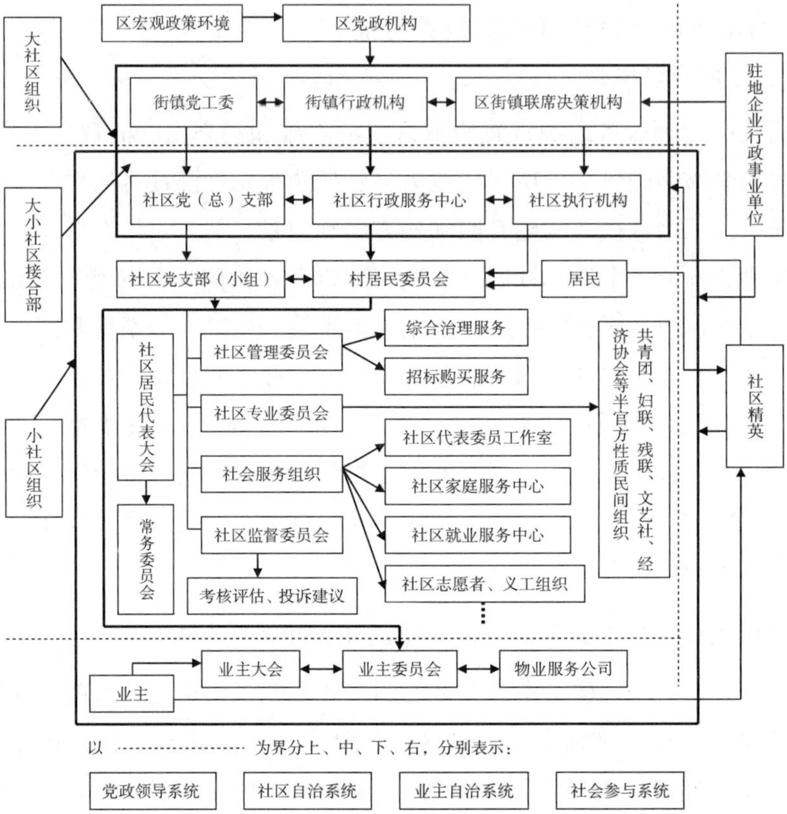

图 1　新型社区治理生态体系

注：驻地企业包括村集体经济组织，如经济社、经济联合社、村股份制企业等。

“大社区”的管理机构由街镇党工委、街镇行政机构和区街镇联席决策机构组成。街镇党工委是“大社区”的领航者，代表党的先进性，指引“大社区”走科学发展的道路，建设新时代“大社区”的精神文明，管理下属的社区党（总）支部。街镇行政机构以大社区行政服务中心的角色施政，主要制定“大社区”方针政策，协调“小社区”的资源与工作，监督评价“小社区”的治理情况。区街镇联席决策机构是“大社区”的智囊，充分吸纳社区内的企业、事业单位、社区精英等出谋划策。这些单位或个人由于长期驻地工作或居住，熟悉社区情况，能够从不同角度对社区发展提出建议。联席决策机构可按照业权设定代表名额，在社区内选举产生，参与“大社区”的行政决策，并由社区执行机构执行决策事宜。

“大社区组织”体现了党政系统对社区管理事务的有力保障，本研究把这一体系称为党政领导系统。

（2）社区微观管理者：居（村）委会层面“小社区”组织

本研究把每一个居（村）委会所管理的范围称为“小社区”组织，由社区自治系统和业主自治系统组成。

①社区自治系统由社区管理领导者、社区管理统筹召集者和社区管理决策者组成

社区管理领导者：社区党支部（小组）。社区党支部是社区各组织主体的领导核心。社区管理服务体系的构建离不开党的领导、指导和协调，以保证基层社区的稳定发展和文明进步。社区党支部由社区居委会党员组成，关心、支持、培育和引导社区自治组织的健康发展，应多开展宣传和服务工作，发展先进的社区居民加入党组织，带动和鼓励党员居民带头参与社区工作。应发展党代表的作用，设立社区党代表工作室，直接听取居民的意见，解决实际问题。同时实现党组织在社区各类组织中覆盖，特别是社区非公经济组织、民间社会组织和业主自治组织，应有党支部或党小组或党员，充分发挥社区精神领袖的作用，引导社区组织文明健康、和谐进步的小气候的形成。

社区管理统筹召集者：社区居（村）委会。社区居（村）委会是在社区党组织的思想指引下，统筹全社区事务的管理组织，是社区的大管家。为避免社区居（村）委会过于“行政化”，政府可以拨出专项经费资助，以体现对社区居（村）委会承担的社会责任的肯定，但是必须坚持居委会管理者的非职业化和义务性。社区居（村）委会应从传统“邻家大妈”的思维模式逐步向专业的“社会管理工作者”转型，应该尽量争取招聘对社区工作有热诚的年轻人进入社区居（村）委会工作，使他们能够发挥创新精神，为社区管理带来焕然一新的面貌。社区居（村）委会也因此能够成为培养优秀社会管理工作者的训练基地。

社区管理决策者：社区居民代表大会。以物业小区为单位，由所有业主选出居民代表参加居民代表大会。社区居民代表大会是社区管理的决策机构，每年召开一次会议，审议社区管理委员会提交的年度工作报告，讨论社区重大事项，规划未来社区发展计划。社区居民代表大会的选举工作和决策会议由社区居委会统筹和召集。社区居（村）委会需要协助、支持和监督社区居民代表大会的工作。社区居民代表大会下设常务委员会，在社区居民代表大会闭会期间行使对社区事务的协商议

事职能。常务委员会下设社区管理委员会、社区专业委员会、社区服务组织和社区监督委员会，承担社区事务实际管理和执行的角色。

②业主自治系统

物业小区是社区管理组织结构的最小单元，属于社区管理中私域管理的部分，其活动主体包括物业的拥有者——业主和物业管理者——物业管理公司。业主委员会由业主大会选举产生，是在物业管理区域内代表全体业主实施自治管理的组织。它代表着业主的合法权益，实行业主自治与专业化管理相结合的管理体制，保障物业的合理与安全使用，维护本区域的公共秩序，创造文明的社区环境。因此，业主委员会是整个社区参与社区事务管理的最基础的民意代表。在具体操作上，广州开发区、萝岗区可根据每个社区居委会管辖范围内的物业小区情况，按照人口比例（必要时可按照不同小区情况设置权重）分配名额，在业主委员会的主持下，全体业主召开业主大会，选举出业主代表，由业主代表选举业主委员会委员，通过业主大会和业主委员会充分发表意见，维护业主权益。同时，由于业主是社区居民中的关键居民，业主委员会委员参与居民代表大会，会使居民代表大会的决定更有民意基础、可执行性和可接受性，因此，业主委员会委员可以直接作为居民委员会委员，业主代表可直接作为居民代表，或赋予其他社区公权身份，使业主委员会委员和业主代表有更多机会参与社区居民代表大会和居民委员会的事务决策与执行，提高社区自治的有效性。

（3）社区多元参与者：社会参与系统

在“大社区”和“小社区”建设的过程中，社区内的各方参与者是不可或缺的重要力量。广州开发区、萝岗区内拥有大批高新技术企业和传统强企名企，吸引了大批知识精英到此安居乐业。他们和本地精英的见识、创意和激情成为广州开发区、萝岗区社区建设和管理的中坚力量。要充分发动社区各种力量参与到各个系统中，打造传统与创新并重的新型社区，营造社区建设和发展的新面貌。

社区发展的最终趋势是实现居民的自我管理、自我教育、自我服务。社区管理组织内各主体应该明确自己的职责，认真履行自己承担的责任，群策群力，互相配合，互相促进，互相监督，互相约束，充分利用社区各种资源，提高社区整体管理效益，才能真正打造幸福和谐的社区。

2. 新型社区治理模式的特征

（1）“拆”、“建”、“管”、“服”系统整合。新型社区治理模式是从征地拆迁开始，就详细规划和设计包括征地拆迁、社区建设、管理方法和服务项目四大内容的社区治理生态体系。把每项内容作为一项系统工程，从全局和长远考虑，去设计、建设，增强社区治理的整体效能，降低治理成本，增加治理效益。

（2）党委政府管控有效。新型社区治理模式以行政系统为主线，强化区职能部门、镇街、社区三级行政管理机构综合管理服务实力，通过行政主导的管理服务力量，将社会管理工作落实到社区基层，形成以区综合治理机构为统筹，区职能部门管理为专业辅助，街（镇）管理服务为龙头，社区（居民、业主）自主治理为纽带，社区物业管理服务为基础，社区民间服务为依托，构建区、街（镇）、社区三级管理服务联动社区管理体制。

（3）基层组织变革适应。在基层组织变革的过程中，人才的培养和可持续发展是首要问题。要培养一批专业的社区工作者，不仅能够适应变革，并且能够从实际出发，“接地气”地把变革“做实”。其次要创造一种有利于生态治理体系建设的社会氛围。在吸收精华的前提下，改变传统落后的乡村治理方式。

（4）业主、居民共生共治。新型社区是以产权为牵引的业主群体，也是来源文化背景多元的居民人群结合体，新型社区治理必须考虑两者的权益和能动性，无论是业主还是居民，都应该充分享有现行的国家法律、法规、政策规定的权利。作为业主，应该鼓励他们充分参与社区活动和行使社区居民自治的政治权益；作为非业主的居民，尤其是外来人员，也应该依法平等地享有合法权益，不应被本地居民排斥。新型社区的治理框架通过社区管理架构的变革，对业主、居民（包括“村改居”经联社成员）的角色都做出了明确的定位，这对于构建和谐共治的社区关系至关重要。

（5）社会组织培育生长。在新型社区治理框架中，社会组织的参与和成长是治理体系的一大动力。除工青妇残、民间力量等传统社区组织和团体之外，社区义工、志愿者等各种新型民间组织，以及驻地机构、企业组织中存在的公益性民间组织，它们都蕴含着丰富的社区服务资源，应纳入社区治理体系，增强社区活力扰动和正面带动力量，为社区带来良好的治理环境和气氛。

（6）文化生态融合发展。新型社区凝聚力的产生和形成依赖于社区文化源泉的滋润。新型社区文化的形成与发展，不应是单一文化的“独霸”，而应是本土文化、外来文化，现代文化、传统文化，“官样”文化、民间文化等多元文化的融合生长，在新型社区中共冶一炉，要使其融合生长，而不是冲突。必须要建立起令社区大众都普遍认同和接受的社区人文精神，才能打造和谐的社区。

（三）新型社区治理模式的具体对策

根据广州新型社区治理的现状和特点，结合国内外社区治理的先进经验，广州市新型社区治理体系构建，应从以下几个方面发力：

1. 建立征地拆迁的良性机制

征地拆迁工作的关键是平衡各方利益关系，实现各方利益共赢。其中作为被征地一方的农村、农民在整个征地拆迁工作中处于被动甚至是弱势地位，关心村民和村集体的利益是宏观政策作用的重点，因此，政府的征地拆迁宏观管理工作，必须遵循公开、公正、公平的原则，处理好各方经济利益关系，并注意保护村民利益。广州市新型社区的征地拆迁，可借鉴海南省海陵县的做法，建立机制让村民直接参与被征土地和房屋及其附属物的测量与价值评估，既减少评估成本，又能化解政府、开发商与农民之间的矛盾。只有通过制定合理的补偿标准、公开公正的征地拆迁程序、实行农民直接参与等措施，才能推动本区征地拆迁工作的顺利进行。

2. 打造和谐共治的社区治理格局

打造和谐共治的社区治理格局，就是要根据社区治理生态体系构建的目标，有步骤地推进社区治理体系改革。首先要专题调研社区相关组织的结构关系状况，弄清现有的组织之间责权利关系现状，发现其中的主要问题和提出解决问题的主要途径。其次要做好试点工作，选择一定数量（每区1—2个）的街道办事处、镇做试点，以街镇为板块推进试点工作。再次要抓住目前的突出问题搞专题调研，将个别问题放在整体上联动解决。如居委作用问题和正常运作；业主委员会成立难；居民民主参与率不高；物业纠纷复杂难断，影响社区和谐；居民与社区组织沟通不畅；物业公司在社区服务中的作用发挥；社区服务组织与行政部门沟通协调难；社区居民委员会负责人非本社区（小区）居民，不关心社区利益等问题。

3. 促进社区党建理念的创新

社区组织在社区民主政治和重大自治决策中肩负把握方向和维护人民权益的重

要责任，不能“水到小河就断流”，越是基层，群众越是需要党组为其“做主”“谋福利”，党不能脱离人民群众。改革现有的党组织和党员作用机制非常重要。首先是强化社区区域化党的建设体系建设，以“大社区党建”的观念和办法，协调各方力量，整合各类资源，使不同隶属关系、不同行业、不同性质的社区驻地单位党组织利用社区这个平台，交流信息，取长补短，相互合作，形成社区党建和社区建设的整体合力，谋求社区建设的最佳效益。其次是建立社区党建联动机制，要由社区党组织牵头，建立辖区内机关、企事业单位和其各类组织中的基层党组织代表共同参与的联系会议制度。再次是将党组织建在社区各类组织中，并提倡社区党组织主要领导成员兼任或竞选民间组织领导人，以合法、合理而非行政命令的方式进入民间组织，引导其健康发展。

4. 推动物业管理服务融入社区

物业公司作为以物业管理服务为主要业务，提供中国市场化社区服务最早，也最专业的行业，为和谐社区建设和城市管理现代化做了重要贡献。但由于目前社会变迁急剧，社区结构关系复杂而混乱，社区治理体系不完善等原因，物业管理行业企业成了“出气筒”，饱受煎熬。但理性分析，物业服务公司在社区中具有专业化、技术手段、资源条件等方面的优势，也有市场化社区服务的经验。关键是要社会各方正确对待物业服务，并融入到社区服务体系中，在规范、监督中实现蜕变，成为新型社区治理体系和服务提供商的一员，能够帮助新型社区提升社区服务整体水平。目前社区矛盾纠纷中绝大部分是物业纠纷，社区电梯、消防设施、管道等设施设备老化严重，房屋年龄到了“发病”期，需要维修，这些问题的解决都需要物业管理的配合，将物业管理纳入社会管理社区治理之中，拉回到社区治理和社会管理的中心，而不是在物业管理行业企业出现危机时继续做“围观”者。在有条件的社区，政府出资购买物业服务的公共服务部分，减少物业纠纷，不但可以让社区物业管理服务走上健康的道路，还将促进社区服务专业化、市场化、高效化发展，提高财政资金使用效益，提高居民幸福感。

5. 促进“农转居”居民就业和职业发展

新型社区大量存在“农转居”居民、外来农民工，以及在农村文化中熏陶出来的“新市民”，这些人员大多习惯于传统农业社区，不适应城市生存发展方式。他们的就业观念和职业发展模式受传统农业社会思想观念禁锢较深，使得他们难以适应城市居民生产、生活，特别是其中最大的群体——“农转居”居民。城市生活的根基在于就业，没有就业就没有收入；没有收入，好生活就难以为继。农民失去土地后，仍然依赖国家和村集体帮助（主要是补偿金和保险），缺少就业主动性和就业意识，缺乏自主创业和自谋职业的能力。因此，新型社区需要采取有效措施进行合理引导，使“农转居”居民能够清楚地认识到当前的就业形势和就业发展趋势，然后通过辅助和配合服务性中介机构的工作，为“农转居”居民就业和创业提供各种便利，也可以建设和提供各种创业辅导和服务给予自主创业的农民，并给予政策和资金等方面的支持，如向农民提供小额的贷款担保、减免税收、提供“一站式”的服务等。

6. 创建与新型社区相适应的特色文化

新型社区文化建设的重要任务就是要求同存异，打造和谐的社区文化氛围，让社区居民能够亲如一家，和睦共处。广州新型社区很多都是在历史悠久的传统村落原址上历经改造、拆迁、建设而来的。原有的传统村落文化、祠堂文化、族群文化都是本土文化传承不可或缺的重要组成部分。在创新社区文化建设时要保留、盘活原来的民俗和文化传承，并让民俗文化成为与海外华裔同胞沟通的桥梁。同时，在城市化进程中逐步建立起来的新型社区，却不可避免地面临传统文化与现代化发展的矛盾、本土文化与外来文化的冲击。在新型社区内通常聚集着来自五湖四海的居民，要提高外来居民的文化认同感，就必须提供交流与融合的平台和机会，开展丰富多彩的文化交流活动，让他们也积极参与到社区文化生活中来。如借助同乡会、企业文化节、旅游节等为来自区内不同行业、不同层次的企业提供展示、交流和融合的文化平台。

（选自广州市哲学社会科学发展“十二五”规划2012年度课题“城市化进程中的新型社区治理模式创新研究”。课题负责人：黄安心；成员：刘畅、李霖、余乐、陈少芬、张仕华、余祖伟。）

广州文化产业集群发展研究

周建珊（广东工程职业技术学院）

一、引言

文化产业快速发展不仅是增强综合国力、扩大内需、促进社会再就业、改变经济增长方式和创建创新型国家的有效途径和路径依赖，而且在消除城市新贫困群体、稳定社会、提高公民文明素质等方面起到了巨大的推动作用。随着技术创新与文化资源的不断结合，文化产业正在逐步成为经济增长的主要动力和源泉，正在成为许多国家和地区的主导产业。

作为21世纪的战略性产业，文化产业受到了包括中国在内的世界各国的重视。十六大以来，中国政府加大了发展文化产业的力度，先后出台了一些促进文化产业发展的政策。这些政策促进了中国文化产业的快速发展，据统计，2012年我国文化产业增加值达1.6万亿元（顾江，2006）。

"大力发展社会主义文化，建设文化大省"，是立足广东实际，面向全国，放眼世界的高屋建瓴式的文化建设纲领。这个纲领以发展社会主义文化为宗旨，以提升广东文化的品位、提高广东人民的科学文化素质为现实目标，以率先基本实现社会主义现代化为根本，符合广东建设经济强省的文化需求。

广州市作为广东省的省会，理应担负起建设"文化广东"、"幸福广东"的历史重任。在这个过程中，如何建设文化产业集群、建设什么样的文化产业集群，以及怎样解决建设文化产业集群中遇到的问题，则成为摆在我们面前几个亟须解决的方面。

二、文献综述

国内外学者对产业集群和文化产业从不同角度给出了不同的定义（Marshall，1890；Scott，1986；Porter，1998；Lawrence and Phillips，2002；胡惠林，2001；李江帆，2003；芮明杰，2004；Cantell，2004；胡晓明、肖春晔，2009）。综合各种观点，文化产业集群就是在文化产业领域中，由众多独立而又相互关联的文化企业以及相关支撑机构，根据专业分工和协作关系建立起来的，在一定区域集聚形成的产业组织（刘保昌，2008）。

国外学者对西方主要发达国家的文化产业集群进行了较为深入的研究。美国学者认为文化产业能够从当地社会团体的特征风格、敏感性和论坛中受益，文化产品的生产越来越具有集聚的倾向（Scott，1996；1997；2000；2004）。英国学者证实了地方化集群学习过程是集群创新和活力的主要源泉（Nachum and Keeble，2000；Bassett，Griffiths，and Smith，2002）。德国学者重点分析了文化产业集群的形成机理、网络运行与结构，还分析了文化产业集群与外界的关系（Bathelt，2002；Ivoossig，2004）。澳大利亚学者则指出文化产业在澳大利亚都倾向于集聚在大都市（Gibson，Murthy，and Wu，2001）。荷兰、加拿大等国学者也进行了相似的研究（Hertog，Brouwer，and Maltha，2000；Smith，McCartlly，and Petrusevich，2004）。另一些学者则从其他视角来分析文化产业集群的发展。有学者认为集群不是一个分析文化产业的有力的工具，而提出了创意产业生产体系的分析框架（Pratt，2004）；还有学者认为文化产业公司间的地理接近是受外部经济的驱动（Gornostaeva and Cheshire，2006）。此外还有很多文献对各种不同的文化产业集聚区进行了详细的经验描述（Grabher，2001；Calenge，2002；Hesmondhalgh，2007；Carayol and Roux，2009）。

从国外对文化产业的理解来看，其主要关注于理论方面，总的来说可以分为以下几类：（1）从文化工业的角度对文化产业进行阐释，如法兰克福学派最早提出的关于文化产业的定义和提摩·坎泰尔对文化产业的理解。（2）从文化价值的角度对文化产业进行阐释，如J. 奥康纳对文化产业的分析。（3）根据所提供的文化产品和文化服务等系列活动对文化产业进行分类，如安迪·C. 普拉特等所提出的观点。（4）把文化产业以智力资产等进行分类，如Hawkins等对文化产业的解释分类。由此可以看出，大多对文化产业的确定是依据其所提供的文化产品和文化服务等系列活动进行分类的。

国内学者对文化产业集群也进行了广泛的研究，不过主要是对某一城市或地区文化产业集群的案例进行了分析研究。有学者对北京、上海、西安等城市文化创意产业集群发展进行了研究（刘丽、张焕波，2006；厉无畏、于雪梅，2005；申海元，2009），也有学者对云南、湖南、河北等省文化产业集群发展进行了研究（樊泳湄，2010；刘月文，2010；董太安，2011）。另有学者对不同文化产业集群进行了研究，如音乐产业集群（陈倩倩、王缉慈，2005）、旅游产业集群（王树雄、于正东，2005）、广告产业集群（李蕾蕾等，2004）等。

关于文化产业的课题，国内学者也给出不少意见。刘启宇、刘红红（2007）指出在“十一五”时期，广东发展文化产业应该从加强宏观规划和政策支持、深化文化管理体制和运营机制改革等七个方面入手，下大力气进一步加快文化产业发展步伐，抢占文化经济的制高点。

顾乃华、夏杰长（2007）应用因子分析法得出了北京、上海、广州文化产业综合竞争力分别位列全国九个主要城市的前三名；并利用钻石模型得到了提升这些地区文化产业竞争力的要点，即首先必须由政府牵头，为文化产业发展创造适宜的外部环境，“多管齐下、齐头并进”。然后应该根据不同的经济发展阶段，选择匹配的驱动方式促进文化产业的发展：在起步阶段利用丰富资源的要素驱动方式，而在文化产业各部门都进入到技术密集型的高附加值阶段时，则应该采用大众高额消费的财富驱动手段驱动文化产业的发展。此时政府还应尽力保持这些成功进入技术密集型的部门保持优势地位。最后发展文化产业应本着“有所为，有所不为”的原则，切忌盲目地贪大求全，并要促使文化产业链协调发展，逐步实现文化产业集群化成长。

向志强（2008）将文化产业分为了3种类型，即资源型文化产业、能力型文化产业以及技术性文化产业，并将文化产业核心竞争力的构成要素归结为资源整合能力、市场响应能力、持续创新能力。对于不同类型的文化产业，3类核心竞争力构成要素所占的相对比重也不甚相同，对于处于越高阶段的文化产业，持续创新能力就越显得重要，而资源整合能力则起到越来越小的作用。

刘蔚、郭萍（2007）指出文化产业的集群政策应该注意解决以下问题：首先，国内产业集群政策具有明显的计划经济的特征，政府仍然试图主导产业集群的形成与发展，如果文化产业集群不能将文化产业化、产业文化化，那么产业集群政策将无法获得预期效果；然后，国内产业政策仍然停留在对国外产业集群的复制，而往往忽略国外产业集群所处的社会背景；最后，国内政策在促进文化产业发展的过程中着重强调了财政、税收、金融等政策，而对知识产权的强调不够。针对以上问题，作者提出应该注意加强内部及本地合作，建立文化产业园区企业间的人文关系网络和培育创新文化氛围，吸引外国跨国公司的投资；营造宽松、舒适的居住环境；明确政府在推动文化产业和创意产业发展过程中自己的职责，确保国家意识形态安全；在文化产业园区设立多种产业发展基金，为文化产业的发展提供多方面资金支持。

三、广州文化产业集群发展现状

（一）广州文化产业集群发展现状总览

广州市作为全国第一经济大省——广东省的省会，从人口结构来看，截至2012年底，广州市人口数量已达1270.08万人，其中中心城区772.7163万人，占比60.84%；新城区334.3491万人，占比26.33%；县级市163.0146万人，占比12.83%。从文化产业园区（基地）的基本情况来看，截至2011年12月1日，广州市已累计建设国家文化产业园区（基地）3个，省级文化产业园区（基地）6个，地市文化产业园区（基地）2个，县级文化产业园区（基地）2个，这其中涉及创意产业、文化创意产业、网游动漫、文化创意、服饰创意、时尚发布、新闻出版等多个产业门类，区内企业上千家，其中白云文化创意产业园区企业数达430家，是各个文化产业园区（基地）中拥有企业最多的。从总产值来看，广州日报社总产值高达39.9212亿元，为各产业园区（基地）之最；而从净利润来看，珠江电影制片有限公司则稳居榜首，达到了30亿元。从政策支持角度来看，政府出台了《广州市黄埔区网游动漫产业发展扶持办法》和《关于促进从化市动漫产业发展的优惠办法》，以此刺激以国家网游动漫产业发展基地广州黄埔园区为代表的网游动漫产业、以广东动漫城为代表的文化创意产业，以及以羊城创意产业园为代表的创意产业的发展。

（二）广州各辖区文化产业集群发展现状

1. 白云区

广州高新技术开发区民营科技园（民科园）是1995年经国家科技部批准成立

的国家级高新技术产业园区，是广州市高新技术产业开发区“一区五园”之一。园区聚集了一批优质企业，形成了以文化创意、电力电器、汽车零部件和精细化工为主体的产业群。其中文化创意产业最为明显。全园区共有文化创意产业企业 23 家，2008 年产值达 24.5 亿元，税收达 1.26 亿元，呈现总量增大、发展提速的特点，文化创意产业已经成为园区经济发展的支柱产业。目前，园区内主要文化创意企业有广东九州阳光传媒股份公司、蓝鸽集团、广州白云文物保护工程有限公司、广州彩熠灯光有限公司和广东中凯文化发展有限公司等。

2. 番禺区

番禺活嘉年华创意文化基地是由香港顺兴集团全资打造、致力于文化创意产业的综合性产业基地，项目总占地面积 135 亩，总建筑面积 36500 平方米，总投资约 4.15 亿元人民币。第一期开发用地 3.33 万平方米，投资额 3800 万元。主要经营项目有：立体电影院及立体影像、电影、动画研发制作，国际商务文化俱乐部，国际文化咨询展示交流，国际大学生创业与培训基地，文化人才交流中心等。整体构成集文化产业体验、旅游、休闲娱乐、展示、资讯教育培训功能于一体的创意文化基地。项目配合沙湾镇的产业发展战略，并发挥广州创意文化产业的优势，将奠定国内创意文化产业的龙头区域地位。项目目前已引入 3 家企业，有创意从业人员十多人，主要从事立体空间影像制作。整体项目投产后预计年销售收入达 6200 万—1.28 亿元，年净利润达 2480 万—5120 万元，年纳税总额达 620 万—1280 万元，将形成南中国嘉年华型文化创意产业基地、珠三角标志性文化乐园、购买文化的创意文化基地。

广州星力动漫游戏产业园位于广州市番禺区东环街蔡三村迎新路 8 号，是一个外资运营的文化产业园区。园区占地总面积 54 万平方米，建筑总面积 15 万平方米；入驻文化创意企业总数 47 家，入驻文化创意企业从业人数约 500 人，其中有知名及特色文化创意企业华立科技电子有限公司、广州市凯昌电子有限公司、宝辉科技电子有限公司、世宇科技有限公司、蓝海科技有限公司。园区的运营模式为物业管理、物业租赁。

金山谷创意产业基地位于广州市番禺区市广路飞鹅岭，是一个外资运营的文化产业园区。园区占地总面积 39.05 万平方米，商业配套服务设施面积 9.05 万平方米；入驻企业总数 200 多家，其中文化创意企业占总数约三分之一。园区主要致力于吸引一批创新行业企业及机构进驻办公，主要有现代服务业，需要低成本研发中心或后勤服务基地的跨国企业和广州市区的大公司、中小企业，创意产业，文化传播传媒，影音影视制作公司，国际知名的和国内优秀的建筑和园林设计公司，与建筑相关的节能、环保咨询服务机构，建筑设计行业协会，国际教育机构，等等；并提供相关的配套服务。

广州巨大设计创意产业基地位于番禺区大石街石北大道，是一个属于民营所有的公司制文化产业园区。园区总占地面积17.8万平方米，园区建筑总面积25万平方米，商业配套服务设施面积2.5万平方米。该园区以产业比重最大的工业设计与建筑设计为主体，完善上下游产业链，配套相关企业，其中包括产品设计、建筑设计、园林景观设计、室内设计、软件开发、广播影视制作、网游动漫、信息服务、咨询策划、广告设计等。

清华科技园广州创新基地成立于2009年10月，是一个国家所有的公司制文化创新基地。其占地1300亩，总建筑面积近100万平方米，是广州市番禺区政府、清华科技园（启迪股份）及招商地产聚集各方资源，共同支持、携手共建的大型创新科技社区。园区坐落于广州市番禺区东北部，地处珠三角都市圈的地理中心位置，可在两个小时车程内抵达珠三角区域内最为发达的城市组团和产业地区。园区处于广州城市发展“南拓”战略的重点发展区域，是未来三到五年最具创新活力和创新成长力的地区。区域内新兴产业组团初具规模，北临大学城，南接亚运村。而随着广州“南拓”战略的实施，园区将迎来更大的发展空间。清华科技园广州创新基地以促进区域产业结构调整升级、增强区域科技创新能力、营造鼓励创新的文化氛围和创造良好的创业环境为目标，致力于成为“创意驱动型创新”和“技术驱动型创新”完美结合的典范园区。它通过完善商务空间的建设、打造特色鲜明的创新服务体系，成为跨国公司研发机构的“聚集区”、科技型企业的“总部大本营”、创新型中小企业成长的“沃土”和知识型创新人才的“精神家园”，从而成为广州科技创新体系的重要组成部分，成为在珠三角区域具有强大集聚功能、辐射能力和示范带动作用的一流创新科技园区。

中颐·创意产业园位于广州市番禺区沙头街大平村“长大岗”，是一个民营个体所有的文化产业园区。园区占地总面积173882平方米，建筑总面积484174平方米。园区主要包括以下产业：（1）高新技术产业，主要吸引新能源、新材料、生物科技、智能科技、激光光谱等创意企业；（2）信息技术产业，主要吸引互联网、软件服务、数据处理、无线通信、多媒体信息服务等创意企业；（3）创意设计产业，主要吸引工业设计、产品设计、建筑设计、室内设计、环境设计、广告设计、品牌策划等创意企业；（4）文化娱乐产业，主要吸引动漫、报刊出版、音乐及影视制作、艺术品及古董拍卖、文化传播、传统手工艺等创意企业。市场定位为中国创意总部，将整合“创意总部经济 + EOD 生态产业园 + 一站式产业服务平台”的复合产业园理念，面向全球招商，精心打造能够代表 21 世纪广东新经济文化形象的国际化生态创意产业园。

3. 海珠区

文化星城创意产业园成立于 2006 年 2 月，是一个民营所有的文化产业集聚园区。园区职工中具有大专以上学历者 26 人，中级以上专业资格证书持有者 18 人，分别约占到职工总数的 68% 和 45%。经规划局同意，产业园正在修建详细规划，并正根据规划的具体要求进行单体方案设计、用地范围内经济社的征地工作以及对用地上的私人房屋做拆迁工作。项目自立项以来已落实 1 亿元的项目资金，将进行编号为 A2A3B1 建筑体的园区项目建设，园区项目规模约为 7 万平方米。

太古仓码头区位于广州市海珠区革新路地段、珠江后航道西段的东岸，洲头嘴以南，鹤洞大桥以北，遥望白鹅潭，与芳村酒吧街、信义会馆隔江遥相呼应，是广州市珠江沿线重要的滨水地区和景观节点之一。太古仓码头是英商太古轮船公司于 1927 年至 1934 年间先后兴建的。1953 年 2 月 24 日，它由中国人民解放军广州军事管制委员会接收，后交广州港务局使用。太古仓码头历经 70 多年的历史变革，同时作为码头和仓储作业区，一直使用到现在，至今仍在为广州的经济发展发挥余力。具有如此丰富历史文化的码头仓库区，在华南地区绝无仅有，在全国、全世界也是罕见的。太古仓是广州近现代对外贸易和港口运输历史的重要遗迹，也是民国时期外资进入广州港口运输及仓储行业的历史见证，更是中国海上丝绸之路历史文化延续的遗址之一。为配合市政府在珠江两岸的景观建设，太古仓码头区的业主单位——广州港集团有限公司拟对属下河南港务分公司内一码头（即太古仓地块）进行功能转型调整。太古仓位处珠江后航道滨水地区，其独特的历史文化价值、优良的区域位置、别具一格的近代码头工业建筑，是城市中心区不可再生的稀缺资源。根据本次转型改造整治规划，我们将其功能转型定位为：集港口历史展览、市民休闲、观光娱乐、餐饮商业为一体的城市滨水开放空间和新型体验式商业文化景区。

太古仓转型后，将建设成为广州城市的又一张城市形象名片，一个具有独一无二文化魅力的“城市客厅”，一系列独具大都市魅力的城市活动将在此进行。主要的转型改造和环境整治策略是：在保留原有码头区的完整性、真实性的基础上，通过重新设计和建设码头区域环境，修缮维护、改造利用太古仓的仓库建筑，保留其独特的近代工业建筑符号和历史内涵，注入新的文化和城市生活内容，运用现代运营方式打造出一个既能承载广州近代码头工业文明，又能体现时尚风情的滨水空间和商业文化景区。

广州珠影文化创意产业园（暂定）位于广州市海珠区新港中路352号大院内，是一个国家所有、按民营方式运营的公司制产业园区。园区实际投资额约7亿元，占地总面积121639平方米，园区建筑总面积193105平方米，商业配套服务设施面积70523平方米。

4. 花都区

广州市花都区狮岭镇擎天高科技产业园是中国电器科学研究院控股的广州擎天实业有限公司的装备制造生产区，是国家经贸委国家重点技术改造“双高一优”项目、省经贸委第一批装备制造业重点技术改造项目的实施基地。广州擎天实业有限公司成立于1996年，是由广州电器科学研究院控股的、实施科技成果产业化的高新技术企业。公司属下有成套装备、电气控制、电工设备、粉末涂料、聚酯树脂、油漆化工等多个子、分公司，专业从事：（1）家电检测、成套试验装备；粉末、油漆涂装生产线；电镀、铝型材和铜箔氧化着色生产线。（2）环保工程与装备；特种粉末涂料、油漆涂料、精细化工材料；家电控制器、电工仪器仪表；电站励磁系统、特种电源设备、电池试验和检测装置等高新技术产品的研发、生产和销售。公司产品遍布世界25个国家和地区，覆盖了电站电工、家电成套工程、材料化工、电子电器等多个领域。中国电器科学研究院高科技产业园是名副其实的“国字号”高新科技产业园区，它的建成投产对花都区高新科技产业的发展起到十分重要的推动作用。

5. 黄埔区

国家网络游戏动漫产业发展基地位于广州市黄埔区黄埔东路3889号广州国际玩具礼品城，是一个港澳台资所有的、公司制运营的文化产业园区。园区建筑总面积99404平方米，商业配套服务设施面积1912平方米。玩具礼品城内设有包括迪歌电子商务平台、银行、税务、物流、交通（玩具城公交站场、黄埔客运站配客点、机场快线）等众多配套项目，为商户提供“商流、信息流、资金流、物流”的全方位、一站式配套服务，满足商家的综合需求。

黄埔水泥厂改造成星坊创意产业园项目。黄埔水泥厂位于黄埔区长洲岛北部，长洲渡车船码头东侧，沿金洲大道分布。该地块权属广州建材集团黄埔水泥分公司，因广州市产业布局调整及环境保护的需要，水泥厂自1996年起关闭停止生产。为进一步整合长洲历史文化旅游资源，提升整体自然生态和人文环境发展水平，加快打造长洲文化旅游创意产业集聚区，黄埔区积极推进黄埔水泥厂的转型升级，将水泥厂用地用作文化创意产业园区的建筑用地。星坊创意产业园将由广州星坊文化传播有限公司及广州市建材集团共同合作出资打造，预计总投资达5000万—8000万元人民币。该项目计划利用原有的厂房车间，以艺术和创意的手法重新布局和改造，并注入广东特色、岭南风格等元素，将地块规划建设为当代艺术创意区、岭南文化创意区、多功能独立会展区、海陆空休闲俱乐部、网络动漫区、专业艺术机构进驻区、酒吧餐饮区、特色商铺区、公共服务与休闲区等空间功能分区，最终打造成“北京798”式的文化艺术创意园。

6. 荔湾区

1850创意园位于广州市荔湾区芳村大道东200号，由一向秉承“昊源出品，质优一等”精神的广州昊源集团联手实力雄厚的广州化工集团共同打造开发。园区毗邻珠江，占据广州市政府打造的白鹅潭全新“东方塞纳河”商圈与文化圈的核心位置。园区周边的芳村大道、洲头咀隧道、珠江隧道等交通枢纽动脉令园区的辐射力覆盖整个广佛都市圈，地铁1号线芳村站近在咫尺、信步可达，交通十分便利。园区由原华南最大的金珠江双氧水厂改造而成，占地5万多平方米，总建筑面积3万多平方米，由76栋错落有致的厂房车间组成。通过利用和改造旧厂房车间，打造艺术创作、设计、时尚展览、文化交流、办公生活的品味空间。沉淀的工业历史文化配以后现代艺术文化的熏陶，形成一个创意氛围浓郁、配套完善的新型创意产业基地，是集文化、商业、展览、旅游、教育为一体的复合型大型文化社区。园区建成后必将成为广东乃至中国文化产业的闪亮名片。

广州设计港位于广州荔湾区周门路18号，是一个民营所有的公司制文化产业园区。园区实际投资额30万元，入驻文化创意企业10家，入驻文化创意企业从业人数 200 人。园区主要提供平面设计、建筑设计等服务。

信义国际会馆位于荔湾区珠江南岸，北起下市直街，南接波场后街，西至芳村大道，东靠白鹅潭珠江畔，占地面积 35000 平方米。馆内上世纪 60 年代高大宽敞的厂房，建筑风格自然流畅。数十棵古朴的大榕树、临江的木栈桥、亲水平台与水秀花香的人文景观融为一体，使信义国际会馆具有得天独厚的发展环境。信义国际会馆在省、市、区各级领导及各有关部门的大力支持和关爱下，经过几年成长，在国内外已逐步建立了较大的美誉度和影响力。至今，信义国际会馆已完成的部分区域，顺利引入了 18 家创意、设计、电子商务机构；其中外资企业 6 家、总部经济类企业 5 家，多为业界排名前十［O&M 奥美传播：全球四大传播机构；Under Armour 安特亚摩：美国十大运动品牌；亚虎（永骏）文化传播：Disney 迪士尼品牌大中华区总代理；陈永锵画廊：国家一级国画大师画廊；古摄影：中国十佳影楼］。在配套的 5 号馆多功能厅，还先后举办了法拉利、保时捷、BMW 概念车、凯迪拉克亚洲首发等新车发布会，PUMA、NIKE、TURSSARDI 等各类时装秀，中国 P&G 宝洁集团年会、德国拜耳未来之夜等大企业年会，马爹利蓝带、黑牌威士忌等多个洋酒嘉年会，以及新丝路模特大赛、风尚中国榜等大型时尚活动。2007 年至今，信义国际会馆先后被评为“广东省文化（创意）产业园区”、“广州市版权宣传荔湾基地”、“荔湾文化创意产业聚集区”。

7. 萝岗区

广州开发区创意产业园位于广州科学城科学大道 162 号，是一个国家所有的公司制文化产业基地。该基地入驻文化创意企业 313 家，入驻文化创意企业从业人员 4000 人，且有广州市技术产权交易所进驻以保护知识产权。园区重点聚集软件（包括网络游戏、数字内容和集成电路设计）、动漫、工业设计及其产品的研究开发、建筑设计等创意产业类型的企业。功能设施方面，硬件设施完备，建设标准高，拥有中央空调系统，宽带连接到户，企业培训室、会议室、商务中心、展示厅、信息中心、健身娱乐室、餐厅等配套服务设施齐全，能充分满足企业在商务、信息、培训等方面的需求。现有的公共服务平台有：广州开发区仪器设备资源共享平台、广东省软件共性技术重点实验室、广东软件测评中心、广州开发区动漫和网络游戏研发以及影视后期制作平台。

广州开发区工业设计产业（广州）示范基地位于广州经济开发区科学城科丰

路29号，是一个民营所有的公司制文化产业园区。园区主要从事工业设计产业，开发区工业设计公共服务平台齐全，有零起点工作室、创新设计中心、快速成型中心、模具加工中心、检测中心、网络服务平台等。其中创新设计中心已经开始为开发区园区内企业积极展开工业设计服务。2010年已完成所有服务平台的建设内容。

8. 天河区

羊城创意产业园位于广州市天河区黄埔大道中（新编）309、311号，地处广州新城市中心地带，占地18万平方米，自然生态环境优美。创意产业园大量引进艺术家工作室和当代艺术机构，成规模地租用和改造闲置厂房，逐步打造成为画廊、艺术中心、艺术家工作室、设计公司、时尚店铺、餐饮酒吧等各种空间的聚集区。本项目的投资和建设主体均为羊城晚报报业集团，投资总额6500万元。经财务初步分析，本项目平均年投资利税率为40.1%，投资利润率为24.3%，内部收益率为17.9%，投资回收期为7.3年，项目到2017年可以收回全部投资。本项目不仅具有良好的经济效益，同时将产生巨大的社会效益：（1）该项目通过建设创意产业园区，对“年老色衰”的老厂房进行保护性改造、功能置换和再利用，让旧厂区焕发新的生命力，顺应广州实施老城区“退二进三”产业调整发展战略。（2）打造文化新区，成为丰富市民文化生活的前沿地，为城市增添了历史与现代交融的文化景观。（3）实现投入小、见效快的循环经济发展模式，有助于优化生态环境，对美化环境也将起到重要作用。

9. 越秀区

越秀区规划建设的“创意大道”项目是该区全面实施广州市“中调”和“退二进三”战略、发展现代服务业的重点示范项目。“创意大道”以太和岗区域为核心，及区庄至永福路口的先烈中路两侧，包括已有的黄花岗科技园八大园区、中科院广东分院等主要载体，造型上形成T字形，区域面积约0.5平方公里。“创意大道”（首期）太和岗核心区分创意企业总部集聚区、公共研发区和公共服务区三部分，建筑面积达3万多平方米。“创意大道”拟建成广州市乃至华南地区层次最高、规模最大、辐射最广的科技与先进文化互相融合的都市创意产业核心区，知识密集型服务业的高度集聚区，产业升级再造示范区，带动新兴产业快速发展的新亮点。“创意大道”突出“特色、高雅、品味”的特点，发展规划包括三大基本要素：科技支撑、文化融合、创新发展。“创意大道”重点发展数字内容创意产业和文化创意产业，概括起来就是科技与文化产业，包括相关的动漫画、网络游戏的创意、设计、制作，高科技影视后期设计、制作，多媒体软硬件研发和制作等。配套发展会展、广告、版权产权交易、品牌展示发布等知识服务业，以及以创意人才为主体的创意产业人才培训、就业服务等，从而形成结构多样、互相依存、充满活力的现代文化科技创意产业集聚区。

四、广州文化产业集群发展中存在的问题分析

广州市具有不少发展文化产业的条件与优势。如地理区位优势：广州是我国华南地区最大的中心城市，地处东南沿海和珠江下游，毗邻港、澳，临近东南亚，外可接国际文化市场，内可辐射全国。如文化市场优势：广州具有较大的市场需求，经过30多年的改革开放，广州市经济实力和人均收入居全国十大城市前列，人均国内生产总值已突破1万多美元，年均经济增长率居全国十大城市之首，全市有1300万人口，应具有充足的文化消费、购买力。再如广州市拥有较先进的印刷设备，具有世界先进水平的彩印设备和印刷能力，具有一定文化生产技术优势。此外，体制优势十分明显：广州是目前我国大城市中开放程度较高、市场经济发展较快的城市，以市场为取向的改革始终走在全国前列，市场经济框架正逐步确定和成熟。这也会为文化产业的迅速崛起提供良好的制度环境。最后，广州具有极为丰富的自然资源、人文资源，深厚的岭南文化意蕴，浓郁的人文环境，使广州具有特殊的文化魅力，也为文化产业发展提供了丰富的内容资源。

但与此同时，广州市文化产业集群的发展还不尽如人意，究其原委有下列几个方面：

一是文化产业意识滞后。文化产业在广州市还没有被当作一个产业来看待，在认识上依然存在着重经济轻文化、把文化当作福利或纯意识形态对待的思想。北京、上海、深圳、武汉等城市在20世纪90年代初已组织人力研究文化产业的发展，目前已制订了21世纪初文化产业发展规划。而广州市至今还没有一个宣传文化系统的产业发展规划。广州市应清醒地看到这一点，尽早制定广州市的文化产业发展战略与对策，若其他地区形成明显的文化产业优势，由于“洼地效应”，资源就会流向他处。

二是文化产业组织形式滞后。由于观念上不把文化当产业看待，势必忽视这个

领域里的市场化改革，整个经济体制方面的优势无法适用于这个领域，于是，广州市文化产业组织形式还处于小规模、分散化经营的状态，缺乏活力。广州市在文化产业发展方面至今没有比较系统的政策，缺少规模化、集约化的集团，缺乏特色鲜明、效益良好的大型的文化项目，文化资源没有得到充分有效的利用。

三是人才机制滞后。文化产业是一种高智力的活动，需要高素质的人才，尤其是高素质的管理和领导人才，以及艺术经营、经纪人才。而高素质的管理人才和领导人才只能是在市场竞争的环境中产生和得到确认的。目前广州市大部分文化生产单位的人事制度依旧，导致各层次庸才在位。又由于一些单位、行业垄断经营可获取超额利润，在企业缺乏自我约束与积累机制的情况下，就为供养大批冗员提供了条件，也制约了文化生产的发展。

四是文化投资体制滞后。目前，广州市文化产业的社会投融资体系尚未形成，文化产业大规模扩张的资本条件难以具备。

五是文化产业科技含量严重不足。国内外有影响的文化产业都在不断通过其文化产品及文化服务的科技含量，来开发、转变和引导市场消费热点，增强自身的市场竞争力。而广州文化产业单位的科技投入、产品的科技含量还很低，大大降低了产业自身的影响力，削弱了文化产品的市场竞争力，同时，也使大众的高层次文化消费热情受到抑制。

六是产业结构和布局不合理。广州文化及相关产业规模总量虽然比较大，但是产业结构和区域布局不合理，既影响了产业发展的质量和效益，又严重制约了产业发展的后劲。文化服务业发展滞后突出表现在文化创意和内容生产能力严重不足，面对当前文化需求多样性、多层次、个性化的趋势，缺少高质量、高品位、切合文化市场需要的内容产品和服务。其次，从区域分布上看，广州的文化产业主要集中在番禺区、海珠区等区域，而其他区域的文化产业发展则相对滞后，区域布局处于严重不平衡状态，难以形成各具特色、功能互补、各展优势、协调发展的区域产业发展格局。

七是产业主体“小、弱、散”。广州文化产业经营单位众多、规模偏小，经济效益和产业集约化程度不高，总体上缺乏竞争力。

八是文化市场发育不完全。广州经济基础相对雄厚，随着经济增长和城乡居民收入的提高，生活消费正进入转型升级阶段，文化消费需求在全省居民消费需求中的比重将进一步扩大，广州未来文化产业发展的市场空间巨大。但由于大众消费习惯、城乡差距和地域文化等因素的影响，文化消费在广州城乡居民日常消费结构中的比重并不高。据统计，2005年广东城镇居民日常消费支出中，食品消费支出比重最高，达36.1%；交通通讯支出排第二，比重为19.8%；而未剔除教育支出的文教娱乐服务支出比重仅为14.1%，低于江苏省和浙江省。相对较低的文化消费比重制约了广东文化市场的发育，主要表现为文化产品、服务和要素市场建设滞后，文化资源的开发利用率还不够高，条块分割、地区封锁、行业垄断和城乡分离的格局尚未打破，全省统一、开放、竞争、有序的现代文化市场体系远未建立。

九是体制和政策环境仍需进一步改善。2003年以来，广州在转变政府职能、推进经营性文化事业单位转企改制、鼓励和引导社会资本投资文化产业等方面取得了实质性进展。同时，中央和省都相继出台了一系列涉及非公资本进入文化产业、加强文化进出口、文化领域引进外资、文化产业税收优惠等政策措施，广东还公开发布了《广东省社会资本投资文化产业指导目录》和《广东省文化及相关产业投资指南》，为促进文化产业集群的发展，初步营造了良好环境。但由于思想认识和体制机制等方面的原因，一些制约和影响广州文化产业集群发展的深层次问题还未得到根本解决，文化管理体制与不断发展变化的文化经济形势和环境不相适应的矛盾日益凸显，文化投融资、市场准入、国资监管、事业单位改革等关键领域的突破阻力很大，障碍重重，政府扶持、政策倾斜、税收优惠的力度还远远不够。所有这些，都构成了广州文化产业发展的体制和政策瓶颈。

凡此种种都说明，广州市文化产业发展进程与其整个社会经济发展的要求还很不适应，其发展还是自发的、散漫的，缺少产业政策指引和支持。这种局面应迅速被扭转。

五、广州文化产业集群发展趋势与对策分析

（一）广州文化产业集群发展的基本走势预测

广州文化产业的总量规模将迅速扩大。这不仅是因为文化产业是国际经济学界公认的朝阳产业，也是因为当一个国家的经济开始起飞，人均GDP超过3000美元以后，社会对文化的需求会迅猛增加。广州已经在经济总量规模与人民生活水平两个领域跨入了文化消费的门槛，达到了发展文化产业的阈值。

中国加入WTO后，广州的文化产业面临新的机遇和挑战。根据中美WTO双边协议的第二条“旅游及相关服务”中规定，中国一经加入WTO，符合条件的外

商可在中国政府指定的度假区内和在京、沪、穗、西安设立合资旅行社和旅游经营企业，提供服务。中国加入 WTO 无疑使广州的文化产业面临重大挑战。但广州市的文化产业从总体而言，无论在规模、运作方式、开发和制作水平等方面，与发达国家相比尚有一定的差距。而所有这些问题的解决都将与文化产业政策及体制上的改革紧密相关。

发展文化产业集群将广州精神文明建设和实施现代化中心城市作为发展战略目标的重要组成部分。广州市已确定了建设现代化中心城市战略目标，而只有大力发展文化产业，才有利于培植新的经济增长点，进一步提高中心城市的经济实力；有利于产生强大的集聚和辐射作用，进一步推动中心城市功能的发挥；有利于城市服务业的完善、城市形象的改善，进一步满足人民群众日益增长的精神文化需求，推进城市的精神文明建设。发展广州文化产业将是广州建设现代化中心城市的必要战略选择。

（二）加强广州文化产业集群的对策建议

（1）加强内部及本地合作。在建设文化产业园区并吸引企业进驻的时候，要注意集群内文化产业价值链的构成。文化产业是一个复杂的生产系统，所以在集群内要加强生产商、供应商、转包商之间的联系，通过垂直联系可以加强上下游企业的合作，加强价值链中信息和技术的交流，提高创新能力。所以，对于新建文化产业区的布局，要坚持以分工协作、本地结网形成产业集群来安排项目；对于新进区的企业的选址，要明确以产业集群为导向，努力形成大中小企业紧密配合、专业分工与协作完善的网络体系。此外，由于各地都建立了多种文化产业园区，因此还要协调好不同的产业园区间的关系，避免产业园区间的恶性竞争。

（2）建立文化产业园区企业间的人文关系网络和培育创新文化氛围。要推动企业间建立联系以促进学习和交流，增强企业间的信任和承诺，就需要政府采取措施促进各种中介机构（企业家协会、各类教育培训机构、行业协会等）的形成。此外，要多组织博览会等交易会，既能提高产品的知名度，也能促进各方的交流，从而提高企业间的信任。只有在信任形成的基础上，企业间相互学习和知识的传递才能顺畅，企业间合作创新的机制才能形成。而合作、创新的氛围又能吸引更多的创意人才的进入，这就形成了一个良性循环。文化产业集群政策应注重促进社会文化发展，鼓励相互信任基础上的合作，增加地方行为主体间的知识流动，较少进行直接的行政干预。

（3）吸引外部跨国公司的投资。从发达国家文化产业集群发展的经验看，跨国公司所提供的资金和流通渠道是促进中小产业集群发展的关键因素，所以大力吸引跨国投资，也是广州文化产业集群应对国际化挑战的重要途径。在经济全球化的条件下，跨国公司的进入将降低产业集群进入国际市场的壁垒，而且跨国公司所带来的技术知识和经验，也会促进中小文化企业的壮大。

（4）培养宽容的、舒适的居住环境。在文化产业集聚发展过程中，政府的角色作用不仅仅限于建设园区、提供发展的“硬”环境，还要起到营造大环境、“软”环境的作用，创造适合创意人员居住的人文环境，使得企业创新网络能有生存发展的土壤。特别要强调宽容在发展文化产业集群中的重要性，宽容精神使得一些地区在构建、吸引和持有流动资本和创意人员时更有优势，宽容意味着这个地区更为开放和具有多样性。因此，政府要保持当地的开放性，刺激企业家、艺术家们的创造热情，增加当地文化产品的多样性，由此增强文化产业在当地的集聚。

（5）明确政府在以园区的形式推动文化产业和创意产业发展过程中自己的职责。严格而论，产业聚集不是规划出来的，而是区域分工和市场竞争的结果。一个产业聚集在一个区域，首先是市场的推动，规模经济、外部性等这些内因，通过市场信号的作用吸引关联的企业聚集在一起。此外，资本、技术、信息和劳动力的自由流动是产业聚集最终形成不可或缺的条件。因此，政府的产业政策能否创造出产业聚集的效应，情况就要复杂得多。如果过分迷信产业政策的作用，特别是用计划性的产业政策来代替市场的机制，常常会使事物走向它的反面。政府政策在产业聚集形成和发展中的作用，主要体现在创造有利于产业经济活动聚集的环境和市场，如创造更多的公共产品、完善中介服务、帮助企业沟通产业技术信息和市场信息、创造有利于企业开展分工和协作的网络等。政府支持产业聚集的最好方法，应当是激励大学和科研机构为当地的产业服务（就像硅谷那样），还要创办职业训练中心和信息服务机构，加强对地区和产业的市场推介活动，帮助企业开展交流与协作等。总之，政府还是应该靠营造产业发展环境和建立公平的市场，来促进产业活动在本地区的聚集，这也是政府产业政策的最大功能。

（6）在文化产业园区设立多种产业发展基金，为文化产业的发展提供多方面资金支持。文化艺术历来是作为文化事业来发展的，因为文化产品的消费需求具有不可预知性，而且艺术家在创作的时候往往注重思想的表达，所以要成立艺术委员会或基金组织给予艺术家以资助，为创办文化企业提供资金支持（刘蔚、郭萍，2007）。

广州要建成现代化中心城市，就必须具有强大的文化产业基础和完善的文化市场功能。从长远看，到2020年，广州必须建成门类齐全、规模庞大、基础设施和文化软件先进、能够辐射国内外文化市场的文化产业基地。从近期看，广州要在5年内建成支柱性文化产业和一批大型文化企业集团，争取文化生产总量在全国文化市场占有更大的份额，并与国际接轨。为此，广州文化产业的增加值占全市GDP的比重应从目前的4.5%，发展到2020年的占6%左右，文化产业的先进技术装备如数字化水平要接近其他国际中心城市在20世纪90年代的水平，文化产业GDP的增长速度要超过全市平均水平2%，新闻出版、印刷业、广播电影电视业、文化娱乐业、广告、旅游业等支柱性文化产业，分别占到同类文化产业总产量和产值的13%—15%左右。

应基本形成与广州产业结构调整相适应，以新闻出版业、广播电视业、文化娱乐业、广告业和旅游业为骨干支柱，全方位发展文化产业的新格局。基本形成与社会主义市场经济发展和广州文化建设要求相适应的管理体制和运行机制，建立以若干文化为龙头、多元发展的文化产业构架。基本形成与国内外高新技术相适应的文化产业技术基础，增加文化产业的科技含量。基本形成有利于文化产业发展的政策体系和法规体系，保障文化市场规范有序、健康发展。

显然，发展有中国特色、时代特征、广州特点的文化产业，建设广州文化产业集群，是一项艰巨的世纪工程。因此我们建议，广州市主管领导出面组织宣传、文化、计委、统计、规划、财税、金融等部门对广州市2020年文化产业发展的定位、目标、管理体制、经济政策、保障措施等问题进行研究，提出符合广州实际情况、可操作性较强的文化产业发展规划，争取在近几年就有一个突破性的进展，将其逐渐引上现代化增长的轨道（刘启宇、刘红红，2007）。

参考文献：

[1] 顾江. 文化产业研究 [M]. 南京：南京大学出版社，2006.

[2] 顾乃华，夏杰长. 我国主要城市文化产业竞争力比较研究 [J]. 商业经济与管理，2007（12）.

[3] 向志强. 文化产业类型及其核心竞争力的构成要素 [J]. 求索，2008

(11).

[4] 刘蔚，郭萍. 文化产业的集群政策分析 [J]. 江汉大学学报：社会科学版，2007 (4).

[5] 刘启宇，刘红红. 广东文化产业发展的现状、问题和对策 [J]. 学术研究，2007 (6).

（选自广州市哲学社会科学发展“十二五”规划2012年度课题“广州文化产业集群发展研究”。课题负责人：周建珊；成员：方轮、喻卫斌、苏国强、杨英、皮泽红。）

创新时代广州发展文化贸易对策研究

罗　艳（南华工商学院）

一、概念界定

（一）文化贸易的概念界定

关于文化贸易的概念，目前各类研究资料文献中仍没有一个一致性的描述。政府机构、文化学者、经济学者及业内人士对文化贸易都有自己的界定。

1. 组织机构对文化贸易的概念界定与分类

（1）国际货币基金组织（IMF）的国际收支手册中，对国际文化贸易有这样的描述：居民与非居民之间，有关个人、文化和娱乐服务交易。细分为下面两类：一是声像和有关服务，二是其他文化和娱乐服务。IMF 的概念较为简单，不能全面地反映当前国际文化贸易内容。

（2）WTO 三大协议中没有独立于经济贸易规则外的文化贸易规定。文化贸易的相关规则大都包含在《服务贸易总协定》（GATS）和《与贸易有关的知识产权协议》（TRPIS）中。《服务贸易总协定》涉及的服务范围有 14 个大类，其中与文化贸易有关的有 7 类，包括商业性服务，电信服务，分销服务，教育服务，文化、娱乐及体育服务，旅游及相关服务，健康及社会服务。在知识产权层面直接涉及文化贸易的是《与贸易有关的知识产权协议》第 11 条和第 14 条，其中第 11 条是关于计算机程序和电影作品的相关规定，第 14 条是关于对表演者、录音制品（唱片）制作者和广播组织者的保护。

（3）一般认为文化贸易包括文化产品贸易和文化服务贸易两方面。根据联合国教科文组织公布的《1994—2003 年文化商品和文化服务的国际流动》报告，文化产品一般是指传播思想、符号和生活方式的消费品。它能够提供信息和娱乐，进而形成群体认同并影响文化行为。基于个人和集体创作成果的文化商品在产业化和在世界范围内销售的过程中，被不断复制并附加了新的价值。图书、杂志、多媒体产品、软件、录音带、电影、录像带、视听节目、手工艺品和时装设计，组成了多种多样的文化商品。文化产品包括文化商品和文化服务。联合国教科文组织又将文化产品分为核心文化产品及相关文化产品。传统意义上讲，文化服务是指满足人们文化兴趣和需要的行为。这种行为通常不以货物的形式出现，包括举行各种演出，组织文化活动，推广文化信息，以及文化产品的收藏（如图书馆、文献资料中心和博物馆）等。

2. 学者对文化贸易的概念界定

Van Grasstek（2005）认为，从概念上讲，可交易的文化实体可被定义为能生产或分配物质资源的产品和服务，这些产品和服务能通过音乐、文学、戏剧、喜剧、文档、舞蹈、绘画、摄像和雕塑等艺术形式娱乐大众或激发人们思考。高洁（2005）认为，文化贸易主要是指与知识产权有关的文化产品（cultural goods）和文化服务（cultural services）的贸易活动。有些学者把文化贸易分为硬件贸易和软件贸易。一般来说，文化硬件指用来生产、储存、传播文化内容的器物工具和物态载体，如摄影器材、视听设备、影视器材、舞美设备、游戏和娱乐器材、艺术创造和表达的工具等；文化软件则指包含文化内容的产品和文化服务，包括广播电视节目，电影动画片和故事片，印刷品，出版物，视听艺术，表演艺术，载有文化艺术内容的光盘、视盘和多媒体，娱乐，会展等。

总体上看，大家对于文化贸易概念内涵的解释较为一致，但在外延方面的理解却各有不同。文化贸易是国际服务贸易中的重要组成部分，是通过文化产品与服务在国际间流动的一种贸易方式，亦是文化产业国际化经营的必然发展结果。文化产品属于产品范畴，文化服务属于服务范畴。在本研究中，我们将采纳联合国教科文组织的定义，是鉴于联合国教科文组织自 1945 年成立之始，在促进国际教育、科学和文化方面扮演了非常重要的角色，是文化领域最具有权威和影响力的国际组织。该组织中文化事务预算占第一位，它一直致力于维护国家文化主权和保持世界文化的多样性，因而成为文化贸易领域最权威的组织，其公开出版的统计资料为政府官员、学者研究文化贸易发展提供了翔实的数据。联合国教科文组织将文化贸易具体进行了分类（详见表 1）。

表 1　文化贸易分类

<table>
<tr><td colspan="4">文化商品</td></tr>
<tr><td colspan="2">核心文化商品</td><td colspan="2">相关文化商品</td></tr>
<tr><td>1. 文化遗产</td><td>古董</td><td rowspan="3">1. 音乐</td><td>（1）乐器</td></tr>
<tr><td rowspan="3">2. 印刷品</td><td>（1）图书</td><td>（2）声音播放或录音设备</td></tr>
<tr><td>（2）报纸和期刊</td><td>（3）录音媒介</td></tr>
<tr><td>（3）其他印刷品</td><td rowspan="3">2. 影院和摄影</td><td>（1）照相机</td></tr>
<tr><td>3. 音像媒介</td><td>录音媒介</td><td>（2）电影摄影机</td></tr>
<tr><td rowspan="3">4. 视觉艺术品</td><td>（1）绘画</td><td>（3）照相馆和电影院使用的产品</td></tr>
<tr><td rowspan="2">（2）其他视觉艺术</td><td rowspan="2">3. 电视收音机</td><td>（1）电视机</td></tr>
<tr><td>（2）收音机</td></tr>
<tr><td rowspan="3">5. 影视媒介</td><td>（1）摄影</td><td>4. 建筑和设计</td><td></td></tr>
<tr><td>（2）电影</td><td>5. 广告</td><td></td></tr>
<tr><td>（3）新型媒介</td><td>6. 新型媒介</td><td>软件</td></tr>
<tr><td colspan="4">文化服务</td></tr>
<tr><td colspan="2">核心文化服务</td><td colspan="2">相关文化服务</td></tr>
<tr><td colspan="2">1. 视听及相关服务</td><td colspan="2">1. 广告、市场研究和民意调查</td></tr>
<tr><td colspan="2">2. 特许使用税和许可费</td><td colspan="2">2. 建筑、工程和其他技术服务</td></tr>
<tr><td colspan="2">3. 娱乐、文化和运动服务</td><td colspan="2">3. 机关报闻机构服务</td></tr>
<tr><td colspan="2">4. 个人服务</td><td colspan="2"></td></tr>
</table>

资料来源：UNESCO IUS&UNESCO Sector for culture. International Flows of Selected Cultural Goods and Service [R]. 2005.

（二）文化贸易创新的内涵

1. 文化贸易创新的基本内涵

经济学术思想上的“创新”源自奥地利经济学家约瑟夫·阿罗斯·熊彼特在 1912 年所著的《经济发展理论》中提出的“创新理论”。他认为“创新”就是“建立一种新的生产函数”，把一种从来没有过的关于生产要素和生产条件的“新组合”引入生产体系，以实现对生产要素或生产条件的“新组合”。到 20 世纪 50 年代，索洛（Solow）在其开创性著作中，将经济增长模型和统计分析结合，提出“剩余”的概念，自那以后人们将“剩余”（全要素生产率）与技术创新联系起来。随着经济学理论的发展，创新理论结合其他学科，演变出技术创新经济学、制度创新经济学等。

创新是一个非常宽泛的概念，适用于很多领域。文化经济领域中的创新则与传统的货物贸易中的创新有着不同的背景和定义。文化贸易的创新概念应当被广泛地理解为基于技术和市场演化的新知识的生产和心理的新表达。例如现代企业追求的已不再是传统的竞争优势，而必须是一种全新的创新优势，它使企业以创新的方式不断地破坏既有的（包括自己和他人的）市场优势。如文化产业中的佼佼者——好莱坞电影产业，其创新体现在它有能力不断地从当前变化着的大众文化心理中敏锐地发现其新的变化，把握大众文化消费的最新需求，突破自我，最先并大胆尝试最新、最优的技术手段和表现手法。如《2012》中对全球广泛关注的气候问题的反映以及《阿凡达》中3D技术的运用。这种自我突破式的创新造就了好莱坞电影的成功。

2. 关于文化贸易创新时代的内涵

不同的时代有不同的时代特征，政策研究需要基于当下所处时代的特征。本研究将创新时代作为研究当前广州文化贸易发展对策的背景，需要理解以下三个层面的转变。

（1）企业层面：从静态竞争优势到动态创新优势转变

主流微观经济学认为竞争是大量企业之间的价格竞争，这是传统的静态竞争观念。当下企业、行业的发展是动态的，企业的竞争手段不仅仅包括价格或边际成本间的竞争，还包括运行模式，竞争发生在不同模式之间。因此，为了适应这种超级竞争的到来，行业企业必须转变思想，从获得静态的竞争优势转向谋求获得动态的创新优势，以适应时代环境的改变。

（2）产业层面：从线性创新模式到非线性创新模式转变

现代产业都已经认识到线性创新模式的局限性，线性创新以基础科学研究为先导，以技术实现和商业运作为桥梁，而以市场为终点。而非线性创新模式打破科学、技术、市场和商业之间的线性格局，形成了新的创新分工格局，获得了更高的创新效率。非线性创新在遵循统一界面标准的前提下，通过模块化实现了创新的分散化，这种模块化的分散又是协同的。协同过程是一个通过竞争机制优化选择要素搭配的过程，其目的在于追求协同放大效应的产生，在倍增“剩余”中实现自身利益的最大化。通过规则竞争、模块创新竞争、集成创新竞争，大大提高了产业创新的速度，更有效地实现价值的创造。

（3）政府层面：从政策鼓励到体系构建转变

早在 1841 年出版的《国家的政治经济系统》中，弗里德里茨·李斯特有见地预测了许多关于“国家创新系统”的当代理论内容，支持某个战略性科技领域和战略产业的理念在一定程度上限制了人们对创新整体性的认识。在互联网时代，学科之间的交叉和渗透越来越多，产业之间的关联度和复杂程度也在不断提高，科技研究具有越来越明显的系统性、整体性和综合性。这些因素共同作用，导致理论方式和思维方式的革命性转变，使人们日益认识到单一、零散的产业创新政策的乏力，必须将各个分散的产业创新促进政策有机协调起来，并进一步构建复杂而又完善的创新体系，才能满足时代发展要求。

二、广州文化贸易现状分析

（一）广州文化贸易发展趋势良好

由于统计数据的缺乏，本研究根据联合国教科文组织对文化贸易的分类，结合广州市统计年鉴，计算出广州市文化产品贸易额（见表 2）。2009 年因金融危机影响，文化产品贸易额稍有下降，其他年份都是上升的，2011 年广州文化产品进出口总额 279.5114 亿美元，比 2010 年增长了 13.1%。其中，机电、电气设备、电视机及音响设备，光学、照相电影、计量检验、医疗仪器设备，玩具、游戏、运动用品及零附件，这三类商品的贸易额较大；而艺术品、收藏品及古物，照相及电影用品，这两类的贸易额较小。总体上而言，广州文化商品贸易呈上升趋势。在文化服务贸易方面，2011 年全市体育、文化和娱乐服务进出口额仅为 6497 万美元，表现较弱。

表 2　2008—2011 年广州文化产品贸易额（万美元）

项目	2008 年		2009 年		2010 年		2011 年	
	出口额	进口额	出口额	进口额	出口额	进口额	出口额	进口额
照相及电影用品	2195	4615	2165	3499	2324	4261	2369	4124

（续表）

项目	2008年		2009年		2010年		2011年	
	出口额	进口额	出口额	进口额	出口额	进口额	出口额	进口额
书籍、印刷品、设计图纸	21231	2339	15853	3249	17669	3233	19026	3310
机电、电气设备、电视机及音响设备	768405	505032	635695	483049	821792	555598	948588	591450
玩具、游戏、运动用品及零附件	81368	6651	73857	6138	90634	6707	93598	8257
艺术品、收藏品及古物	22	46	10	40	25	22	5	318
光学、照相电影、计量检验、医疗仪器设备	139057	210518	183118	240997	313102	569055	350033	684630
纸及纸板、纸浆、纸制品	47627	23423	44455	19979	46744	25181	45551	26710
乐器及零附件	13727	1469	11974	1081	13505	1436	15605	1540
总计	1073632	754093	967127	758032	1305800	1165493	1474775	1320339
贸易总额	1827725		1725159		2471293		2795114	

数据来源：相关年份《广州统计年鉴》。

（二）文化产业新业态园区功能更加完善

基于创意对实体经济的促进作用（Hawkins，2001）和产业聚集区的叠加效应（Porter，1990），美国、英国、日本等发达国家都通过建设文化创意产业集聚区来推动文化创意产业发展。这些国家的发展实践表明，建设文化创意产业集聚区，引导产业集群化发展，有利于文化创意企业间的资源共享，能够形成产业规模效益、技术溢出效应等，推动产业整体竞争力的提升。

广州自1999年12月天河软件园成立以来，文化创意产业园区发展迅速，广州文化产业园区分布广泛，在12个区县中都有分布。据初步统计，广州目前有约62家文化产业园区，其中已建成30家，32家正在建设中。有约20家位于荔湾、越秀、海珠以及天河四个中心城区，这些文化产业园区聚集了大量的文化企业，产业集聚的态势初步显现。

表3　广州市部分文化产业园区评价

名称	发展阶段				聚集程度		重要程度			区域
	诞生	成长	成熟	衰退	浅	深	国际性	全国性	区域性	
国家网游动漫产业基地		●				●	●			黄埔
红专厂创意产业园		●				●		●		荔湾

（续表）

名称	发展阶段				聚集程度		重要程度			区域
	诞生	成长	成熟	衰退	浅	深	国际性	全国性	区域性	
信义会馆			●		●		●			荔湾
1850 创意园		●			●				●	荔湾
922 宏信创意园	●									荔湾
越秀区“创意大道”	●									越秀
羊城创意园		●			●				●	越秀
天河软件园			●			●	●			天河
TIT 国际服装创意园		●				●		●		海珠
太古仓创意园		●			●				●	海珠
长隆文化产业基地			●			●	●			番禺
清华科技园	●									番禺
华创动漫产业园		●				●	●			番禺
开发区创意园		●				●			●	萝岗

数据来源：根据政府网站及行业网站整理。

（三）动漫影视出口成效初现

由广东原创动力文化传播有限公司创作策划的《喜羊羊与灰太狼》系列动画片从 2010 年开始，就已经在迪士尼国际频道播出。2012 年，《喜羊羊与灰太狼》最新 100 集动画通过迪士尼公司翻译成 17 种语言，向亚太区 52 个国家和地区播映。这是广州产业成功“走出去”的典范。随着核心文化产品的出口，其亦带动了相关动漫衍生产品的出口。在《喜羊羊与灰太狼》“走出去”策略的影响下，广州其他原创动漫影视产品，如《水果部落》、《猪猪侠》等也都走出国门。

（四）文化产业规模不断壮大，在城市经济社会发展中的作用日益突出

广州文化产业规模不断壮大，大部分指标高于全省平均水平。据广州市基本单位年报数据显示，2010 年，广州市文化产业在单位数量、从业人员、营业收入以及资产总计各个指标上都实现了稳步增长。全市共有文化产业法人单位 19743 个，从业人员 48.68 万人，营业收入 2277.17 亿元，资产合计 1965.36 亿元，其中单位数、从业人员、营业收入分别比上年增长了 4.86%、1.19% 和 9.46%，文化产业法人单位数、从业人数、营业收入及资产总计分别占全市总数的 12.4%、8.4%、5.8% 和 2.8%。广州文化产业法人单位数占全省（89584 个）的 22.04%，文化产

业单位年末从业人员占全省（311.66万人）的15.62%，均居全省之首。2010年广州市文化产业平均每单位营业收入达1153.41万元，平均每个从业人员营业收入为46.78万元，与上年相比分别增长4.4%和8.2%。文化产业在广州经济社会中的作用日显突出，文化产业成为广州的一大支柱产业。

（五）文化贸易固定投资波动幅度大

文化、体育和娱乐固定投资具体包括五个方面的投资：新闻出版业，广播、电视、电影和音像业，文化艺术业，体育，娱乐业。文化贸易行业固定投资投入比重小，增速慢。年投资额波动幅度大，2011年增长率为-59.64%，而2009年增长率却达到76.11%。五个细分行业的投资比重波动幅度大，年增长率高低不一，如新闻出版业2011年增长率为122.55%，但在2010年增长率却为-62.81%。

表4　文化、体育、娱乐业固定投资额及增长率

年份	项目	固定资产投资额（万元）	增长率
2011	文化、体育和娱乐业	421028	-59.64%
	新闻出版业	33696	122.55%
	广播、电视、电影和音像业	158875	106.72%
	文化艺术业	166272	40.91%
	体育	33445	-95.82%
	娱乐业	28740	-11.42%
2010	文化、体育和娱乐业	1043114	8.95%
	新闻出版业	15141	-62.81%
	广播、电视、电影和音像业	76855	38.22%
	文化艺术业	117995	13.87%
	体育	800676	7.87%
	娱乐业	32447	113.40%
2009	文化、体育和娱乐业	957434	76.11%
	新闻出版业	40713	92.61%
	广播、电视、电影和音像业	55604	142.74%
	文化艺术业	103619	39.04%
	体育	742293	82.64%
	娱乐业	15205	-18.55%

（续表）

年份	项目	固定资产投资额（万元）	增长率
2008	文化、体育和娱乐业	543651	72.09%
	新闻出版业	21137	−16.14%
	广播、电视、电影和音像业	22907	−49.96%
	文化艺术业	74524	−48.83%
	体育	406415	503.01%
	娱乐业	18668	−41.45%

数据来源：相关年份《广州统计年鉴》。

（六）对文化贸易促进政策有所加强，但促进作用有限

继中共中央在2011年10月份召开的十七届六中全会做出“推动文化大发展大繁荣”的决定之后，国家相关部委在2012年又密集出台了《文化部“十二五”时期文化改革发展规划纲要》、《文化部“十二五”时期文化产业倍增计划》、《财政部关于重新修订印发〈文化产业发展专项资金管理暂行办法〉的通知》、《“十二五”时期国家动漫产业发展规划》、《动漫企业认定管理办法》等一系列政策措施，确实促进了文化贸易的发展，但相比于高新技术行业，力度仍有限。

以动漫产业为例，中国财政部和国家税务总局发布《关于扶持动漫产业发展增值税、营业税政策的通知》称，对属于增值税一般纳税人的动漫企业，销售其自主开发生产的动漫软件，按17%的税率征收增值税后，对其增值税实际税负超过3%的部分，实行即征即退政策。动漫软件出口免征增值税。另外，部分省份（主要是中西部地区）的动漫企业为开发动漫产品提供的动漫脚本编撰、形象设计、背景设计、动画设计、分镜、动画制作、摄制、描线、上色、画面合成、配音、配乐、音效合成、剪辑、字幕制作、压缩转码劳务，以及动漫企业在境内转让动漫版权交易收入（包括动漫品牌、形象或内容的授权及再授权），减按3%税率征收营业税。此前动漫企业在境内转让动漫版权交易收入按5%的税率征收营业税，此次通知明确版权交易收入优惠两个点。但现阶段动漫版权交易的规模有限，同时受目前动漫版权交易价格较低的影响，营业税的优惠对动漫产权交易的利好作用有限。例如，奥飞动漫公司认为，因为公司没有软件产品，所以不享受增值税税收优惠，而营收税优惠两个点对公司的年净利润贡献约在100万元至200万元之间。拓维信息公司认为，公司虽有部分动漫产品，但是由于产品主要面向移动运营商，是基于无线

互联网的应用，已经享受了软件企业的相关税收优惠，因而此次针对动漫产业的税收优惠对公司也无直接影响。

此次税收优惠政策体现了政府的扶持态度，也证明了政策扶持力度越来越大，但政策对动漫企业的扶持力度仍弱于软件企业和高新技术企业。目前，国家重点布局的软件和高新技术企业分别享受10%和15%的所得税，但大多数动漫企业仍要上缴25%的所得税。

三、广州文化贸易发展因素分析

据《中国对外文化贸易年度报告（2012）》统计，2010年中国货物进出口总额达到29740亿美元，位居世界第一，但是中国核心文化产品进出口总额仅为143.9亿美元，不足贸易总额的1%，且输出引进比仍高达1∶3，存在巨大的逆差。根据2011年中国文化软实力研究中心等机构联合发布的《文化软实力蓝皮书：中国文化软实力研究报告（2010）》显示，我国文化产业在世界文化市场上的份额不足4%。2011年，广州体育、文化和娱乐服务进出口额6497万美元，有15家企业入选2010—2011年度省文化出口重点企业，2家企业项目入选2010—2011年度省文化出口重点项目。但广州文化贸易现状不容乐观，从总体上看，广州文化贸易尤其是文化服务贸易的规模较小，与纽约、东京等国际文化大都市相比差距大，同时落后于北京、上海两市的文化贸易发展进程。因此，广州文化贸易的发展需要从多方面综合促进，提升国际竞争力。

SWOT分析方法是一种根据企业自身的既定内在条件进行分析，找出企业的优势、劣势及核心竞争力之所在的企业战略分析方法。其中战略内部因素（“能够做的”）：S代表strength（优势），W代表weakness（弱势）；外部因素（“可能做的”）：O代表opportunity（机会），T代表threat（威胁）。

（一）广州文化贸易发展的优势（S）分析

1. 良好的经济贸易基础

文化创意产业前期投入比较大且具有高风险，这样的特点就决定了它对经济有较高的依赖性。一直以来，广州市经济都保持着较快的发展速度，也是继北京、上海之后第三个进入“万亿元俱乐部”的城市，也是首个地区生产总值过万亿元的副省级城市。据统计数据显示，2012年，广州市实现地区生产总值13551.21亿元，比上年增长 10.5%，增速高于上海（7.5%）、北京（7.7%）、深圳（10.0%）。其中第一、二、三次产业分别完成增加值 220.72 亿元、4713.16 亿元和 8617.33 亿元，分别增长 3.3%、9.9% 和 11.1%，第三产业增速较快。在贸易方面，广州 2012 年全年商品进出口总额 1171.31 亿美元，增长 0.8%。其中，商品出口总额 589.12 亿美元，增长 4.3%；商品进口总额 582.19 亿美元，下降 2.5%。全国主要大城市中，广州市商品出口总值增速（4.3%）高于北京（1.1%）和上海（-1.4%），低于重庆（97.5%）、深圳（10.5%）、天津（8.6%）和苏州（4.5%），也低于全国（7.9%）和全省（7.9%）。经济贸易的优势为广州文化创意产业的发展奠定了坚实的经济基础。

2. 深厚的文化底蕴支撑

广州在 1982 年成为我国第一批历史文化名城，它已有 2200 多年的建城历史，在汉唐时期作为海上丝绸之路的始发港就已经声名在外，也是中国最早对外的通商口岸。广州位居岭南，即中国南方的五岭之南的地区。南岭山脉这一天然的屏障阻隔了岭南地区与中原的交通与经济联系，因此这里形成了独特的岭南文化。广州是岭南文化的代表，包括岭南画派、岭南建筑、岭南园林、岭南盆景、广东音乐、粤剧、粤菜、粤语以及城市景观、生活习俗等，都体现了岭南文化的风格。同时，广州是中国近代和现代革命的策源地，如众所周知的广州起义、黄花岗起义、三元里人民抗英战争。除此之外，广州拥有大量保存完整的历史文物古迹。截至 2012 年，广州共有国家、省、市级文物保护单位 537 处，如南越王墓、光孝寺、六榕寺、怀圣寺等都有 1000 多年的历史。岭南文化中的包容性特点使得广州在历史的各个不同时期吸取其他民族文化的特点，形成了独一无二的城市文化，这是文化贸易中非常重要的战略资源，成为广州文化创新、文化贸易的源泉。

3. 文化产业发展迅速

文化贸易是依托文化产业的发展而发展的，文化产业的迅速发展会促进文化贸易的迅速发展。广州的文化事业处于大繁荣、大发展、大进步时期，每年文化产业以 26%—30% 的速度发展，GDP 贡献率超过了汽车产业。2012 年，广州市成功举办了 2012 中国（广州）星海国际合唱节、第 17 届广州国际艺术博览会、2012 中国（广州）国际纪录片大会等大型文化交流活动。在国际和全国性专业文艺评奖中，广州共获奖 34 项。年末，全市文化馆 14 个，文化站 165 个。公共图书馆 15

间，图书馆总藏量2071万册。档案馆28个，博物馆、纪念馆30个，举办陈列、展览262次，参观人数1008万人次。全年摄制完成电影1部。全市有广播电台2座，电视台3座。广州文化产业的发展目标是在2012年占广州生产总值5%的基础上，到“十二五”结束时的2015年底实现翻番，达到10%。

4. 区位优势

发展的决定性因素是整合、统筹、兼顾而形成的规模优势。广州作为广东的省会，全省的政治、经济、文化中心，也是中国南方的金融、贸易、经济、航运、物流、政治、军事、文化、科教中心，还是国家交通枢纽，其独特的区位为广州自身的发展带来了必然的优势。文化贸易在广州的经济发展和文化建设格局中并不是一个孤立的存在，其发展的速度、规模、效益并不仅仅取决于自身，如高新技术产业、城市基础设施建设、交通运输、环境治理、电子信息产业等产业都对文化贸易的发展有着一定程度上的制约作用。据中国总部经济研究中心主编的《中国总部经济蓝皮书（2009—2010）》评价，广州在全国35个主要城市的总部经济发展能力排名第三，处于总部经济“第一能级”。同时，广州是中国第三大城市、中国的南大门、国家中心城市、国务院定位的国家三大综合性门户城市和国际大都市、世界著名港口城市，南接香港、澳门，社会经济文化辐射力直指东南亚，这都为广州文化贸易的发展奠定了良好的基础。

5. 与其他产业整合的潜力巨大

世界经济发展经验表明，单一的比较优势并不是决定发展的首要因素，发展是由整合、统筹、兼顾而形成的规模优势决定的。对于广州发展文化贸易的优势，需要考虑整体的优势因素，以及这些因素之间的相互依存、相互影响、相互作用的整合作用。所谓整合，既要包括同一行业之中不同企业之间的整合，也包括不同行业之间的整合；既包括文化产业领域内不同行业之间的整合，也包括文化产业和其他相关产业领域的交流和相互促进。广州文化贸易发展的速度、规模、效益包括自身及相关产业的推动作用。广州作为大型城市，城市基础设施建设完善，相关产业链完整且渗透与融合速度日益加快，服务业尤其是知识型服务业在整个城市实现全国高科技中心、信息中心和文化中心等目标中具有举足轻重的地位。这都为广州文化产业的整合及文化贸易的发展奠定了良好的基础。

（二）广州文化贸易发展的劣势（W）分析

1. 高端综合性专业人才匮乏

广州文化贸易人才的资源现状存在着人才规模不足、层次不高、结构失衡和培养滞后等缺陷。知晓文化艺术、懂得经营管理、精通文化贸易业务、熟悉WTO规则、能熟练应用外语及擅长跨文化沟通，是文化贸易人才必须具备的素质。而目前广州的文化产业工作者普遍缺乏对国际市场和国际贸易规则的了解，又极少参加国际上各种贸易洽谈和商品展销，对国际市场需求了解不深，无法找准市场定位，因而较难准确设计市场业务和制定相应的海外营销策略。目前少数高校逐渐设立文化贸易相关专业，但培养方式、培养定位等方面仍处于摸索阶段，人才质量不高，导致高素质文化贸易人才的匮乏。这些都制约了广州文化产品和服务的出口。

2. 文化贸易产品结构呈现“硬强软弱”的特点，附加值不高

“硬”是指硬件货物贸易，主要包括游戏、文教娱乐、玩具和体育器材设备等；“软”是指文化服务贸易，包括电影、建筑设计、广播电视作品、出版物、视听产品、表演艺术、载有文化艺术内容的多媒体、音像制品、娱乐等。文化货物贸易虽是当下文化贸易出口的主力，但是附加值不高，无法可持续发展。高附加值的文化软件贸易仍是广州文化贸易的软肋，这部分贸易主要以引进为主，出口较少，即便能出口的也大多是传统文化产品，而知识、技术含量高的强势文化服务产品，如高科技电影、网络视听、动漫游戏等，还处于十分初级的状态。

3. 贸易主体实力不强，规模偏小，核心竞争力有待提高

目前，广州文化发展产业化程度较低，缺乏具有核心竞争力的大型跨国公司。中国至今没有一家文化企业在世界500强企业中占据一席之地，更别说广州的文化企业。在文化贸易领域最强的美国，拥有大批具有国际影响力的跨国公司，如迪士尼、米高梅、华纳兄弟、华尔街日报等。目前广州的国有文化公司在部分传统领域的优势地位不再明显，在新兴领域的引领能力不强。而非公有文化公司的规模较小、盈利能力相对较弱，虽然在新兴文化领域比较活跃，但因资金、技术、品牌、营销等方面的限制，以及在抵御风险方面的能力不足，难以与国外成熟的同行们进行竞争。以影视传媒业为例，美国有以时代华纳、迪士尼为代表的25家跨国影视传媒企业。但广州的影视行业规模较小，目前仅有珠江电影集团等少数几个具有一

定影响力的传媒集团，且还没有形成跨媒体、跨地区、跨行业的大型传媒集团。这些都极其不利于广州文化贸易的整体发展。

4. 贸易地理范围过分集中，市场不够广阔

目前，广州文化产品出口对象主要集中于港、澳、台地区和日本、韩国、泰国、新加坡等国家，存在着出口对象过于集中的问题。

同时，产品出口渠道狭窄。广州文化产品的进口渠道比较畅通，而出口渠道却比较狭窄。出口渠道狭窄使得文化产品滞留国内，不易为外界所知悉，即使拥有优秀的、具有市场潜力的文化产品，因为在文化营销方式上的落后和对国际文化贸易规则的不熟悉，恐怕也较难走出国门。例如，广州原创动画系列片《喜羊羊与灰太狼》在国内获得了很多荣誉，但是在出口国外过程中遭到许多质疑与阻力。

5. 文化管理体制改革相对滞后，行政部门协调难

广州文化产品和服务在“走出去”开展贸易过程中，有关部门的统筹、协调和指导力度不够。传统的计划经济模式、条块分割的文化管理体制及计划经济下的文化管理理念，仍阻碍着广州文化贸易的发展。文化贸易涉及宣传、文化、经济、科技、教育、农业、海关、外汇管理、统计等众多部门，各相关部门之间经常性紧密协调机制尚未建立，整体合力尚未形成。例如，广州文化贸易数据资料收集体系不完善，不能为文化贸易的研究提供数据支持，落后于北京、上海的发展进程。广州市政府缺乏鼓励和支持文化企业开展国际贸易的宏、微观政策体系，有关文化贸易出口保险、知识产权保护等方面的政策法规尚未配套。文化输出审批等行政手续办理不仅烦琐、周期过长，而且透明度和可预见性差，不利于文化产品和服务走向世界。广州在经济上也缺乏合适的优惠政策，如缺乏对文化贸易出口方面的税收优惠、外汇优惠、版税优惠和收益分配优惠等政策。

6. 资金短缺

广州拥有许多特色的传统文化遗产，但是没有强大的资本投入，无法形成强大的国际宣传优势，而且文化产品的综合运作成本高。例如，输出国外的许多影视作品如果要更好地占领国外市场，则需要将其作品翻译成外国文字，但翻译成外文投入大，尤其是要进入欧美发达国家必须翻译成英文或相应国家的文字，需要投入大量的人力和物力，费用高昂，而靠公司本身的力量往往难以做到。因此，资金短缺

成为发展文化贸易的又一制约因素。

（三）广州文化贸易发展的机会（O）分析

1. 文化贸易内在优势

文化贸易的高附加值、符合低碳经济发展标准等特点成为发展的重点。因为文化产业具有高附加值、高回报的特点，所以当前各国十分重视文化产品的出口，并因此为本国带来巨额经济效益。继“可持续发展”口号的提出，绿色经济和低碳经济不断出现在我们日常生活中，人们的消费观念中不断出现绿色消费。因而，在发展经济的时候，较之传统产业，文化贸易所依赖的不是海洋矿产、森林等自然资源，而是创意观念和文化传统等等。文化经济的发展在很少甚至不损害自然资源的情况下，可带来经济的巨大回报。因此，发展文化贸易顺应了时代和消费者理念的改变，对广州的经济转型升级尤为重要。

2. 政策对文化贸易发展的大力支持

目前，政府对文化贸易发展的重视程度胜于以往，从中央到地方，都有出台相关支持文化产业及文化贸易的政策措施。十八大报告对文化产业的发展提出了明确的目标，即到 2020 年文化产业成为国民经济支柱性产业。继 2003 年《广东省建设文化大省规划纲要（2003—2010 年）》下发后，2010 年 7 月，《广东省建设文化强省规划纲要（2011—2020 年）》正式颁布，提出实现由文化大省向文化强省跨越的指导思想。纲要从以下几个方面提出要求：培育提高全社会文化素养，提升广东文化形象；构建普惠型公共文化服务体系，保障人民基本文化权益；促进文化产业集聚发展，打造战略性新兴文化产业；提高现代文化传播能力，增强广东文化辐射力；调动全社会积极性，形成参与文化建设强大合力；加强文化人才队伍建设，构筑文化人才高地；组织政策保障。从“文化大省”向“文化强省”的战略转移，意味着广东文化发展更注重质量和结构；同时，既要注重文化生产力，更要注重文化创新力，这与文化产业的发展是一致的。广州政府在发展文化贸易方面，努力练习“内功”，亦出台了多项发展文化贸易的政策规定，支持文化贸易的发展。

表 5　广州市文化贸易相关政策一览表

政策法规名称	文号
《广州市文化建设规划纲要（2004—2010）》	穗办［2004］16 号

（续表）

政策法规名称	文号
《广州市文化产业发展十一五规划》	
《广州市知识产权专项资金管理办法》	穗字［2007］15号
《广州市软件和动漫产业发展资金管理暂行办法》	穗科字［2007］37号
《关于印发〈广州市进一步加快民营经济发展工作方案〉的通知》	穗府办［2007］42号
《关于企业所得税若干优惠政策的通知》	财税［2008］1号
《关于继续解放思想、深化文化体制改革、推动文化事业和文化产业加快发展的决定》	穗府［2008］5号
《中共广州市委办公厅广州市人民政府办公厅印发中共广州市委广州市人民政府〈关于大力推进自主创新加快高新技术产业发展的决定〉有关配套政策文件的通知》	穗办［2008］8号
《中共广州市委广州市人民政府关于加快发展现代服务业的决定》	穗字［2008］12号
《关于鼓励海外高层次人才来穗创业和工作的办法》	穗字［2008］18号
《关于加快我市服务外包发展的意见》（广州市外经贸局）	穗府办［2008］19号
《广州市科学技术局广州市经济贸易委员会广州市国家税务局广州市地方税务局关于企业研究开发费税前扣除管理试行办法的实施细则》	穗科函字［2008］580号
《广州市亚洲运动会知识产权保护规定》	穗宣通［2009］14号
《广州市展会知识产权保护办法》	穗府［2009］21号
《关于印发〈广州市宣传文化出版资金使用管理办法〉的通知》	穗府［2009］18号
《关于加快会展业发展的若干意见》	穗府发［2010］5号
《广州市国民经济和社会发展第十二五规划纲要》	穗府［2011］4号
《广州市专利奖励办法》	广州市人民政府令［2010］第37号
《广州市鼓励留学人员来穗工作规定》	广州市人民政府令［2012］第76号
《关于修改〈广州市展会知识产权保护办法〉的决定》	广州市人民政府令［2012］第72号

资料来源：广州政府门户网站资料收集整理。

3. 亚运会后对广州的影响

亚运会在广州的举办为广州贸易的发展提供了千载难逢的战略发展机遇。2010年11月12日在广州开幕的第16届亚运会，是广州有史以来最大规模的体育文化活动。亚运会对广州文化产业的积极影响之一，是亚运会借助自身优势，以文化载体的身份拉动广州乃至全国文化产品的生产和推广。文化产品是文化的载体，同时也是文化传播的突进和展现形式，文化通过文化产品展现给观众。亚运会的成功举办，为世界提供对广州好奇和关注的视角。同时，世界也给广州文化产业及文化贸易的发展带来巨大的发展空间。筹办亚运会有利于广州文化产业结构的调整与优化，加快文化产业国际化步伐，提高综合实力和竞争力。

（四）广州文化贸易发展的威胁（T）分析

1. 其他省市文化贸易发展迅速带来的威胁

随着经济社会的发展，越来越多的省市认识到文化产业的重要性，并通过制定战略规划、政策措施来发展文化产业及文化贸易。如北京、上海、深圳等都制定了明确的文化产业发展规划，云南省的文化产业发展思路已形成独特的“云南模式”，贵州提出“一个龙头，三大部类，十大产业，八个领域”的文化产业体系构架和发展路径，湖南创造了一种“湖南文化现象”——“广电湘军”、“出版湘军”、“动漫湘军”全国知名。这些地区文化产业的迅猛发展，形成产业集聚效应，吸引大量的文化企业到这些地区创业和发展，在一定程度上分流了广州文化贸易发展的资金及人才资源。

根据国研网对外贸易发展数据库提供的截至2008年的数据，我们可了解北京、上海、浙江、广东和江苏这五个全国优秀的地区文化产品出口贸易占总出口的比重情况，以及全国总体文化产品出口贸易占总出口的比重情况。

从总值出口角度来看，各（副）省级区域中，北京的比重位居首位。作为一个具有世界级知名度的现代化大都市，北京的服务经济特色变得非常突出，文化创意产业发展也在全国名列前茅，并形成了一定的集聚特色和规模经济效应。排在第二位的是上海。广东则排在第三，位居北京、上海之后。广州的文化贸易占总出口比值亦在北京、上海两大城市之后。2011年在上海成立了首家国家级对外文化贸易基地——“国家对外文化贸易基地”，2012年成立的国家对外文化贸易基地（北京）发展定位是国家对外文化贸易的创新示范区、国家级文化贸易口岸、中华文化“走出去”的能力培养区和亚洲最大的艺术品交易市场，都对广州文化贸易发展产生极大的冲击。

2. 发达国家文化集团所带来的冲击

广州文化贸易虽然近年来取得了一定的发展，但在文化经济总量和产业结构上尚处于相对弱的起步阶段。与发达国家的文化集团相比，广州文化企业的产品质量、技术水平及商业化运作程度与国外同行相差较大。随着市场的竞争日趋激烈，广州文化贸易中那些成本高、技术水平低和管理落后的企业必将面临更加严峻的挑战。

3. 复杂的文化国际贸易规则

目前的文化贸易成长正在面对更加复杂强劲的贸易摩擦和贸易保护的制约，随着新技术发展和新媒体的出现，与文化相关的商品和服务的划分界限变得日益模糊，具体的贸易模式也在发生着重大变化，由此导致各国对 WTO 相关条款适用性理解的差异和质疑，引发更多、更加复杂的贸易争端。从长远发展趋势看，服务贸易、文化贸易在国际贸易总额中所占的比重将继续大幅度增加。但是以美国为首的发达国家凭借其强大的文化经济实力，将进一步通过 WTO、多边贸易谈判等，制定较高的服务贸易标准，设置新的技术壁垒，减弱其他国家对“文化例外”的援引，一面阻碍，一面又进攻，从而最大限度实现自身的利益诉求。这种状况只能加剧贸易摩擦和贸易保护，遭受最大制约和损害的就是实力较弱的国家，特别是正在成长的发展中国家。广州的文化贸易产品在参与国际竞争的同时，要面对复杂的文化贸易规则，这对出口企业是一个极大的挑战。

根据广州文化贸易发展的 SWOT 分析，广州文化贸易尽管面临着挑战，但也面临着更大的发展机遇；只要在充分利用优势的基础上，改进自身不足，抓住当前的机遇加快发展，广州文化产业及文化贸易的发展必将实现既定的目标。

四、广州发展文化贸易的对策建议

广州在文化资源、创意人才、市场主体等方面具有明显优势，但是文化贸易仍处于初级发展阶段，突出表现为市场不成熟、需求不稳定、创新能力不足、企业规模小、产业链尚未形成、缺乏清晰的商业模式。针对广州文化贸易现状，发展文化贸易不只是某一个微观参与主体企业的任务，更是一个长期的目标，要广泛动员与对外文化贸易相关的一切组织和力量——政府、高校、企业、研究机构等，以各种形式加强资源挖掘以及文化传承、创新和保护，加强相关主体的联合，包括国际文化贸易领域政产学研的一体化，积极推进广州对外文化贸易的国际化市场战略。基于创新时代背景，结合广州文化贸易实际和未来发展需要，以下对推进广州文化贸易发展提出对策建议。

（一）拓宽文化出口企业资金来源渠道，帮助企业解决出口资金短缺问题

目前，中央及广州政府出台了相关扶持文化贸易企业的政策，但力度仍然不够，存在资金短缺的问题。资金短缺极大地制约了文化企业开展海外贸易的能力。因此，需通过各种方式增加文化企业的资金来源。

（1）通过政府设立文化“走出去”专项资金，加大对文化产品和服务出口的支持力度，通过奖励、资助、补贴等方式分配专项资金，为文化出口企业等提供资金。

（2）逐步扩大文化产业直接融资比重，允许有条件的文化企业利用企业债券、股票等融资手段，从金融市场融资，解决运营中的资金短缺问题。

（3）进一步开放文化市场，鼓励外资和民间资金进入文化市场。开展国际合作，文化企业可以与国外文化公司共同开发新产品、新的服务项目，以共享国际市场，从而扩大文化产业和服务的出口和销售。除一些特殊领域，凡是国家没有限制的都要向外资和社会资金开放，鼓励社会力量参与文化市场，鼓励各种经济成分共同发展文化贸易。

（4）建立有效的文化创意产业信用担保体系。中小型文化企业融资难的一个重要原因在于信用基础不足的先天缺陷。从世界各国的经验看，推动社会资金建立文化创意企业信用担保机构，降低信息不对称程度，把政府政策导向、财政适当投入与信用担保市场化运作结合起来，提供多元化、多层次的担保业务。确保银行提供足够的担保贷款，是解决文化创意企业融资难的现实途径。同时，要推进完善文化企业信用制度建设，联合金融机构开展企业评级，疏通文化企业的融资渠道。

（5）健全项目投融资产权评价机制。目前国内缺乏公正、客观、合理的文化创意产品评价机制，造成评无所依。只有构建公正合理的评价机制和专业的评价机构，银行或风险投资机构在评估文化创意企业时，才能明确估算需贷款或投资文化创意项目的价值。对于文化创意产业项目中的具体知识产权，在公正评价同时，还要建立配套的保有机制，通过保有服务保证无形资产所有方、使用方和贷款银行三方的正当利益，防范知识产权损毁风险。

（6）开辟金融服务新渠道。鼓励商业银行认真研究文化产业，实事求是，摆脱传统的固定资产抵押业务模式，重视文化企业的经营特征和盈利模式。从企业的经营资质、运作能力、经验业绩、专业团队出发，认识和把握企业的发展水平，积极

探索利用企业现金流情况，结合真实的贸易背景核定授信的方式，实现从“物权控制”向“未来现金流控制”的风险管理理念转变。通过创新产品模式，对文化创意企业现金流和核心资产进行有效控制。探索实践知识产权、收益权、订单等质押贷款业务，加强衍生金融工具开发，积极使用信用风险缓释工具，建立适合文化企业特点的风险分散、管理体系。

（二）建立广州文化贸易保税区

目前国内文化生产机制存在不足，缺乏面向国际市场的综合竞争实力。缺少既了解国际市场的运营规律又深谙文化创意与制作之道的复合型国际文化贸易人才，缺乏自有的文化创意品牌，缺乏资本运作的模式等，这些都是发展文化贸易亟待解决的问题。建立文化贸易保税区正好可以解决这三大问题，搭建起一个综合服务平台。例如上海建立的首家“国家对外文化贸易基地”，对拓宽“走出去”渠道、加大上海文化产品和服务出口起了有效、积极的推动作用。

建立广州文化贸易保税区的作用体现在以下几个方面：可以推动广州国际文化贸易平台的发展，集聚企业、文化产品和服务，作为文化产品和服务展示推介、文化贸易金融政策试验、专业化文化贸易研究培训的基地，搭建文化企业与海外市场沟通交流的桥梁；可以在区内举办展会、论坛、洽谈会等活动；可以在区内试行发展网络新技术、新业态，借助最新的网络技术和第三方支付等成熟模式，借鉴B2B、C2C等电子商务运营模式，开发文化产品和服务信用认证体系，打造联通国内、国际的文化产品与服务消费的电子商务平台，帮助文化企业快速“走出去”。

（三）发展壮大文化企业，培育国际知名品牌

根据美、韩、日等文化贸易发达国家的经验，跨国大型企业是推动对外文化贸易的有力主体。美国等西方发达国家之所以能够主导国际文化市场，与其拥有诸如时代华纳、迪士尼、新闻集团等一大批跨国文化企业集团密不可分。相比之下，广州现有文化企业规模偏小、实力偏弱，缺乏有核心竞争力的大型跨国企业，参与国际市场竞争能力还不强。美国《财富》杂志公布的2012年世界500强企业中，中国已有79家企业上榜（其中内地企业73家），数量仅次于美国，但在文化领域，没有一家世界知名文化企业，更别说广州的国际品牌文化企业。因此，必须首先壮大文化企业的实力，培育出一批具有国际竞争力的外向型文化企业，为广州文化贸易发展奠定坚实的基础。

（1）推动文化产业实现集团化发展，加快企业并购、重组步伐，打破行业之间和所有制之间的界限，通过联合、兼并、重组等资本运作方式建立大型跨行业、跨所有制的集团公司，实现企业规模经营，建立知名企业品牌，进军国际市场。

（2）大力发展高科技电影、网络视听、动漫游戏等强势文化服务产品，选择重点领域，实施一批重大项目，力争有所突破。

（四）注重文化内容"走出去"

内容的吸引力、感染力如何，直接决定了这个产品和服务的生命力。美国的好莱坞电影、日本的动漫游戏之所以风靡世界，关键就在于其引人入胜、不断创新的内容。因此要注重提升文化产品的内容吸引力。

（1）实行"全球化 + 本土化"策略。全球化策略是指跨国公司在国际市场进行经营时，将整个世界视为单一实体，并且以同样的方法在世界各地销售同样的东西。本土化策略则是指跨国公司在其他国家的市场致力于经营管理，以较高的相对成本分别调整自己的产品和经营策略以适应当地的特点。"借船出海"是一宗典型的全球化与本土化相结合的成功例子。1999 年，中国对外文化集团公司与全世界最大的加拿大太阳马戏团联合制作了《龙狮》。这部中外合作的演出，融合了东西方文化的内涵，其吉祥物"龙狮"从中国杂技传统的狮子舞节目中演化而来。晚会以新颖的创意，将杂技与戏曲、舞蹈、音乐等各种艺术形式有机结合起来，雅俗共赏，形成强烈的文化和视觉冲击。截至 2009 年 12 月份，《龙狮》共演出 3900 多场，现场观众超过 700 万人次，成为太阳马戏团 20 多年来盈利最丰的国际巡演剧目。

因此，广州文化"走出去"的主体内容应该紧紧围绕广州传统文化的精髓，立足岭南广州最具特色和竞争力的文化资源，选择合适的切入点，打造富有时代感和民族特色的文化产品，增强广州文化"走出去"的渗透力和影响力。同时，应该注重研究国际文化市场，广州文化产品和服务要能"走出去"，文化产业的主导取向如主题选择和营销策略等不应与国际文化贸易趋势相违背，而应与其趋同。按照"本土元素、国际表达"的要求，在主题选择、内容创意、产品形式、欣赏习惯和审美要求等方面兼顾本土化与国际化，生产出既有民族特色又能与国际接轨的文化产品。

（2）注意文化内容"走出去"的方式，注意与现代科技结合。文化产业必须以某种具体的人们喜爱的形式表现出来，才能吸引人们去消费。美国文化产业的“实验性”特点是值得我们借鉴的，既然文化产业的最大特点在于创新，那么应用最新的科技包装文化内容，持续创新文化产业。因此，文化产业和贸易需要与现代科技结合在一起，提升文化内容的科技含量，将丰富的文化资源利用科技手段转化为产业优势，以吸引国际市场眼球。

（3）文化产品在经营过程中，市场推广能力至关重要。选择合适的出口目标市场，并进行有计划、多种模式的推广，是促进文化产品在国际范围内顺畅流通、占领更大市场份额的必要步骤。与中国交流频繁以及拥有较多华人的国家和地区应该是当下广州文化贸易的主要目标市场。19世纪起华人开始在世界各地谋生，目前海外华人总数已经超过5000万，对岭南文化具有认同感的华人更不在少数，对岭南特色的文化产品需求较大，对周围群体的消费也有带动效应。而华人也最了解国外文化市场的特点，可以通过他们来更好地了解国外市场的需求，准确把握国外市场的脉搏。

（五）培养引进稀缺人才，加强文化贸易人才队伍建设

目前，国内文化企业对国际文化市场从产品定位、设计，到产品管理、营销以及文化服务贸易法律法规等方面都了解甚少。有人说，莫言先生获得诺贝尔文学奖，有一半功劳属于优秀的翻译。精通外语、法律和专业知识的文化贸易人才是制约广州文化贸易发展的最大因素。针对专业型文化贸易人才紧缺的状况，如日本为了培养专门的文化产品创造和制作的人才，设定了专门的方案和计划，委托国内的教育机构（主要是国内的大学和专门学校）负责培养，如东京大学的“内容产业工程”、庆应大学的“数字媒体与文化统合研究机构”，并通过“海外教育机构”派遣研修生出国留学，并对培养文化人才方面贡献杰出的机构和个人给予表彰。广州应当运用本地培训、异地交流、国际引进等多种形式，针对不同文化企业的不同需求，实现多渠道的文化经营人才供给。

（1）可以用“引进来、走出去”的方法。以2012年中国“文化出口重点项目”——《吴哥的微笑》文化“走出去”项目的案例来说，其在一定程度上培养了外向型、复合型的演艺经营管理人才。广州应加快培养引进适应文化“走出去”需要的国际化人才，为文化贸易的健康发展提供有力的人才保障。

（2）积极探索科学的人才培育机制，运用产学研一体化模式培养国际化和创新

型文化贸易人才。在高校、中职等院校开设与文化贸易相关的专业，与文化企事业单位共建培养基地，包括与国外大学开展联合培养等，使专业人才的培养具有针对性和高效性。如在广州本土的广东外语外贸大学、广州美术学院、广东外语艺术职业学院等相关院校设立与文化经济、文化贸易相关的专业，将文化产业与经营管理人才培养有机结合起来。

（六）政府制定鼓励、扶持政策，促进文化贸易的健康发展

从总体上说，广州文化贸易还处于发展的初期，还有许多问题需要政府从多方面予以政策扶持和调控。在这方面，可以借鉴韩国政府：明确“文化产业”的战略地位，在管理的过程中，为文化产业发展搭建平台。由政府主导的文化贸易发展之路会更平坦。目前国内也有由政府主导实现文化“走出去”的成功案例，即汉语的国际推广。汉语的国际推广是政府主导并出资的非营利项目，但却是把汉语推向世界的积极、务实而高效的途径。通过运作，目前汉语的国际推广已取得一定的成绩，并在短时间内成功在世界范围落地。

（1）放宽市场准入与涉外经营条件，改革、完善审批制度，鼓励并支持各种所有制文化企业参与和从事文化产品和服务的出口活动。各类所有制文化企业均可从事国家法律法规允许经营的文化贸易业务，且享有同等待遇。

（2）政府进一步完善对外文化贸易政策。在金融、保险、外汇、财税、人才、法律、信息服务、出入境管理等方面，针对文化企业，提供必要的优惠和便利措施，为企业开拓国际市场、扩大市场份额、提高国际竞争力提供服务并创造必要的条件。

（3）政府理顺文化贸易管理机制。文化贸易具有无形性特点，从国家安全利益角度出发，需要对文化贸易进行管制，但不能实行“一刀切”的方式，而应对那些有管制必要的部分进行控制。对此可以引进国外优秀文化先进的管理方式，对其进行吸纳、消化及创新，为我所用。

（七）进行结构调整，平衡文化贸易内容

目前，广州的文化贸易存在着结构不合理的问题，主要是文化加工贸易，而体现创新及研发能力的动漫、电影、对外演出等贸易滞后。一方面是因为广州发展文化贸易的时间并不太长，资源潜力没有得到充分的开发；另一方面是政府部门条块分割所导致。同时，广州的文化贸易还存在着出口目标市场过于集中的情况，文化

贸易的对象主要是香港、美国、欧盟和日本市场。要改变这种局面，需要对文化贸易资源进行立体化整体开发，相同的文化内容可以借助不同的载体表现。比如，花木兰代父从军的故事可以制作成动画产品、网络游戏产品、电影电视剧产品等。大力发展数字媒体产品和服务符合这种要求，借助数字媒体的力量，大力发展电脑动画、影视广告、网络游戏、网络艺术、多媒体、数字摄影、数字音乐、录像及互动装置以及DV（数字视频）等，可以极大地丰富文化产品的表现形式，并直接对文化贸易结构产生影响，最终促进文化贸易结构的科学调整，加强产业关联度。

（八）重视文化产业链的纵深发展

产业化发展需要一个完整的产业链支撑。广州文化产业必须打造产业链，这样才能产生规模效应和互动效应。文化产业是一个关联性很强的产业，既包括在制造业中，也含有服务业的成分。文化产业价值链提醒我们在研究文化产出率的时候一定不能只重视文化产业内部的问题，而忽视了对文化产业外部的文化市场和文化消费的研究。而对于某一文化产品的衍生品，我们更要把握机遇，创造超额价值。因此，在制定文化产业振兴战略的同时，就应该着手打造出既适合文化产业自身发展，又有益于其他产业发展的产业链条，并充分发挥产业链的关联作用，实现文化资源的最优配置和流通。例如在世界占据优势的日本传统漫画产业，其市场开发遵循“卡通漫画—动画片—卡通商品”等的脉络，使漫画作品得到多重开发，衍生出卡通产业、游戏产业和电脑动漫产业，充分利用了现成的文化资源，进而带动电影、电视、音乐、出版、玩具、主题公园、网站资源、网络游戏的发展，既产生了巨大的经济效益，也形成了品牌的效应，使得日本动漫闻名于世。而广州现有文化产业的不同行业间往往就缺少这样的合作，大家各忙各的，既无法形成最大的宣传效果，也浪费了各种资源而收效甚微，走出国门也就难上加难。

参考文献：

［1］甘新．广州文化创意产业发展报告：2012［M］．北京：社会科学文献出版社，2012.

［2］李怀亮．当代国际文化贸易与文化竞争［M］．广州：广东人民出版社，2005：304-310.

［3］张晓明，胡惠林，章建刚．中国文化产业发展报告［M］．北京：社会科

学文献出版社，2006：10.

［4］李嘉珊. 文化贸易在自由竞争与多样性保护下的发展博弈［J］. 国际贸易，2008（12）：40-44.

［5］张晓明，尹昌龙，李平. 国际文化产业发展报告：第一卷（2007）［M］. 北京：社会科学文献出版社，2007：367-373.

［6］李嘉珊. 国际文化贸易研究［M］. 北京：中国金融出版社，2008：1-15.

［7］段鸿济. 创新时代中国发展对外文化贸易的政策选择［D］. 山西：山西财经大学，2011：8-13.

［8］刘晓惠. 文化创意产品：国际贸易及贸易促进［J］. 国际经济合作，2007（3）：38-40.

［9］魏婷. 发展中国国际文化贸易的思考：以动漫产业为例［J］. 经济问题，2009（9）：66-67.

［10］刘锦宏，闫翔. 透析美国文化产业的发展战略［J］. 经济导刊，2007（9）.

［11］Van Grasstek. Treatment of Cultural Goods and Services in International Trade Agreements [M]. Oxford: Oxford University Press, 2005.

［12］Frey, Bruno, Pommerehne. International Trade in Arts: Attitude and Behavior [J]. Artists and Culture Consumers, 1987 (3).

（选自广州市哲学社会科学发展“十二五”规划2012年度课题“创新时代广州发展文化贸易对策研究”。课题负责人：罗艳；成员：陈春慧、王晓晴、徐久香、姜艳华、唐沙利。）

广州市生态社区建设思路、模式及对策研究

郑俊敏（广东金融学院）

社区（community）最早于1871年由英国学者H-S.梅因提出。1887年德国社会学家F.滕尼斯在他的著作《社会与社区》中，第一次从社会学范畴阐述了社区的概念，认为社区是具有共同价值观和相似文化特征的地域社会共同体，是指居住在某一个特定区域内的，共同实现多元目标的人所构成的群体。

社区是一个起源于西方的人类生活文明的实体，是社会的基本单元，是"社会人"生活的主要承载地，也是组成城市的一个基本细胞。

社区的形成有其历史过程，它涉及组成社区的各个要素——人、区域、环境、经济、文化等，因此社区是有一个动态的改善发展过程的，特别是在经济发展的条件下有其改善的极强生命力。优良的社区对居民有一种认同感、归属感、安全感和亲情感。

一、生态社区的内涵及特征

由于经济的发展，人类对其起居的主要场所——社区提出了更高的要求，即不仅能提供居住的场所，而且能够提供健康、舒适的物质及精神生活环境。在此背景下，生态社区应运而生并得到了快速的发展。

（一）生态社区的内涵

20世纪20年代巴洛斯和波尔克等人提出"人类生态学"，把生态学思想运用于人类聚落研究，这是生态社区思想的雏形。20世纪50年代开始，寻求"人—

社会—环境”和谐的人本主义思想的提出，对社区的功能进行了新的探索。1985年，德国建筑师格鲁夫针对现代都市一味追求生活便利与效率而牺牲自然环境与人性化特色的“都市型社区”，提出了与环境、人文共生的城市“生态型社区”的模式。1987年出版的布伦特兰（Bmntland）报告《我们共同的未来》（*Our Common Future*）一书提出了“可持续发展”（sustainable development）的概念。随后，“可持续社区”（sustainable community）的概念逐步被学者接受。

我国对生态社区的研究起步比西方国家晚，但由于具有“后发效应”，发展势头较快，并呈现出多学科并进的态势。我国学者于20世纪90年代末提出并逐步认可了生态社区的概念。中国著名生态学者马世骏和王如松等提出了社会—经济—自然复合生态系统理论，以及生态控制论原则 / 原理；王丽洁等从绿化设计的角度研究了生态社区；陈娟从雨水与水回收利用的角度研究了生态社区；马静颖等从食物垃圾处理的角度研究了生态社区；李伟等从管道系统的角度研究了生态社区建设；杨芸和祝龙彪从生态学原理出发，从生态社区的规模、生态社区的物流、绿地系统的建设以及生态材料等角度，研究了生态社区；沈清基从社会生态角度（密度关系、竞争关系、共生关系）研究了生态社区，指出生态社区的社会关系具有无形性、时代性、人造性等特点，并对如何完善生态关系提出了建议；肖晓春则认为生态社区涉及两个领域：一个领域是“硬环境”，即天、地、水等自然要素，另一个领域是“软环境”，即人的环境意识；张涛从生态文化角度研究了生态社区，认为生态文化对生态社区的意义重大，并分析社区生态文化存在的问题；黄文超从人性化空间角度研究了生态社区，并对人性化空间进行了具体的量化。

从总体上，生态社区的理念都倡导“人与自然和谐共生”的思想，寻求整合环境、社会和经济三方面的社区可持续发展之路。生态社区是在社区概念基础上的延伸，是以生态学原理为主旨，以整体的环境观来组合相关的建设和管理要素，具有现代化环境水准和生活水准、可持续发展的人类生活居住区。因此生态社区的“生态”不是指简单的生态学含义而是指广义的概念，包含环境生态化、社会生态化、经济生态化。作为城市的基本组成单元，生态社区以人居环境为支撑，以一定范围的居住空间为尺度，有合理的人口结构、和谐的邻里关系和良好的生态环境，是“具有适当的地域范围与人口规模，具备共同的生态文化意识，是环境宜人、社会和谐和经济高效的可持续发展的居住区”。

（二）生态社区的特征

生态社区构成要素包括物质环境、非物质环境和居民活动。各组成要素之间相互作用，构成特定的多维空间组合形式。这种组合形式要求生态社区必须实现舒适、健康、文明、高能效、高效益、高自然度、人与自然和谐及人与人和谐共处的目标。

通过对生态社区发展历程以及国内外开展的生态社区建设活动的分析，笔者认为生态社区主要具有以下特征：

1. 环境布局上应具有合理性特征

生态社区是一个以生态为目的的社区，而生态意味着节约土地资源与能源，尤其在城市中土地资源十分宝贵。坚持合理布局的原则，以保护宝贵的土地资源，这是生态社区的应有之义。因此，在土地开发与利用上，生态社区通过适当的容积率、紧凑度及人口密度来形成有活力的社区，并提高土地与基础设施的利用效率。在社区内部，生态社区通过合理分配住宅用地、公共服务设施用地、公共绿地以及道路用地之间的比例，提高土地的使用效率，达到节约土地的效果。

生态社区合理布局还体现在人文生态上，即布局与人性相契合。一个生态社区在空间上必然是私密性与公共性的统一：公共性要求有公共空间支撑，而私密性要求有私密空间保证。一个生态社区应实现公共空间—半公共空间—半私密空间—私密空间的合理过渡。一个真正的生态社区，是一个开放的社区，而不是一个封闭的社区。从生态系统角度看，这种布局的合理性也体现了环境资源的共享性：生态社区必须与其他单位以及更大的单位之间进行合理的物质循环、能量流动与信息传递，其系统才能健康地发展。生态社区与其他单位之间资源共享，可以表现为设施的共享、人力资源的共享以及信息资源的共享。这种共享可以大大降低社区的运行成本，节约资源与能源，这正是生态社区建设的目标所在。

2. 功能要素上应具有和谐性特征

生态社区强调人与自然、人与社会、社会与自然的和谐，它是一个多功能的社区组合，充分体现出各功能要素的协调一致。一座建筑，既可以用于住宅，又可以用于商业；一个特定的空间，如区内的一个小广场，既可以用来晨练，又可以作为社区活动场所；社区中或者社区之间住宅、商店、工作单位、学校以及公共设施等居民生活中不可缺少的各项设施与活动场所，既为社区所有人服务，也为社区外各群体服务，形成多功能的综合体。它遵循这样的设计原理：提供全面的学校教育，具备齐全的文化设施、健全的医疗保障体系等；实施人车分流、绿色建筑、生态步道等理念；使自然系统、人类系统和居住系统融为一体，保证人与自然的和谐。

3. 构建理念上应具有可持续性特征

生态意味着环境保护。环境保护应渗透到社区开发、建设以及运行等每一个环节：第一，生态社区设计的原则与出发点是3R，即reduce（减少不利）、reuse（重复使用）和recycle（循环使用）；第二，生态社区在选址、布局方面要尽可能地顺应自然，尽可能减少对环境的破坏；第三，生态社区实施全面的节水设计，在设施上、居民的消费引导上应充分体现对水资源的节约；第四，在社区建造过程中应全过程体现环保意识，如建筑材料使用环保材料、绿色材料以及再生型材料，以减少环境的负担；第五，生态社区户型的设计要充分结合自然，减少能源的消耗，通风与采光方面要尽可能地利用自然，以减少空调等人工设施的使用；第六，生态社区尽量使用可再生能源，如装置太阳能转化为电能的设备，充分利用太阳能这种可再生且没有污染的能源；第七，生态社区实施垃圾回收，建立垃圾分类回收制度，并提供相应的设施支撑，回收垃圾的一部分用作社区养花、种树材料，自我分解，以减轻环境的负担。通过一系列的措施，使生态社区的构建不但不会破坏环境，还为社会的循环经济发展添砖加瓦。

4. 居民活动上应具有安全至上的特征

安全是人的最基本需要之一，没有安全也就没有生态，因此安全是生态社区不可缺失的重要环节。社区必须有防灾的设施与设备，以便防火、防震、防雷、防偶发的交通事故，使居民有充分的安全感；另外，社区应通过红外线监控以及社区网络报警等设施，将盗窃、抢劫等犯罪活动的概率降至最低程度；同时，社区还应通过无障碍设施等保证弱势群体的安全。

其次，社区安全性的获得还必须有"人脉"。生态社区不只是一个单纯的地理场所，更是一个饱含情感的场域。在生态社区中，环境优美以及人与自然亲和是基础，在这个基础上，生态社区需要居民间有着共同的情感，形成丰厚的社会资本。尽可能构建公众参与生态社区建设的平台，这不但有利于社区安全性的保障，也是对社区环境的维护。自然生态与人文生态交相辉映，共同使生态社区成为人们的理想居所。

二、广州生态社区的建设现状及存在问题

随着社会主义市场经济建设的不断推进，原有的社会组织结构也在逐步变化，一个最为明显的表现是过去的“单位人”正向今天的“社会人”、“社区人”转变。广州社区建设起步不算太早，2000年11月开始试点，2001年7月在试点基础上全面推进，并于年末正式启动“星光计划”。

（一）广州社区生态化建设现状

自2000年以来，中央和省政府相继发布推进城市社区建设的意见，广州则从2000年11月开始进行社区建设试点。到2005年底，广州已涌现大批生态化文明社区，使社区建设面貌大为改观，在全市1426个社区中总结出103个各类先进社区作为典范推广。而先进社区数量与各区社区总数比例大致相协调。

2008年5月，中央政治局委员、省委书记汪洋同志做出重要批示，要求广州、深圳、珠海在社会管理体制机制改革创新方面有选择地先行先试。广州立即组织力量到香港、新加坡等地学习社区管理服务的经验及做法，加大力度推进社区管理服务改革创新，在14个街道开展执法、管理、服务“三位一体”体制改革试点，在20个街道开展社区综合服务中心建设试点，结合开展“迎接亚运会，创造新生活”主题活动，积极探索加强和创新社区管理服务的新办法、新途径，取得了明显的阶段性成效。

2012年6月，世界银行广州低碳社区建设项目启动。该项目是在全球气候极端变化、社会经济发展存在不稳定因素的大背景下，经世界银行批准资助、由广州国际湿地生态保护与建设联合会等环境与发展协作网络成员共同发起与实施的公民发展赋权行动。项目致力于通过建立一个协商性、多方对话的平台以及可复制的低碳示范开发模式，为气候变化环境下与低碳社区建设息息相关的城乡基层社区、家庭，特别是贫困弱势群体，争取平等参与保护生态环境、建设低碳社区、共同应对气候变化、共享发展成果的决策权利和充分享有可持续发展的机会。可申请项目的社区包括非政策限制类的居民住宅小区（含家居）、具有保护和借鉴价值的古民居村落、工业园区或商业中心及酒店、学校、厂矿企业五类中的任何一类。世行献计

又砸金100万美元助建广州低碳社区，这无疑给广州社区的生态化进程提供了资金的保障及技术的支持。

（二）广州建设生态社区存在的问题

目前对生态社区的理解存在着误区，许多房地产开发商的炒作令大多数人对它的理解停留在“绿化”的肤浅层面上。事实上，生态社区绝不是多种点花草，或挨着绿化带、公园、水域，使用某种节能建筑材料或加上废物处理设施等就能建设成功的。现阶段，广州建设生态社区存在的问题主要包括以下几个方面：

1. 缺少系统的生态思想

广州现有许多社区在建设中缺乏系统生态思想的灌输，在社区规划中缺乏对建筑、人、自然环境和社会环境的综合考虑，没有构成良性的生态循环，资源利用效率低下，大量污染物、废弃物产生，对环境造成严重破坏；能源结构单一，生物能、风能、太阳能等清洁能源开发利用率低；有绝大部分居民都把生态等同于绿化，过度追求绿化工程效果；垃圾回收利用率低，居民参与垃圾分类的意识低，很多社区内部基本上没有设置分类垃圾点，只有一个总的垃圾场，垃圾总的回收效率不高。

2. 社区建设未能列入城市规划范围，空间布局缺少规划

由于广州社区有意识的建设较晚，故在历次广州城市规划制订、编修中都未能引起重视，以致广州社区建设严重滞后于城市其他各项事业建设和发展。在城市小区规划中也强调小区基础设施和服务设施摆设，但“小区”仅是一个生活空间，并不是真正意义的“社区”。“社区”是一个综合性概念，除了“小区”所具有的可视人文景观之外，还有既可视又可悟的意念空间和各种制度构成的功能空间。

社区建设往往追求规模和外观，对于选址考虑最多的是租金和成本，忽视社区本身的空间布局，缺少整体规划；城市郊区化、分散化以及过度强调功能分区，导致居住、商业和生产区分离，形成城市孤岛，带来交通、社会、环境等一系列问题。

3. 广州社区划分依据单一，社区建设滞后于城市发展步伐

目前，广州社区以户籍人口为依据，而事实上广州存在大量流动人口，他们未能纳入社区划分人群范围内。这部分人群不能享受社区福利和服务，有失社会公

平，不利于社会和谐。

近年广州正在实施“东进、西联、南拓、北优、中调”的空间发展战略，行政区划上撤销东山、芳村两区，新建萝岗、南沙两区，城区范围不断扩张。但限于各种条件，这些新市区的社区建设未能同步发展。由于中国传统的城乡二元发展模式，近郊社区基础设施建设薄弱，社区交通、污水管道、公共活动区域、邮电、银行等基础设施及生活配套设施不完善。

4. 缺少规范，缺少评价标准，缺少生态技术实质性研究

广州在城市社区规划和建筑设计规范中，涉及建筑节能、环保、健康等方面的技术规范太少，缺乏对生态社区评价指标体系的研究，社区整体生态性评估缺少标准，从而使得不同生态社区间缺乏可比性。各类社区在建设过程中往往只停留在常规技术层面，且不分地域文化和气候的采用，仅是形式上符合绿色建筑所涉及的部分规则而已，实际上未能从根本上解决生态化建设所要解决的关键问题，缺少生态技术实质性研究，在高技术层面与发达国家存在很大差距。

5. 居民参与意识薄弱，社区管理职权不明确

社区规划沿袭传统设计方法：设计师从感性角度出发，结合自身经验，综合处理住宅、公共设施、道路交通及建筑内部绿化景观和外部环境质量等的相互影响，进行社区设计。设计师与城市规划师、环境工程师、公众合作较少。在社区后续的管理中，公民参与不够。根据广州市一些社区的调查，超过50%的居民认为社区就是“住的地方”，社区文化和社区管理等活动属于“分外事”。

源于习惯，社区居民对居委会信任程度高，有事多找居委会或所属工作单位。社区新成立不久，其威望建立尚需假以时日，不少驻社区部门、单位参与意识淡薄，缺乏对社区工作的支持，形成社区运作困难的局面。

而长期以来，居委会被街道办事处视为下属机构，承担了许多行政事务，如计划生育、治安、绿化、救济、医疗等，行政负担沉重。而居委会作为城市居民自治组织，本不应负担政府行政工作，但实际上又无法摆脱。从管理职权的划分上，这些工作应该是由社区管理部门来承担的。

6. 社区建设布局形态和发展水平参差不一，缺乏地域性差异

为适应于不同地域的生态环境，生态社区没有相同的模式。但是在广州一些新

兴社区建设中，建筑形式和环境处理手法存在盲目抄袭的现象，百区一景，城市原有风貌不复存在，民族特色和文化继承方面欠缺。老城区在改造过程中也未能尊重历史、正视现实、着眼未来、因时因地制宜，缺乏文脉延续。

三、广州生态社区的建设路径

生态社区建设是一个长期、艰巨的历史任务和走向可持续发展的渐进过程，是一场技术、体制、文化领域的社会变革，需要强化完善生态规划、活化整合生态资产、孵化诱导生态产业、优化升华文化品位、统筹兼顾分步实施、典型示范滚动发展。

而从构建路径来讲，首先要明确问题和目标，对社区的现状条件，包括物质环境、非物质环境和居民活动等内容，进行测评分析并进行预测；然后设计出不同的规划去满足未来的条件需要，将所做的不同方案进行比较和评估，选择其中之一进行深化；最后付诸实施，在实施过程中要进行跟踪监测和评估，不断给予调控。

（一）广州生态社区建设的评价体系构建

1. 明确生态社区建设的意义，构建广州生态社区建设的目标体系

生态社区建设是以可持续发展思想为指导，旨在强化社区作为人类生存与发展的基地作用，加强社区的自我组织、自我调控能力，合理、高效地利用物质能源与信息技术，提高生活质量和环境水准，充分适应社会再发展的需要，最终从自然生态和社会心理两方面去创造一种能充分融合技术和自然的人类生活的最优环境聚居地。生态社区建设的倡导者非政府莫属，因而，政府首先要明确生态社区建设对广州创建文明城市及生态城市建设的意义，构建广州生态社区建设的目标体系。

（1）建设生态社区的意义

一个生态的城市应具备环境优美、资源合理利用、环境管理完善，以及居民环保意识及参与社区管理意识较强四个条件，而每一个条件，都离不开生态社区建设的支撑。低碳经济的核心在于经济发展过程中采用新的可再生能源，提高资源利用的效率，减少污染的排放。建设生态社区对打造低碳经济而言，具有十分重要的意义，发展低碳经济是离不开低碳社区建设的支撑的。

（2）广州生态社区建设目标体系的构建

广州以“生态优先”思想为指导，在国内率先启动生态城市的规划与建设。近10年来，广州市按照生态城市建设的战略目标，利用3年的时间实施“青山绿地、蓝天碧水”工程，并已基本实现了目标，这成为广州市生态城市建设中的一个重要里程碑。在此基础上，根据广州的实际情况，以及战略目标提出的要求，下一阶段的生态城市建设要走得细致一点，要凭借各社区的生态化建设，通过实现各社区生态景观、生态产业、生态安全、生态卫生和生态文明协调发展，将人、自然、经济、生态、社会等内容融为一体，逐步建立起社区间结构优化、城乡及产业布局科学、人居环境优美的生态格局，使花城广州能在全国大城市中率先实现生产力发达、经济实力雄厚、文化底蕴深厚、人与自然高度和谐、生态环境优美、兼备岭南自然景观及山水特色的生态城市。

广州建设生态社区必须分层次设计生态社区建设目标（如下图）。

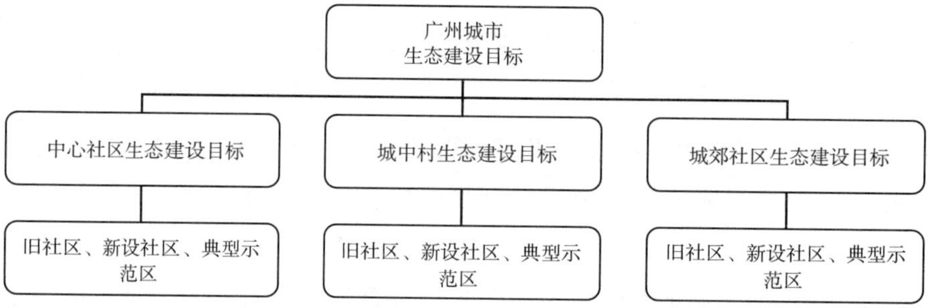

把广州视同为大社区，设置、规划其总体的生态建设目标；再按照广州区域划分、生态现状等把广州的社区分为中心社区、城中村社区和城郊社区三种，分别明确其生态建设目标；第三层次的建设目标就要根据本社区的特点和历史渊源，针对社区内的旧社区、新设社区及典型示范区分别设置目标。通过目标体系的建立，把生态化建设任务层层分解，既能体现各区域生态化建设的不同基础，又能体现不同社区生态化建设中急需改革的各个方面。

2. 加强政府统筹，构建生态社区评价指标体系

明确了生态社区的建设目标后，接下来的任务就是制定实施策略，而生态社区合理规划和实施政策的制定及建设效果必须根据社区的生态性特征，通过构建生态

社区评价指标体系来进行评价，确定是否达标，是否实现生态社区的建设目标。

（1）根据广州生态建设总体目标构建城市宏观层面的社区生态性评价指标体系

由于社区的生态特征涉及建筑学、生态学、环境学、规划学、社会学、地理学、医卫健康等多学科知识，需要由政府主导，召集各学科的专家们进行专业的判断，确定宏观层面具体需要包括哪些指标，研究各领域选择哪些指标，集中评判指标的重要程度或各类指标的权重，组成指标体系，以对生态社区进行宏观层面的评价。

参照国内外已有的生态社区指标体系，结合广州社区分布特点及建设现状，利用层次分析法（AHP）对指标体系进行分层、分类，构建一个指标可获得性高、评价可操作性强的生态社区评价体系。（见表1）

表1　生态社区指标体系

第一层次指标	第二层次指标	第三层次指标
自然生态	生态承载力	1. 社区规模；2. 人均资源；3. 社区区位
	生态环境	1. 环境质量；2. 污染控制；3. 资源消耗；4. 废物减量与循环；5. 生态保护和环境管理
	生态建筑	1. 生态技术的使用；2. 生态材料运用；3. 住宅环境节能技术的使用
经济生态	经济环境	1. 收入消费状况；2. 社区经济自给能力；3. 社区就业状况
社会生态	基础设施建设	1. 交通；2. 医疗保健设施；3. 卫生防疫设施；4. 社区服务设施；5. 社区教育
	生态文化	1. 邻里关系；2. 生态意识；3. 社区文化设施；4. 社区文化组织；5. 社区文化遗产保护；6. 社区信息化建设
	生态安全	1. 社区安全管理；2. 电子监控系统；3. 安全专业队伍建设；4. 安全通道、特殊群体通道建设

（2）根据宏观层面的社区生态性评价指标体系构建各社区微观层面的评价指标体系

第三层次指标内容应根据各评价对象——生态社区的具体模式和社区特点进行进一步的界定，如自然生态里的生态环境指标可以分别细分，以获得相应的数据进行量化评价，也能使被评价的社区有目的性地调整未来的建设规划。（见表2至表5）

表 2

序号	环境质量指标	现状值	目标	属性
1	城市空气质量达二级的天数占全年比例（%）	100	100	预期
2	集中式饮用水源水质达标率（%）	100	100	约束
3	水域功能区水质达标率（%）	81.03	100	预期
4	噪声环境质量	100	100	预期

表 3

序号	污染控制指标	现状值	目标	属性
1	COD 排放总量（吨）*	7495.5	完成市下达目标	约束
2	氨氮排放总量（吨）*	94.9	完成市下达目标	约束
3	SO_2 排放总量（吨）*	5872	完成市下达目标	约束
4	NO_x 排放总量（吨）*	18193.1	完成市下达目标	约束
5	企业污染排放达标率（%）	98	99	预期
6	生活污水集中处理率（%）	85	90	预期
7	危险废弃物处理处置率（%）	100	100	约束
8	生活垃圾无害化处理率（%）	100	100	预期

表 4

序号	环境经济与清洁生产指标	现状值	目标	属性
1	单位生产总值能耗（吨标煤 / 万元）	0.48	0.432	预期
2	单位生产总值水耗（立方米 / 万元）	52.58	47.32	预期
3	单位生产总值二氧化碳排放量（千克 / 万元）	–	1500	预期
4	单位工业增加值废水产生量（t/ 万元）	2.27	2.17	预期
5	单位工业增加值固废产生量（t/ 万元）	0.117	0.1	预期
6	工业用水重复利用率（%）	76	80	预期
7	工业固体废物综合利用率（%）	47.5	85	预期
8	中水回用率（%）	20.53	25	预期

表 5

序号	生态建设和环境管理指标	现状值	目标	属性
1	森林覆盖率（%）	49	50	预期
2	建成区绿化覆盖率（%）	38.88	40	预期
3	规模化企业通过 ISO14000 认证比率（%）	–	20	预期

（续表）

序号	生态建设和环境管理指标	现状值	目标	属性
4	公众对城市环境的满意率（%）	92.12	≥90	预期

表2至表5相关数据来源：广州开发区、萝岗区社区生态建设和环境保护第十二个五年规划。

通过社区各明细指标的量化，可以比较直观地体现社区在生态建设各个方面的成效及存在的不足。通过以上的相关指标，该区在生态环境建设方面的成效就一目了然了。

由于不同地域的自然环境和社会环境条件差异较大，照搬一套标准或模式评价个案显然会造成评价的不客观，并且会丧失生态社区的特色。因地制宜地选取合适、灵敏的指标因子来对社区进行评价，既能反映生态社区的普遍问题，又能体现其特色。这正是合理的评价指标体系所追求的结果。

（二）社区生态化建设的模式

1. 生态社区建设模式

生态社区建设的模式是指为了达到生态社区建设与管理的目的而采取的各种管理体制、机制、手段和方法的有机结合体。根据目前生态社区建设与管理的现状，从生态社区建设与管理活动的主体差异出发，可将生态社区建设模式分为政府导向型、市场导向型、社会导向型及以“公共需求”为核心的新模式四种类型。

（1）政府导向型模式

这种模式是以政府为核心，在现阶段主要是以城市区一级人民政府下派的街道办事处为主体，在居委会、中介组织、社会团体等各种社区主体的共同参与配合下对社区的公共事务、社会事务等进行管理。其实质是为强化基层政府的行政职能，通过对政治、社会资源的控制实现自上而下的社会整合，其社区管理范围一般为原街道行政区域。这种模式的优点在于凭借坚实的政治、经济基础，条块结合、以块为主的行政管理网络，在社区建设中发挥主导作用；这种模式的弊端在于这种政府办社区的方式，由于有“全能政府”、社区“单位化”之嫌，抑制了民间的活力，从而降低了政府的工作效率，增加了政府的财政负担，社区基层机构吃皇粮的人越来越多，政府机构有再度膨胀的趋势。

（2）市场导向型模式

市场导向型模式，即通常所说的“物业管理模式”。社区的建设和管理由于引入了市场竞争机制，因而表现出了一定的生命力；但由于当前物业管理的不规范，亟待加强管理。

（3）社会导向型模式

这一模式可称为社区居民自治模式，主要是指以社区居民为核心，联合社区内各种主体组织、机构，共同参与社区事务的管理，实行真正的民主自治管理的一种模式。

（4）以“公共需求”为核心的新模式

理想中的社区建设与管理应遵循上述三种理论模式的有机整合，以政府为统一领导，根据“政企分开、政社分开、政事分开”的基本原则，发挥各种社区主体分工合作、协调共建的作用。这种有机的结合就是目前正在研究的“公共需求管理”模式。

以“公共需求”为核心的新模式不同于原来的模式。需求管理是一种以人为本，以满足居民群体不同时期不同需要为出发点和立足点的管理模式，能充分调动个人、家庭与社区单位积极参与文明社区建设，积极参与社区的管理。

2. 广州各区的社区建设模式选择

（1）广州不同类型社区生态化建设的模式选择

按照广州市生态社区建设目标体系，广州社区类型划分为中心城区生态社区、城中村生态社区及近郊（城市边缘）生态社区三种。基于以“需求管理”为核心的新型社区建设模式在广州各区生态化建设中的实践运用，本文把广州不同类型社区生态化建设的模式划分为以下四种：

①中心城区中老城区生态化建设模式——以越秀区为例

越秀区作为广州“123”城市空间布局中“都会区”的核心，充分利用其丰富的文化沉淀，借助其得天独厚的地理位置，在构建生态社区方面做了非常细致的工作，取得了较好的进展。如教育文化、医疗卫生、就业、居民收入、住房保障、生态环保等各项考核指标完成情况较为理想；“一队三中心”、幸福社区、垃圾分类等工作扎实推进；“三打两建”、社会治安、综治、维稳、信访等各项工作巩固提升。而新河浦生态低碳环保社区的创建更体现了越秀区生态社区的建设成果。

②中心城区新城区生态化建设模式——以天河区为例

天河区作为新城区，在空间布局上完成了区域内的生态建设规划。20 世纪 90 年代初，天河区就确定了走可持续发展道路，科技兴区、环境建区、教育强区和文化优区的“一路四区”发展战略，被确定为国家可持续发展实验区。

近年来，天河区围绕建设现代化大都市中心区的目标，深入推进实施“环境建区”战略，高度重视生态社区建设。根据经济社会发展模式转型的需要，从处于城市化进程中的社区建设的特征出发，天河区坚持以党建为龙头，以社区服务为主线，以创建文明社区为载体，以提高居民素质和社区文明程度为主要目标，努力创新社区建设的组织设置、工作思路和活动载体，努力探索生态社区建设的有效办法。

③城中村社区生态化建设模式——以猎德村改造为例

城中村问题是在我国城乡二元体制的特殊国情下，伴随着快速城市化而出现的特殊现象。广州要构建和谐社会、生态城市，必须妥善处理好城中村问题。

截至 2000 年，广州 8 个老城区中共有城中村 139 个，占广州市城市规划面积的 22.67%。随着城市的发展和扩张，城中村对加快城市化进程、合理规划城市土地以及建设和谐社会、生态社区等，皆产生消极的影响，因而，广州在 2002 年提出对城中村进行改造的战略目标；2008 年 1 月，广州市政府召开了城中村改造经验推荐及动员会，标志着广州市城中村改造工作全面展开，而猎德村改造经验成了广州城中村改造的示范。

猎德村是广州市首个采取“整体改造模式”与“村集体主导模式”相结合进行改造的城中村。其改造经验做法包括：

政府主导，以村为主。市、区政府发挥统筹主导作用，协调落实各项配套政策，并多次召开政府常务会研究解决问题；村为主体，具体实施谈判、协议、拆迁和复建等工作。

利益统筹与平衡。在改造方案和实施过程中，始终坚持四个改造目标：一是集体经济实力增强，二是村民收入增加，三是城市环境改善，四是村落文化延续。

依法办事，公开透明。在改造过程中，立足依法依规推进各项工作。通过公平、公正、公开，村委形成各项决策意见，经村民代表大会通过，在村民与集体利益发生冲突时，都通过司法途径合理合法予以解决。

广州城中村的改造，不仅是让城中村由“脏乱差”转化为新型的和谐生态社区，更是对广州城市形象的改变。

④近郊社区生态化建设模式——以番禺生态化新城区的构建为例

广州近郊区域从用地上有比较大的优势，因而涌现了许多大型的功能社区及新型社区，其生态化建设模式以番禺生态化新城区的构建成效予以分析。

番禺是广州新设城区，是坚持错位发展、打造宜业宜居的时尚创意都会区。在生态化建设过程中，番禺区坚持项目发展和民生导向结合，不断完善交通基础设施建设，“六纵六横”骨干路网、广州南站及配套商务区、数字家庭等信息基础设施不断完善，夯实了番禺长远可持续发展的基础，着力打造生态型岭南水乡典范，探索出有别于老城区、新城区、副中心的错位发展、特色发展新路子。

（2）重新界定政府的角色，形成一个以“社会资本”发展与运用为基础的创新型社区构建模式

从广州各区生态化建设的模式选择及具体的建设规划落实情况，我们看到了有关可持续发展生态社区的一些实践经验与行动，这其中包括各种有关生态技术、能源技术的新发展以及管理模式的新变化。

然而，由社区到生态社区，其生态性特征的核心体现，应该让我们能体验到新世纪“生活方式改变过程”的实践、创新、学习与营建。这其中的核心角色在于所谓社区“进驻的居民”——一群彼此没有相关的社会民众（居民）被引导、通过学习并参与到这个“生活方式改变过程”中来。这个过程的精神并不是传统的“民众参与”，而是通过“共同承担”的模式与精神，来探索未来价值与愿景的学习，进而缔造可持续生态社区的理想。

整个改造过程的推动者当然是地方政府与担任城市发展规划工作的机构。应重新界定政府的角色，从传统的政府照顾民众的治理构想，发展为由政府通过一系列改革措施营造出能够支持社会民众以“自己方式”追求“幸福感”的环境与条件，形成一个以“社会资本”发展与运用为基础的民众参与与可持续发展的创新型新模式。

所谓以自己方式（自我经营管理）追求幸福感，正好符合当前可持续发展的精

神：不再是追求资源最大消耗的发展，而是符合自己需要的生活形式与经验。在这种社区建构新模式下，可持续发展生态社区建构的新基础应该是鼓励以21世纪生活与生命价值展现为新标准，重新看待地方资源（历史、文化与自然）以及地方文化（社会关系）中潜藏的隐性知识，鼓励创新与研发，开发地方“人力资本”（human capital）与“社会资本”（social capita1）来作为地方新的生活方式。

一般而言，人力资本追求的重点是新“知识”（knowledge）、“技术”（skills）、“承载能力”（competencies）与新行为“属性”（attribute）的建构；而社会资本的内涵，则讲究新兴社会生活经验中各种参与其中的社会族群通过“信任”（trust）、“协同合作”（cooperation）以及“社会网络”（social network）的整合所发展出来的一种能力与资产。对于可持续发展生态社区的规划与营造过程中各种新生态生活品质标准的追求，不再是所谓生态商品的消费，而是来自改变自身行为过程中的地方文化隐性知识的开发。然而，真正达成共同生活方式与行为改变的，则是通过参与社会网络、共同合作与承担、彼此信任建构的“社会资本”的发展。可持续发展生态社区能构建成功，关键在于这种“社会资本”的发展与创新的运用。

从社会资本的开发角度，地方政府在生态社区规划过程中应主导一个虚拟实境的剧场，利用开发商的竞投，利用环境组织的引进，通过居民论坛、社区规划师、生活品质协议的合约机制等模式，塑造一个可以参与、想象、沟通或共同承载的剧场，去吸引潜在的人群进来居住，鼓励他们用各种方式集结成社群的辅助关系，营造出最佳化的社区空间形态与规模。通过一系列策略的设计将未来可能的营造者、营利者与居住者引进这个“生活方式改变过程”中来。通过一个开放性的规划过程，各个未来可能共同承载社区生活的族群可以在这个过程中参与各种问题的斡旋与讨论。在这个过程里，政府所扮演的角色发生了变化：既是剧场的设定者，又是未来演绎剧情的导演者。对社区本身，政府应该改变原来依靠权力和资源控制，自上而下地管理、管束社会的管理体制，通过创造各种区内的游戏规则，引导区民自己为追求未来生活、理想而改变生活方式与习惯，自觉落实各种创新生态理念。这种新社会关系的开展，为可持续发展生态社区的规划和构建提供一个改革的新典范与行动模式。

四、广州建设生态社区的对策

对于模式的设计和选择，本文是基于较宏观的层面进行阐述的；对广州建设生态社区的对策研究，本文拟从微观的层面——以某类特定的人居社区生态化建设实施过程的具体措施设计进行论述。

作为广州生态社区，其建设的目标是构建以“自治、共享、合作、参与、协调”为原则的城市基层管理运作系统，强化社区作为人类生存和发展基地的作用，加强社区的自我组织及自我调控能力，合理高效地利用物质能源与信息，提高环境水准，充分适应社会再发展的需要，最终从自然生态和社会心理两方面去创造一种能充分融合技术和自然的人类生活最优环境的人类居住地。在这构建过程里，各个作用主体（个人、组织、政府）必须以新的生态理念定位自己的角色，明确自己“该干什么”、“不该干什么”、“如何干”。

（一）正确、合理发挥政府的主导作用

生态社区建设刚刚展开，群众的生态社区意识淡薄，参与社区活动多是被动参与，因而，政府在社区建设中的主导作用表现为倡导、动员、提供一定的经济和政策支持，监督、评价和经验推广，用政策去促进社区建设资源的聚集和社区的持续发展。目前，为了防止社区的管理过于行政化，政府在社区管理事务中必须坚持“有所为，有所不为”，主要在政策、法律、法规的制定和资金支持上发挥作用，充分发挥其宏观调控职能，而具体的社区事务应交由社区组织落实办理。

1. 循序渐进地搞好社区居民自治

社区能不能实现自治，社区是否有能力自治，这是现代城市生态社区建设和发展的重要标准，同时也是避免社区管理行政化的重要保证。但由于社区外部条件的制约因素以及社区建设的复杂性、综合性、全面性，社区居民自治必须坚持渐进方式，在政府主导下，由表及里、由点到面、由浅入深地扎实开展。

2. 加大财政投入力度，解决社区办公经费不足问题

目前，各地社区办公经费的财政投入，占地方可用财力的比例非常低。为保证社区工作的正常运转，各地政府的财政部门每年应按社区数量及辖区规模，安排一定数量的社区办公经费和组织活动经费，并形成自然增长机制。同时，还应当充分挖掘社会潜力，发挥辖区单位共驻共建的作用。社区办公经费应实行市、区财政各拨一点、街道给一点、共建单位支持一点、社区单位自筹一点的办法解决，使社区工作得到较好的财政保障。

政府是社区建设管理的主体，但不是唯一的管理主体。政府要改变以往统揽社区内一切事务的做法，要明确自己在社区建设中充当的是宏观调控者和服务者的角色，主要功能是指导、调控、监督。政府只有与社区内的各种社会组织、团体和个人密切合作，协调一致，才能共同管理好社区，推动社区建设。

（二）培养社区居民的主人翁精神，增强共建意识

1. 培养居民群众的社区认同感和社区归属感

培养居民群众的社区归属感和社区认同感，强化社区群众的社区意识，对于调动社区居民群众参与社区建设的热情和积极性，具有十分重要的现实意义。

（1）加强对生态社区建设的宗旨、目标和社区意义的宣传

不少城市居民群众对社区及生态社区建设缺乏基本的了解和认识，因此，应加强对生态社区建设的宗旨、目标和社区意义的宣传，使社区公民认识到他们不仅是社区的建设主体，同时也是社区建设的利益主体，他们共同享有社区发展的丰硕成果。这种精神理念的形成使社区公民成为真正的利益共同体，他们在社区参与中作为决策主体、执行主体、创造主体和利益主体，同时又共同承担社区参与中的风险，是社区的主人。这种主人翁精神使社区公民具有成就感、荣誉感和归属感，激励社区公民更积极自觉地投身于社区建设，并形成社区发展的良性循环和发展活力。

（2）加强社区内不同的社会群体、组织和个人的社区意识培养

社区内的政府组织、单位主体，应明确自己在社区建设中的角色，积极主动地参与社区的建设和管理，清楚自身既是社区建设资源的提供者，又是社区建设成果的分享者；增强社区共建意识，提高社区资源投入，协助社区各方做好社区资源的累积和整合工作，为社区建设发挥应有的作用。

2. 培养和发展社区服务机构

现阶段，居民群众参与社区工作的主要方式有两种：一是参与居民自治。通过居民选举居委会成员，参加居民会议等各项活动，使居民群众挑选自己信任的当家人，直接表达自己的意愿，参与社区事务的决策和管理，监督政府和社区工作。二是参与志愿服务。通过志愿服务参加社区的各项公益活动，也可以通过各种志愿服务机构，以组织的方式参与社区服务。

而生态住宅区社区的服务机构越来越多是以物业管理行业组织来实施的，因而，要发挥物业管理行业建设和谐型家园的引领作用。物业管理行业作为构建城市新型社区管理服务引导者和推动者，应该提高自身对建设和谐家园的认识和服务于社区业主、服务于社区、服务于社会的强烈责任感；应该在为业主和使用者做好服务的同时，加大宣传、协调力度，引导社区向“和谐共处、共同进步”发展。

新世纪的居住区建设，应当把“社区共生”和“以人为本”的服务理念，贯穿到社区规划、建设和物业管理的全过程中，才能营造出“社区共生、天人合一”的居住环境。

（三）建设高素质的社区专职干部队伍

社区专职干部队伍包括社区的“两委”成员，即社区党支部委员会和社区居委会成员。社区专职干部队伍上联上级党委和政府，下联社区居民，是社区工作的专职管理人员，是社区建设的直接组织者和管理者。他们的素质如何，直接影响社区的发展。

1. 优化社区专职干部队伍结构，增强社区基层组织的生机和活力

根据就业市场的形势，为满足社区建设的需要，可以采取公开选聘、竞争上岗等多种渠道、多种形式，把那些政治素质好、文化程度较高、工作能力较强、有良好人际沟通能力和热心于社区建设工作的优秀人才，充实到社区专职干部队伍中来，走年轻化、知识化、职业化的道路，进一步优化社区专职干部队伍结构。

2. 提高社区专职干部待遇，增强社区岗位的吸引力

社区专职干部工资标准普遍偏低。为了能留住人才、吸引人才，应加大财政投入的力度，有计划地提高社区专职干部的工资福利待遇。财政每年应划出一定资金，作为支持社区建设的转移支付资金；建立配套的社区专职干部工资待遇奖罚激励机制；对社区专职干部实行绩效管理与考核，并将其业绩同其工资增长机制挂钩；进一步明确落实社区专职干部养老、医疗保险的政策规定，逐步把社区专职干部的各种保障经费纳入财政预算，解除社区干部后顾之忧，激发社区干部的积极性和创造性。

3. 强化培训，提高社区专职干部队伍的整体素质

随着生态社区建设步伐的加快，不断出现的新情况、新问题对社区专职干部队

伍的素质提出了新的要求。为此，必须切实加强社区党组织和居委会干部队伍的教育培训，提高整体素质；应按照统筹规划、分级负责、分层培训的原则，有计划地对社区工作者进行培训，不断提高社区工作者解决实际问题、化解新时期内部矛盾的能力，不断提高为居民办实事、办好事的能力。

（四）积极培育和发展社区的中介组织

中介组织是市场经济在社区建设管理中体现形成的产物；是介于政府、企业、居民三者之间的，为提高市场运行效率而从事沟通、协调、公证、评价、监督、咨询等服务活动的机构。中介组织有三个主要特征：服务性、中介性和非政府性。大部分中介组织是向社会提供服务而获取盈利的服务性组织；也有部分中介组织是公益性的，它们只收取少量的管理费或工本费甚至提供免费服务。社区的中介组织在社区的建设和发展过程中发挥着越来越重要的作用，因此应该积极地培育和发展社区的中介组织。

1. 正确处理城市基层政权、居民自治组织与中介组织的关系

积极借鉴国外中介组织发展的经验，努力培育中介组织活动的人文地理空间和人力资源，在发挥中介组织在居民自治进程中积极作用的同时，协调好其与城市基层政权的关系。既要承认中介组织的独立法人地位，使其能够自主地开展各种社会公益事业活动，又要加强城市基层政权对中介组织的宏观调控。

2. 职能的重新鉴定

明确城市基层政权、居民自治组织与中介组织的权责职能，逐步把原本属于中介组织，但却由城市基层政权和居民自治组织承担的一些社会性事务剥离出来，交由中介组织去经营、实施。这样，不仅能使城市基层政权和居民自治组织高效运作，还能促进中介组织的发展。同时，三者之间既分工又合作，使它们始终处于良性互动的状态和不断双赢的过程之中。

3. 加强制度建设

可以结合机关、事业单位的机构改革，把城市基层政权承担的中介组织职能的机构和单位转变成非政府组织，逐步实现部分政府机构、部分事业单位向社会中介组织的转制；培育和发展现有的社会团体，充分发挥他们在社区建设中的作用；在现有社区居民自治组织的基础上，按照社会中介组织的规范和要求，培育若干专

门性的社区建设的中介组织，如社区志愿服务组织、社区老年人协会、社区卫生协会、社区文化团体等；制定、完善和扶持社会中介组织积极参与社区建设的政策、法规，为中介组织参与社区建设活动提供良好的制度保证，使之逐步走上专业化、制度化的轨道。

（五）改变社区治理结构，积极推进社区自治

社区自治是生态社区建设过程中社区管理体制改革的必然产物，是社区公民自治精神的体现，强调社区公民“自己管理自己”。社区公民拥有自由选举权和言论自由权，政府放权于民，居民通过社区参与来分担社区管理事务。要实现社区自治，就要加强社区居民委员会的建设。

1. 理顺政府有关部门、街道办事处与社区的关系

（1）政府职能转变

首先，为适应新形势下城市社区发展的需要，政府有关部门对居民委员会应该在宏观上进行指导、调控和监督，切实减少对社区居民委员会的各种行政性事务摊派，使居民委员会将时间和精力更多地投入到服务社区居民的工作中，以增强社区居民对社区居委会的认同。

其次，政府及其部门通过支持居委会等居民群众性自治组织的工作，来实现政府对基层社区的整合和管理。政府对社区建设的设想，可以通过财政拨款等经济手段和其他方式来取得社区居委会和社区居民的配合。让社区居委会保持相对独立性，在法律规定的范围内具有较强的自治活动领域，在社区事务的决策和协调过程中发挥应有的作用。

最后，政府要加强权威，通过必要的制度约束其他社区组织对社区居委会的侵权行为，为社区居委会实现有效的自治营造良好的社会环境和氛围。

（2）社区居民委员会职责

社区居委会要把功能定位在社区的管理、服务、教育和参与上，协助政府及其部门做一些力所能及的、与居民群众相关的工作，以落实政府在社区建设中的职责，切实有效地发挥政府的应有作用。通过健全各项法律、规章和制度，使政府和社区居委会的关系制度化。

2. 加强社区居民委员会的自身建设

针对目前社区居民群众社区参与的不足，加强居民议事、民主决策的制度创新，积极推进社区居民委员会依法实行民主选举工作，要将社区居民委员会直接选举的范围扩大，作为“基层民主”进一步发展的标志；引导社区公民广泛参与社区公共事务，落实社区居民对社区公共事务的知情权、管理权、决策权、监督权；大力发展社区教育，加大社区参与的宣传力度，提高社区居民群众的素质，以增强社区居民群众的参政、议政能力和民主意识观念。逐步实现社区居民自我管理、自我教育、自我服务、自我监督，提高社区自治管理水平。

（六）加强社区管理

社区建设是通过社区管理而实现的，应建立一套科学的管理机制，制定适合社区发展的管理方法。加强社区管理必须遵循“社会化、协调性、专业化、法制化”的原则，着手构建全新的“小政府、大社会”的多元互动的城市社区组织管理体系。

1. 构建新的组织体制

首先，以地方政府一级管辖的地区组建社区建设（规划）委员会，创建一个网络联盟和共建组织。

其次，在微观社区层面（经过社区体制改革后做了规模调整的居民委员会辖区）组建社区管理委员会，创建一个具有网络结构的服务组织、管理组织和协调组织，使之成为地方政府授权的一级准政府管理机构。它的职责和定位是社区建设和社区发展的组织者、社区居民利益的保护者和社区多方利益的协调者。

最后，组建社区自治组织和专业服务组织。它接受社区管理委员会的指导，组织社区居民开展各种有益的活动，代表居民直接参与社区管理和社会事务。

2. 加强社区的法制建设

应重视加强社区建设的立法工作，使社区建设有法可依。首先，应该根据社区建设发展的需要，尽快制定社区建设专门的地方性法规，并增强其可操作性；其次，还应重视社区的制度化建设，要使社区建设的社会规范系统化、条理化和正规化，也要使社区建设的社会规范内在化，被社区成员所接受和认同。目前，应尽快建立健全社区建设人事制度、工作制度、学习培训制度、社务公开制度、服务承诺制度、议事制度、民主监督制度和志愿者参与社区服务和建设的制度。

3. 合理规划并建立责任追究机制

严格按照城市总体规划和土地利用规划的要求，明确社区用地布局和功能分区，严禁乱搭乱建、未批先建情况的发生。同时，建立机制，严格管理，加强巡查，并且追究责任，对于违反规划要求的建设，采取果断措施及时坚决制止，维护规划的严肃性。

4. 加强社区专业化、科技化、现代化管理

引入“物业管理信息系统”科学地管理小区，即通过计算机网络和专业软件对物业实施即时、规范、高效的管理。引入该系统后住户档案将由电脑管理，通过在水、电、煤气上设置读数装置，可以实现远程自动抄表，减少了业主的麻烦。服务中心在接到业主报修后，会立刻打出工程部的报修单，提高了日常维修的服务质量。每月电脑会自动将各项费用汇总，并打印出统一的收费通知，大大节省了物业管理公司的人力、物力投入，降低了成本。而且，实行银行划款功能后，更是省去了上门收费的环节。此外，社区管理服务的内容将从配套设施维护到家政服务、文明建设等，包罗万象。居住区的规划应对建成后的社区管理提供种种方便。

（七）推动生态社区文化建设

1. 确立“以人为本”的社区文化建设核心思想

政府在引导和推动社区文化建设中，应把坚持以人为本作为社会文化事业的发展方向，作为政府决策行为的必要前提；将群众的利益和需求摆在首位，确立群众文化产生于群众的观点。只有以人为本，让文化来营造人文精神，满足人的最终需要，文化才能得到发展和繁荣，文化的亲和力才会增强。城市现代化的水平要依靠社区水平来提升，而提高城市的管理水平和居民的综合素质，则需要社区文化作为支持。

2. 以社区文化促进城市文化发展，必须做好近期和长远的规划

必须根据本社区、文化的发展目标、政策规定和管理需要，根据社区人口流变趋势和居民点的布局、保护生态环境和文物的需要，根据社区交通线路、商业网点、生活设施、文化娱乐场所、绿化点合理布局需要，根据社区内外各部门的协调与发展良好关系的需要，根据社区精神文明建设的需要和社区类别进行近期和长远

的规划。

3. 建立合理、科学、规范、完善的社区文化创建机制

要重视加强文明社区建设的管理工作，发挥街道办事处的组织领导作用，建设好居民委员会，加强社区组织建设；应在社区文化创建机制上有所创新，形成联建共建、共创共享的格局；要切实落实各项管理制度，要求每个居民都要自觉地遵守各项规章制度，逐渐形成一种习惯，逐步实现文明社区法制化；要充分发挥党员干部、有经验有知识乐于奉献的居民骨干的作用，让群众定期不定期地评议党员干部，督促党员干部始终发挥“火车头”的作用。

4. 创建“多维”的文化活动结构

一是内容多元化。要针对不同层次、不同人群的特点，开展他们感兴趣的活动，有效地吸引社区居民积极参与到社区文化建设工作中来。二是阵地多元化。各社区居委会要配备一定面积的文化室，并设有图书、文体活动等设施，应结合本身特点，发挥社区的优势，构建多元的文化阵地。三是队伍多元化。要做好社区文化人才的开发和使用，要调动社区文化人才的积极性，发挥各自专长，使其成为社区不同艺术门类的活动带头人。四是特色多元化。要依据社区的地理位置、历史传统、居民结构以及文化部门的导向、文化工作人员的素质，致力于建设并形成有特色的社区文化，培育多种的文化特色，以满足不同层面居民群众的需求。

5. 吸引不同层面居民群众参与社区文化活动，培育社区成员的归属性和认同感

为了吸引不同层面居民群众参与社区文化活动，社区文化活动在内容上要充分考虑传统文化与现代文化的结合、乡土文化与外来文化的结合、高雅文化与通俗文化的结合，做到既继承优秀传统文化遗产又广纳现代文明成果，既重视乡土文化又不排除外来文化；在形式上要努力做到文化娱乐、休闲健身、环境美化、思想教育、科技普及、艺术培训、网络咨询等应有尽有，歌舞音乐、说唱弹奏、琴棋书画、体育竞技等活动能让大家找到合适的表现方式一展风采。为了培育社区成员的归属性和认同感，还可以构建社区文化网络等多种多样符合时代潮流发展的文化联谊组织。

6. 建立严明的奖惩制度，调动干部群众对建设社区文明的积极性

奖惩制度主要是通过“表扬或批评”、“奖赏或处罚”等形式来体现的。区财政应设立专项基金用于奖励先进单位和个人，对尽不到职责、管理不到位、完不成任务的责任人则应给予相应的处分、待岗、辞退等处理。

（八）全面提升社区服务

社区服务的好坏，直接影响社区公民对社区的归属感。各社区要根据自身实际情况，建立起覆盖社区全体成员、服务主体多元、服务功能完善、服务质量和管理水平较高的社区服务体系，努力形成“老有所养、孤有所依、幼有所教、残有所助、贫有所扶、难有所帮”的社会化服务环境，为社区居民提供多层次、多功能、多形式的社区服务。

1. 提供优质的公共服务

社区要能够提供公共服务。社区要设立“一站式”服务中心，要整合政府各部门在城市社区的办事机构，把国家关于就业、社会保障、救助、卫生和计划生育、文化、教育、体育、流动人口服务、安全管理等政府公共服务落实到社区。社区办公中心应该设置居委会办公室、低保服务站、再就业信息咨询点、“爱心超市”、警务室、法律援助站等等；并积极创造安全、优美的社区环境，逐步促进社区居民之间人与人的和谐、人与自然的和谐、人与社会的和谐，最后形成整个社区的和谐。

2. 提供完备的咨询和调解机构

要从全社会招聘社区工作者，要选拔政治素质好、群众威信高、工作能力强、文化层次高、热爱社区工作的优秀人才，从事社区建设的领导工作。在加强“硬件”设施建设的同时，也要加强“软件”方面的建设，例如，可以开设心理咨询室，为社区居民提供心理卫生服务，帮助居民消除心理障碍、健全人格等；并在各种调解与服务中适时地引导居民树立“远亲不如近邻”、“一日为邻终身为友”的意识，平时做到与邻居友好相处，一家有事众人帮。相邻的居民偶尔产生一些摩擦，应保持冷静，大事化小，小事化了，少生烦恼。引导居民从我做起，发扬助人为乐的社会美德，创造团结向上的氛围，邻里间互敬互让，友好往来，从而帮助居民建设和谐的人际关系。

3. 提供优质的便民服务

以人为本就要充分考虑社区居民的基本生活需要，一个和谐的社区应该是生活方便的社区。在进行生态社区建设过程中，要结合社区的人口和自然条件，合理设置以经营粮油、副食品、小百货等生活日用品为主的综合超市，以及便利店、快餐店和综合便民服务商业网点；要发展社区医药、保健、洗染、洗浴、美发、美容、摄影、维修、配镜、代理服务等新兴服务网点，积极推动连锁经营。鼓励有条件的商业企业在社区内设点开展送货上门、送餐上门、修理上门、收购废旧物品上门的"四上门"服务，促进社区商业服务产业化。

五、结语

人与自然、人与人之间的和谐相处是生态社区的核心，也是人们对自己居住环境的美好向往。我们每个人心目中都有着对生态社区美好影像的勾勒，未来的生态社区并不是一幅确定的图景，它需要我们每个人参与其中共同描绘，它的完美程度取决于我们每个人的努力。行动起来吧，让我们寻回自己内心深处那份真正的需要，构建出属于自己的理想家园。

参考文献：

[1] 吴智刚，缪磊磊．城市生态社区的构建研究［J］．华南师范大学学报：社会科学版，2005（5）．

[2] 袁媛，林太志，骆逸玲．城市生态社区的多空间评价体系与应用初探：以广州为例［J］．国际城市规划，2012（2）．

[3] 吴志强，蔚芳．可持续发展中国人居环境评价体系［M］．北京：科学出版社，2004．

[4] 袁媛，吴缚龙．基于剥夺理论的城市社会空间评价与应用［J］．城市规划学刊，2010（1）．

[5] 宋言奇．刍议国内外生态社区研究进展及其特征、意义［J］．现代城市研究，2010（12）．

[6] 程世丹．生态社区的理念及其实践［J］．武汉大学学报：工学版，2004（3）．

［7］范平，吴纯德，胡贵平．城市生态社区综合评价指标体系的探讨［J］．环境科学与技术，2009（4）．

［8］简霞．城市生态社区评价体系优化探讨［J］．安徽农业科学，2010，38（26）．

［9］滕颖，李新．城市型生态社区可持续发展评价指标体系的初步研究［J］．环境科学与管理，2007，32（3）．

［10］吴智刚，缪磊磊，周素红．城市生态化的演进与生态社区的构建［J］．规划师，2002（12）．

［11］冯仿娅，霍秀媚，温朝霞．在城市化进程中推进和谐社区建设的实践与思考：以广州市天河区为例［J］．探求，2006（5）．

［12］许桂灵，司徒尚纪．广州社区的地域特征与建设规划的环境分析［J］．热带地理，2008（5）．

（选自广州市哲学社会科学发展“十二五”规划2012年度委托课题“广州建设生态社区的思路、模式和对策研究”。课题负责人：郑俊敏。）

《广州地区游艇产业发展规划纲要》前期研究

左小德（暨南大学）

一、游艇及游艇业的发展状况

据媒体报道，2010年中国的奢侈品消费市场已达20亿美元，并正在以20%的年增长率不断增长，这个数字并不包括中国游客每年在国外旅游时疯狂采购顶级品牌商品的金额。中国社会经济结构和消费能力，已为游艇作为豪宅、名车后的消费提供了可能，游艇被称为“后汽车时代的消费巨人”。中国现拥有私人游艇超过8万余艘，而且此数量每年都在以成倍的猛势激增。在今后三到五年的时间里，游艇休闲、运动将成为未来国人娱乐生活的重要选择，游艇海上运动将是海洋旅游、个性消费和追求品味的新亮点。

游艇业的产业链很长，包括游艇制造（含配套）和游艇消费。游艇除了本身的价值不菲外，它的生产将带动新型材料、涂料、电子仪器、仪表、动力、推进系统等几十个配套工业的发展。有专家推测，按照配套产业和主产业3：1的比例计算，游艇产业链的发展，至少可“撬动”内需1000亿，创造2500亿国内生产总值和120万人高雅、体面、高技术、高收入的就业机会。

据中国交通运输协会邮轮游艇分会（CCYIA）[①]调查：从全球看，游艇消费市

① 中交协会邮轮游艇分会（China Cruise & Yacht Industry Association，缩写为CCYIA），是隶属于中国交通运输协会的二级机构，由来自全球邮轮和游艇的设计制造商、邮轮和游艇公司、游艇俱乐部、旅游服务商、供应商和港航界有关单位及个人自愿结成的行业性、国际性、非盈利性国家级社会团体，受中国政府委托促进邮轮和游艇两大新兴产业的发展。

场是多元化的，游艇的价格从10万—20万人民币到上亿不等，既有贵族富豪专属的超级游艇，也有属于白领阶层、中产阶级买得起的帆船、钓鱼艇、快艇、休闲艇。北美占世界游艇市场份额的55.9%，大多数游艇销售单价在1.5万—5万美元之间，豪华游艇的销量只占2.5%；占世界游艇市场份额38.4%的欧洲市场，出售的游艇较为大型和豪华，但平均单价也只有1.15万美元。

（一）世界游艇业的发展状况

到目前为止，世界平均每171人拥有一艘游艇，澳大利亚、新西兰、挪威等国家人均拥有游艇高达8：1，美国为14：1。通观全球的游艇市场，主要集中在北美地区和欧洲地区，以及大洋洲新西兰地区。美国是世界上第一游艇消费大户，年销售额为200亿美元左右，几乎占据了全球游艇市场的2/3。其次是瑞典，但不超过美国的十分之一，其余国家的游艇消费总和也不及美国游艇拥有量的一半。据Freedonia集团公司的数据，2010年全球游艇工业年销售额已经达到332亿元。这个市场包括舷内艇、舷外艇、船尾驱动艇、个人艇、帆船等。

（1）世界主要游艇建造厂商及市场份额。据统计，全世界游艇建造厂商共有3000多家，其中约有1000家在美国，法国有120家，加拿大有100家。除游艇建造厂商外，美国还有约1000家从事游艇销售、主机和零部件供应的厂商。

美国的Brunswick公司和Genmar公司是排在世界前两位的游艇厂商。2011年，Brunswick公司游艇的销售收入占世界市场份额的10.6%，它也是世界上游艇销售收入唯一超过10亿美元的公司。排在第二位的美国Genmar公司，占世界市场份额的4.3%；法国的Beneteau集团排在世界第三位；意大利的Ferretti公司和Azimut公司分别排第四和第五位。

（2）台湾、香港与内地的情况。台湾游艇业的发展较为成熟，台湾著名游艇厂商如嘉鸿、嘉信、巨星等游艇公司制造的大型豪华游艇，在品质、性能、豪华、精致程度和设备配置各方面都不比世界知名品牌游艇差，但价格却低许多，如台湾制造的某25米长游艇的报价是275万美元，比意大利品牌的同类游艇报价350万美元便宜约两成，台湾游艇的竞争优势在于其质优价低。

香港现注册有游艇、帆船近2万艘，有10家游艇会（或俱乐部）。平均每艘游艇每月消费1.5万港元，香港每年靠游艇创造的产值高达40亿港元。

相比之下，内地的游艇制造业、游艇娱乐业的发展相对滞后。2010年，中国已经有200多家玻璃钢游艇制造企业，产值超过1000万的企业就有30多家。这些企业主要集中在深圳、上海、青岛、天津、厦门、珠海、常州、苏州等城市。珠江三角洲地区游艇生产厂家约有30家，长江三角洲地区游艇生产商约有50家，北方沿海地区游艇生产厂约有10家。目前，深圳、珠海、东莞、广州、厦门、常州和青岛等地区已成为内地游艇制造业的重要基地，它们对推进中国玻璃钢游艇的发展将起重要的作用。

（二）广州游艇业的发展状况

广东省游艇产业竞争力处于全国领先地位，广东省的五项指标排名全部位于前三位，其中游艇工业居首位，经济条件、政府管理和自然环境排名第二，游艇服务相对较弱，排名情况见表1所示。从竞争力指数分析结果看，广东游艇工业竞争力有明显优势，得益于游艇制造和出口优势；游艇服务广东不及上海，广东游艇俱乐部没有上海密集，游艇展数量虽然多，展会规模不及上海；滨水景区和气候条件广东比浙江稍好，但是广东的岛屿数量、分布不及浙江；经济条件广东稍逊于上海，是广东各地区经济条件发展不平衡的结果；政府管理竞争力各省市的差距不大，说明了政府对游艇业发展重视。

表1　主要沿海省市游艇产业竞争力指数及排名

省市	游艇工业	排名	游艇服务	排名	自然环境	排名	经济条件	排名	政府管理	排名	综合结果	排名
广东	0.976	1	0.651	3	0.750	2	0.733	2	0.979	2	0.844	1
上海	0.752	2	0.887	1	0.265	7	0.783	1	0.989	1	0.739	2
浙江	0.744	3	0.506	6	0.751	1	0.685	4	0.858	4	0.706	3
山东	0.720	4	0.619	4	0.474	5	0.605	5	0.907	3	0.674	4
福建	0.646	5	0.598	5	0.619	3	0.443	6	0.822	6	0.633	5
江苏	0.700	6	0.406	7	0.486	4	0.725	3	0.858	5	0.632	6
辽宁	0.441	7	0.666	2	0.343	6	0.412	7	0.742	7	0.519	7

数据来源：《中国游艇产业发展综合报告（2011）》。

广州是广东省的省会，广州市的情况在很大程度上可以代表广东省的情况。在我国游艇业发展的大背景下，近几年来广州的游艇休闲产业发展迅速。根据广东海事局和广州的游艇驾驶培训机构提供的数据，自1996年广州出现了第一艘私人游艇以来，目前广州已超过100人持有游艇驾驶执照，其中30多人已拥有私人游艇。广州大部分的私人游艇主是资产丰厚的业界精英，来自房地产、金融证券、制造业、专业建造设计等行业的社会名流居多。

二、广州地区发展游艇业的优劣势、机遇与挑战

（一）优势分析

（1）自然环境

广州中心城区内有 7 条江河穿流而过直接进入南海海域，游艇可直接游弋到深圳、珠海、东莞及香港、澳门、海南、北海等诸多地区；中心城区内有 213 条足以航行中、小型游艇的河涌，广州的水面面积相当大；而且，流经广州的所有江河都是潮汐河流，水面宽阔，水流平缓，非常适合各类游艇航行、旅游、休闲、度假；珠三角地区气候温暖湿润，常年气温在 15℃以上，而常年气温 15℃正是游艇经营所要求的最低温度；近年来，广州整治珠江污染和沿岸景观初见成效，使珠江水质也得到了不断改善，为发展游艇业提供了良好的自然生态环境。

（2）经济基础

根据《2009 年广州地区国民经济和社会发展统计公报》，2009 年广州实现地区生产总值 9112.76 亿元，按全市常住人口数 1033.45 万人计算，人均地区生产总值已超过 8.8 万元人民币（折合 1.3 万美元）。珠三角具备购买游艇能力的富人阶层超过 10 万人。广州是个传统的水岸城市，经济发展迅猛，市民消费意识超前，综合消费能力均列全国前茅，已具备发展游艇休闲产业的经济基础。另一个侧面更能说明问题：2011 年新增游艇泊位 100 个，仍然是“一位难求”，预计 2012 年广州游艇的泊位数突破 5000 个。珠三角的富豪人群非常集中，集中程度在国内也是名列前茅，这是“广式游艇经济”起航的原动力。

（3）政策支持与土地保障

2009 年 10 月公布的《关于加快广州地区旅游业发展建设旅游强市的意见》提出，“广州将深化以珠江游为主的水文化休闲旅游品牌产品开发，围绕湖、涌、江、海，发展游船、游艇、邮轮旅游，推进游艇多样化经营，结合实际适度发展，使之品牌化、多元化、高级化、国际化”。

广州中心城区“退二进三”的大量优质土地储备为发展游艇业提供了坚实保障。根据广州关于加快发展现代服务业的工作思路，可重点打造“珠江新城一琶

洲—员村滨水地区、白鹅潭周边地区、新中轴线南段珠江前后航道”三大核心区，作为发展游艇码头和俱乐部服务的基地，强化中心城区的高端服务功能。

（二）劣势分析

（1）游艇制造业规模小，品牌欠缺

目前，广州从事游艇制造的专业生产企业较少，游艇制造企业的投资规模较小，科研力量薄弱，技术创新能力较差。相对有名的只有广州民华游艇制造有限公司，它是专业从事高性能玻璃钢船舶研究设计与生产制造的高新技术企业，是华南地区较大的游艇生产基地之一，但其员工人数仅有100多人，年产值约2000万元。此外，广州德立游艇码头工程有限公司是专业从事游艇码头工程咨询、设计、施工的企业，其投资的英德生产基地已于2007年12月投入使用，占地约1.2万平方米。而在建的中船龙穴基地发展重点是大型船舶建造，游艇制造尚未提上议程。可见，广州的游艇制造业规模较小，还未进入快速发展的良性轨道。

广州的大部分游艇企业都在从事为国外知名企业贴牌生产或来料加工，仅有少数企业买断国外游艇品牌在中国生产销售权而进行自主生产，拥有自主品牌的游艇生产企业很少。

（2）游艇会所少，缺乏优质码头

游艇俱乐部是集餐饮、娱乐、住宿、商务、船只停泊、维修保养、补给、驾驶训练等多功能于一体的休闲场所。香港皇家游艇俱乐部是世界上最大的游艇俱乐部，经过150年的发展，已经成为多维化的全球性游艇组织，拥有3个大型基地。在国内，长三角地区拥有私人游艇的人数大约是500—600人，深圳市仅浪骑游艇会一家的会员已达300多人。而广州仅有30多人拥有自己的游艇，正规的游艇俱乐部不过一两家，与其他城市游艇业的快速发展相比，显得相形见绌。而游艇码头是游艇俱乐部的核心，游艇码头需要相对封闭平静的水域、清澈的水质及优雅的人文环境。目前，除番禺区洛溪岛的莱茵游艇会专用码头外，广州目前尚没有其他私人游艇码头（南沙游艇会在建），这是广州发展游艇业的一个主要瓶颈。

（3）适航范围有限，使用管理体制未理顺

按照现时的规定，广州中心区的游艇适航范围主要是珠江水域的前后航道，前航道是从滨江路一带到琶洲大桥，后航道是洛溪水道。私人游艇即使是在获得许可的专用水域内航行，还须通报海事、航务及港监等部门并经一定的业务协作，在符合上述部门规定条件下，游艇才能出航出海。由于缺乏与国际接轨的游艇、帆船、航海法律法规，广州的游艇爱好者仅仅局限在珠江内河范围内活动，既影响了邻近香港和澳门游艇市场的开拓，也影响了与国外同行的交流。这也是目前珠三角地区和全国游艇业面临的共性问题。

（三）广州地区发展游艇业面临的机遇与挑战

（1）高端消费群体对游艇消费需求的机遇

游艇业发展的规律表明，在人均 GDP 达到 3000 美元时，游艇经济开始萌芽；达到 5000 美元时，人们开始注重追求生活中的休闲享受，经济能力允许的消费群体会开始购买游艇；而当人均 GDP 超过 6000 美元后，游艇业也会随之进入高速发展阶段。无论是游艇超级大国意大利、法国、英国、美国和荷兰，还是“后起之秀”如澳大利亚、日本、新加坡、阿拉伯国家甚至是泰国等，几乎都没有异于这条轨迹而发展。

珠三角地区的人均地区生产总值在 2009 年已超过 6000 美元，参照上述惯例来看，我国的游艇业也应已迈入势不可挡的飞速发展阶段。从消费结构上看，能够购买私人游艇的人士个人资产通常在 1000 万元以上，珠三角富豪排全国首位，再加上部分进入珠三角的港澳富豪，广州完全具备发展游艇业的消费市场基础，游艇休闲、运动将成为珠三角地区人们娱乐生活的重要选择，游艇海上运动将成为海洋旅游、个性消费和追求品味的新亮点。

（2）游艇文化的缺失以及制度和法规方面缺陷的挑战

要发展游艇旅游，海洋文化不能缺失。游艇业发展的关键在于游艇文化，让人们理解游艇文化并产生一定的兴趣。虽然目前珠三角地区有数量巨大的中产阶级正在形成，广州游艇业蕴藏着巨大的商机，然而要挖掘出这一巨大商机，还需要建立起相关的游艇文化。

我国游艇业管理没有一个明确的立法机构，国家层面还没有出台促进这个产业发展的一揽子政策。比如游艇登记，中国采用基本等同于商船的管理制度，没有将商务船只与私人游艇区分开来。新游艇登记及现有游艇转籍过户时，需要具备所有权证书、国籍证书和船舶检验证书以及完整的审批图纸资料，这对游艇消费流通市场产生很大的影响。游艇试航实行一船一审制度，报批手续复杂，时间较长。

在税收方面，将游艇纳入奢侈品行列，尤其是进口游艇，包括10%的关税、17%的增值税、10%的消费税，三项税加起来将近游艇总价的40%，而发达国家和地区一般不超过20%，这无疑使初生游艇业的发展受到了一定的制约。

三、广州地区游艇业发展的目标

从广州地区游艇业发展的实际出发，按照产业政策和市场需求，以整艇制造加工和游艇消费为起步点，逐步扩展到游艇工业的上下游产业，抓好以游艇研发设计制造等为基础、以游艇维修保养和码头建设等为支撑、以游艇旅游消费等为主体的三大环节，到2020年，形成具有一定规模的游艇制造和配套件生产能力，促进游艇服务业发展，打造广州制造和服务品牌，构筑相对完整的游艇产业链。

一方面，准确把握游艇业转移规律、游艇消费规律和游艇业成长规律，大力引进、培育游艇和配套件制造业及游艇服务业，建立完善游艇研发、设计、制造、配套、营销、展示、维修维护等产业体系，着力打造科技含量高、附加值高、聚集度高、产业链长的高端产业链群，形成优势突出、特色鲜明、竞争力强的游艇制造业发展格局。

另一方面，结合广州地区内、外部环境的实际，以游艇消费带动旅游发展，整合游艇消费规划布点和现有旅游资源，使广州地区成为游艇消费业兴盛的城市，从而有利于游艇业的可持续发展、提高社会综合效益。

具体而言，广州在发展游艇业时，遵循以下的指导思想：

（1）依托珠江景观水道，大力发展游艇观光旅游产业；

（2）依托水景高尚社区，大力发展游艇休闲会所产业；

（3）依托岭南水乡水景，大力发展水上运动娱乐产业；

（4）依托广州国际会展中心，大力发展游艇及顶级户外休闲运动用品商贸产业；

（5）依托广州造船工业优势，发力发展游艇及配套制造业。

最终形成广州游艇业的三大基地。

（一）消化吸收、自主创新的游艇研发基地

游艇的设计环节特别是外观和装饰设计一直是我国游艇业比较薄弱的环节，在

游艇设计方面联合设计所、科研院和船舶学院，采取科研、设计、制造相结合的方式，加紧科研创新，组织攻关；将机械设计、美术设计、室内设计及建造技术相结合，积极地在设计、美术及建筑等专业引进游艇设计课程，以培养兴趣、选拔人才。

高度重视游艇业发展的自主品牌和自主创新，积极引导和组织企业加强对游艇产品关键技术的消化吸收，努力掌握产品的核心技术和关键技术，走一条原始创新、集成创新和引进消化吸收再创新之路，逐步提高国产化率，力争在5—10年内培育出具备国内自主知识产权的品牌。

（二）国内游艇制造、会展、驾驶培训基地

以现在的游艇制造为基点，向上游拉伸产业链，逐步发展游艇研发设计，同时发展配套设施，适当发展大型游艇。在大力发展整艇生产的同时，积极引进游艇配套产品和零部件企业，重点发展艇用发动机、中高档游艇的装饰件、艇用通讯导航和重要控制设备以及水上运动器材。支持大型豪华游艇修造企业发展，引导中小企业向生产分段、模块及配套产品的专业厂方向发展，形成分工明确、优势互补的关联产业链。鼓励中小游艇企业走集约化、规范化经营的道路，培育中小企业集群，打造几个有特色的游艇制造和配套产品产业区。

游艇会展、游艇研究与设计、游艇科技与商务交流、游艇驾驶培训等是构筑游艇业可持续发展的重要组成部分，而游艇驾驶培训是游艇消费的基础。依托广州国际商贸会展中心的优势，在琶洲码头设立水上游艇展区，以二沙岛省体育运动培训基地为中心，沿珠江（从白鹅潭到新洲）建立若干个水上专业游艇驾照培训基地。

（三）游艇俱乐部基地

游艇俱乐部是游艇休闲产业的支撑平台，大力发展游艇俱乐部是有效推进游艇休闲产业的根本举措。广州拥有母亲河珠江，水域开阔，支流众多，为发展游艇会所和兴建游艇码头提供了极好的条件，为游艇业中的消费链环节提供了较完备的条件，可把广州打造成游艇消费业兴盛的海滨城市和游艇俱乐部的优良基地。

私家游艇俱乐部以邻近水道的水景高尚社区为单位组建，游艇俱乐部为会员提供全方位的游艇服务，提供码头设施、安全保险、海事航道服务、驾驶培训、游艇维修等。

四、广州地区发展游艇业的措施

（一）建章立制，为游艇业铺路

各国游艇发展的经验表明，政府在整个游艇业发展过程中将起到一个重要的指导和推动作用。游艇行业协会作为政府一个重要的协调机构，为游艇业内的企业提供了一个交流和沟通的平台，能够规范行业的各项标准，代表企业向政府反映问题，从而发挥桥梁和纽带的作用。大力推动广州地区游艇运动协会的发展，使其能够更好地服务于广州的游艇业，建立游艇市场及产业管理机制，加强行业自律和管理。

广州欲实现游艇业链条的通畅，应立足广州，放眼全国，发扬改革开放先行的精神，创新思维，将广州作为试点，推行培训与发照一体的方案，将游艇驾驶培训与发照作为构筑游艇业可持续发展的重要组成部分。

（二）开辟航道，为游艇起航助力

目前我国的航道管制，不利于游艇业的发展，应研究开发专用的游艇水道和水域。在国内率先建立游艇专用航道和专用港口码头，建立一套内河游艇专用航道和水域管理方法，为我国河道及水资源的利用，走出一条新的市场经济道路提供示范和经验。

（三）着眼安全机制，为游艇业保驾护航

游艇作为在特定水域中活动的项目，有其对安全要求的特殊性。发展游艇既要制定科学的产业政策，更要建立和完善水上安全管理的配套政策，建设配套安全设施，划定游艇停靠码头的安全水域，制订码头安全应急预案，制订游艇码头管理办法，加强监督管理，对游艇航路设计、航行计划进行科学引导，使得游艇的休闲娱乐活动能安全有效地开展。

（四）游艇业的文化宣传

中国游艇业处于起步阶段，需要利用各种渠道让人们了解游艇，认识到游艇是非常值得推广的娱乐活动，拥有一艘游艇并参加游艇有关的活动是文明和高尚的，而并不仅仅只是适用于外国人的帆船或只适合于大富翁的豪华游艇。

五、结束语

近几年随着游艇经济在中国的兴起，越来越多的人特别是都市白领开始接触游艇文化，了解游艇真正的内涵。游艇也逐渐成为一种有品位的休闲运动而为人们所喜好，游艇海上休闲运动将开始流行。广州作为一个现代化大都市，拥有大量的潜在目标客户，只要能够充分整合资源，利用地理优势与文化积淀，必然能够打造出独具南粤特色的游艇业链。

广州市倡导和发展游艇业，可以满足日益富裕的人们对健康、高雅的高端社交方式生活的追求，引导这些人的生活方式的转变和升级。游艇业的发展带动的不仅是销售业的发展，更带动了高端市场的发展，能够推动高端的旅游、休闲、商务活动，推动酒店业的发展，形成高端产业池，拉动服务业、制造业的转型和升级，以充分满足这种需求，形成一种良性互动的促进作用；从而真正形成产业转型与升级的内在动力，通过需求带动产业链的联动，提升广州市产业结构的转型与升级，是广州发展游艇业的一条切实可行的思路。

参考文献：

［1］龚伟丽．珠三角的游艇“蛋糕”有多大［J］．珠江水运，2009（11）．

［2］焦桂英，刘洪滨．中国游艇产业发展商机无限［J］．海洋开发与管理，2007（3）．

［3］朱珉虎．游艇发展简史：二［J］．中外船舶科技，2010（2）．

［4］曹惠芬．发展我国游艇工业的思考［J］．船舶物资与市场，2000（4）．

［5］曹惠芬．我国游艇工业发展现状分析［J］．船艇，2006（13）．

［6］张龙雨．厦门市游艇产业发展的对策研究［J］．厦门科技，2009（5）．

［7］崔燕．游艇产业如何升级［J］．中国船检，2010（5）．

［8］楼可可，童荣辉，王佳毅．对宁波市游艇产业发展的思考［J］．宁波通讯，2008（11）．

［9］赵艳．游艇海上“名利场”［J］．走向世界，2008（24）．

［10］张韶天．游艇七问［J］．招商周刊，2006（18）．

［11］韦勇．游艇奢华［J］．招商周刊，2006（16）．

［12］尹琛．富豪们的海上行宫［J］．新晋商，2010（7）．

［13］程爵浩．游艇俱乐部经营运作模式初探［J］．船舶工业技术经济信息，2004（5）．

［14］刘江．“游艇时代”来临？［J］．中国经济周刊，2009（2）．

［15］张丽，盛红．我国游艇俱乐部发展研究［J］．现代商业，2011（6）．

［16］杨久炎．广东游艇产业发展机遇、优势与对策［J］．广东造船，2011（3）．

［17］陶永宏，张运华．游艇市场分析（之二）：我国游艇产业发展现状［J］．中外船舶科技，2011（1）．

［18］袁崇焕．海峡两岸游艇制造业：既合作，又竞争［J］．海峡科技与产业，2008（4）．

［19］曹惠芬．我国游艇工业发展现状分析［J］．船艇，2006（13）．

（选自广州市哲学社会科学发展“十二五”规划2012年度课题“广州地区游艇产业发展规划纲要前期研究”。课题负责人：左小德；成员：梁云、冯飞、吕薇、邓捷、陈丹霞。）

广州市专利资助政策与绩效研究

张韵君（广东培正学院）

2002年，广州市开始实施专利资助政策，有效促进了专利申请量的增长。2007年5月1日，广州市试行《广州市资助专利申请暂行规定》。2008年前后，发明专利授权量首次大幅增长。然而，从整体来看，政府专利资助政策的制定、实施和控制仍然存在诸多不足。因此，研究广州市政府的专利资助政策与绩效，无论是对政府专利资助的理论研究，还是对政府专利资助的实务研究，最终使专利资助真正成为广州建设国家创新型城市和国家中心城市的政策保障和制度保证，都具有相当重要的意义。

一、专利资助政策及其体系

（一）专利资助政策的内涵及作用

专利资助通常是政府利用公共财政政策工具，以鼓励自主创新、刺激地区优势产业成长，从而在一定程度上克服专利类型和产业领域分布结构性失衡，以促进专利事业健康发展的各项优惠措施。在我国，专利资助可分为两种形式：第一种，是以《国家知识产权局75号公告》为依据，实行专利申请费用及年费的定额减免；第二种，是各地方政府对专利申请及专利维持年费的直接补助。

关于专利资助政策的作用，学者们的研究主要有三种结论。

第一，专利资助政策具有积极作用。朱平芳、徐伟民（2003）研究了政府的科技激励政策对大中型工业企业研发投入及其专利产出的影响，发现政府的科技拨款资助和税收减免对大中型工业企业增加自筹的研发投入都具有积极作用，而自筹的研发支出对专利产出有着显著的正面作用。姚颉靖、彭辉（2011）以2007年中国30个省区专利数据为样本，对专利资助政策功能进行了定量分析，结果表明，专利资助政策对研发投入热情、社会文明发展、专利申请数量和专利质量均具有比较显著的影响。

第二，专利资助政策产生消极影响。文家春、朱雪忠（2008；2009）认为专利资助政策引发专利产出的非理性增长和功能扭曲的消极效应。马忠法（2008）认为专利资助政策刺激了专利申请的投机行为，引发垃圾专利和专利泡沫现象，并给专利商业化造成了障碍。吴红（2009）认为专利资助催生大量的垃圾专利，浪费人力物力财力，专利资助绩效低，背离了专利制度的宗旨。

第三，专利资助政策的效果具有两面性。管煜武（2008）从专利价值角度对上海专利资助政策的效应进行了分析，认为资助政策提高了上海的专利实力，但导致了外观设计专利与发明专利的比例失调，专利价值没有得到相应的提升。郭俊华、杨晓颖（2010）设计了专利资助政策评估模型和权重，并运用该模型对上海专利资助政策绩效进行了评估，结果表明上海专利资助政策整体绩效良好，但仍存在专利申请质量低、重复资助、资助有失公平、对国外发明资助力度不足等问题。李伟、夏向阳（2011）分析了专利资助政策对宁波专利数量和专利结构的影响，认为只要合理规范专利资助范围和对象，则能提高专利资助政策的积极作用。张颖举（2010）认为专利资助政策的实施促进了河南省专利申请量和授权量的增长，但却没有优化专利产出结构。

（二）专利资助政策体系

专利资助政策是针对专利的产生、申请、实施、保护而制定的，因而专利资助政策体系应是政府运用公共财政资源对从事专利创造、专利申请、专利实施、专利保护的主体进行资助的政策集合体。

根据Mansfield的观点，不同的技术创新项目成功的概率是不同的，但总的成功概率不高。创新项目往往需要投入大量资金和设备，更需要政府设立专门的创新基金或者提供创业基金，帮助创新者完成其创造活动。[①] 因而政府应对企业研发行为进行资助，以刺激更多专利的产生。

---

① Mansfield E, et al. Social and Private Rates of Return from Industrial Innovations [J]. Quarterly Journal of Economics, 1977, 91: 221-240.

美国专利商标局（USPTO）从1982年开始实施对“小型实体”（small entity）的专利手续费减额支援政策，对小型实体的专利手续费减收50%，减收范围包括专利基本申请费、查新费、审查费、专利发行费、维持费和国际申请（PCT）国内手续费、审查费和查新费[①]。此后，各国开始效仿美国的做法。

随着专利制度的逐步完善，专利产业化以及专利维权也被纳入专利资助范围。专利产业化资助可以弥补企业创新投入不足，同时还可能使专利权人获得额外的预期收益。专利维权资助则有效降低企业的维权成本，激发创新者积极维护自己权利的动力。

专利资助体系与专利开发的过程关系如图1所示。

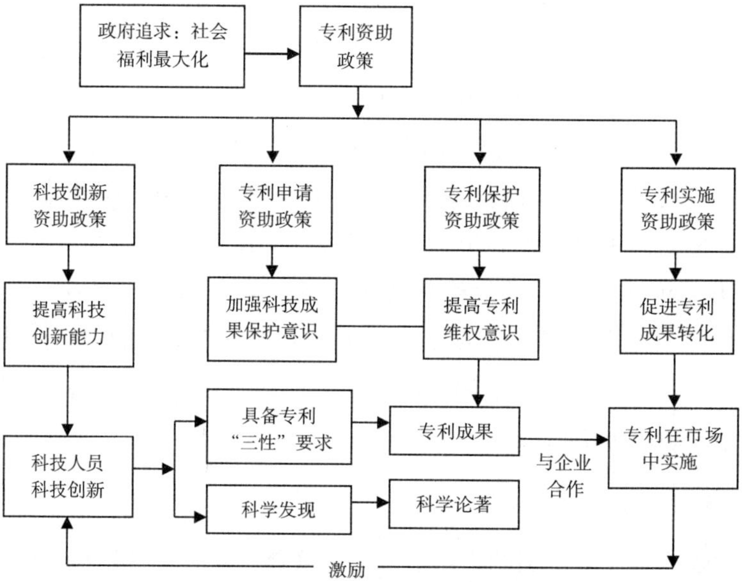

图1 专利资助政策与专利开发

综观世界各地专利资助政策，资助政策类型和资助方式主要有：（1）专利创造资助政策（通常以科技创新资助政策体现），包括种子基金、创新投资引导基金、科技立项资助、项目配套资助、研发经费补贴、科技担保基金、上市扶持、贷款贴息、人才创新创业资助等；（2）专利申请资助政策，专利申请资助是创新主体也即专利申请人在专利权申请过程中获得的政府财政支持，主要手段为专项资助和服

① 李伟．专利资助政策的绩效分析：基于宁波的实证研究［J］．中国科技论坛，2010（1）：79-82，100.

务资助、申请资助、授权后资助、费用减缓等；（3）专利实施资助政策，主要形式有专项资助、贷款贴息、政府采购、税收减免、专项奖励；（4）专利保护资助政策，主要方式有提供专利侵权打击服务、维权诉讼资助等。

二、广州市专利资助政策体系

广州市专利资助是指“对本市企事业单位、机关、团体和个人申请、维持专利的费用给予一定数额的资金补助”，具体包括四个方面：一是政府对专利创造行为的资助，主要体现为政府的财政性科技投入；二是政府对专利申请行为的资助，主要体现为专利申请人在专利权申请过程中获得的政府财政支持；三是政府对专利产业化和专利维权行为的资助；四是政府对专利保护的资助。

（一）专利创造资助政策

政府对专利创造行为的资助，主要体现为政府的财政性科技投入。早在1992年，广州市就颁布了《广州市高新技术发展资金管理办法》，对企业创新发明行为给予资助。随后广州市陆续出台了一系列科技创新资助政策，主要内容如表1所示。

表1　广州市科技创新资助政策情况统计

生效年份	政策文件	资助方式	资助额度
1999	《广州市科学事业费使用管理办法》	经费补贴	按《广州市科技经费投入与管理条例》的规定逐年增长
2000	《广州市技术创新专项资金使用管理办法》	专项资金	从1999年起，市财政连续3年，每年拨款3000万元设立专项资金。 1. 国家级、省级技术创新项目（配套支持）及能形成新经济增长点的市重大技术开发项目； 2. 以企业为主体的重大产学研联合开发项目； 3. 对引进的重点技术进步消化吸收和创新的项目； 4. 企业技术中心（工程技术研究开发中心）研究开发的重大项目及专利实施项目； 5. 技术创新优势企业、产学研联合示范企业、新技术推广示范企业的重大技术创新项目。
2007	《科技型中小企业创业投资引导基金管理暂行办法》	专项基金	按照最高不超过创业投资机构实际投资额的5%给予风险补助，补助金额最高不超过500万元人民币。
2009	《广州市科学技术奖励办法实施细则》	专项奖励	市科学技术奖突出贡献类奖金数额为50万元。市科学技术奖奖金数额为：一等奖10万元，二等奖5万元，三等奖3万元。

（续表）

生效年份	政策文件	资助方式	资助额度
2009	《广州市科技计划与项目管理办法》	无偿资助、贷款贴息（国家财政）	按照国家《应用技术研究与开发专项资金管理暂行办法》，应用技术研发资金来源于中央财政拨款，开支范围包括项目费和计划管理费。计划管理费由科技部负责具体管理，年度预算由财政部核定。科技攻关计划项目一般采用成本补偿式和定额补助式，其他计划项目一般实行定额补助式。
2010	《广州市创业投资引导基金实施方案》	专项基金	设立的创业投资企业资金规模原则上不低于2.5亿人民币，引导基金参股比例一般不超过20%，且不成为控股股东或实际控制人，社会募集资金比例应大于60%。
2010	《广州市创业领军人才创业发展扶持办法》	专项资金 租金减免 风险投资 贴息贷款	1. 100万至500万元的创业启动资金。 2. 3年内免收工作场地租金。 3. 市属风险投资公司给予不超过500万元的股权投资。 4. 最高不超过100万元的贴息。
2010	《广州市高层次人才专项扶持资金管理办法》	专项资金	包括补贴奖励资金、项目资助资金与服务保障资金三部分。
2011	《广州市科技企业孵化器发展专项资金管理暂行办法》	专项资金	1. 市级以上孵化器相关服务平台建设项目，按投资总额的一定比例给予资助，原则上不超过100万元。 2. 优秀创业团队项目：20万—50万启动资金。 3. 孵化器建设投资补助：按其现金投资总额5%的比例补助给所投资建设的孵化器，最高不超过300万元。 4. 市级孵化器建设补助：20万—50万元的资金支持。 5. 孵化器创业种子资金投资风险补偿：按孵化企业年度实际投资额5%的比例给予风险补偿，对每家创业种子资金公司的风险补偿不超过100万元。 6. 孵化企业上市奖励：50万元的一次性奖励。
2011	《广州市科技型中小企业贷款担保专项资金管理试行办法》	专项资金	企业提供确实、合法和有效的反担保措施，包括保证、抵押、质押，对单个申请企业提供的担保责任金额一般不超过人民币800万元。
2013	《广州市珠江科技新星专项管理暂行办法》	科技经费支持	每年组织评选100名珠江科技新星，对珠江科技新星入选者连续三年给予市财政科技经费支持，每人每年资助课题研究经费10万元，三年共30万元。
2013	《广州市科技创新促进条例》	资助或者补助、科技贷款贴息、贷款风险担保、资本金注入、创业投资、奖励	建立以政府投入为引导、企业投入为主体、社会资金参与的科技经费投入体系，提高全社会研究开发经费总体水平，到2015年全社会研究开发经费占地区生产总值的比例应当达到百分之二点五以上，以后逐步提高。 市、区、县级市人民政府应当将财政科技经费纳入本级财政预算，并逐步提高财政科技经费投入的总体水平，确保财政科技经费的年增长幅度高于本级财政经常性收入的增长幅度，市本级财政用于科技研究与开发的经费占本级公共财政预算支出的比例应当超过百分之三，并视财力情况逐步增加。

（二）专利申请资助政策

2002 年广州市开始实施《广州市资助专利申请暂行办法》，当时是利用本市的财政资金对专利申请行为进行资助。四年后，国家知识产权局出台对满足条件的专利申请进行费用直接减免的政策，进一步健全了专利申请资助政策体系。

2001 年 6 月 6 日通过的《广州市专利管理条例》第三条明确表示，政府应当"扶持专利申请和专利实施"；第二十二条强调："发明人或者设计人需要获得专利申请、咨询服务，但又无能力支付专利服务费用的，可以向市管理专利工作的部门申请服务援助。"这可以看作是广州市专利申请资助政策的起源。

2002 年 9 月 1 日开始实施的《广州市资助专利申请暂行办法》，是广州市专利资助政策体系建设的标志性事件，第一次全面系统地规定了资助专利申请的对象、条件、范围、标准、方式、程序。2004 年广州又颁布了《广州市发明专利资助申请暂行办法》，它沿袭了 2002 年的一些有效措施，但将发明申请资助细分为申请费和实审费分别进行资助，并提高发明专利获国外授权后的资助，鼓励中小学生申请外观设计专利。2007 年，《广州市资助专利申请暂行规定》出台，该规定取消了职务申请与非职务申请发明资助区别对待的措施，完善相应资助办法以规避国家与地方的重复资助，并将发明专利获美国、日本、欧盟授权后资助的额度提高到 40000 元 / 件。在广州市的这三个不同专利申请资助政策中，其资助类型、资助范围和资助额度都体现了一定的区别，反映了其政策变迁的轨迹（表 2）。

表 2　广州市专利申请资助政策演变情况

资助政策	实施范围	资助类型	资助范围	资助额度
《广州市资助专利申请暂行办法》	2002.9.1–2004.3.31	国内外发明专利、实用新型专利	1. 国内发明专利申请费、实审费；2. 国外发明专利申请费；3. 发明专利国内授权后；4. 实用新型专利国内授权后。	1. 职务发明 国内发明专利申请及实审资助 3500 元 / 件（企业）、1200 元 / 件（非企业）；国外发明专利申请资助 10000 元 / 件，PCT 国际专利申请资助 5000 元 / 件；发明专利国内授权资助 5000 元 / 件（企业）、4000 元 / 件（非企业）、国外授权资助 10000 元 / 件；实用新型专利国内授权资助 400 元 / 件（企业）、350 元 / 件（非企业）。 2. 非职务发明 国内发明专利申请和实审资助 1000 元 / 件；国外发明专利申请资助 10000 元 / 件，PCT 申请资助 5000 元 / 件；发明专利国内授权资助 3600 元 / 件，国外授权资助 10000 元 / 件；实用新型专利国内授权资助 350 元 / 件。

（续表）

资助政策	实施范围	资助类型	资助范围	资助额度
《广州市发明专利资助申请暂行办法》	2004.4.1–2007.4.30	国内外发明专利、国内实用新型专利、外观设计专利（仅限中小学生）	1. 国内发明专利申请费、实审费；2. 国外发明专利申请费；3. 国内外发明专利授权后；4. 实用新型专利国内授权后；5. 代理费（仅限中小学生）。	1. 职务发明 国内发明专利申请资助 1200 元 / 件（企业）、500 元 / 件（非企业），实审费资助 2800 元 / 件（企业）、700 元 / 件（非企业）；国外发明专利申请资助 20000 元 / 件，PCT 申请资助 10000 元 / 件；发明专利国内授权资助 5000 元 / 件（企业）、4000 元 / 件（非企业），国外授权资助 10000 元 / 件；实用新型专利国内授权资助 400 元 / 件（企业）、350 元 / 件（非企业）。 2. 非职务发明 国内发明专利申请和实审费资助各 500 元 / 件，国外发明专利申请资助 20000 元 / 件，PCT 申请资助 5000 元 / 件；发明专利国内授权资助 3000 元 / 件，获国外授权资助 10000 元 / 件；实用新型专利国内授权资助 350 元 / 件。 3. 中、小学生专利资助 实用新型专利申请资助 100 元 / 件，代理费资助 400 元 / 件，获本国授权资助 350 元 / 件；外观设计专利申请资助 100 元 / 件，代理费资助 200 元 / 件；国内外发明专利资助参照非职务资助标准。
《广州市资助专利申请暂行规定》	2007.5.1–2012.4.30	国内外发明专利、国内外观设计和实用新型专利	1. 国内发明专利申请费与审查费；2. PCT 申请费；3. 发明专利国外授权后；4. 实用新型专利国内授权后。	1. 国内发明专利资助：申请费 1000 元 / 件，审查费 2500 元 / 件，获授权后资助 4200 元 / 件；获国家知识产权局 70% 费用减缓的，申请费 350 元 / 件，审查费 750 元 / 件，获授权后 2200 元 / 件；获国家知识产权局 85% 费用减缓的，申请费 200 元 / 件，审查费 400 元 / 件，获授权后 2000 元 / 件；获港澳台授权后资助 5000 元 / 件。 2. PCT 申请费资助 10000 元 / 件（单位申请）、5000 元 / 件（个人申请）。 3. 发明专利获美国、日本、欧盟授权后资助 40000 元 / 件，获其他国家授权后资助 10000 元 / 件。 4. 实用新型专利国内授权资助 600 元 / 件。 5. 外观设计专利国内授权资助 400 元 / 件。

（三）专利实施与运用资助政策

为加快科技成果转化，推进高新技术产业发展，广州市于 2001 年 3 月 15 日颁布实施了《广州市技术入股注册登记管理办法》。办法规定“在本市行政区域内设立有限责任公司、股份有限公司、公司变更注册资本、公司增加注册资本”的，可以凭专利技术成果入股。

专门针对专利技术实施与运用提出资助的，是 2007 年 4 月 11 日广州市财政局、广州市知识产权局联合发文颁布的《广州市促进专利技术实施与运用暂行规定》。该规定自 2007 年 5 月 1 日起试行，有效期至 2012 年 4 月 30 日。促进专利技术的实施与运用包括：建立健全专利技术转化交易平台和扶持专利技术产业化项目。建立健全专利技术转化交易平台，开展专利技术和产品推介以及专利市场管理等活动；扶持开展专利技术评估、评审、专利许可、转让、专利权质押等。扶持专利技术产业化项目，重点扶持符合广州市产业发展方向、对专利技术的实施起示范作用的专利项目。

2010 年 11 月 1 日，广州市实施《广州市专利奖励办法》，对本市行政区域内的单位或者个人拥有的中国专利在本市范围内实施有突出贡献者进行奖励。

表 3　广州市专利实施与运用资助政策情况

时间	政策文件	资助方式	资助对象	资助额度
2000	《广州市留学人员科技创业资金管理暂行办法》	无偿拨款或股权投资等创业资金	支持留学人员以自己持有的专利技术或专有技术创办高新技术企业	创业资金的来源是市科技三项费用，共 6000 万元。市科委从 1999 年开始，连续三年，每年从科技三项费用中安排 2000 万元。
2001	《广州市技术入股注册登记管理办法》	技术入股	在本市行政区域内技术入股设立有限责任公司、股份有限公司、公司变更注册资本、公司增加注册资本	以普通技术成果作价出资入股的比例，不超过公司注册资本的 20%；以高新技术成果作价出资入股的，可以占到公司注册资本的 35%。 作价入股金额占公司注册资本的比例超过 35% 的高新技术成果，应当具备下列条件：（一）属于国家规定的高新技术范围，该技术成果所产生的产品属于国家规定的高新技术产品目录范围。（二）属于公司主营产品的核心技术。（三）在国内自主开发、创新的技术成果，应具有国内领先以上水平；从国外引进的技术成果，应具有国际先进水平。
2007	《广州市促进专利技术实施与运用暂行规定》	专项资金	专利技术转化交易平台；专利技术产业化项目（产业化引导资金项目、产业化贷款贴息项目、专利权质押扶持项目）	专利技术转化交易平台每年安排不超过 50 万元。优先扶持专利产业化贷款贴息项目和专利权质押扶持项目。以专利技术示范项目形式资助专利技术产业化，单个项目最高资助 50 万元。
2010	《广州市专利奖励办法》	专项奖励	广州市行政区域内、拥有权属明确、法律状态稳定有效的中国专利并在本市范围内实施的单位或者个人	专利金奖：20 万元 / 项； 专利优秀奖：10 万元 / 项； 专利创造贡献奖：3 万元 / 单位； 专利实施效益奖：3 万元 / 单位； 配套奖：获国家专利金奖的为 20 万元 / 项；获得国家专利优秀奖的为 10 万元 / 项；获得省专利金奖的为 8 万元 / 项；获得省专利优秀奖的为 5 万元 / 项。

（四）专利保护资助政策

与专利创造、专利申请资助的财政资助方式，以及专利实施的平台建设和扶持专利技术产业化项目的资助方式不同，广州对专利保护政策的资助更多体现为公共服务的专利维权制度建设和日常行政执法，再辅以对专利保护出色的单位的资金奖励方式。基本情况见表4。

表4　广州市保护政策资助政策一览表

生效年份	政策文件	方式	服务对象	服务内容
1998	《广州市查处冒充专利行为实施办法》	制度建设 公共执法	专利权人	1. 立案和查处冒充专利行为； 2. 界定法律责任和处罚措施。
2001	《广州市专利管理条例》	制度建设 公共执法	专利权人、公众	保护专利权人和公众的合法权益。
2002	《广州市处理专利纠纷办法》	制度建设 公共执法	发明人、专利权人、利害关系人	处理和调解专利纠纷，保护发明人和专利权人及其利害关系人的合法权益，维护社会经济秩序。
2009	《广州市亚洲运动会知识产权保护规定》	制度建设 公共执法	亚运会知识产权权利人和相关权利人	1. 界定含专利的亚运会知识产权要素； 2. 认定侵权行业； 3. 相关规范与处罚措施。
2009	《广州市展会知识产权保护办法》	制度建设 公共执法	展会主办单位、参展商	市行政区域内举办的各类展览会、展销会、博览会、交易会、展示会等展会中有关专利权、商标权、版权的保护。
2011	《广州市知识产权保护市长奖评选表彰工作方案》	专项奖励	广州市知识产权创造保护、社会维权和执法保护工作中做出突出贡献的单位和个人	一等奖1名，奖励50万元；二等奖3名，每名奖励30万元；三等奖6名，每名奖励10万元。

自广州实施专利制度开始，广州市知识产权局就一直帮助企业进行专利产品打假服务，但却没有出台相关专利维权资助政策。直到2011年设立广州市知识产权保护市长奖，才对专利保护以奖励方式进行资助。广州市在专利保护资助中，缺少常规性的资金投入。

三、广州市专利资助政策绩效分析

（一）科技创新资助政策的绩效

在广州市的政府机构职能分工中，科技创新资助归广州市科技和信息化局（简称“广州科信局”）管理。利用国家设立的创新基金对企业特别是科技型中小企业进行创新资助是广州科信局的主要资助方式，另外也辅以其他补贴和奖励手段进行科技创新资助。考虑到数据的获得性，本研究只分析了 2009 年以来广州市的科技创新资助绩效。

2009 年广州市受理创新基金项目 200 多项，成功获得资助的项目有 76 项，资助金额 3000 万元，其中创新项目 58 项，创业项目 18 项。2009 年验收的 25 个国家创新基金项目中，广州市创新基金支持 875 万元，带动区、省、国家配套资金共 1410 万元，带动企业新增投入 9633 万元，实现销售收入 2.33 亿元，税金 2173 万元，净利润 5365 万元，共获得专利授权 38 件。

2010 年广州市市级财政投入创新基金 2400 万元，带动区县配套 2000 万元，获得国家和省支持的经费超过亿元，吸引企业新增投入 5.2 亿元。通过创新基金的资助，企业的管理、经营及技术创新能力都得到极大的提高。

2011 年广州市科技和信息化局管理的市级技术研究开发资金达到 9.34 亿元，全年立项支持的创新平台及研发项目共有 900 多个，带动社会投入资金 90 亿元。

2012 年广州市共有 162 个科技型中小企业创新项目在国家创新基金立项，获国家资助金额共 1.18 亿元，首次突破亿元大关；项目立项数和资助金额同比 2011 年增长了 39.7% 和 43.5%，项目立项数占全省总数的 48.3%。至 2012 年底，广州已累计获得国家立项项目数 727 项，获中央财政支持资金 4.78 亿元，创新基金在提高企业创新能力和转型升级取得显著成效[①]。

（二）专利申请资助绩效分析

1. 专利申请总量、总授权量大幅度增长

2001 年广州市三种专利申请总量是 6006 件（见图 2），2002 年颁布《广州市资助专利申请暂行办法》，由于政策实施效果的滞后效应，当年的专利申请量同比只增长 4.7%，但到了 2003 年，专利申请量同比则增长了 31%。

① 广州市科技和信息化局. 广州市中小微企业创新基金项目实施成效显著［EB/OL］.［2013-12-30］. http://www.innofund.gov.cn/info_view2.asp?infoID=1607.

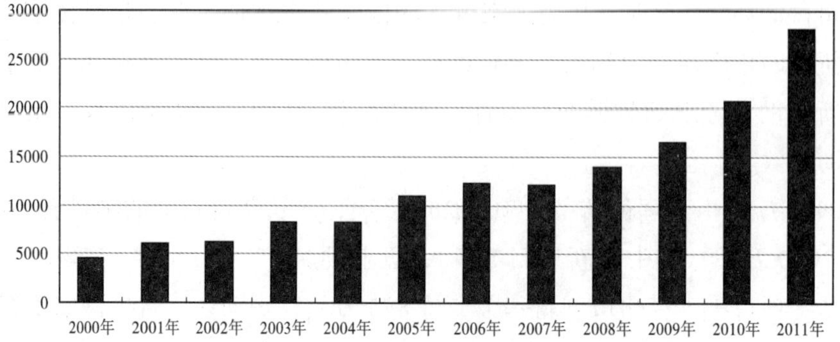

图 2　广州市 2000—2011 年专利申请总量（单位：件）

资料来源：广东省知识产权局、广州市知识产权局、《2011 年广州科技统计数据》。

2004 年实施《广州市发明专利资助申请暂行办法》后，资助政策对专利申请的总量增长产生明显的激励与促进效应。2005 年广州市的专利申请总量达到 11012 件，以后除了 2007 年略有下降外，其他年份都表现出稳步增长的态势。2011 年专利申请总量已达到 28087 件，是 2001 年申请总量的 4.68 倍，充分体现了广州市专利申请资助政策的积极作用。

实施专利申请资助政策后，广州市的专利总授权量从 2001 年的 3553 件上升到 2003 年的 5020 件，2007 年达到 8524 件，2011 年甚至达到 18339 件，是 2001 年专利总授权量的 5.16 倍。从某种程度上来看，广州市专利申请资助政策对专利授权的刺激作用表现得更为明显。

表 5、表 6 分别详细地显示了专利申请量和授权量增长的过程以及具体的分布状态。

表 5　广州市专利申请量情况统计（2006—2010 年）

项目	2006 年	2007 年	2008 年	2009 年	2010 年
申请受理量合计（件）	12296	12057	13990	16530	20801
按种类分					
发明申请受理（件）	2706	2894	4047	5042	6503
实用新型申请受理（件）	3735	3613	4444	5635	7140
外观设计申请受理（件）	5855	5550	5499	5853	7158
按对象分					
非职务申请受理（件）	7884	7373	7768	8574	9012

（续表）

项目	2006 年	2007 年	2008 年	2009 年	2010 年
职务申请受理（件）	4412	4684	6222	7956	11789
大专院校（件）	1203	1216	1581	1932	2836
科研单位（件）	351	459	565	713	942
工矿企业（件）	2775	2924	3997	5194	7845
机关团体（件）	83	85	79	117	166
每万人口专利申请量（件 / 万人）	16.27	15.72	17.96	20.94	25.99

表 6　广州市专利授权量情况统计（2006—2010 年）

项目	2006 年	2007 年	2008 年	2009 年	2010 年
专利授权量合计（件）	6399	8524	8081	11095	15079
按种类分					
发明专利（件）	705	846	1122	1516	1988
实用新型（件）	2539	3492	3709	3990	6151
外观设计（件）	3155	4186	3250	5589	6940
按对象分					
非职务申请授权（件）	4179	5480	4793	6613	8117
职务申请授权（件）	2220	3044	3288	4482	6962
大专院校（件）	408	595	783	941	1271
科研单位（件）	205	219	234	358	509
工矿企业（件）	1562	2174	2236	3088	5065
机关团体（件）	45	56	35	95	117
每万人口专利授权量（件 / 万人）	8.49	11.11	10.38	14.06	18.85
每万人口发明专利授权量（件 / 万人）	0.93	1.10	1.44	1.92	2.49

2. 专利申请结构得到明显改善

2002 年 9 月 1 日至 2004 年 3 月 31 日，《广州市资助专利申请暂行办法》实施。通过统计分析，此阶段的三种专利申请结构（由于无法获取 2002 年三种专利申请的具体月份数据，此处取 2002 年整年的三种专利申请数据月平均数进行计算）极为不合理（见图 3），这个阶段的发明专利申请量只占专利总申请量的 17.68%，而外观设计专利申请量却占专利总申请量的 49.08%。

2004 年 4 月 1 日至 2007 年 4 月 30 日，《广州市发明专利资助申请暂行办法》

实施。统计结果表明，此阶段的发明专利申请量占专利总申请量的份额与2002年9月至2004年3月的数据相比增长了2.53%，导致这种增长势头只是由于实用新型专利申请的比例下降而造成的，其中的外观设计专利申请的比例并未受到本质影响。因此，这一时期的资助政策对改善专利申请结构的作用还没有得到充分的体现。

2007年5月1日，《广州市资助专利申请暂行规定》实施。2007年5月至2012年4月期间，广州市的发明专利申请量占专利总申请量的比例提高到29.56%（见图4），与2002年9月至2004年3月期间的比例相比增长近12%，同时，外观设计专利申请量占专利总申请量的比例下降至35.91%，突出地反映了《广州市资助专利申请暂行规定》对激励发明专利申请的政策效果。但总的来看，发明专利申请所占比例仍未达到专利总申请量的1/3，专利申请的整体结构还是没有发生根本性改变。

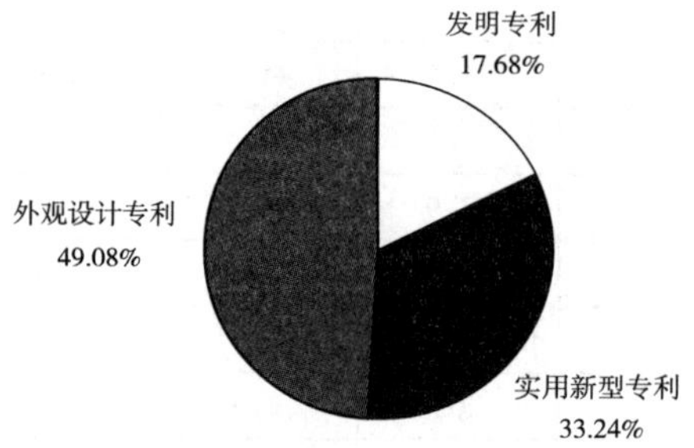

图3　2002年9月—2004年3月三种专利申请结构

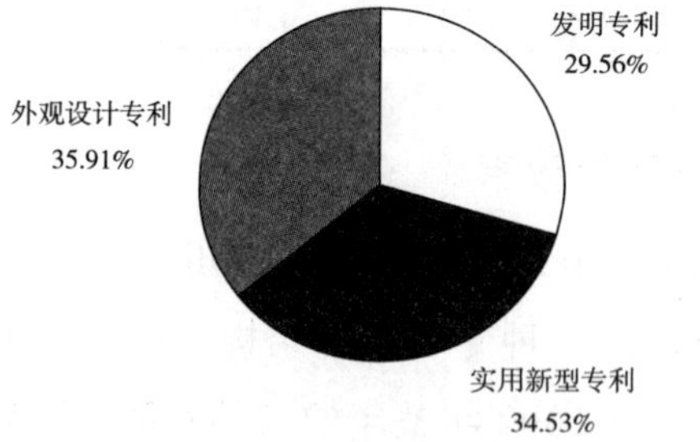

图4　2007年5月—2012年4月三种专利申请结构

（三）发明专利的绩效分析

1. 发明专利资助政策绩效的概念模型

假设存在一种专利资助政策，在这一政策下，发明专利申请人无需获得授权申请，便可以报销申请费用。很显然，申请人专利申请是不会产生成本的，也无需承担任何风险。其成本收益函数假设如下：

设专利成果质量指标为 q，$q \in (0,1)$，授权的期望概率为 $P(q)$，而专利质量高低与被授权的概率成正比，授权后能获得的期望收益设为 $\pi(q)$，发明专利申请与授权的总成本为 C。

当期望收益大于零，即 $P(q)\pi(q)-C \geq 0$ 时，申请者就会提出发明专利的申请，这时，q_0 满足 $P(\pi_0)\pi(q_0)-C=0$。因为发明申请专利质量存在不同，这里可以设发明专利申请的专利质量服从一般分布，$G(q)$ 为其分布函数，$g(q)$ 代表概率密度。设发明申请人数量为 1，在无资助政策时，发明专利质量满足 $P(q)\pi(q)-C \geq 0$，即 $q \geq q_0$ 时会提出发明专利申请。根据前面的假设，由于申请人成本为零，$P(q)\pi(q)$ 为发明专利申请人的期望收益，由此，在 $q>0$ 时，发明专利申请人会提出申请，这时发明专利申请数量会提升，发明专利申请质量的降低在所难免，$\int_0^{q_0} g(q)d(q)$ 为其专利申请的增量，与该专利质量的分布有关，倘若这些申请的发明专利集中在低端，即不会被授权，则其数量大增可想而知。

综合上述情况，由于发明专利申请人承担的成本和风险为零，当前的资助政策在激励发明专利申请量的同时会降低它的总体质量，其增加量与其申请专利的质量分布 $\int_0^{q_0} g(q)d(q)$ 有关。其中，q_0 满足 $P(\pi_0)\pi(q_0)-C=0$。因此，本研究进行以下假设：

假设 1　发明专利申请人在无需承担任何成本和风险的情况下，资助政策将会增加发明专利的申请量，但对发明专利授权量会有影响。

2. 不对称信息下基于专利质量的最优发明专利资助政策

假设 $q \in (0,1)$ 为某一发明专利申请人的专利成果，$F(q)$ 为其质量的分布函数，$f(q)$ 为其概率密度函数，且政府部门已知。如按下述模式考虑资助，即政府部门将对质量大于政策资助的最低发明专利质量 q 的专利申请人给予资助。具体表现为：kC 为申请人提出申请时缴纳的费用［相当于资助 $(1-k)C$］，在专利被授权后，mC $(m>0)$ 为给予该申请人的奖励，m 和 k 分别为申请专利质量的函数 $m(q)$ 和 $k(q)$，对不同质量的专利给予不同的资助。$R(Pm,k)$ 为政府部门投入所得收益，R 与 m 有关，因为 mC 会鼓励申请者（包括企业、单位和个人）更多地进行投入，这时 kC 作为申请时缴纳的费用会降低申请者的投入，且 C 为常量，可假设上述的收益函数表达式。另假设收益函数满足条件 $\frac{\partial R^2}{\partial m^2}<0$，即收益函数为凹函数；专利被授予的概率满足条件 $P'(q)>0$，$P''(q)<0$，表明被授权的概率随着发明专利质量的增加而增大，但其增速递减，为凹函数；$F(q)$ 为发明专利质量的分布函数，它的风险率具有单调性，即：

$$\frac{d\left[\frac{1-F(q)}{f(q)}\right]}{dq}<0$$

此假设均适用于一般的分布函数。根据一般委托代理理论的模型① 的分析，管理部门的资助决策最优化可表述为：

$$s.t.\begin{cases}\max\limits_{\{q,k(q),m(q)\}}\int_{0}^{1}[R-PmC+kC]f(q)dq \\ IC: P(\pi+mC)-kC\geq P(\pi+\tilde{m}C)-\tilde{k}C, \forall q\in[q,1) \\ IR: P(\pi+mC)-kC\geq 0, \forall q\in[q,1)\end{cases} \tag{1}$$

（1）式中，$\tilde{m}=m(\tilde{q})$ $\tilde{k}=k(\tilde{q})$。目标函数表达为政府部门期望收益最大化时，设置资助政策及最低的资助质量标准。激励相容约束为其第 1 个约束，表明质量 q 的发明专利申请人“说实话”，即信息对称，这时政府部门选择资助政策（$k(q)$，$m(q)$）的收益大于“不说真话”而选择 $((k(\tilde{q}),m(\tilde{q}))$ 时的收益；第 2 个为个人理性约束，表明专利申请人申请专利的期望收益必须大于其保留效用（这里设为 0）。

对上述最优问题求解结果如下：

当专利申请人对专利质量拥有私人信息时，最优的发明专利资助政策应满足如下条件：

$$\left.\begin{aligned}&\frac{\partial R}{\partial m}=\frac{1-F(q)}{f(q)}\dot{P}C \\ &R(q)+P(q)\pi(q)-\frac{1-F(q)}{f(q)}\times[\dot{P}(q)[\pi(q)+m(q)C]+P(q)\dot{\pi}(q)]=0 \\ &U(q)=0\end{aligned}\right\} \tag{2}$$

① 让－雅克·拉丰，大卫·马赫蒂摩．激励理论委托－代理模型：第 1 卷［M］．北京：中国人民大学出版社，2002．

上式可以给出各个函数的具体表达式，进而求出政策参数。通过代入具体的函数和参数进行验证，我们发现：随着专利质量 q 的增加，对于不同的专利申请质量给予不同的费用 m 和 k 也逐步增大。此外，随着专利质量的增加，风险中性的申请人从政策中获得的净奖励也逐渐增大。

针对上述差异化政策带来专利质量的增长，本研究有以下假设：

假设 2 无差异化的资助政策对发明专利的产出并不是有效的。

3. 数量与计量分析验证

本研究设计专利资助政策评估的指标，运用计量分析模型，对广州市专利资助政策与广州市的发明专利申请和受理数量及企业研究开发支出关系进行检验。用发明专利申请和授权数据及规模以上工业企业 R&D 支出来反映广州市专利资助政策效果倾向。

本研究通过构建多元回归计量分析模型，来检验广州市专利资助制度对发明专利授权等的效应，基本模型[①]如下：

$$LAPPT=c(1)+c(2)\times Y+c(3)\times LGDPT+C(4)\times LRDT1 \tag{1}$$

$$LGRA=c(5)+c(6)\times Y+C(7)\times LAPPT2 \tag{2}$$

$$LRDT=c(8)+c(9)\times Y+C(10)\times LGDPT+c(11)\times LRDT3 \tag{3}$$

$$RDGDP=C(12)+C(13)\times Y+C(14)\times LGDPT1+C(15)\times LRDT3 \tag{4}$$

表 7 列举了以上式子中的相关变量含义。

表 7 变量及变量含义界定

变量名	变量的含义
LAPPT	发明专利申请量的对数
LAPPT2	发明专利申请量滞后二期的对数
LGDPT	当期的 GDP 的对数
LGDPT1	GDP 滞后一期的对数
LRDT	当期的规模以上工业企业 R&D 经费内部支出的对数
LRDT1	规模以上工业企业 R&D 经费内部支出滞后一期的对数
LRDT3	规模以上工业企业 R&D 经费内部支出滞后三期的对数
LGRA	发明专利授权量的对数

① 威廉·M. 兰德斯，理查德·A. 波斯纳. 知识产权法的经济结构［M］. 北京：北京大学出版社，2005：433-434.

（续表）

变量名	变量的含义
RDGDP	规模以上工业企业 R&D 经费内部支出与 GDP 比值一个固定倍数数值
Y	表示 2002 年广州实施专利奖励暂行管理办法效应的虚拟变量；Y=1（t）2002）；Y=0（其他）。

t：表示年份的下标。式（1）的目的是用来检验广州市专利资助政策对广州市专利申请的影响，式中 LGDP 和 LRD 使用滞后一年数据，表示 GDP 和研发支出对专利申请影响的滞后期。式（2）的目的是用来检验专利资助政策对广州市专利质量的影响，式中引入专利申请数量作为被授权专利的解释变量，并使用滞后二期的数据。[①] 式（3）和式（4）的目的是用来检验专利资助政策对广州市的研究开发投资倾向的影响，分别用规模以上工业企业 R&D 经费内部支出的绝对数额和它占 GDP 比例[②] 表示的相对数额作为被解释变量，它受经济发展水平和以前的研发投资状况影响，也反映了研究开发的累积性。

表 8　广州市专利资助制度影响效应的检验结果

	模型 1	模型 2	模型 3	模型 4
系数	LAPP	LGRA	LRD	RDGDP
Y	0.093221*** (0.909329)	−0.015411 (−0.080624)	0.103508*** (0.372944)	1.020868** (0.342707)
LAPPT2		0.803520*** (5.892274)		
LGDP			2.182875*** (6.579528)	
LGDPT1				12.58199** (3.253407)
LRDT1	−0.249762** (−2.301678)			
LRDT3			−0.372820* (−1.846080)	−4.585573* (−1.922172)
DW	1.656469	1.192321	1.711057	1.787114

① 滞后处理是运用 Eviews 软件进行反复检验时通过试验确定的。

② 经过反复试验，这里比例因考虑模型的需要，对其数量级进行了适当的修改，乘以 1000，以反映该数据在模型中的匹配，便于模型的回归。

（续表）

	模型 1	模型 2	模型 3	模型 4
R2	0.984208	0.930245	0.958612	0.685287
调整后的 R2	0.978944	0.916295	0.944817	0.580383
F 值	55.94736	78.1256	114.0278	48.2657

注：括号内为 t 统计量，双尾检验的显著水平。“***”、“**”和“*”分别表示在 1%、5% 和 10% 水平下显著。表中模型数据采用的数据为 1998—2010 年数据。

4. 资助政策对广州市发明专利的效应分析

鉴于上述理论假设，考虑数据的可获得性，本研究以 2002 年出台的《广州市资助专利申请暂行办法》为例，通过对发明专利总申请量、发明专利申请量的增长率变化趋势，来分析广州市专利资助政策对发明专利申请的效应影响。

（1）发明专利总申请量逐年递增

模型 1 和模型 2 的分析结果表明：广州市专利资助政策对发明专利申请产生了正的影响，并且非常显著地通过了检验，发明专利申请量大幅度上升（见图 5）。专利资助政策实施前的 2001 年发明专利申请受理量为 759 件，授权量为 130 件，实施的当年即 2002 年发明专利申请受理量增至 964 件，授权量为 154 件，2003 年发明专利申请受理量增长到 1468 件，增长 52.3%。2008 年广州市的发明专利申请量是 2002 年的 4.2 倍。2010 年发明专利申请受理达 6503 件，是 2001 年发明专利申请量的 8.6 倍；授权量为 1990 件，是 2001 年的 15.3 倍。2011 年专利申请量达到 8172 件，是 2002 年的 8.48 倍。

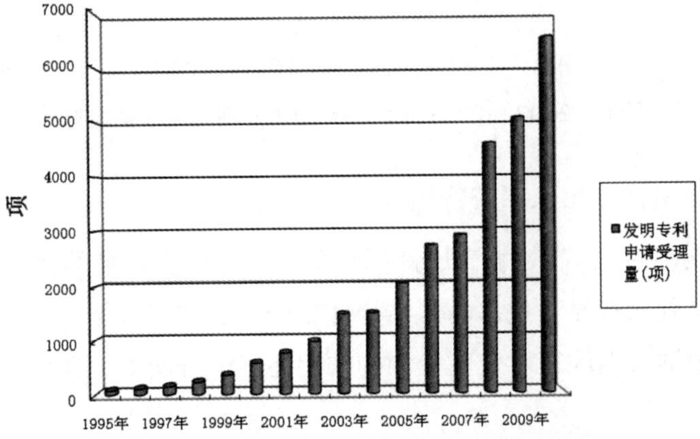

图 5　资助政策实施前后发明专利申请量增长变化

从图 5 可以看出，专利申请资助政策颁布或修改后的后继一年，发明专利的申请量都有较大幅度提高。这充分表明了《广州市资助专利申请暂行规定》对发明专利申请具有比较强的引导和激励作用。

上述数据表明，专利资助政策能够显著提升发明专利的申请量，其结果是支持假设 1 的。

（2）发明专利占专利总授权量的比重逐年增长

模型 1 和模型 2 的分析结果同时也表明：广州市专利资助政策对发明专利授权产生了负面影响，但未能通过显著性检验。

根据统计数据，广州市同期的发明专利占专利总授权量的比重也在逐年增长。从图 6 可知，2002 年发明专利占专利总授权量的比重为 4.21%，2006 年则增长到 11.08%，2007 年颁布《广州市资助专利申请暂行规定》后，2008 年的发明专利占专利总授权量的比重达到 13.88%，而 2011 年的发明专利占专利总授权量的比重已高达 17.15%，比 2002 年高出近 13 个百分点。这从一个角度反映了广州市的一系列专利申请资助政策对引导发明专利的授权是有一定激励效应的。

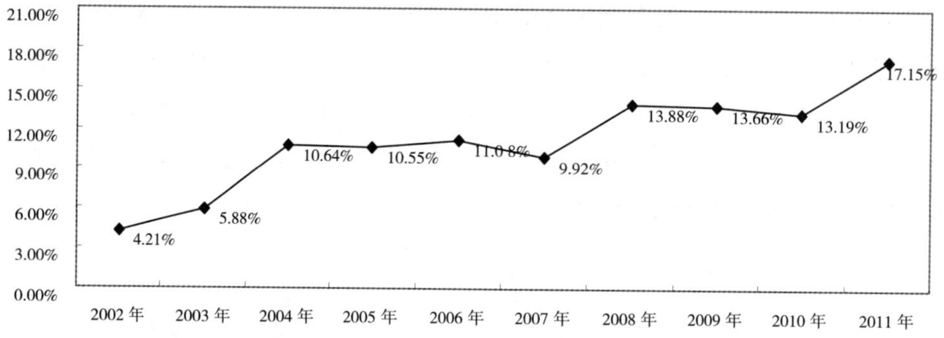

图 6　2002—2011 年发明专利占专利总授权量比重

（3）发明专利的产出水平有待提高

单纯从发明专利授权量的产出水平来看，其占总授权量的比重仍然还是偏低的，其产出水平并没有显著地提高。结合计量分析和实际数据，总体来看，广州市的一系列专利申请资助政策对发明专利的作用还不十分明朗，还没有显现出显著的效果。

模型 3 和模型 4 的分析结果表明，专利资助政策对广州市规模以上工业企业

R&D 经费内部支出和投入强度均产生了正的影响，并通过了显著性检验。[①] 结果支持了假设 2。

结合上述判断，本研究认为，广州市的专利资助政策在发明专利的申请数量上有很大的促进作用，对企业的 R&D 经费投入上也有较强的推动作用，但对发明专利授权量，即在促进专利产出的水平上的作用却并没有得到有效地显现。

（四）专利实施资助绩效

广州市促进专利技术的实施与运用主要集中于建立健全专利技术转化交易平台和扶持专利技术产业化项目。建立健全专利技术转化交易平台，重点开展了国家知识产权质押融资试点，进行专利权质押融资等。

1. 专利质押资助绩效

2009 年广州市成为国家知识产权质押融资试点单位。试点期间，广州市重点开展了知识产权评估、专利质押产品设计、企业质押融资等相关培训工作，积极探索研究相关政策措施，编写了《知识产权质押融资需求摸查表》和《企业知识产权质押融资指引》，提高质押融资的科学性和可操作性。

从 2008 年至 2012 年底，广州共促成专利权质押融资贷款 39 笔，31 家企业成功获贷，质押专利达 180 件，政府投入专利权质押贴息资金 423 万元，涵盖环保、化工、新材料、新能源、生物医药、电子等领域。自 2009 年以来，广州有 13 家企业获得质押融资贷款 2.5239 亿元，已有两笔质押案例实现安全还贷，取得了阶段性成果。先后有 20 多家银行开发了知识产权质押融资产品，专利权质押贷款达到 5.3 亿元，是试点之前的 2.4 倍。

2. 专利技术产业化资助绩效

随着 2007 年专利产业化示范项目的实施，广州市政府通过投入 350 万元扶持资金，带动项目承担企业投入配套资金 23431.54 万元，后续申请专利 233 件（其中发明专利 152 件）。

2009 年专利技术产业化的示范带动效应明显。广州筛选了“高清数字电视互

① 因为 2002 年、2004 年和 2007 年三个年度分别为广州市提出和修改专利资助政策年，本文模型以 2002 年、2004 年、2007 年为时点分别进行回归分析，发现以 2002 年为时点，数据回归结构更为合理，且 2002 年为广州市专利资助政策的暂行管理办法提出年，因此，最终模型以 2002 年为时点。

动服务平台及产业化示范工程”等 8 个项目作为广州市专利技术产业化示范项目，下达项目扶持经费 215 万元。同时，通过“以市带区、联动扶持”的模式，下达 100 万元产业化引导资金扶持区、县级市专利产业化工作，引导推动优势项目 30 多个，促进区域专利实施与应用水平的进一步提高。专利技术产业化示范项目的验收工作显示，有 15 项专利技术累计实现销售收入 7.42 亿元、利税 1.13 亿元，为下游客户实现新增产值近 3 亿元，项目实施过程中后续申请专利 82 项。

2010 年，广州市知识产权局在专利产业化项目中安排专项资金 166 万元，8 家民营企业利用知识产权质押获得 1.264 亿元贷款给予贴息和评估费用的扶持，财政资金投入放大 76 倍，引导作用十分明显。

2013 年有 22 个项目列入广州市专利技术产业化示范项目，广州市知识产权局下达项目扶持经费 220 万元[①]。

（五）专利保护资助绩效

广州市初步形成了较为健全的知识产权保护法律法规体系，制定出台了《广州市举报假冒专利行为奖励办法》、《广州市知识产权局规范专利行政执法自由裁量权规定》、《广州市知识产权局行政处罚听证程序规定》等，主持修订了《广州市展会知识产权保护办法》，推动《广州市专利行政执法办法》列入市政府规章制订计划等，编制了《广州市专利行政执法手册》，为专利保护创造了良好的法制环境。

对于专利保护的资助，广州市主要是通过专利执法以及设立专利奖来体现的。在专利执法方面，广州市通过“三打两建”工作等专项行动，加强专利侵权纠纷调处、假冒专利行为查处和专利代理行业治理行动等执法工作。2012 年立案专利侵权假冒案件 240 件，同比增长 150%；结案 242 件，同比增长 222.7%，结案率为 100.8%。其中专利侵权纠纷立案 56 件，与 2011 年基本持平，结案 81 件，同比增长 211.6%；查处假冒专利案件立案 184 件，同比增长 534.5%，结案 161 件，同比增长 228.6%。在第 112 届广交会中，广州市共处理专利侵权与纠纷案件 484 宗，认定涉嫌侵权企业 336 家，有效遏制了专利侵权现象。自 1994 年广州设立知识产权审判庭以来，广州法院审理知识产权案件数量约占同期全国法院知识产权案件总量的十分之一。目前，广州正在探索建立知识产权法院。

---

① 广州市知识产权局．广州市知识产权局关于下达 2013 年度广州市专利技术产业化示范项目经费的通知［EB/OL］．2013-12-16．http://www.gzipo.gov.cn/web/html/index/contents/5747.html.

在专利奖设立方面，2011年广州市对广州白云山制药股份有限公司广州白云山制药总厂、广州市中级人民法院、华南理工大学、广州华进联合专利商标代理有限公司、金发科技股份有限公司、广州市知识产权局、广州海关、广州市工商行政管理局、广州市文化市场综合行政执法总队、广州轻工工贸集团有限公司10家单位授予了首届“广州市保护知识产权市长奖”。

四、广州市专利资助政策存在的问题

广州在实施专利资助政策后，虽然专利申请量和授权量大幅度攀升，但专利结构仍然表现不合理，发明专利比例总体偏低的事实并没有明显改观。这在一定程度上表明了专利资助政策需要更进一步优化和调整。

（一）资助政策导向粗放

政策导向是指制定专利资助政策时所期望获得的效果，体现着专利资助政策的价值取向。2001年通过的《广州市专利管理条例》第三条原则性规定“扶持专利申请和专利实施”，并在第二十二条提出“服务援助”的原则，但对资助的具体方式没有做出相应规定，不具有实际意义上的操作性。

2002年出台的《广州市资助专利申请暂行办法》的立法宗旨是“鼓励本市行政区域内的发明人申请专利的积极性，推动科技创新，促进经济发展”。由于资助主要侧重于鼓励发明人申请专利的积极性，在一定程度上提高了专利申请的热情，从而不可避免地导致专利申请量的增长，产生“垃圾专利”的问题。

2004年实施的《广州市发明专利资助申请暂行办法》提出了重点资助事宜，在第二章第七条中提出对“市支柱产业、重点发展技术领域的项目以及列入市政府计划的科技项目、市专利试点企业、民营科技型企业申请和获得发明专利，对市经济、科技发展有重大推动或引导作用的（专利）”可提高资助标准，但没有规定具体可以提高多少，在操作层面上留下了差异空间。

2007年实施的《广州市资助专利申请暂行规定》第六条提出：属于广州市支柱产业、重点发展技术领域的项目以及列入市政府计划的科技项目上、市专利试点示范企业申请和获得发明专利、对广州市经济科技发展有重大推动或引导作用的（专利），资助标准可以适当提高。但它同样未对“适当提高”的标准进行明确界定，并且这种以项目身份为提高依据的做法在一定程度上造成了资助身份的歧视。

广州市对受资助的产业领域也没有明确具体的规定，只是在相关资助条件中概括性地要求“具有市场应用前景，符合我市的产业发展方向”。这一政策指向的不明确，是政策导向粗放的另一种表现。

（二）资助对象限定狭窄

由于专利资助资金主要来源于地方财政，因此，广州市的专利资助对象限定在本行政区域内的单位或个人。广州市在2002年和2004年颁布的专利资助政策中，对职务发明和非职务发明以及职务发明中的企业和其他单位（大专院校、科研院所、机关、团体及其他事业单位）进行了差异化资助。总体而言是非职务发明人获得的国内专利申请资助明显低于职务发明人，企业获得的专利申请资助高于其他单位，资助政策具有明显的身份偏见，并增加了政策执行过程中身份认定的复杂性。

2007年广州市取消了对职务发明和非职务发明的区别对待，统一按照专利类型进行资助，规定“申请专利的企事业单位、社会团体和个人，第一申请人地址在本市辖区内的”均可申请资助，在执行中严格认定第一申请人的地址是否属于广州市行政区划。通常人们的地址可能是居住地址或者租住地址，但《广州市资助专利申请暂行规定》中并没有对“地址”做出限定和明确解释。实际上，专利申请人存在很多种情况，如存在两人以上的共同申请人，而不同的申请人又地处不同行政区域，导致一件专利申请可能存在由不同申请人分别向不同行政区域政府申请专利资助，从而出现不同行政区域政府对同一件专利申请分别予以资助的重复资助情形。上述规定没有考虑到专利制度的特点，存在不全面和不严谨之处。

（三）资助范围重点不明

资助范围的限定不仅会影响到资助政策本身的效益，也会直接影响专利制度的运行绩效。从资助范围上看，广州市的资助政策主要限定受资助专利类型、产业领域和费用种类。

广州市受资助专利类型主要限定在国内外发明专利、实用新型专利、外观设计专利三种类型。对国内外发明专利和实用新型专利的资助规定一直都有明确的标准。在2004年4月1日至2006年4月30日期间执行的《广州市发明专利资助申请暂行办法》，规定在本市小学、中学就读的青少年学生可以获得外观设计专利申请、代理费的资助。在2007年5月1日至2012年4月30日期间实施的《广州市资助专利申请暂行规定》中首次明确对获得授权的国内外观设计专利进行资助400

元 / 件。外观设计专利被纳入资助范围，虽然极大地促进了广州专利总体数量的增加，但对广州专利结构的改善和质量的提升没有起到有效作用。

总体来看，广州市的专利申请和授权还是主要集中在实用新型和外观设计专利，而含金量高的发明专利申请和授权所占比例并不高，取得的外国专利数较少，高新技术领域专利数量也偏少。

（四）资助强度标准主观

广州市的专利资助政策采用的是类别定额资助的方式，即不论受资助对象的实际专利费用发生额是多少，都根据申请专利的类别不同按照统一的标准予以不同额度的定额资助。虽定额资助方式简便易行，但定额标准不容易把握，往往容易高于个体专利费用的实际支出（见表 9）。

表 9　国内专利收费标准（单位：元）

专利类型	申请费		登记费		年费		合计	
	单位	个人	单位	个人	单位	个人	单位	个人
发明	1070	560	255	255	270	135	1605	950
实用新型	150	75	205	205	180	90	535	370
外观设计	150	75	205	205	180	90	535	370

注：①数据特指减缓后费用。②申请费中包含发明实质审查费及印刷费；登记费中包含印刷费和印花税；年费特指前 3 年年费。

资料来源：国家知识产权网站 http://www.sipo.gov.cn/zlsqzn/sqq/zlfy/200905/t20090515_460473.html。

以广州市 2007 年实施的《广州市资助专利申请暂行规定》为例：（1）申请国内发明专利，申请费资助 1000 元 / 件，审查费资助 2500 元 / 件，获得授权后资助 4200 元 / 件；获国家知识产权局 70% 费用减缓的，申请费资助 350 元 / 件，审查费资助 750 元 / 件，获得授权后资助 2200 元 / 件；获国家知识产权局 85% 费用减缓的，申请费资助 200 元 / 件，审查费资助 400 元 / 件，获得授权后资助 2000 元 / 件；申请港澳台发明专利，获得授权后资助 5000 元 / 件。（2）申请国内实用新型专利，获得授权后资助 600 元 / 件。（3）申请国内外观设计专利，获得授权后资助 400 元 / 件。

结合表 9 可将获利空间演算如下：

①单位获利：发明（350+750+2200）−1605=1695；实用新型 600−535=65；外

观设计 400−535=−135。

②个人获利：发明（200+400+2000）−950=1650；实用新型 600−370=230；外观设计 400−370=30。

从分析结果来看，除了外观设计专利，专利申请人几乎不承担任何成本，亦无任何申请失败的风险，就能从政府给予的专利费用资助金中获利。而实际上，当定额标准过分低于受资助对象的个体专利费用成本时，会出现政策激励不足的情况，政策不能起到应有的激励和调控作用；定额标准高于受资助对象的个体专利费用成本时，会产生政策激励失灵，诱发受资助对象通过申请资助获利的投机心理，从而加大政策实施的风险和监控成本。[①] 另外，定额资助还可能会导致多级政府对同一项目的重复补贴，造成财政资源的浪费；再就是这种定额资助方式的资助额度是有限的，难以满足某些重点项目申请国外专利的费用要求。

（五）资助政策体系薄弱

资助政策协同性弱。广州市的科技创新资助政策中，更注重实施及操作上的程序规定以及资助标准的条件，而对于专利产出的导向性缺少较明确的规定。另一方面，科技创新资助属于广州市科信局主管，专利资助又属于广州市知识产权局管理，有关政策分由两个单位制定和组织实施，不利于政策执行的系统性和协调的一致性，影响政策的效果。

资助方式单一。现行的广州市专利资助政策和科技创新资助政策大多采用财政直接无偿拨款的方式，1/2 以上是依赖政府设立的专项资金进行资助的，其他政策辅以专项基金和费用减免以及奖励方式进行资助，政府以采购方式激励专利实施与生产的措施较少，对于消费者采购专利产品进行免税或者税收补贴的措施不明确。资助方式过于单一，造成资金使用单位风险意识淡薄，缺乏必要约束，不利于财政资金的使用效率。

（六）资助管理机制欠缺

政府专利资助部门与其他相关管理部门未建立信息交换机制，缺乏重点资助项目的信息来源。由于部门间缺乏有效的管理信息沟通机制，科技创新和技术转移管理部门已经获得的准确且专业的项目评价信息难以与专利资助管理部门分享，加上

① 文家春，朱雪忠．我国地方政府资助专利费用政策若干问题研究［J］．知识产权，2007（6）：23−27.

专利资助的审批和后续的绩效管理机制尚不完善，导致在重点项目缺乏专利资助经费的情况下，一些问题专利却分享着政府财政资源。[①]

专利资助政策评估是广州专利资助政策制定过程中的一个薄弱环节。在公开发布的数据中，专利申请与授权数据统计得更详细，但对具体的资助金额以及专利实施的数据很少见到公开的数据，涉及广州专利资助政策评估的研究成果也较少；更没有统计广州市每一项专利申请所花费的实际成本以及政策绩效，公众监督缺少有效依据和途径。

五、广州市专利资助政策优化建议

为改善广州市的专利结构，提高专利总体质量，有必要对专利资助政策进行优化。

（一）专利创造资助政策的优化

充分调动工业企业、高校、科研单位及自由人的积极性，大力推进“产学研合作”的专利创造，培育高校、科研院所专利产出聚集区。大力发展专利事务所和专利公司等专利代理机构，加强专利代理服务。进一步健全和发展专利转让、拍卖、入股的市场或平台，激活知识产权交易市场。进一步增强高新区和经济开发区的自主创新能力，抓好科技创新项目的专利产出，培育专利产出特色园区。加强科研成果的专利考核，设立发明专利专项资金，扶持专利申报，建立专利政策激励体系。

加强科技创新资助政策与专利资助政策的协同性。一是要求加大科技资助政策中的专利产出和运用，加强科技计划中的专利创造、运用、管理和保护。二是要注重各项政策的互动，激发政策体系的合力。从全局的角度看待专利资助政策，考虑广州产业发展政策和地区产业结构调整政策，使专利资助财政支持政策符合广州产业发展和产业结构调整政策的规定，有效地把各项政策整合起来，进一步强化不同职能部门出台的科技创新资助政策与专利资助政策的协同性，形成有机的整体。

（二）专利申请与授权资助政策的优化

要增加资助力度。2011 年深圳市的专利申请资助总金额突破 1.8307 亿元，广州市仅仅只是深圳的 11.1%，差距非常明显[②]。广州市必须扩大专利申请资助资金

① 刘华，刘立春．政府专利资助政策协同研究［J］．知识产权，2010（2）：31-36.

② 广州市知识产权局．2011 年体制改革进展情况和 2012 年工作思路［R］．2012-1-20.

的来源，加大资助力度的财政投入。

今后的政策调整中，还应该对重点产业、重点企业申请和获得的发明专利提高资助标准，以调动企业自主创新的积极性，加强知识产权示范工程的培育，优化创新资源配置，从而增强对技术创新和社会福利的积极影响。

促进高质量的发明专利的产出。一方面，可以将现行的专利申请资助改为授权后资助；另一方面，建立梯度资助标准，以比例差异体现政策对发明专利的倾斜。

（三）专利实施与产业化资助政策的优化

多年来广州市用于专利产业化的资金仅为300万元，相对于一年18000多件的专利授权量，300万元的专利产业化引导工作经费实在太少，并且用于广州市专利的转化率也没有超过10%[①]。因此，广州市应该完善专利资助的领域，覆盖专利开发的全过程，特别是专利的产业化应该列入专利资助政策的体系。

专利运用与产业化是一项系统工程，政府应制定有利于知识产权产业化的配套政策；利用熟悉知识产权的优势和自身所承担的政府职能，积极协调或参与有关部门制定知识产权政策和法规；要加强专利与标准问题的研究，积极参与标准的制定工作；加强对涉外知识产权运用政策的研究，制定出台与对外贸易有关的知识产权运用政策指导意见；建立和完善知识产权投融资体系和风险投资机制，建立健全财政资金与社会资本投向科技产业的联动机制；建立健全以专利技术参股、兴办联合实体或成立股份制企业的办法，推动科技金融的结合，开展小额贷款、融资担保、融资租赁、典当、股权质押、知识产权评估与交易等业务系列，为科技企业的发展提供多层面、全方位的融资服务；围绕以企业为主体、市场为导向、产学研紧密结合的技术创新和转移体系，推动制定有利于专利技术转移的政策和法规，加大对企业的技术创新和产业化项目的引导性投入。

（四）专利维权政策的优化

除了公共执法手段外，广州在专利保护方面的资助还是空白。

第一，政府需鼓励企业构建企业或项目知识产权制度，从制度上构建企业专利保护的基础和激励机制。一方面，有效实现从科研开发、市场销售等各环节的专利保护工作，强化企业知识产权的全过程保护机制；另一方面，建立有效的专利奖励

---

① 广州市知识产权局．关于市人大十四届一次会议第2269号建议的会办意见［R］．穗知函［2012］24号．2012-02-21.

和分配制度，有效引导科技工作者及时申请专利并从中获得收益，以推动企业自主知识产权的保护并实现企业的长远发展。

第二，依托专业人士，实施专利保护。目前广州市中小企业或科研单位尚缺乏保护的有效措施和专业人士，因此，有必要借助熟悉专业知识又具有专利实务经验的专业人士，为企业的专利保护提供诊断和保护工作，从具体项目或产品入手，达到有效保护专利的目的。

第三，充分利用科技文献，推动科技创新和专利保护。科技文献的查阅不仅是进行科研创新的基础，而且也是有效保障专利获得授权的重要环节，必须给予充分重视。

第四，围绕核心技术，积极开展专利布局保护。借鉴学习国外专利保护策略和方法，有效形成对企业的核心产品和核心技术进行高效的专利保护，确保企业技术创新的可持续发展。

（五）专利资助工作机制的优化

实现资助方式多元化。突破以政府资助为主体、以专项资金资助为主导的现行资助体系，实现资助方式的多元化。一是实行政府采购技术的政策。财政通过提供发展经费和采购公共用品，引导社会资源的合理配置，弥补市场的失灵和缺陷。二是对消费者购买自主创新产品进行税费补贴，以扩大专利资助产品的市场占有率，增加专利资助产品的消费，以刺激对自主创新产品的需求。三是充分发挥专项资金的示范效应。专项资金重点支持符合国家知识产权战略需求导向、有助于提升自主创新能力、支撑广州市高技术产业与战略性新兴产业发展的技术领域；重点资助有助于构建专利池、获取核心专利技术、参与国际技术标准制定的国外专利申请。实现资助方式的多元化，还可以将受资助专利流程分为申请、授权及维持、技术转移实现三个阶段，各阶段实现有差异的资助措施。

构建专利资助信息服务系统。在这个信息系统里，将能即时显示申请项目在专利流程中法律状态的基本信息，及各相关部门对申请项目的评估意见；并可根据系统所保留的资助记录避免同一项目在不同地区资助政策下的重复资助，或者出现资助政策的盲区，以及根据专利文献内容判断是否属于本地区重点发展行业的发明创造，而决定是否给予重点资助，这也为对资助绩效的监控提供了依据。

建立资助政策评估体系。广州市政府可以组织相关部门建立一个完善的专利资助政策管理系统，对政策执行效果进行科学评估，并建立持续的政策改进机制，以完善政策；也可以通过课题招标，邀请有研究基础的学术团队设计和建立政策评估体系，开展政策评估，为政策的完善与执行提供有效的决策依据。

参考文献：

［1］Mansfield E, et al. Social and Private Rates of Return from Industrial Innovations [J]. Quarterly Journal of Economics, 1977, 91: 221-240.

［2］管煜武. 基于专利价值的上海专利资助政策效应分析［J］. 中国科技论坛，2008（7）：102-106.

［3］郭俊华，杨晓颖. 专利资助政策的评估及改进策略研究：以上海市为例［J］. 科学学研究，2010（1）：17-25.

［4］李伟，夏向阳. 专利促进政策对区域专利增长的影响分析：以宁波为例［J］. 科学学研究，2011（8）：1176-1183.

［5］李伟. 专利资助政策的绩效分析：基于宁波的实证研究［J］. 中国科技论坛，2010（1）：79-82，100.

［6］刘华，刘立春. 政府专利资助政策协同研究［J］. 知识产权，2010（3）：31-36.

［7］马忠法. 专利申请或授权资助政策对专利技术转化之影响［J］. 电子知识产权，2008（12）：36-39.

［8］让－雅克·拉丰，大卫·马赫蒂摩. 激励理论委托－代理模型：第1卷［M］. 北京：中国人民大学出版社，2002.

［9］威廉·M. 兰德斯，理查德·A. 波斯纳. 知识产权法的经济结构［M］. 北京：北京大学出版社，2005：433-434.

［10］文家春，朱雪忠. 我国地方政府资助专利费用政策若干问题研究［J］. 知识产权，2007（6）：23-27.

［11］文家春，朱雪忠. 政府资助专利费用对我国专利制度运行的效应分析与对策［J］. 中国科技论坛，2008（11）：21-25.

［12］文家春，朱雪忠. 政府资助专利费用及其对社会福利的影响分析［J］. 科研管理，2009（3）：89-95.

［13］吴红. 论地方政府在专利工作中的角色定位：从地方政府的专利资助政

策谈起［J］. 科技管理研究，2009（2）：243–245.

［14］姚颉靖，彭辉. 专利资助政策功能的实证研究：基于2007年中国30个省区的灰色关联分析［J］. 现代情报，2011，31（7）：20–26.

［15］张颖举. 河南省专利资助政策效应实证分析［J］. 科技管理研究，2010（8）：177–180.

［16］朱平芳，徐伟民. 政府的科技激励政策对大中型工业企业R&D投入及其专利产出的影响：上海市的实证研究［J］. 经济研究，2003（6）：45–53.

（选自广州市哲学社会科学发展"十二五"规划2012年度课题"广州市专利资助政策与绩效研究"。课题负责人：张韵君；成员：李玉米、吴二娇。）

完善广州“农超对接”的对策研究

李　政（广东外语外贸大学南国商学院）

一、广州“农超对接”取得的成效及市民的了解情况分析

传统的农产品流通模式一般需要经历农民、小商贩、产地市场、区域批发、销地批发、农贸市场等，形成一条冗长的供应链（见图1），农产品价格在流通过程中出现了15%—20%的增幅，但中间商获取了大部分利润，产业链两端的农民和消费者都受到损失，制约了农产品行业的可持续发展，影响到我国经济的健康发展。农户生产零散，质量良莠不齐，农产品安全得不到保障，农产品附加值低，抗市场风险能力弱，在产业链中处于被动地位。因而需创新农产品流通模式，“农超对接”模式就是在这一背景下提出来的。

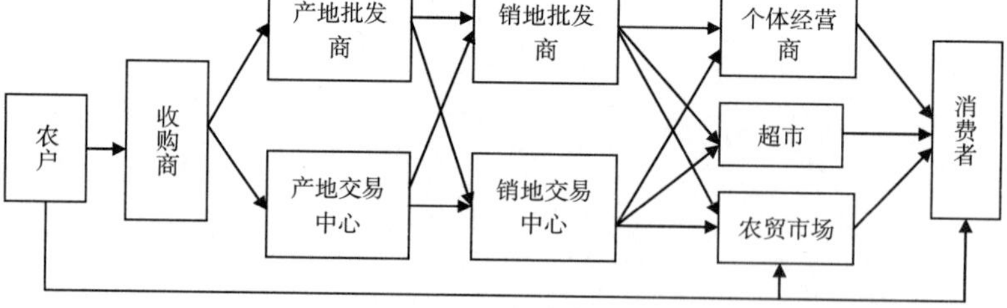

图1　传统的农产品流通模式

“农超对接”是指农户与商家签订意向性协议书，由农户、农村合作社或者龙头企业向超市、菜市场和便民店直供农产品的新型流通方式（见图2），实现了

“订单生产、田头交易”。“农超对接”缩短了农产品从农田到餐桌的距离，优化了流通环节，提高了生产终端农民的经济收益；也便于源头管理，保证食品安全，有助于建立健全农产品质量可追溯体系。农民、超市、消费者都从中得到了实惠，实现了农民增收、企业增效、市民满意、政府放心的多赢目标。

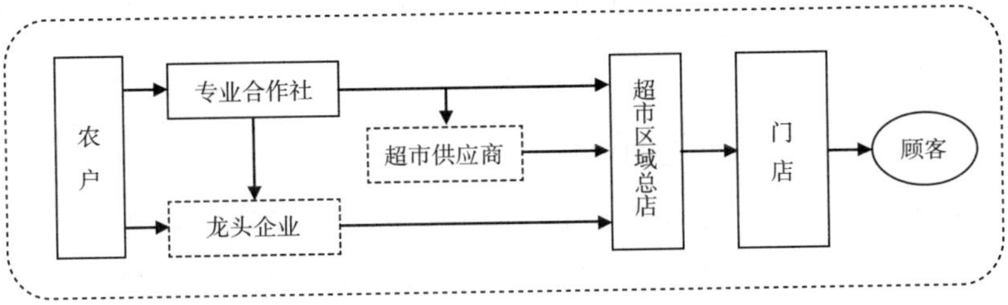

图 2 “农超对接”流通模式

广州“农超对接”取得的成效

广州大力推广“农超对接”，取得的成效明显，整体发展态势良好。“农超对接”对统筹广州城乡协调发展具有积极意义，有利于发展低碳农业，构建幸福广州、和谐广州。广州不同地区有不同的农业品种资源，各地发挥各自的地域优势，打造具有当地特色的品牌产品，形成了一批农产品生产的专业村镇和农民专业合作社，推动了广州市农业特色优势产业发展，产品的品牌效应逐渐强化，品牌产品在市民中的知名度逐步提高；推进了都市型农业建设，推动了广州现代农业的加速发展，促进了农业产业优化；实现订单生产，农户可按照超市需要的种类种植农作物，避免了生产的盲目性，降低了种植的风险，稳定了农产品销售渠道和价格，解决了农产品滞销问题。

1.“农超对接”水平稳步提高

广州积极推进大型连锁超市直接与农产品产地对接的工作，经过几年的探索和发展，华润万家、家乐福、卜蜂莲花、乐购、吉之岛、百佳、好又多等大部分连锁超市，已经和对接合作社建立了利益互惠、风险共担的长效对接机制，“农超对接”水平有了很大提升。有数据显示，截至 2011 年底，共有 50 多个农民专业合作社与超市、学校等大型销售或消费单位实现或在洽谈对接。2011 年，全市“农超对接”合作社的销售额为 8257 万元，农校对接合作社的销售额为 3052 万元。一批农业龙头企业、名牌产品在“农超对接”中发展壮大。目前，广州市有市级以上农业龙头企业87户，其中包括了10户国家级企业、16户省级企业。市级以上农业龙头企业总资产达163.9亿元，2011年实现销售收入198.5亿元。34户龙头企业获得省级以上名牌产品或著名（驰名）商标，39户企业、285个农产品获得有机食品、绿色食品和无公害农产品认证，广州有86个农产品获得“广东省名牌产品（农业类）”称号。

2. 农产品质量安全水平不断改善

“农超对接”实施后，超市和合作社协调完善农产品质量安全管理制度来保障农产品的安全，超市直接参与了农产品生产过程的全程监控和管理，有利于实现农产品从农田到餐桌的全过程质量控制，全面促进农产品质量安全水平提高。超市指导合作社开展无公害认证和绿色食品认证，保证了农产品安全。有数据显示，至2011年底，广州市认定无公害农产品产地667个，无公害农产品373个，有效使用有机食品标志的产品135个。

3. 政策扶持有力

广州市不断加强政策性引导力度，鼓励引导农民专业合作社带动农民参与各种产销对接活动。广州每年利用市级财政扶持资金大力扶持农民专业合作社“农超对接”的生产基地、冷链物流等项目建设，促进合作社加强生产管理、完善相关设施、积极开展产销对接活动。广州研究制订出台了《广州市人民政府关于支持和促进农民专业合作社发展的若干意见》、《广州市“农超对接”平价商店建设实施方案》、《关于广州市“农超对接”平价商店资质认定和建设管理有关问题的通知》等一系列导向性政策，鼓励农民专业合作社与农产品各种销售商和消费单位建立稳定的产销对接关系。

4.“农超对接”形式接连创新

广州积极推进“农超对接”试点，还努力探索与学校、机关、企业合作等途径，建立农民专业合作社稳定、高效的多元化产销对接机制。一是推进“农超对接”平价商店建设。广州利用供销社系统的资源和农民专业合作社的优势，创造性地大力推进平价商店建设，搭建新型、长效性对接平台，打造满足城乡居民农产品消费需求的“一刻钟”生活圈，发挥其经济和社会效益。有统计数据显示，截至 2012 年底，广州市共新建平价商店（专营区）455 家。目前，广州市供销社作为“农超对接”的主力军，以“小鲜驿站”和“新供销”为零售终端，依托丰业配送公司和农民专业合作社，初步建立了“农民专业合作社 + 供销合作社 + 平价商店”的农产品流通方式。全系统建起各类平价商店 124 家，其中包含已建成的 60 家“小鲜驿站”平价商店，“小鲜驿站”平价商店是广州市重点建设的商业网点之一。广州市供销社领办农民专业合作社有 247 个。

（1）探索“农企对接”。鼓励以订单形式与企业建立长期合作关系，打造安全、高效、优质的原料供应链。广州果兴农产品公司对广州市“小鲜驿站”连锁超市、广州东深高速公路饭堂、广州地铁 9 个饭堂、广州萝岗开发区企业饭堂配送蔬菜等农产品，每月配送额达 70 多万元。

（2）探索“农校对接”。探索农民专业合作社直接向学校供应农产品的高效通道，减少中间流通环节，如从化市供销社果兴公司与华南师范大学饮食服务中心的“农校对接”。广州市宝溪蔬菜专业合作社有两成多的产品直接供应给学校。

（3）探索合作社直销。如广州市清香公司开设了清香农产特优超市。

（4）探索农产品电子商务和网上对接。农产品电子商务平台做到线上与实体店的有机结合，探索适合于特大城市的农产品高效、便捷、绿色的城市配送物流体系，建立相应的电子商务平台。广州市供销社农产品电子商务平台——小鲜 e 站（www.92fresh.com）已启动上线，有利于拓展供销社系统内的服务领域，有效补充了实体店服务辐射盲区。这是现代信息技术与供销社的组织、网络优势结合起来推进传统行业转型升级，提升竞争力的成功案例。小鲜 e 站采用 B2C 网络营销模式，实现农产品“网上交易、实体店配送”，大部分农产品是广州市“一村一品”特色农产品和生产基地直销农产品。小鲜 e 站为消费者提供有质量保障的放心、安全、特色农产品，推广了本地农产品的特色品牌，增加了农民的收入。

（5）探索“农邮对接”。由广东省农业厅、广东邮政公司共同倡导，在广州市起步发展的“农邮对接”绿色生活便民服务站，截至 2012 年底，在广州已发展到 16 家。它依托邮政传统便民服务渠道，利用邮政现有网点主营“三品一标”农产品零售及配送业务，让绿色食品走进了千家万户。

二、“农超对接”保障农产品安全

民以食为天，食以安为先。农产品是人类赖以生存和发展的重要物质基础，农产品安全关系着人们身体健康和生命安全，关系着民生福祉、农业的可持续发展和社会的和谐稳定，影响着我国农产品的出口竞争力。政府、农产品生产者、经营者和消费者都高度关注农产品安全，各方需协同健全农产品全程、无缝隙监管制度，不断提升农产品安全水平。

（一）农产品安全现状

农产品安全是指农产品在生产、储存、运输、加工和销售等各环节中各种有毒有害物质得到了有效控制，符合安全标准，对消费者及后代、对周围环境没有造成直接或潜在的危害和损失。农产品安全是食品安全的基础环节和首要屏障，是“餐桌安全”的保证。实行“从农田到餐桌”全过程质量控制管理是避免“餐桌污染”，保障农产品安全的根本措施。

1. 农产品安全水平总体稳定

近年来，我国农产品质量安全水平总体稳定，并且一直在稳步提高。2011 年，农产品质量安全例行监测结果表明，蔬菜、畜禽产品和水产品监测合格率分别为 97.4%、99.6% 和 96.8%，蔬菜和水产品同比分别上升 0.6% 和 0.1%，畜禽产品持平。总体合格率与 10 年前相比大幅度提升，提高了 30 多个百分点。

2. 农产品安全突发事件频发

虽然农产品安全水平总体稳定，但化学投入品滥用、农产品药物残留超标、生态环境恶化等问题日益突出，重金属、水污染及农药污染也越发严重。同时农产品生产主体数量多且分散，法律意识薄弱，质量监控难度大。农产品供应链长、环节多，每个环节都存在安全风险，农产品安全突发事件接踵而至。

据卫生部的信息，我国每年有上万人食物中毒，死亡数百人（见表 1）。其中因蔬菜含有过量残留高毒农药引起的中毒占大部分。专家估计食物中毒公布的数字尚不到实际发生数的 10%，这意味着我国每年的食物中毒人数在 10 万人以上。不安全的农产品一旦进入公众食物链，就会成为危害人体健康的“毒源”，威胁人类的生命安全。

农产品安全问题日趋严峻，挑战着食品安全的底线，降低了消费者信心，公众对农产品安全产生一定的恐慌和信任危机，影响同一类安全农产品的销售，进而阻碍了农民增收，延缓了农业结构优化调整和城乡统筹协调发展，有损国民经济的健康发展。农产品安全问题影响国家的国际声誉和政府形象，降低了农产品国际竞争力，阻碍了农产品出口。

表 1　2000—2012 年全国食物中毒报告例数、中毒人数和死亡人数

年份	报告例数	中毒人数	死亡人数
2000	696	18262	157
2001	185	15715	146
2002	128	7127	138
2003	379	12876	323
2004	397	14586	282
2005	256	9021	235
2006	596	18063	196
2007	506	13280	258
2008	431	13095	154
2009	271	11007	181
2010	220	7383	184
2011	189	8324	137
2012	174	6685	146

数据来源：根据卫生部官方网站历年卫生统计摘要整理。

3. 农产品安全事件频发的成因

农产品安全问题的成因复杂，主要涉及农业投入品、产地环境、生产者行为、信息不对称、农业标准体系不完善和监管不力等因素，这些因素发生在农产品供应链中的不同环节。农产品安全有面对化学、微生物和物理因素等各种危害挑战的可能性。温度变化、降水模式、极端天气、海洋变暖酸化等变化和变异也通过多种途径影响农产品质量安全。

（1）利益驱使

理性而逐利的部分农民在利润最大化的目标下，极力降低成本，规避监管，提供劣质农产品，甚至以次充好；为确保其收益，违反有关禁令，擅自使用国家禁用或限制使用的高毒、高残留农药，直接影响到农产品的安全性，并通过食物链而危及人类的健康。一系列农产品质量安全事件显示出一些企业把牟利作为发展的唯一目标，为牟取暴利而超标使用添加剂，追求营利忽视了诚信经营、遵纪守法的原则，摈弃了自己所应承担的社会责任，置人民的生命安全于度外，从而失去了“良知”，企业没有始终流淌着“道德的血液”。

（2）产地环境

农产品产地环境作用于农产品生产培育的全过程，直接影响农产品品质和安全，是农产品不安全的源头。农产品生产过程中过量使用化肥、农药、兽药、添加剂和违禁药物，已经成为农业污染的重要来源，造成有毒有害物质残留超标，导致产地环境污染，成为影响农产品安全性能的主要因素。我国化肥、农药利用率仅为30%—40%，单位面积化肥使用量是美国的两倍多。每年来自农业面源污染的化学需氧量1324多万吨。同时工业“三废”和生活垃圾严重污染农业生产环境，影响农产品产地环境质量，主要表现在水质污染、土壤污染和大气污染等方面。我国因农田污染每年损失粮食120亿公斤，污染农田面积达0.1亿公顷。在这种环境下生产的农产品很难“出淤泥而不染”，致使农产品存在安全问题。

（3）信息不对称

信息不对称是产生农产品安全问题的一个主要原因，农产品从“从农田到餐桌”的各环节都存在不同程度的信息不对称问题（见图3所示）。信息不对称导致农产品市场部分失灵，农产品逆向选择及道德风险出现，难以实现优质优价机制，安全生产的成本与收益发生扭曲，高质量农产品难以验证并为消费者所接受，生产者为了提高农产品质量而增加的成本得不到补偿；而劣质农产品在销售中获得超额价格补偿，优质农产品被淘汰，不安全的劣质农产品涌入市场，从而使劣货驱逐良货，造成市场上的农产品质量持续下降直至市场萎缩。在均衡的情况下，整个市场只有质量低的非安全农产品，出现了“柠檬”市场现象。生产者和消费者之间的农产品安全信息不对称，生产者凭借机会主义生产和销售不安全的农产品来牟利。

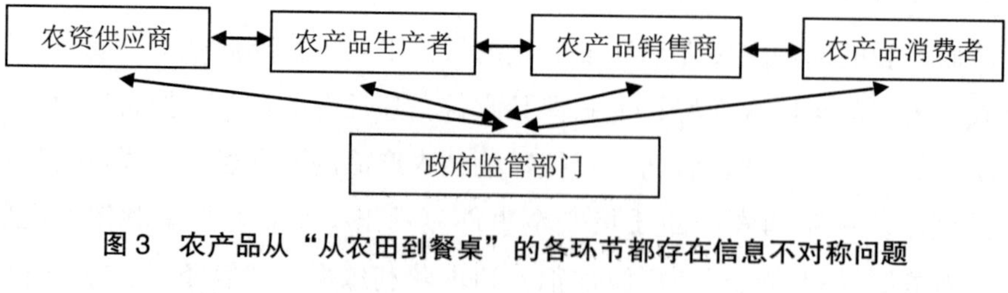

图3　农产品从“从农田到餐桌”的各环节都存在信息不对称问题

（4）农产品标准体系不完善

农产品技术标准体系不全面、内容陈旧、标准过低、操作性不强，也是安全事件频发的一个重要原因。由于我国农产品生产分散、品种繁多和技术落后，农产品标准体系还未完善。缺乏农药残留、兽药残留和食品添加剂的安全限量标准，存在安全标准上的"盲区"，让一些不安全农产品蒙混过关最终对消费者造成危害。并且，现有标准相互冲突，使生产者和消费者无所适从，无法准确地生产和消费安全的农产品。

（5）分段监管

农产品"从农田到餐桌"涉及生产、加工、流通、销售和消费等多个环节，主要由农业、卫生、环保、工商、质检、技术监督、食品药品监督管理等行政部门监管农产品安全，各个部门按照国家相关规定监管自己所管环节。各部门各负其责，各行其是，环保管产地环境，农业管生产，工商管流通，质检部门管产品。分段监管职责不清，效率很低，存在管理重叠和管理缺位问题，使不法分子有空可钻，农产品安全管理难以得到有效保障。分段管理的不同环节不能有效对接，信息不能共享，无法实现农产品全过程追溯。

（二）"农超对接"有利于保障农产品安全

"农超对接"是指超市直接向农产品生产者采购农产品，或者农产品生产者直接把农产品供应给超市。这创新了农产品流通方式，优化了农产品供应链，已经取得了良好的社会效益和经济效益，达到政府、商家、农民、消费者共赢的局面。"农超对接"是国外普遍采用的一种农产品生产销售模式，亚太地区农产品经超市销售的比重达 70% 以上，美国达 80%。截至 2011 年底，我国 70 个大中城市生鲜农产品经超市销售比重近 18%，全国开展"农超对接"的超市连锁 800 多家，因而"农超对接"在我国有广阔的发展前景。

传统的农产品销售方式使生产与销售脱节，消费引导生产的功能不能实现。农产品"从农田到餐桌"的链条过长，到达消费者手中环节过多，整个供应链一般加价 20%—30%（见图 4 所示）。环节过多导致监控难度增大，损耗严重，商品鲜度和品质明显下降，很难保证农产品安全，难以在消费者心中建立起安全信誉。

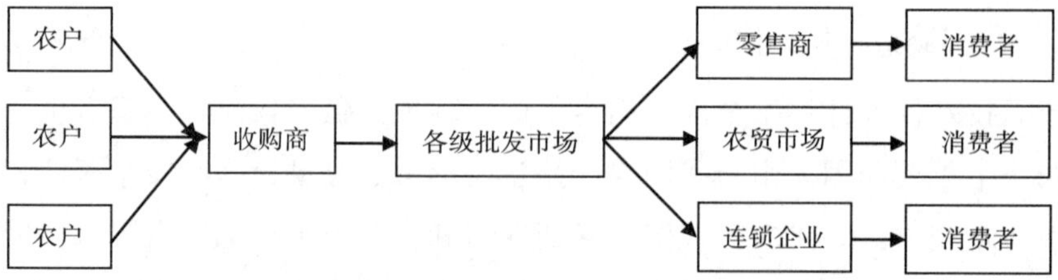

图4　农产品传统流通模式

“农超对接”缩短农产品供应链，减少流通环节，降低流通损耗，节省流通成本，进而增加农民收入，保障了农产品的质量安全。“农超对接”是提高监管效能、降低政府监管成本的有效途径，能有效提高农产品安全水平。部分农产品可在24小时内直接从农田到超市，保持了新鲜度，从而保证了质量，使消费者吃到放心农产品。“农超对接”建立了“从农田到餐桌”全过程的可追溯体系，对农产品进行全过程管理，从而使得农产品的质量监控更加有效，构筑了农产品安全网，提高了农产品安全水平，降低了超市的市场风险。因而“农超对接”是农产品零售环节最安全的通道，有力保障了农产品的质量和安全。

（三）“农超对接”中的主要市场主体协同保障农产品安全的对策

“农超对接”供应链的相关利益主体形成战略合作伙伴关系，是一种政府引导，超市主导实施，农户参与，消费者驱动，中间层协调，多主体参与、多方受益的互动共赢的关系。农产品的安全性贯穿于从“从农田到餐桌”的整个供应链各个环节，涉及农产品生产者、超市、消费者和监管者等多个市场主体，任何一个环节出现漏洞便会导致问题快速扩散和升级，最终都将影响消费者的安全，因而需参与主体协同采取对策才能实现农产品安全供给。（见图5所示）

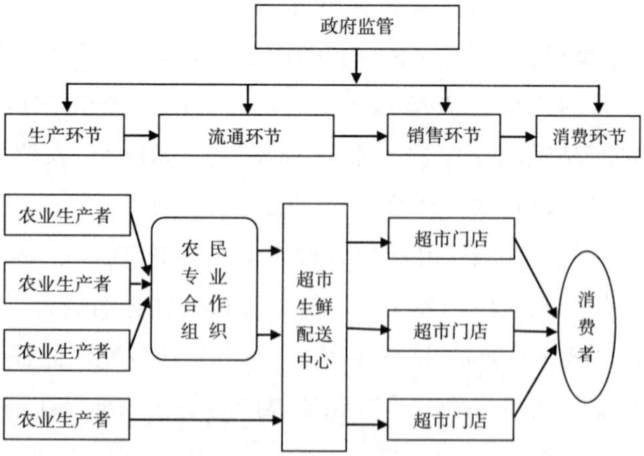

图5　“农超对接”模式下的主要市场主体

1. 农产品生产者

保障食品安全是政府和企业的共同目标，但企业负有保证食品安全的主要责任，企业实施保证其产品安全的政策及程序，达到生产安全食品的目的。所以农产品生产企业的源头风险控制是整个农产品供应链系统控制的关键，需要加强农产品生产环节的源头控制和管理，确保农产品安全。传统“反应型监管”以政府为主导，现在要建立以生产者为主导的“自主型监管”的农产品安全控制体系。

（1）加强农产品生产源头控制

农产品生产源头控制是农产品安全控制的起点，也是整个控制系统中最重要的环节。研究表明，农产品生产环节是农产品安全风险高发环节，近年的农产品安全问题均出在这一环节。因而农产品安全要从生产源头上规范和监管投入品的使用，这是保障农产品安全的重要环节。农业投入品的科学使用对农业的稳产、高产、优质发挥着重要作用，但如果使用不当，会造成农产品农药残留和重金属超标，破坏土壤结构，造成土壤、水源、空气污染，严重影响农产品安全生产的生态环境，引发农产品不安全情况的出现。据统计，我国 70% 以上的农产品生产中施用农药，其中有机磷农药占 70%，有机磷农药中施用高毒农药的部分占 70%，滥用农药造成农产品农药残留量超标。因而要推行市场准入制，严格经营许可，加强市场监管，建立农业投入品禁用、限用制度，逐步淘汰高毒农药，引进开发能降低有害残留的产品，减轻农药对农产品质量安全的危害，从使用农药造成污染的源头上把好农产品质量安全关。

（2）发展农民专业合作社提升农产品安全

我国农产品生产总体上还是以家庭为单位的小规模分散经营的“小农户”经济，位于产业链末端的农户质量安全意识较差，很难达到农产品的标准化生产，农产品安全的源头控制难度较大。“农超对接”中超市需规模化采购优质农产品，以家庭为单位的农户无法与其进行直接合作，因此只有通过横向或纵向的联合集约化生产才能适应超市对农产品的数量和质量要求。农民专业合作社广泛参与农产品质量安全管理的各个环节，按照国家标准、行业标准等监督和指导小农户生产，从生产源头保证农产品的安全，改变了政府对生产环节质量安全规制的“真空”状态，有利于开展农产品质量安全追溯制度，能有效降低下游加工企业和零售企业的逆向监管成本。因此要大力建立农民专业合作社以提高农民组织化程度，使合作社成员之间形成“利益共享、风险共担”的契约关系，建立一种相互监督机制，减少农户生产中的机会主义行为取向，因为任何一种违约或败德行为都会影响到所有成员的利益，有利于增强生产者的责任。目前全国参加“农超对接”的农民专业合作社超过 1.5 万家，直接受益农民超过 100 万人。

（3）发展低碳农业提高农产品质量安全

低碳农业是低碳经济理念在农业领域的实际应用，是指农业生产中在不影响农业产量和农民收入的前提下尽可能减少化石能源消耗和碳排放，达到社会、经济、生态的良性循环，实现农业的可持续发展。随着食品安全和环境污染问题的日益严重，国际市场对农产品质量、环保指标、单位能耗指标要求越来越高，形成绿色壁垒，倒逼我国发展低碳农业，促使我国在农业生产中保证质量，同时减少碳排放和环境污染，严格控制农产品供应链各个环节的环保指标，少使用化肥和农药，走有机生态农业之路。无公害农产品、绿色食品和有机食品是符合低碳农业要求的，现在成为我国安全优质农产品的主导品牌，生产这些产品是提高农产品质量安全水平的现实途径。要加强市场与无公害农产品、绿色食品、有机食品生产基地的无缝衔接，建立稳定的“农超对接”关系，开辟“绿色通道”，直接入市挂牌销售。近年来，我国无公害农产品、绿色食品和有机食品生产取得很大进展，有效促进了农产品质量安全稳定可靠。截至 2011 年底，全国已认证无公害农产品近 7 万个，无公害产地认定达 6.7 万多个，面积近 8.7 亿亩。绿色食品企业 6622 家，产品总数近 1.7 万个。有机食品企业 1300 多家，产品超过 6000 个。

2. 超市

人们日益关注农产品安全，超市必将逐步取代农贸市场成为城乡消费者购买农产品的主要场所，成为农产品“从农田到餐桌”不可或缺的纽带。超市在“农超对接”过程中居于主导地位，强化农产品“从农田到餐桌”的全过程质量控制，一旦出现问题可以追溯到田头。

（1）超市通过契约确保农户的农产品安全

实施“农超对接”，有利于超市通过契约的方式，做到“订单生产、田头交易”，超市与农户直接联系，信息直达，减少“牛鞭效应”，可以更准确、快速地指导农民生产。超市直接参与了农产品上游生产过程的监控和管理，构建了产销一体化链条，实现了农产品供应链上最大限度的纵向一体化和集约化。超市强化农产品的全过程质量安全监管，农户须按照超市规范和标准来生产，严格监控化肥、农药等投入品的使用，禁止农产品含有非法添加剂或超量使用某些农药，从源头控制农产品的生产环节，保证进超市的产品属于绿色食品等。超市按照《食品安全法》、《农产品质量安全法》等相关法律法规，对农产品上市之前进行质量安全检测，确保农产品安全，降低了消费者寻求质量安全产品的信息成本。

（2）与农户建立长期稳固的合作关系

在“农超对接”模式中，超市要与农户建立长期稳固的战略合作伙伴关系，实现信息共享，双方协同保障农产品安全。农产品与超市长期和谐对接的前提是质量安全、品种规格等方面达到超市的标准。这就促使合作社和农户走标准化、规模化、产业化的道路，加强自身品牌建设。家乐福在“农超对接”中注重对合作社的农户、农民进行培训，提高他们的农产品质量安全知识。超市计划与合作社对接引进产品时，会对产地的整体情况进行实地考察评估，农产品按照标准生产，达到质量安全的才能进入超市。

（3）超市涉足终端生产环节

农产品产销链的纵向一体化程度越高，越能有效约束其上游农户质量安全行为，使质量安全约束沿产销链逆向传递，其提供产品的质量安全水平也越高。目前，有些超市为了保证农产品质量安全及供应的持续稳定，都不约而同在不同程度介入农产品的终端生产环节。如家家悦、华冠等超市均有自建的农产品生产基地。物美则是发展合作生产基地，超市委托他人负责基地的管理，基地生产的产品供应给超市。而麦德龙集团下属子公司麦咨达负责对供应商基地进行技术培训和产品检测，保证农产品从产地、加工、物流到销售符合消费者最安全的要求，保持产品的可追溯性。

（4）发展农产品冷链物流

消费者对农产品的多样化、营养性、新鲜度和安全性等提出了更高的要求，只有“从农田到餐桌”一体化连贯性运作、上下游冷链“无缝化”才能保证农产品安全，实现优质优价，完整的冷藏农产品供应链是农产品安全不可缺少的元素。完善的农产品冷链物流体系有利于形成农产品安全供给和消费的运行机制，促使农产品供应链形成以质量为纽带的利益联结。超市要着力建设生鲜农产品冷冻、冷藏保鲜供应链，使易腐、生鲜农产品从产地到销地的各个环节都处于低温环境之中，形成一体化冷链物流运作，减少损耗，防止流通过程中变质和被污染，农产品的自然属性才不会受到损害，确保农产品质量达到要求。

3. 消费者

消费者行为对农产品安全和市场健康发展具有重要影响。消费者应树立农产品质量安全的消费观，关注农产品安全，参与农产品安全监管，促使市场不断改善农产品质量安全。这是保障农产品安全的重要基础。

（1）消费者要有正确的农产品消费观

消费者是农产品市场上的一方参与主体，其选择和偏好影响农产品生产供应，消费引导生产，消费者的选择就是生产者的动力，消费者对安全农产品的需求会激励生产者。消费观不科学导致农产品安全事件的发生，消费者购买农产品时偏重价格和外观会严重误导生产，农产品生产者在生产过程中违规使用农药和添加不安全的原料以使产品达到更好的感官状态，满足消费者的喜好，为农产品质量安全埋下了隐患。消费者要树立以农产品质量安全为中心的生态、健康、优质、安全、无污染的理性消费观念，减少非理性消费对农产品市场的逆向选择，消费天然状态的农产品，就能避免生产者违规操作，拉动农产品市场朝着安全、可靠的方向发展。

（2）消费者要树立维权意识

部分消费者在发生农产品安全事件时维权意识不强，一般很少通过法律途径来维护自身的合法权益。违法者没有受到应有的惩罚，违法成本降低，使用高毒农药、制假贩假、乱用食品添加剂等违法行为就会再次发生，致使不安全农产品大行其道，扰乱农产品市场秩序。消费者要掌握农产品安全知识方面的法律，受到不安全农产品损害时要保留证据及时索赔，运用法律维护自己的正当权益。消费者的自我保护行为可以有力约束厂商。

（3）消费者要提高农产品安全意识

消费者安全意识的增强会促进政府监管水平的提高，促使“农超对接”中的各相关主体改善农产品质量。农产品安全与每个人的健康和生命安全紧密相关，消费者对农产品的认知鉴别能力不高是购买和消费不安全农产品的原因之一，因而消费者要了解农产品安全知识，提高农产品安全意识，增强对农产品的认识和甄别能力，提高自我保护能力。消费者通过各种途径获取有关农产品安全信息，缩小与生产经营者之间存在的信息不对称，逐步使其信息对称化，从而增强农产品安全信息认知能力与防范能力，及时发现农产品的隐患与漏洞，避免消费不安全农产品，压缩非安全农产品的市场空间。

4. 监管者

农产品安全是关系经济发展的重大战略问题，事关社会和谐稳定乃至国家形象的政治问题。农产品安全具有公共产品的特性，具有一定的公益性，需要政府进行有效监管，提供安全农产品是政府公共管理的责任。“农超对接”需要市场无形的“手”和政府有形的“手”共同努力，才能进一步提高农产品安全水平。

（1）实行农产品市场准入制度

农产品市场准入是指政府通过强制性监管手段，检验进入市场销售的农产品并在合格农产品上贴上质量卫生安全市场准入标志。这是由政府向消费者提供合格农产品的信息，避免信息不对称。农产品市场准入制度严把进入市场的农产品的安全关，堵住未经检验或经检验不合格的农产品入市销售的渠道，防止农产品二次污染，是保障上市农产品质量安全管理的一项重要工作。对农产品建立全程质量标准检测体系，强调农产品事前的全过程危害预防性控制，给安全生产企业发放生产许可证，禁止不具备生产合格产品能力的企业进入市场，实现生产企业的优胜劣汰。

（2）建立有效的农产品监督管理与应急处理机制

我国应仿照发达国家组建独立的政府部门专门负责“从农田到餐桌”一条线的管理。根据国情逐步整合监管机构，提高监管效率。将食品安全协调和监督职能独立出来，成立更高行政层次的专门权威机构来对食品安全监管部门进行统一监督和协调，建立完善的农产品安全监管体系。理顺和整合各部门农产品质量安全的监管职责，做到不重复、不缺位。加强政府职能部门之间的协调，加强横向配合，强化纵向联动，主动协调食药、质监、工商、卫生、环保等相关部门，在各自职责范围内，对农产品实行“从田头到餐桌”的全过程监管，形成政府主导、部门配合、上下联动、社会各方共同参与的农产品质量安全监控体系。健全农产品安全应急管理系统，提高应急处置能力。对农产品质量安全风险进行监测和评估，科学展开风险分析是保障农产品质量安全的基础。建立从危害监测识别、危害评估、危害预警、危机处理到危机恢复的全过程危机管理制度，完善农产品质量安全应急预案，逐步建立起农产品质量安全预警系统和快速反应机制。

（3）完善农产品质量安全信息公开制度

信息不对称造成农产品市场的逆向选择和农产品生产经营者的机会主义行为，加快农产品质量安全信息的有效传播是解决“餐桌污染”信息不对称问题的重要途径之一，是解决农产品质量安全问题的关键。政府通过行政机制最大限度地为消费者提供获取相关信息的保障，限制企业采取机会主义行为是保障食品安全的关键。农产品质量形成于“从田头到餐桌”的整个过程，任何环节的信息传递出差错，都会导致整个质量安全体系失效。政府应建立统一的农产品权威信息发布机制，通过向消费者提供充足的信息，使得守法企业的良好行为进一步得到市场认可，使其正外部性得到部分补偿。完善新闻媒体的舆论监督制度，加强新闻媒体的农产品安全信号传递机制。建立完善信誉公开机制，通过建立品牌等市场声誉机制防范逆向选择产生的市场失灵。质量声誉机制的形成能促进生产者的自我约束，企业很可能为提高声誉而选择优质优价的合作，达到优胜劣汰的目的。其让不法的厂商为给整个行业造成的负外部性付出成本，以此解决农产品安全问题中的外部性问题。

（4）加强农产品标准化体系建设

农产品质量安全标准体系是确保农产品质量安全的基础和依据，建立健全有关农产品的质量、残留物等国家标准，认证工作、检验检测体系建设和运行才有科学依据。同时，要建立农产品从“农田到餐桌”全过程可追溯制度，前提也是要建立统一权威、相互衔接的技术标准体系。截至2011年底，农业部共制定发布农业国家、行业标准4800项，以推进农业发展方式转变，推动农业产业升级。加强标准化体系建设要推行HACCP、GAP管理体系，这是国际上对产品质量和企业管理水平进行评价和监督的通行做法。中国农产品生产应加紧在相关环节实施，规范农产品生产，保障农产品质量安全。

（5）建立农产品质量安全追溯体系

消费者对食品质量、安全性、功能性等提出了更高要求，农产品安全追溯也越来越得到重视，加强农产品质量全程监控和追溯体系建设可以实现生产流通各环节的品质可控性和安全性。科学透明的食品安全追溯系统逐步集聚将是企业重要的战略资源，形成一个由消费者支撑的核心竞争力。农产品质量安全追溯制度是对农产品供应链中的各种相关信息进行记录储存的质量保障系统，形成完整的从“农田到餐桌”的追溯链条，发生农产品质量安全事件时可以快速追踪到农产品的源头，及时召回不合格的农产品，有效地处理质量问题，追究责任，实施有针对性的惩罚措施，最终提高农产品安全水平。农产品召回制度是保证人们饮食安全性的重要措施，有效补充农产品安全监控。农产品质量安全追溯体系可以强化产业链各参与方的责任，在一定程度上消除外部性所引发的农产品质量安全风险，可以约束和限制违规生产，避免生产者道德风险和机会主义行为的发生，保障农产品质量安全，维护消费者的知情权，改善信息不对称的状况，增强消费者的安全消费信心。消费者通过可追溯体系提供的农产品投入品、原产地、生产过程及加工流通过程等自行决定购买与否。

农产品安全直接关系到人们的健康和社会的和谐稳定，提高农产品安全水平是一项长期而艰巨的系统工程和全民性行动。“农超对接”是一种有效的新的农产品供应链管理手段，能从源头上根本解决农产品安全问题。“农超对接”过程中市场参与主体协同合作，构建相互配合、相互制约和相互监督的关系网络，建立生产者自控、超市自律、政府监管和消费者监督四者相契合的农产品安全管理模式，整合全社会的可用力量，协同管理保障农产品安全，为现代农业的可持续发展和新农村建设保驾护航。

三、广州“农超对接”面临的困境及可持续发展的对策

“农超对接”让农产品从产地直接到菜篮子，能有效地解决“流通暴利”的问题，但同时也存在自身发展的瓶颈。经深入调研广州市“农超对接”的现状，我们发现多重因素制约“农超对接”的进一步发展，如超市门槛高，农民组织化程度低，农产品难以达到标准化生产，冷链物流落后，等等。

（一）广州“农超对接”目前面临的困境

1. 大型超市农产品进场门槛高

超市在与农户对接时对农产品数量和质量都有一定的要求，分散种植的农户难以达到超市的要求，因而难以跨越超市的门槛。通过对白云区罗溪村调查得知，菜农的种植技术落后，基本靠天吃饭，种植的蔬菜难以达到超市的各项标准，分散种植的农产品质量良莠不一，难以满足家乐福要求的蔬菜农药含量不超标、细菌指数

在允许范围内等多项指标，因而无法高比率地达到准入超市的要求。罗溪村共有几百亩菜地，大多种植上海青、生菜、油麦菜等蔬菜。这些菜农一般租种少量几亩地，每户每年生产几千斤蔬菜。而家乐福要求对接的农户能够大批量、持久稳定地满足超市需求，目前罗溪村的种植产量难以满足一个门店一天好几吨的生鲜菜需求，成为其进入超市的掣肘。白云区良田镇白沙村的农产品由于量少而更多供应给学校和小餐馆，要不就是销往太和镇上的农贸市场。

许多超市对农户收取进场费、摊位费、管理费、条码费等众多费用，同时部分商场结算不及时，损耗又多，还有很多资质认证的要求。这些因素都让合作社望而却步。

2. 储存冷藏技术有待提高

流通过程中的农产品容易发生腐烂变质，损耗大。据统计，广东果蔬在采摘、储存、运输、分销等环节中损失率达25%—30%，每年有1亿多吨果蔬腐烂在物流路上，直接损失高达1000亿元。当前，广州的农产品“农超对接”还处在初级阶段，冷链物流落后，农产品运输主要还是以常温物流为主，冷藏运输率低，远低于发达国家80%—90%的冷藏运输率和小于5%的损失率，此外还存在包装、运输、储存的不合理现象。这些都致使易腐烂农产品流通过程中损耗很大，尤其乡村农户的冷链储运设施严重不足，冷链系统不完备，产品质量受到较大影响。

我国冷藏运输率为15%—20%，发达国家为80%—90%，而广州市采用低温冷藏运输的农产品仅10%—20%。我国水果蔬菜等农副产品在流通环节上的损失率高达25%—30%，广州的损失率与全国一样，而发达国家农产品损失率则控制在5%以内。冷链物流运输设备投资大，容易造成运力的浪费，占用大量资金，超市也不愿意大规模投入。广州市大多数农产品合作社规模小、运力低，物流配送能力低，保鲜能力较为落后。

3. 信息化水平仍需进一步完善

信息化水平低会使农户获得可靠信息的能力降低，出现信息不对称的现象，导致农户在生产决策中出现失误，与超市的对接中也会处于不利地位。目前，广州农户还没有很好地运用信息技术，先进技术推广率低，信息技术、信息化局限于少数发达的村庄，大部分地区还没有实现农产品信息化管理。合作社缺少收集信息、处理信息、传播信息的软硬件设备，信息网络体系不够健全，信息来源可靠性较差。

大部分农民专业合作社规模较小，在信息技术方面投入资金不足，导致了大型连锁超市与合作社间信息不共享，合作艰难。农产品物流信息系统功能不完备，无法为农户提供物流信息共享平台。合作社和部分超市运输保鲜技术研发滞后，条形码技术、无线射频识别系统、全球卫星定位系统、地理信息系统等未普及应用。农民有关信息方面的意识跟不上市场的发展。

4. 引起不公平竞争

平价商店通过“农超对接”可以获得行政补贴，使得农产品价格低于市场价格，这会让普通菜市场倍感压力。在广州白云区，由于首家平价商店开设，其附近的农贸市场几近关门。很多专家学者和商家都认为实施“农超对接”会引起不公平竞争。如果超市广泛实施“农超对接”，这将冲击传统的农产品销售模式，导致部分农贸市场及批发市场的从业人员失业，政府在推行“农超对接”时应该考虑到这个问题。

5. 农业生产组织化程度低

在完善“农超对接”发展机制、保护农民利益方面，最大的挑战是农民组织化程度、农业规模化生产水平较低，农产品生产零星分散，规模化、集约化、产业化程度不高，难以适应大市场统一采购的需求。由于自身规模的限制，农户没有话语权，处于相对弱势的地位，很难保证自身利益。沃尔玛的农产品直接采购基地中，蔬菜水果基地总面积应在 66.7 公顷以上，其中最小的连片面积要 13.3 公顷以上，或蔬菜水果单品种植面积超 3.3 公顷。这使分散经营的农户难以成为“农超对接”的主体。农户分散种植，标准化程度低，农产品难以达到超市对蔬菜品质、大小、外形等方面的要求。目前许多农户都以家庭为单位分散经营，规模小，由于分散作业，也不能确保超市所需的供货量。农户产品具有单一性、季节性、产量小等特点，而超市需要的则是多品种、连续性、跨季节大批量的产品。有统计数据显示，目前广州有 230 多万农民，大部分都是“一家一户”分散种植、经营，在一定程度上制约了农产品目前的发展。广州各种专业合作社和组织数量众多，但全市农民专业合作社总体上还处于发展的初期阶段，专业化程度不高，功能不健全，规模较小，参加农户不多，多数仅限于 1 个村或者几个小村，实施范围不广；合作水平较低，带动能力弱。即使是 2011 年度广州市 6 个农民专业合作示范社，平均社员数仅 39 个，平均带动农户数 391 个（见表 2）。

表2 2011年度广州市农民专业合作示范社

名称	主营产品名称	社员数（个）	带动农户数（个）
增城祥惠香蕉专业合作社	香蕉	34	500
番禺区禺锋蔬菜种植农民专业合作社	蔬菜、瓜豆	35	100
南沙区益农渔资专业合作社	青蟹、桂虾、明虾	31	78
从化万祺水果专业合作社	虫草蛋、虫草鸡	30	500
白云区丰华霸王花农产品专业合作社	霸王花	51	1000
花都区兴龙蔬菜专业合作社	菜心、芥菜	52	170

数据来源：广州市农业信息网。

（二）广州“农超对接”可持续发展的对策

1. 采取措施保护农民利益

“农超对接”各参与方位于农产品供应链的不同节点，却存在互相依存的有机联系，因此应建立合理的利益分配机制，结成一体化的战略联盟，充分调动各参与方的积极性。只有采取措施保障农民应得利益，合理分配收益，才能保证农户的生产和合作热情，保证“农超对接”链条不断裂。超市要充分照顾农户利益，免除或部分免除进店费、货架费和条码费，并缩短结账周期。同时，在保证质量的前提下，可适当降低对蔬菜、水果在外观、单个重量等方面的要求。推行净菜进城，以降低物流成本，提高蔬菜的卖价，增加农民收入。净菜进城之后超市经营半成品蔬菜，许多菜皮、菜根、泥土等留在了蔬菜生产场所，依靠土壤的净化作用分散解决垃圾的处理问题。同时“农超对接”中产生的垃圾可循环利用，做成化肥，减少农户购买化肥的生产费用，保护生态环境的良性循环，发展低碳农业。鼓励兴办农产品精深加工企业，延长经济产业链，增加农产品的附加值，做到物尽其用，形成一条完整的产业链。制定农产品生产技术规程标准，建立一套完善的农业标准化体系，实现农民与农业标准化知识“零距离”接触，保障农产品生产全过程都能做到有标可依、按标生产，保障农产品质量安全。

2. 发展“一村一品”特色农产品集中产区

“一村一品”是各个村形成以一种农产品作为龙头产品的农业生产模式，即每个村都有特色产品，使其逐步成为具有区域特色的产业链或产业集群。“一村一品”可以解决“农超对接”中超市对农产品数量和质量要求的问题。“一村一品”发挥优势产品的规模效应、集群效应和品牌效应，降低生产成本，提高产品品质，有利于整体品牌的宣传和营销，迅速占领消费市场，创造经济效益，是强农富民工程。一旦遇到销路受阻，可以快速调整适应千变万化的市场。广州要以市场需求为导向，因地制宜地突出资源优势和区域优势，重点开发具有地方特色和市场竞争能力的名、优、特、新产品，实行区域化布局、集约化生产、规模化经营，不断调整优化种植业结构。政府要加大对“一村一品”的政策扶持力度，产品的选择必须注重互补性，注重全市区域协调，避免系统性风险。同时做好“一村一品”无公害的产地和产品认证以及商标注册，对产品进行包装宣传上市，实行品牌自我保护，提高名优农产品品牌的知名度和竞争力。督促农户“一村一品”按照标准进行无公害生产，提高农产品的品质，保障农产品质量安全。

增城大力推行“一村一品”，如增城丝苗米、迟菜心、冰糖橘、马蹄、水晶沙葛、火龙果等，大力发展生态富民产业，把生态优势转化为产业优势，打响绿色经济品牌。从化在农业发展上，形成了“一村一品”的生产模式，实行农业产物多样化发展。龙头农产品有荔枝、杨梅、砂糖橘、枇杷、黄皮、花生及大芥菜。从化把农业与旅游业双结合起来发展“农家乐”式旅游业，推行生态旅游，以增强从化市的吸引力、竞争力和辐射力。以不同季节的“一村一品”产品为亮点轮流举办文化节，吸引了大批游客，以此带动整个生态旅游。同时建成现代农业展示观光基地，建立农产品展示、体验中心，发展农业休闲观光旅游业，促进“以农兴旅、以旅促农”，实现了绿色增长，发展低碳经济，走低碳、智慧、幸福“三位一体”的新型城市化发展道路。

3. 大力发展农民专业合作社

本地农产品要想进入超市销售，必须在品质、品牌上进行统一对接。调查发现，发展农民专业合作社，把零散的农业生产集中起来，提高农民组织化程度，让农民“抱团闯市场”，这样才能更有效促进“农超对接”发展。超市与农民专业合作社或者农业产业化龙头企业合作，可以克服农民经营规模小的不足。零售连锁企业表示，“农超对接”中更倾向选择与规模大、有实力的农民合作社合作。目前农户的组织化程度低，制约了与超市的深入合作，而解决这一问题最有效的办法是众多农户共同组建农民专业合作社，形成利益共享、风险共担的利益共同体，在龙头的带动下，“抱团”与超市“对接”。农民专业合作社在打造自有农产品品牌，提升农产品质量安全与市场效益，促进现代农业发展与农民增收方面发挥了积极作用。合作社把处于分散状态的农户联系起来，组织带动广大农户实行标准化生产，可以在源头上保障农产品的质量安全，有利于农产品质量安全追溯制度的实施。政府应在“农超对接”中发挥催化剂作用，给予农民专业合作社更多的政策照顾，加强财政资金扶持力度，解决合作社发展初期的资金瓶颈问题，引导农民专业合作组织进行规范化、制度化建设，大力扶持培养出一批规模大、实力强的专业合作社，使其成为引领群众以产业致富的生力军。广州的农民专业合作社取得一定成效，有数据显示，截至2011年底，广州市共有566个农民专业合作社，总注册资金2.58亿元，社员人数1.98万人，带动农户13万户。但广州的大部分农民专业合作社规模较小，满足不了超市大批量和周年均衡采购需求，因此要鼓励本地区的合作社大力发展成合作社联盟组织，成立以某种产品为纽带的专业合作联社，壮大合作社实力，增强其话语权，提高其谈判地位。

4. 加大农产品物流信息化建设力度

提高信息化水平是“农超对接”成功的突破口，这样可以使“农超对接”的实体之间合作融洽和信息共享，避免信息在传播中出现信息不对称或扭曲的现象，减少“农超对接”各参与方所花费的信息搜寻成本和交易费用。“农超对接”参与方要推广应用现代流通技术，以信息化手段建立农产品质量可追溯系统，发展“农超对接”在线平台，发展农产品网购，鼓励上网卖菜。合作社与超市建立信息共享平台和信息网络系统，预测未来农产品的需求状况以安排生产。政府相关部门有必要把信息化建设作为提高农产品流通效率的重点来抓。在农村原有信息系统的基础上，加强市场信息硬件基础设施建设，实现生产者、销售者计算机联网，资源共享、信息共用，对物流各环节进行实时跟踪、有效控制与全程管理，并逐步搞好农产品信息处理与发布工作以及市场信息咨询服务。以市场为导向，做好农产品市场交易信息采集和发布工作，完善农业生产科技和新产品开发信息的普及、指导、规划、组织一条龙的信息交流和服务体系。

5. 协调好“农超对接”与传统流通模式的关系

政府在“农超对接”中一般集中扶持大中型企业，这就有可能影响农产品市场的自由竞争，产生垄断。政府应在推进“农超对接”的同时，注意维护公平的市场竞争环境，增加一些认证的办法和机制，让市场机制运作更好，也让“农超对接”走得更远。政府在推行“农超对接”时要考虑这一措施对农贸市场带来的消极影响，保持“农超对接”与农贸市场的平衡发展，避免引起不公平的竞争从而导致失业。在实施过程中要平衡各方利益，协调配合，完善广州农产品供应和流通体系。广州“农超对接”中实施的所有项目并非都是成功的。如果不按市场规律走偏离市场化路线，则缓解“菜贱伤农”、抑制过高物价的初衷在现实层面仍然难以行得通。

6. 政府培育龙头企业

实行和推广“农超对接”最大的助力在于政府的扶持，政府可以培育龙头企业，建立其品牌，发挥龙头企业的辐射拉动作用。要坚持推进农业产业化经营，优先扶持辐射拉动能力强的农产品流通企业、农业龙头企业和农民专业合作社，促进农业龙头企业与专业生产村联系挂钩，实行统一规划、统一开发、分户管理，通过契约联结成利益共享、风险共担的利益共同体，不断创新农业经营机制，提高农业产业化经营水平，实现规模化和基地化生产。广州在“农超对接”中可动用价格调节基金补贴、扶植平价商店的发展，在经营及税收等方面提供优惠政策以培育流通龙头企业。广州农民专业合作社和超市的冷藏保鲜、储运设施目前严重不足，农产品采摘后做不到预冷及冷藏运输。政府要采取措施加强冷链物流龙头企业的发展，推进冷链物流基地建设，对冷链重点示范项目加大财政资金扶持力度，为冷链物流中心的建设提供信贷，支持一批产地预冷、销地冷藏、保鲜运输和保鲜加工等冷链物流基础设施的建设，将无法立即卖出的菜冷藏起来保证新鲜度与质量。组建第三方物流公司为“农超对接”这一产业链提供全程冷链物流，以降低农产品运输中的腐烂率，防止二次污染，保障农产品质量。“从农田到餐桌”一体化连贯性运作、上下游冷链“无缝化”才能保证农产品质量安全、优质优价，完整的冷藏农产品供应链是农产品安全不可缺少的元素。

“农超对接”让“菜园子”直通“菜篮子”，连接着农民与市民，事关国计民生。“农超对接”实现了农民、超市、消费者三方共赢。但“农超对接”进一步发展还需多方努力，进一步打破发展瓶颈，完善“农超对接”发展机制，实现“农超对接”可持续发展。相信随着政府扶持力度的不断加大，超市、农民专业合作社和农户将更加积极地相互配合，协同发展，充分发挥自身能量，尽可能地实现协同效应，为建设幸福广州、和谐广州做出更大贡献。

参考文献：

[1] 冯路．发展“农超对接”的制约因素与对策 [J]．中国管理信息化，2012 (9).

[2] 胡定寰，杨伟民．农超对接：意义与挑战 [J]．农村经营管理，2010 (4).

[3] 宋超，李曙光．“农超对接”现象浅析 [J]．物流技术，2010 (9).

[4] 花永剑．农超对接的合作模式探讨 [J]．北方经济，2010 (9).

[5] 朱磊，仰慧．“农超对接”促进农产品流通现代化的思考 [J]．中国证券期货，2011 (9).

[6] 胡定寰，杨伟民，张瑜．“农超对接”与农民专业合作社发展 [J]．农村经营管理，2009 (8).

[7] 陈家涛．“农超对接”的模式、困境及对策 [J]．经济研究导刊，2011 (36).

[8] 熊会兵，肖文韬．“农超对接”实施条件与模式分析 [J]．农业经济问题，2011 (2).

[9] 林桂红．广西“农超对接”模式探析 [J]．广西民族大学学报：哲学社会科学版，2011 (4).

[10] 余才伟．农超对接合作模式探讨 [J]．商业经济，2011 (5).

[11] 广州统计局，国家统计局广州调查队．广州统计年鉴：2012 [M]．北京：中国统计出版社，2012.

[12] 杨金风，史江涛．农产品流通超市化对农户的影响及调适 [J]．河北经贸大学学报，2005 (5).

[13] 施晟，卫龙宝，伍骏骞．“农超对接”进程中农产品供应链的合作绩效与剩余分配：基于“农户 + 合作社 + 超市”模式的分析 [J]．中国农村观察，2012 (4).

[14] 张琼．“农超对接”的困局与破解策略 [J]．北方经济，2010 (2).

[15] 郑光财．“农超对接”亟待解决的八大问题 [J]．中国市场，2011 (15).

[16] 王忆南．现阶段“农超对接”的制约因素及对策 [J]．中国国情国力，

2011（11）.

［17］李莹.“农超对接”深入开展所面临挑战及对策措施［J］. 安徽农业科学，2012（7）.

（选自广州市哲学社会科学发展“十二五”规划2012年度课题“完善广州农超对接的对策研究”。课题负责人：李政；成员：苏明、韩波勇。）

第二部分

法律与社会篇

新型城市化背景下具有广州特色的住房保障供应与管理体系研究

陈　琳（广州大学）

一、保障性住房需求调查概述

（一）调查范围与调查对象

课题组在广州市住房保障办公室、市社保局、市人口普查办、市流动人员出租屋管理办公室等相关单位协助下，于2012年开展了“广州市保障性住房需求调查”。在有关单位提供的权威数据库基础上，采用PPS分层抽样的方式确定样本后，通过入户调查、电话访谈、定性调研相结合的方法进行保障性住房需求调查分析。其调查范围包括本市城镇户籍中低收入人群、外来务工人群、新入职大学生人群和引进人才群体等四类人群，调查内容包括上述四类人群家庭（个人）基本情况、现住房状况、保障性住房需求情况等。以期通过对这四类人群需求量及需求特征的调查和分析，为科学制定住房保障供应与管理政策打下基础。

上述四类人群中，本市城镇户籍中低收入人群具体是指具有本市市辖10区城镇户籍、无自有产权住房或自有产权住房人均建筑面积低于15平方米、年人均可支配收入低于10万元的家庭（或年满30周岁以上的个人）；外来务工人群是指非本市市辖10区户籍，但居住在本市且连续缴纳社保1年以上、无自有产权住房、年人均可支配收入低于10万元的外来务工家庭或个人；新入职大学生人群是指具有本科以上学历，但无自有产权住房的新就业职工；引进人才群体是指无自有产权住房的专业技术人才和高技能人才中的基础性人才。

（二）需求调查结果

调查分析发现，本市城镇户籍中低收入家庭年人均可支配收入超过 24100 元时，住房保障需求率从 83.1% 急剧下降至 52.3%，说明年人均可支配收入 24100 元是影响住房保障需求的重要断裂点，年人均可支配收入低于 24100 元的家庭对住房保障的需求十分迫切。据此，以现行（此处系指 2012 年）保障收入线标准 18287 元及调查发现影响需求的收入断裂点 24100 元为节点，将符合条件的本市城镇户籍低收入人群分为三分层，即年人均可支配收入低于 18287 元的家庭为收入第一分层，年人均可支配收入 18287—24100 元的家庭为收入第二分层，年人均可支配收入 24100—100000 元的家庭为收入第三分层。

调查发现，符合调查条件且对住房保障有需求的本市城镇户籍中低收入家庭共 21.4 万户。其中收入第一分层需求量为 5.87 万户，收入第二分层需求量为 6.80 万户，收入第三分层需求量为 8.73 万户。符合调查条件且有改善居住愿望的外来务工家庭共 74.2 万户。符合调查条件且对住房保障有需求的新入职大学生共计 10.6 万人。符合调查条件且对住房保障有需求的引进人才群体共计 1.41 万户。其中，户籍中低收入人群各收入段对住房保障的需求量如下图所示：

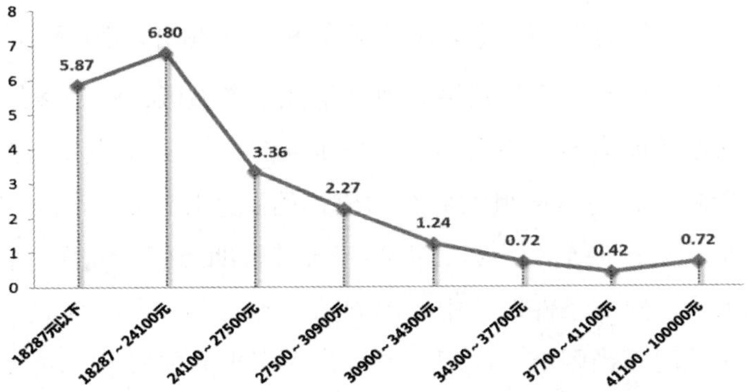

图 1　广州市户籍中低收入人群各收入段对住房保障的需求量分布（单位：万户）

二、各类人群住房保障策略建议

与全国许多城市一样，广州正沿着新型城市化道路快速前进。与传统的城市化以工业化发展规模和城市化率作为衡量标准不同，新型城市化更强调城乡一体的发展。它体现的是以人为本、全面协调可持续发展的科学理念，实现的是土地与资源的集约发展、城乡统筹发展与社会和谐发展。它表现为产业结构优化、人居环境优良、市民素质良好、城市建设个性鲜明。由此可以看出，新型城市化强调的是每一个社会成员，无论是在城市还是在乡村，无论是富裕还是贫困，都享有过上现代城市生活方式的基本权利。其中，满足基本需求的、体面的、有尊严的住房，是这一权利的要素之一。

住房保障是高度复杂的系统工程，其复杂性首先来源于保障对象的多样性，即既有收入很低、缺乏自我改善能力的城市户籍困难家庭，又有收入增长可期的新入职大学毕业生群体；既有住在城中村中靠着小买卖营生的外乡人，又有为城市持续发展而引进的人才；既有数辈生长于斯的老城区居民，又有居住在远郊农场，亟待安置的危破房住户。保障对象的多样性决定了保障需求的异质性。不同群体，对住房保障有着不同的期望和诉求，强烈程度各异，有的群体，甚至边界也是模糊的，因此，新型城市化背景下理想的保障模式应该做到因时、因地、因人而异，区别对待、区分保障、动态调整。

基于此，并结合需求调查获得的相关数据与结果，课题组提出各类人群的住房保障策略建议如下：

（一）户籍中低收入住房困难家庭住房问题解决策略

1. 收入第一、二分层人群（年人均可支配收入在 24100 元以下）

这类家庭多数生活在越秀、荔湾、海珠等几个老城区，经济条件较差，收入增长预期小，自我改善能力弱。相当部分人早年下岗，现在靠退休金或打零工赚取微薄收入度日（定量分析显示该组人群有六成人的职业是打散工或无业），有子女正在上学，家庭负担重；甚至一些家庭中部分成员长期患病、残疾。在这一群体中，有不少是年长人士，经济条件差，中年离异的妇女占了一定比例。这一人群另一个显著特征是住房状况相当困难，或两三代挤住在很小的住房里，或长期借住在亲友家中，他们基本上过去未能从工作单位获得住房上的救济，对政府的保障房寄予厚望，需求非常迫切。他们需要的保障房以租住的形式为主，结合入户定性调查得出这类人群具体有以下需要：

（1）对住房面积的需求多集中在 50 平方米左右，一居室或两居室即能满足要求，但个别家庭人口较多的，所需面积相应较大。

（2）习惯了老城区便利的生活配套，大多希望能在原居住地附近安置，对项目地点的敏感度大。在回答“是否愿意选择三地保障房项目（龙归城、原南方钢厂和萝岗中心城）”问题时，该组人群中达63.2%的人表示不愿意。他们的顾虑主要是住在较偏远的地方，就业困难、交通不便、生活成本上升以及就医、就学条件不如老城区等。

（3）租金承受能力较低，对租金敏感度高，选择200—300元/月租金的人群占了很大比例。

这一分层人群住房保障的重点是租赁型保障产品，特别是较低租金水平的公租房。项目布点最好能在老城区附近。如果项目选址在较偏远的区域，则应提供完善的地铁、公交等公共交通设施。项目建设应遵循配套先行的原则，完善各项生活配套设施，满足群众入住后的生活、就医、入学需要。

对于部分希望获得租赁补贴的家庭，应适当放宽租赁补贴的保障范围，并根据区域的市场租金水平适当提高租赁补贴标准，为他们提供多种保障方式选择。

2. 收入第三分层人群（年人均可支配收入24100—100000元）

这一分层家庭收入较高，尽管他们较难在市场上购买商品房，但基本上能租到适宜的房子，故其住房保障的迫切程度不如前两个分层高，且其需求更多体现在产权性保障。此外，通过入户访谈了解到他们中的不少人对快速上涨的租金、不平等的房屋租赁关系不满。

这一分层住房问题的解决主要依靠市场的力量，通过规范租赁市场，保障承租人权益。同时也可以尝试将该类人群中收入偏低的群体纳入现有的公租房保障体系，以合理的租金为其提供较为稳定的居所。另外还可以探索推出具有共有产权性质的购买型保障房。

3. 其他特殊群体（居住在城市郊区的“村改居”后的住房困难家庭）

本次调查发现，在番禺、白云、南沙和花都等郊区存在着部分村改居的居民住房困难问题。这些居民基本上都有自己的宅基地房，由于经济条件恶劣，房屋年久失修，居住条件差，部分居民住房倒塌后无力重建，无处容身。

尽管已经转变为居民，这类人群世代生活在自己的土地上，往往不愿意离开熟悉的环境，对异地建设的保障房项目兴趣不大，他们更希望政府给予一些资助，帮助维修现有住房。调查显示，绝大多数的受访者（93.6%）表示希望该产权性保障产品选址就在其户籍所在地，最好就是现址上的重建或翻新改造。此外，本次调查还发现部分没有村改居的农村户籍居民也同样存在着类似的住房困难。

加速推进农村危破房改造将是解决这一群体住房问题的首选方案。建议通过多渠道募集资金和提供技术支援等手段，由区政府牵头，村委、居委组织落实，帮助村改居的困难群众修缮好自己的住房，保证住用安全，改善居住条件。

综上所述，户籍中低收入人群由于收入宽泛，特性各异，对住房保障的需求差异大。建议可区分住房保障需求的轻重缓急，区别对待，优先解决收入层次较低人群的住房困难。本次调查发现的年人均可支配收入24100元是具有显著统计意义的收入断裂点，建议将户籍低收入家庭的住房保障收入线标准尽快提高到24100元的水平。

（二）外来务工人员改善居住愿望的诉求及解决策略

外来务工人员遍布广州的每一个角落，他们是城市建设和发展的重要力量。这些人有的住在单位或者园区提供的宿舍，有的则租住在城中村出租屋。根据其工作性质和居住习惯可以分为几个不同的组别：

1. 组别一：在工业园区工作的外来产业工人

在广州的萝岗、白云、花都等工业园区较集中的区域，聚居了大量外来产业工人。他们在工厂上班，劳动时间长，收入差别较大。一些规模大、福利较好的企业配建了员工宿舍，还有的由产业园区政府集中建设管理（如萝岗区第一员工大厦），或通过公开招投标选择建设、管理单位的方式建设员工公寓（如萝岗开发区的佳大时代公寓项目），出租给产业工人使用。但也有不少企业或者园区没有考虑外来务工人员的住房问题，其多数租住在周边的城中村出租屋，居住条件堪忧。

这类人群是城市重要的建设者，他们对改善居住条件有一定诉求，但往往不预期能获得政府的保障；与户籍中低收入人群中不少人希望获得产权住房保障不同，他们更希望就近、廉价解决住宿问题。这类人群以单身为主，在收入较低的时候，他们能接受集体宿舍或合租的安排，但随着收入增长和自我意识的发展，他们倾向于独自租住或者与情侣同住。

对这类人群提供保障的方式应该有所区别，可采用产业园区政府集中建设管理或通过招投标方式选择建设管理单位模式，也可以充分利用市场机制，在企业和工业园区集中的区域，给予土地、税收等方面的优惠政策，鼓励企业或开发商集中兴建员工公寓（宿舍），解决产业工人的居住问题。同时加强工业园区周边城中村出租屋的整治、管理，为他们提供安全、适宜的居住氛围。

2. 组别二：租住在城中村出租屋的低收入外来人口

广州市外来务工人员数量规模庞大，这一人群的特征是：主要就业于劳动密集型行业，从事技术含量不高的制造业、加工业以及服务性行业中的低端职业，收入水平较低，自我改善能力较弱，发展空间较小。他们大多数租住在价格相对低廉的城中村出租屋。也有一些到穗时间比较长的家庭，租住在城中村，并在居住地的附近开了小店，做小本经营的生意，如不少来自河南等地的出租车司机及家属聚居在棠下村，生活、工作（夜间停车和交班）都在那里，形成了特殊的“职住平衡”。

调查发现，这一人群选择在工作地附近的城中村出租屋居住的主要原因包括：一是交通便利，配套齐全；二是租金低廉，可以承受；三是生活方便，物价较低；四是形成了一定的社交圈子，有归属感。但同时，他们也普遍反映了一些问题，如房租上涨过快；房东不肯签约，租住没有保障；乱收水电费；社会治安较差；卫生不佳等。

这类人群有改善居住的愿望，但对获得政府住房保障不寄太多期望。他们绝大多数人将住房与工作问题结合在一起考虑，希望能在工作地附近租到价钱合理、环境较好的住房。同时，对于有学龄子女在身边、常年在广州工作和生活的外来人员家庭，其希望孩子入读公立学校的愿望甚至比获得政府住房保障的愿望更为迫切。

对这类人群提供住房保障应循规范市场的途径，充分利用成熟的租赁市场解决大量外来人员居住问题，通过完善房屋租赁备案管理、租约管理，改善出租屋安全、卫生环境，切实改善外来人员的居住条件。同时对外来人口子女入学问题进行统筹考虑。

3. 组别三：户口挂靠在人才市场的收入较高的外来人口

在广州700多万外来人口中，也有相当部分拥有较高学历，原户籍在外地，大学毕业后留在广州（或进入广州）就业，户口挂靠在广州人才市场。这类人群一般收入较高且稳定，能从市场上租赁到合适的住房。然而，对已到了适婚年龄的他们来说，最大的困惑是一旦结婚，户口就需要从人才市场迁出，意味着要将户口迁回原籍。因此，他们迫切希望政府提供保障房产品的机会，将困扰他们的户口问题解决，这样将来子女入托、就学才有保障。

这类人群的居住改善愿望，很显然不仅仅是解决住房问题，而且是解决依附于住房上的户籍福利等一系列制度性问题。他们中只有很小一部分能以高技能人才入户、积分入户等方式获得城镇户籍居民的保障，而绝大多数不能落户广州，其诉求应该得到适当考虑。因此，对这类人群的需要，建议系统出台相关政策，解决他们的后顾之忧。

综上所述，对于广州庞大的外来务工人员群体住房问题的解决，应充分考虑他们的住房需求特征以及广州住房市场特点，做到保障与市场并行不悖。如可以充分利用相关激励机制，在企业和工业园区集中的区域，给予土地、税收等方面的优惠政策，鼓励工厂或开发商集中兴建员工公寓（宿舍），解决产业工人的居住问题。没有建房条件的企业，可引导其通过发放租房补贴解决员工的住房问题。同时，应进一步加强城中村出租屋的管理工作，为其提供安全、适宜的居住氛围。对于外来人口子女入学问题也应进行统筹考虑。另外，还可探索将该类人群中符合条件的群体（如缴纳社保在一定的年限等）纳入现有公租房保障体系，在适当放宽收入标准的前提下，以合理的租金标准为其提供稳定的居所。

（三）新就业职工住房问题解决策略

这一人群的普遍特征是：受过良好的教育，是城市白领一族，有较稳定的工作，处于人生的上升期，收入增长可以预期，自我改善能力强。外来新入职大学毕业生在进入广州的初期，由于收入较低、支付能力弱，多与同学、同事或者老乡合租。随着收入改善，支付能力逐步提高，逐渐转向单独租住。进入了适婚年龄的，考虑与伴侣租房或购房，开始新的居住生活。这一群体对交通、环境、治安、房屋状况等的要求较高，也愿意为此支付更高的租金。由于自我改善能力较强，选择余地大，这类人群住房保障的需求弹性相对较大。

综上所述，在这类人群步入社会的初期，住房保障主要是满足其过渡性的需要，所以公租房是适宜的保障产品。由于工作的需要，他们对交通设施要求更为敏感，完善的交通配套设施是这一人群选择住房的重要条件，否则，再好的保障房产品也难以得到他们的青睐。随着这类人群工作年限增长、收入的提高，他们购房的意愿强烈，对购买型保障产品的需求大。另外，与租赁型保障产品比较而言，他们对购买型保障产品的项目区位需求弹性更小一些。换言之，较偏远的购买型保障产品也是其可以接受的。

（四）引进人才的住房保障诉求及解决策略

由于引进和留住基础性人才对广州城市发展具有重要意义，因此，其住房问题应引起高度重视。建议建立起多层次、多渠道和多形式的人才住房问题解决机制，如建设一定数量人才公寓满足他们过渡性的住房需求，同时还可以采取多种灵活的方式，如向符合一定条件的人才发放购房补贴或购房贴息、租房补贴等，资助其购买或租赁住房，也可向其定向供应购买型保障房，以多种方式让他们更加稳定地留下来为广州服务。

三、关于保障性住房规划、建设、管理等方面的建议

（一）推行差异化的住房供应策略，建立健全住房保障体系，解决不同收入层次居民住房问题

从长远的角度讲，解决居民的住房需求需对不同的人群推行差异化的住房供应策略。具体而言，对于城市高收入及中高收入人群，不仅完全可以通过商品房市场解决住房问题，必要时还应通过相关的金融与税收等政策对其过度的投资与消费行为进行限制，即所谓“高端有市场”；对于中等收入人群中的收入较高的家庭（即中上收入人群），可通过提供金融、税收等方面的支持，帮助其购买满足刚性需求的普通商品住宅，同时对于中等收入人群中的收入偏低、无法从市场上购买到合适住房的群体（即中等及中低收入人群），可提供类似于“共有产权住房”一类的产权式住房保障产品给予帮助，即所谓“中端有支持”；对于城市低收入人群，则主要以租赁式住房保障产品为主，采取各种措施确保公共租赁住房的建设，同时结合实物配租与租赁补贴等多种方式解决其住房问题，即所谓“低端有保障”。以此形成覆盖全社会的完善的住房保障体系，以多元化的保障方式满足不同收入层次居民多元化的住房诉求。

（二）创新住房保障方式，推出共有产权住房，解决夹心阶层住房问题

经过政府多年来持续不断的努力，目前关于低收入人群的住房保障相对来说已较为完善，但夹心阶层（即“中等及偏下”收入群体）的住房困难问题在房价居高不下的当下显得较为突出。

这类人群无力从市场上购买商品房，又不符合经适房保障条件（实际上，从2011年开始，广州市业已停止了新的经适房建设），但他们对产权型保障产品有较

强烈的需求。曾经出现过的经适房和限价房产品又因为存在着诸如定价不合理、与保障人群支付能力不匹配、保障产品产权界定不清晰、保障的悬崖效应明显等问题，颇受质疑。然而，实际上，产权式保障产品有其存在的科学性与合理性，体现在：（1）群众有需求。从历次住房保障需求调查反映的情况看，住房困难群众对产权式保障产品的诉求强烈。（2）增值保共享。从维护社会公正、共享社会发展成果的理念出发，让中低收入者也能享受资产保值增值带来的收益的举措具有合理性。（3）经验可借鉴。实际上，无论是境外的香港、新加坡，还是国内的上海、北京、淮安等城市都有产权式保障产品，并且对稳定社会预期发挥了重要作用。

因此，建议解放思想，创新住房保障产品，将目前经适房和限价房这两种产权型的政策性住房合并为一种新型的、由个人与政府共同享有产权的保障产品（以下称“共有产权住房”）。让中等及偏低收入的“夹心层”家庭可以结合其支付能力，按比例购买共有产权住房，与政府共同持有物业的所有权，并按照契约的约定享受权益和承担义务。这种产品可以通过新建的方式提供，也可以在条件许可的情况下，由原来的租赁性保障房通过出售转化而来。

对于共有产权住房的定价，建议参考邻近香港的经验，按照同地段同类物业市场价 40%—60%、最高不能超过 80% 确定。差额部分可以理解为政府通过减免地价和税收优惠来提供购房补贴，在核算权属比例时，则可以按照购房时的比例进行分配。

共有产权住房的优点在于明晰产权，服务群体定位清晰，其实施成败的关键在于精细化的准入、退出和转售利益分配机制的设立以及强有力的监管体系建设，尤其是要依托居民经济收入核对中心等机构，建立起一套有效的申报、核查机制，杜绝公共资源滥用。

（三）在将符合条件的外来人员纳入住房保障范畴的同时，应充分利用成熟租赁市场解决外来人员住房困难

经过多年培育，广州市租赁市场发达，租赁型住房数量庞大、分布均匀，产品多元，在很大程度上解决了不同层次人群的住房需要。发挥成熟租赁市场的功能，利用市场的力量，可有效解决住房需求多样化的问题。

在众多租赁房源中，城中村出租屋在解决城市外来务工人群住房问题上扮演了重要的角色。目前，广州城中村中聚居了数以百万计的外来人口。在政府还没有足

够财力提供充足保障性住房情况下，城中村出租屋实质上起到了“廉租房”和“过渡房”的作用，安置了大量外来务工人员，纾解了城市化急速发展对城市的压力和冲击。

此次调查发现，相当多外来人口对居住状况还是比较满意的，他们认为居住在城中村，生活方便，交通便利，租金能够接受。经过长期的自然发展，不少城中村里老乡聚集，已经形成了相对稳定的、良性的居住生态。在城中村里，因应不同的需要，也出现了许多公寓房，由一些商家或个人整栋甚至连片承包，经过简单的装修，配以一定物业管理，即可以较高的租金租给周边上班的城市白领，在获得满意的租金回报的同时，也满足了不少收入较高的外来人口的居住需要。

我们建议，在将符合条件的外来人员纳入住房保障范畴的同时，应依托发达的租赁市场，利用好存量房，尤其是城中村出租屋等中低价位的房源来解决外来人员的住房问题。加强出租屋管理，投入资源，整治城中村的社会治安、环境卫生与消防隐患，尽力为外来人口创造适宜的居住环境。当然，随着城中村改造的深入，未来几年城中村的廉价房将大量减少。为此，建议在城中村改造中，切实考虑外来务工人员的居住问题，留出一部分面积配建公租房；同时，可顺应村民愿意出租住房增加收入的想法，将安置村民的住房设计成合适于村民家庭居住的户型配以小户型进行补偿，小户型住房有利于村民出租，既增加了村民的收入，又增加小户型住宅的供应，解决外来人口的住房困难问题。

（四）保障房规划建设中应关注项目选址并做到交通便利

调查发现，受访者对保障房最敏感的是项目区位，绝大多数人希望能在现居住地附近“就近保障”。然而，由于老城区或中心城区建设用地紧张，难以筹集连片建设用地，因此建议在直管房住宅修缮和连片改造中，适当放宽规划限制条件、提高开发强度，建设保障房；也可出台政策，鼓励“三旧”改造项目中配建保障房，以增加中心城区宜居房源的供应。

由政府主导建设的保障房，应尽量选址于靠近老城区或中心城区的位置，如确实需要在较远地方布置，则应选择在交通便利的区域，并做到配套先行。轨道交通、快速公交线等的通达，医疗、教育设施的设立显得尤为重要。

（五）产品设计紧凑实用，过滤不当需求

调查发现，有迫切需要的低收入群体，对保障房面积、配建标准等要求普遍不

高，面积多在20—50平方米之间，以两居室户型居多。因此，建议适当提高建设强度，采用紧凑、实用的产品设计，尽量压缩私人居住空间，做到满足基本居住需求，减少不符合条件人群“搭便车”现象的发生。

另一方面，紧凑的设计，也能提高土地使用效率，实现节约集约利用土地；较小的住房面积，还能减轻保障对象的经济负担；而适度拉开保障房与商品住房的差距，也可从另一个角度体现社会公平。

（六）关注保障对象的实际需要，完善保障性住宅小区的配套

高度重视保障房小区配套设施建设，尤其是在较偏远区域兴建的社区，更应加快各类设施建设速度，做到配套先行，满足居民入住后日常生活、就医、就学的需要。

在各类设施中，教育配套设施显得尤为重要。应完善教育配套设施、增强师资力量，让中低收入家庭子女享有良好的教育资源，从根本上增强他们自我改善的能力。

与普通居民小区相比，保障房小区中高龄、重症、残疾、精神病的比例偏高。由于人群的特殊性，其对配套设施的要求较普通社区更高，因此应根据特殊人群的需要进行有针对性的配套设施建设，如小区中设置盲道等无障碍设施、设立社区康复中心等。同时，还应当备置一定比例服务于残障人士的无障碍住房，真正做到住房保障，以人为本。

同时，对已经落成的小区，要加大硬件上的投入，持续改善社区环境，增加社区服务，以提升居住便利性。

（七）针对各类人群设立独立的申报通道，优化保障房分配管理

由于各类人群特点、需要不同，混合申报容易使一些迫切需要获得保障的人群得不到及时救济，也不利于政府有针对性地制定保障房建设计划。因此，可借鉴日本、香港等国家和地区的先进经验，针对不同人群，设立独立的申报通道。例如设立残障人士申报通道、长者申报通道、单身人士申报通道和引进人才申报通道等，以优化保障房分配管理。

（八）增强物业服务，完善社区管理

随着越来越多的保障房落成投入使用，其物业管理的重要性将逐步显现。然

而，由于保障房小区入住人群的特殊性（多为低收入住房困难家庭）、产权多样性（既有政府具有完全产权的廉租房、公租房，也有住户拥有部分产权的经适房、限价房和住户拥有完全产权的拆迁安置新社区），又使其物业管理与产权单一的普通住宅小区有很大差别。在我们的实证调查中发现，目前，保障性住房小区的物业管理问题主要存在于制度层面、组织层面与实施层面，同时也发现目前住户对物业管理公司的服务满意度普遍不高。

我们建议，针对目前保障性住房物业管理中存在的问题，尽快出台具有针对性的保障房小区物业管理规定；明确各方职责、权限；设定保障房小区物业服务标准和服务内容；建立物业管理早期介入机制、物业服务企业的选聘、续聘、考评机制和物业服务费用的财政补贴机制。同时，还应增强社区服务、完善社区管理，针对入住人群的特征，引入义工组织，提供多元化技能培训，为中低收入家庭创造就业机会，鼓励自我管理，培育积极向上的居住氛围。让宝贵的公共资源能得以最大程度的善用，同时也能使保障房小区真正进入建、管、住、用的良性循环。

（九）引入专业化团队，加强保障房小区经营性物业运营管理

保障房的商业设施是一笔丰厚的财富，在筹集保障房建设资金、弥补管理费用收入不足上发挥巨大作用。随着保障房项目的落成和入住人数的增长，这一资源优势越发突出。如何用好、管好这些设施变得尤为重要。

加强保障房小区经营性设施的运营管理。建议学习香港等地的做法，聘请经验丰富的专业团队参与经营和管理。在设计、建设之初即由专业团队介入，明确商业设施的功能定位；在运行初期则进行合理的业态规划和招租；在项目正式运行期，实施有效管理，保持良好的使用状态，开展持续营销活动，增加租金收入，以在一定程度上实现“以商养住”，提高公共资金的使用效益。

（选自广州市哲学社会科学发展“十二五”规划2012年度课题“新型城市化背景下具有广州特色的特大城市住房供应与保障体系研究”。课题负责人：陈琳；成员：谭建辉、周耀旭、吴开泽、吴剑平、陈怡、陈平、崔智海、邹伟良、谭剑等。）

流动老年人口的社会支持与融入

——基于广州市个案的社会学分析

王世斌（广东工贸职业技术学院）

根据第六次全国人口普查数据显示，广东省常住人口已过亿，在常住人口中，户口登记地在其他县（市、区）且离开户口登记地半年以上的人口，即所说的流动人口占常住人口的30.00%。这次普查在粤登记的省外流动人口就达2697万人。作为全国第一人口大省的第一人口大市——广州市，常住人口为1270.08万人，常住的流动人口有476万人，来自省外的有300万人。流动人口表现为举家迁移和在流入地长期居留趋势明显。一半以上的流动人口在流入地居住3年以上，流动人口携配偶、子女、父母一同流动的已占66%，人口流动的家庭化趋势明显。

老年人是个特殊的社会群体，伴随年龄的增长，必然面临各项生理机能的衰弱。特别是流动老人，远离常年工作和生活的熟悉环境，距离因素疏远了与单位、多数亲朋好友的联系，他们需要更多的关注和支持。目前，对老年人社会支持方面的研究主要集中在老年人主观幸福感、生活满意度和心理健康等方面。现有的老年人社会支持研究和调查分别从不同角度探讨了我国老年人的社会支持状况，在一定程度上论述了社会支持与老年人生活各方面的关系，为我们了解和正视这一问题提供了一些可靠的数据与资料，同时也为我们的后续研究提供了宝贵的借鉴。从总体来说，对老年人社会支持的研究还不够深入，范围也不够广。关于流动老年人的社会支持的研究还处于空白状态。

对于社会支持的研究起源于20世纪70年代，最初的研究较多地应用于精神疾病及医疗康复领域。后来社会支持受到社会学界的重视并从不同的理论视角加以解释和研究。Canlan将社会支持定义为家人、亲朋好友和左右邻里等给予的各种支持和帮助[1]。House在此基础上加入有关自身环境的自我评价，认为社会支持是人与人之间的相互作用，包括情感上的关心、工具性援助，以及信息互通和有关自身环境的自我评价[2]。但是，社会支持作为科学研究的对象和专业上的概念，从它被提出来以来，其内涵众说纷纭，至今尚未形成统一的认识[3]。而有关社会支持的主要内容，学者们的研究相对来说达成一致，主要集中在经济支持、生活支持与心理情感支持三个方面。本文基于广州市流动老年人口的调查分析，从流动老年人经济支持、生活支持和心理情感支持三个方面来论述流动老年人口的支持状况。这对于流动老年人个人安度晚年、提高生活质量，对于社会经济发展进程中的人口城市化问题，构建社会的和谐稳定都有重要的意义。

一、流动老人与其同住子女的基本情况

1. 流动老年人的基本情况

本课题把流动老年人口界定为离开原居住地流入到广州生活而没有办理户口迁移的60岁及以上人口。以偶遇抽样方法，直接确定广州市流动人口最多的番禺区、白云区和天河区作为调查区域，在这三个区域选取小区、街道、公园、超市、菜市场等作为具体实施调查地点。调查员手持问卷先通过观察，然后搭讪确定调查对象。因采用的是偶遇抽样，并把在广州市荔湾区和越秀区收集的个别样本也纳入到统计分析，共收集有效问卷361份。多数老人属于省内跨地区流动，占62.71%，其他跨省流动老人来自广东省之外的17个省份，其中比例较多者为广东周边的三个省/自治区，分别是：湖南（11.86%）、广西（6.78%）和江西（6.10%）。调查显示，有49.07%的流动老人在广州生活了5年以上，居住了3—5年的占16.98%，约1/3（33.95%）的流动老人已经居住了0—3年时间。

表1　流动老年人社会人口学特征分布情况

变量	百分比（%）
性别	
男	45.13
女	54.87

（续表）

变量	百分比（%）
年龄	
60—69	70.28
70—79	26.39
80岁及以上	3.33
户口所在地	
地级以上城市	25.85
县城	22.77
乡镇	23.69
农村	27.69
教育程度	
小学及以下	49.44
初中	28.33
高中 / 中专	16.39
大学	5.83
婚姻	
配偶在，一起生活	58.33
分居	9.72
丧偶	30.28
其他	1.67
退休前从事的职业	
党政机关干部	2.79
事业单位人员	11.73
企业单位人员	17.04
个体工商人员	20.67
务农	40.5
其他	7.26

2. 同住子女的基本情况

被调查的流动老人中有24位是与亲戚朋友等居住，其余绝大多数人住子女家庭。在与子女同住的流动老年人中，我们询问了其子女的一些基本信息，收集了310位流动老人同住子女的基本情况，具体如下：

流动老人投靠的儿女，以在民营企业（27.91%）、事业单位（23.01%）工作，

或是个体工商户 / 私营老板（24.85%）为主。在国有企业工作者占 13.19%，有 5.21% 属于党政机关工作人员。

一半以上（54.55%）集中在 31—40 岁年龄段，41—50 岁年龄段者也超过了 1/4，占 27.59%，30 岁以下者占 13.48%，只有少数是 51—60 岁年龄段者，60 岁以上者没有样本。

超过四成（40.63%）的子女已在广州工作 6—10 年，约 1/3（33.68%）的已工作 10 年以上，工作 3—5 年者超过两成，占 21.18%，只有 4.51% 的子女工作不到三年时间。

文化程度以大学为主，约占七成，其中，本科占 44.51%，大专占 25.08%。约 1/4（25.08%）的属于高中及以下文化程度，硕士和博士文化程度者合计占 5.33%。

儿子或女儿的月收入，45.85% 的在 5000 元到 10000 元之间，32.23% 的在 5000 元以下，约两成者（21.93%）超过万元，其中 6.98% 的月收入超过 20000 元。

儿媳或女婿的月收入超过半数（52.33%）在 5000 元以下，34.05% 的在 5000 元到 10000 元之间，月收入万元以上者占 13.62%，其中超过 20000 元者只占 2.51%。

在子女样本中，超过六成子女（62.10%）购买的是商品房，约三成（29.62%）是租房，还有 8.28% 的子女居住的是其他形式的住房。

二、社会支持

1. 经济支持

流动老年人的经济状况。“自己有足够的养老金，较富裕”与“自己的养老金够用，不需要子女给钱”，分别占 13.88% 和 35.69%，即完全依靠自己可以养老的占近一半（49.57%）。另外超过一半的流动老人属于“自己有很少养老金，需要子女支持”与“自己基本没有养老金，完全依靠子女”，分别占 25.5% 和 23.8%。

但是，不同户籍流动老年人经济状况差异显著。如表 2 所示，从城市到农村流动老年人的经济状况逐渐恶化，地级以上城市的流动老年人近八成能够依靠自己的养老金养老而不需要子女的经济支持，可是有约 3/4 的农村流动老年人基本没有养老金或有很少的养老金，完全依靠子女的占到 46.07%。相比之下，乡镇流动老年人需要依靠子女经济供养的所占比例也较大，占到近 2/3。

表 2　不同户籍流动老年人经济状况比较

	自己有足够的养老金，较富裕	自己的养老金够用，不需要子女给钱	自己有很少的养老金，需要子女支持	自己基本没有养老金，完全依靠子女
地级以上城市	35.44%	44.3%	17.72%	2.53%
县城	8.22%	53.42%	27.4%	10.96%
乡镇	3.95%	31.58%	32.89%	31.58%
农村	3.37%	21.35%	29.21%	46.07%

同住子女给父母的经济支持。流动老年人从老家来到广州绝大多数是与子女同住的，且与成家或未成家的儿子一起居住者居多，占 75.49%；与成家或未成家的女儿一起居住的不到两成（17.67%）；只有个别的是投亲访友的。同住子女孝敬父母的方式主要表现为：经常买东西（27.96%）、逢年过节给钱（24.36%）、经常给钱（20.93%）和逢年过节买东西（18.70%）。

分住子女给父母的经济支持。所调查的 361 位流动老年人，平均有子女 2.9 个，其中有 49 位父 / 母跟随独生子女来广州居住生活。而分住子女因不能经常与父母在一起，对父母的表达方式相比同住子女略有不同，主要表现为：逢年过节给钱（30.86%）、逢年过节买东西（25.65%）、经常给钱（17.10%）和经常买东西（15.99%）。

同住子女多表现为经常买东西和逢年过节给钱，而分住子女多是逢年过节给钱或买东西。值得注意的是，同住子女和分住子女中都有个别很少或基本不给父母钱物的。

2. 生活支持

流动老年人来广州的主要原因是：帮子女照看孩子（41.47%）和帮子女照料家务（17.85%），二者占近六成（59.32%）。从自身考虑来广州单纯为了与子女一起居住和单纯为了养老的，分别占 14.70% 和 12.86%。而年老体弱需要子女照顾只占 7.35%。

超过八成（82.55%）的老人认为自己的身体状况较好，其中认为自己身体很健康的占近四成（39.34%），认为身体不好但能自理者占 13.57%。

因此，从流动老人来广州投靠子女的原因和老人的身体健康状况来看，流动老人基本上不是来广州让子女照顾而多是来帮助子女，帮助忙于工作的子女照看孩子和料理家务。

因为子女忙碌，自己的身体会一天天衰弱，流动老年人表现出对未来需要照料时的担心。这种担心我们从“您是否对自己未来的养老担心？主要担心哪些方面?”得到反映，结果显示，有超过七成（72.36%）的老人对自己今后的养老表示担心。流动老人主要担心的是健康问题，一方面是担心生病，子女忙无人照顾；另一方面是担心医药费高，自己养老金不足，怕拖累子女。有的担心“儿子对自己不够上心，女儿离自己远”，也有的担心去留问题，有意回老家但子女又不在身边。还有的担心目前的身体和环境适应性以及与人相处问题。

当假设身体不好需要有人照料时，流动老人如何规划自己的养老生活呢？调查结果显示，有超过六成（61.49%）的流动老人愿意继续留在广州常住，由这里的子女照顾；有 28.32% 的选择回老家，由其他子女照顾。其余的表示自己愿意去养老院，那么，进一步追问：计划去住哪里的养老院？广州的抑或是老家的？其中约四成半的老人计划在广州的养老院养老。

3. 心理情感支持

与老人一起居住的子女是否陪父母聊天呢？调查结果显示，近四成（38.57%）的子女能经常陪父母聊天，有近六成（59.14%）的子女很少或偶尔与父母聊天，个别的基本没有。那么，不在一起居住的子女与老人联系的情况是怎样的呢？除了独生子女父母外，不在一起居住的子女能经常和偶尔与父母联系的各约占 1/3，分别占 33.04% 和 34.50%；近 1/4 的则联系很少，表现一般的占 23.68%。当然，个别的子女基本与父母不联系。

在与儿媳或女婿的关系问题上，有 342 位流动老人回答了这个问题，45.61% 的认为“较好”，有 34.80% 的认为“很好”，就是说认为与儿媳或女婿相处融洽者超过了八成。16.67% 的认为关系“一般”，还有十位老人认为与儿媳或女婿的关系不好，其中，有一位认为“很不好”。

从发生在流动老人一周内的行为活动上可以看出流动老人的精神慰藉情况，有约三成（30.13%）的老人一周中获得了电话问候，外出吃饭的比例也不小（25.64%），子女陪同购物和陪同游玩的分别占 15.17% 和 9.40%，亲朋好友来看望和老人外出拜访亲朋好友的各占 12.61% 和 7.05%。

统计结果表明，有22.73%的流动老人能经常与老家的亲朋好友相互打电话问候，有超过六成（63.64%）的老人只是偶尔与老家联系，甚至有13.64%的老人与老家断绝了音信，不再联系。

三、流动老人遇到的主要问题及社会融入

表3所示，不管是来自城市或农村，流动老人表现最主要的问题是割舍不了的思乡之情。"想老家"占比例最大，与"挂念其他子女家庭"合计，平均超过四成。其次是医疗问题，主要表现在流动老人在广州看病报销难或根本无法报销的问题和广州医疗费用高，害怕生病难以承担医药费以及怕拖累子女。"感到孤独寂寞"是城乡流动老人的共同表现，但是，在环境适应方面，农村老人表现了更多的不适应，是地级以上城市老人的三倍多，有些流动老人认为广州车多、人多、嘈杂等，表现出对广州环境的不适应。担心生病没人照顾主要是指因为子女工作太忙，用一位老人的话就是生病会出现"有子女而无人照料"的情况。由于语言不通、环境不熟等导致流动老人很少外出，或与住所附近老人没有往来导致没人聊天，这些在广州遇到的问题也是流动老人不愿在广州久留的主要因素。

表3　不同户籍流动老人遇到的主要问题占比（%）

	医疗问题	环境不适应	孤独，寂寞	挂念其他子女家庭	想老家	与儿媳或女婿关系不和	担心生病没人照顾	其他
地级以上城市	27.97	5.08	10.17	16.10	22.88	0.85	14.41	2.54
县城	20.63	10.05	11.11	13.23	28.57	7.94	7.94	0.53
乡镇	15.70	12.40	13.22	19.83	27.27	1.65	7.44	2.48
农村	13.16	17.76	12.50	22.37	22.37	3.95	7.89	0.00

超过3/4（76.04%）的老人与居住的小区或住在附近的老人有来往，两成多的老人则与他人没有来往。具体与本地老年人的交往如何？有哪些问题？出现什么障碍？有46.46%的流动老人表示"与本地老人常在一起，很能合得来"，但是，由于广州特有的方言习俗使得超过1/4（26.91%）的流动老人感到与本地老人"语言不通、无法沟通"和"差异大，说不到一块"。也有两成多（22.10%）的流动老人坦言自己很少有机会与本地老人在一起，另外，个别流动老人也表示"对方不愿与我们外地人相处"。

当问到流动老人在广州是否遇到过自己被歧视的事时，多数流动老人回答没有感到自己被歧视，但是，有 12.33% 的老人表示在日常生活或外出时遇到过自己受到歧视的情况，比如外出问路遭到拒绝、“买东西，人家觉得我没钱买不起”等。

当问到“在遇到急需帮助的情况下，您能否在所居住的小区或附近找到机构或人员来帮助您呢”，有超过一半（54.22%）的老人认为容易或较容易找到帮助者。但是，有近 1/4（24.49%）的老人认为此事不易，还有 5.25% 的老人认为很难，其他的认为说不清。

对在广州的养老生活，有一半（50.44%）的流动老人感到“非常满意”或“比较满意”，有 43.36% 的感到“一般”，但是，还有 6.19% 的感到不满意。有超过六成（61.49%）的流动老人愿意继续留在广州常住；超过 1/3（36.21%）的流动老人计划回老家，其余的做了其他的选择。

四、结论与讨论

对于流动老人，不管是同住子女或是分住子女，绝大多数都不同程度表达了对父母的孝敬，表现不同的是，同住子女多经常给父母买东西而分住子女多逢年过节给父母钱。流动老人多属于年龄并不是太高的老年人，身体健康。他们来广州的主要目的是帮助子女照看孙辈，帮助料理家务，只有较少的老人是跟随子女享受“天伦之乐”和让子女照顾，所以说，流动老人不是生活的“被照顾者”而是“扮演”照料者的角色。但是，面对子女生活、工作的忙碌，流动老人暗自担心自己生病没人照顾。虽说子女特别是同住子女能不同程度给父母以精神慰藉，可是流动老人却难以排解对故乡的思恋，部分老人表现出孤独寂寞之感，且流动老人社区参与程度较低，农村籍老人表现得尤甚。面对流动老年人口的生活现状，我们不得不思考流动人口“去或留”的问题，即未来的养老问题，子女的流动导致一边是父母的“空巢”问题，一边是父母跟随流动子女被迫流动、离开熟悉的环境面临新的社会适应问题。由于户籍管理制度及其他一些人事管理制度，离开原籍和原单位的流动老人会面临更多的难题：其一是异地看病无法报销或报销难的问题；其二是无法享受单位的退休福利问题，更有甚者是有的单位让流动老人每年都要回原单位“按手印”以证明退休老人是否“存在”。同样是由于户籍制度，流入地政府不愿或没有动力把流动老年人口纳入到属地化管理。而研究结果恰恰表明有相当部分流动老人愿意继续留下来养老。随着人口流动家庭化的到来，作为流入地的城市，需要及早为这些老人的到来做好必要的准备[4]。一方面需要对全国养老保障进行“顶层设计”，特别是要破除流动老年人口看病难问题；另一方面要求流入地政府对流动老年人口实现公共服务的均等化，把流动老年人口纳入到属地的社区居家养老服务体系。

参考文献：

［1］Caplan G. Support Systems and Community Mental Health: Lectures on Concept Development [M]. New York: Behavioral Publications, 1974.

［2］House J S. Work Stress and Social Support [M]. Realing, MA: Addison-Wesley, 1981.

［3］陈成文，潘泽泉．论社会支持的社会学意义［J］．湖南师范大学社会科学学报，2000（6）：25-31.

［4］段成荣，杨舸，张斐，卢雪和．改革开放以来我国流动人口变动的九大趋势［J］．人口研究，2008（6）：30-43.

（选自广州市哲学社会科学发展“十二五”规划2012年度课题“广州市流动老年人口养老问题研究”。课题负责人：王世斌；成员：申群喜、连茜平等。）

广州市政府面向社会组织购买公共服务的模式探析

王明刚（广州科技贸易职业学院）

一、广州在公共服务购买方面取得的进步

近几年，广州坚持以社会组织法人治理为目标，大力推进去行政化改革，实现社会组织民间化、市场化发展，并最终构建起社会组织依法承担法人责任、管理机关依法监管的综合管理体制。

（一）规范社会组织管理

为促进公共服务购买规范化，广州在全国率先实施一系列社会组织登记改革的制度创新，颁布了《关于进一步深化社会组织登记改革助推社会组织发展的通知》、《广州市行业协会规范化治理指引》、《广州市社区社会组织管理试行办法》、《关于实施"广州市社会组织直接登记"社会创新观察项目的工作方案》、《印发广州市行业协会管理制度示范文本的通知》、《广州市行业协会商会承接政府有关职能的监督管理试行办法》、《广州市政府购买社会服务考核评估实施办法（试行）》、《关于简化4A以上等级社会组织年检程序的通知》等规范性文件，完善社会组织治理机制。

1. 降低门槛，简化审批程序

广州市民政局下发的《关于进一步深化社会组织登记改革助推社会组织发展的通知》于2012年1月1日起实施。该通知重点为社会组织"松绑"，围绕"降低准入门槛、简化登记程序、减轻登记负担、提高工作效率"四个方面深化社会组织

登记改革，首先从形式上去行政化。

2. 加强法人治理

在率先于行业协会商会中开展法人治理工作的基础上，广州市将法人治理逐步推广到所有社会组织，督促、指导社会组织完善内部治理结构。2011年，广州市民政局制定实施了《广州市行业协会规范化治理指引》和《广州市行业协会管理制度示范文本》，对行业协会会员管理、会员大会、理事会、监事会、秘书处等组织结构、运行机制、职责进行了系统全面规范，同时发布了行业协会选举制度、会员（代表）大会制度、理事会制度、监事会制度、财务管理制度等10项内部管理制度示范文本，并将之纳入年检、等级评估，以此推动行业协会法人治理机制建设。2012年起，广州市民政局又推出三项举措，包括社会组织全部设立监事会（监事），形成决策、执行、监督三者互相制衡的治理机制；社会团体主要负责人实行差额选举，扩大社会组织民主自治范围；出台社会组织负责人管理措施，加重社会组织法定代表人和其他负责人的职责，促使社会组织依法依规依章程认真履职。

3. 去行政化改革

去行政化改革是广州推进社会组织体制改革的重点任务。广州市民间组织管理局着力推动行业协会商会、工商经济类、公益服务类、社会服务类等四大类社会组织的去垄断化改革，打破垄断格局。具体措施包括：允许同一行业根据实际需要成立多个行业协会；允许慈善、文化、教育、体育、卫生、环境等公益服务性社会组织名称加“字号”，只要名称不相同，可以在同一行政区域内申请成立业务范围相同或相似的公益服务类社会团体；除法律、法规规定外，不得强迫任何组织和个人加入社会团体等。另外，广州市民间组织管理局还将建议：党政群机关、事业单位均不发起或指定发起人发起成立行业协会商会、工商经济类、公益慈善类、社会服务类社会组织；不举办或以指定、委托其他组织或个人等形式举办民办非企业单位等。

4. 实施分级管理

目前，广州市民政局正在建设全市社会组织诚信信息数据库，将分批对社会组织进行评估，计划到2015年完成全面评估。获得3A以上评估等级的社会组织，可优先接受政府职能转移，优先获得政府购买服务、奖励；获得3A以上评估等级的慈善组织等公益性社会团体可按照规定申请公益性捐赠税前扣除资格；获得4A以上评估等级的社会组织在年度检查时，可简化年检程序。对未参加评估或评估达不到3A等级的社会组织，登记管理机关将督促其规范内部机制，强化规范管理等。分级管理为社会组织提供了发展的方向和动力，促进社会组织向品牌化发展。

（二）规范公共服务购买程序

1. 规范购买流程

街（镇）是购买社会服务的主要实施主体，广州市民政局制定了《广州市街道社区综合服务中心实施政府购买服务流程规范（试行）》，规定了实施主体、服务内容和目标、项目的公布与招投标、服务供应方的确定、项目的执行与管理、项目成效评估等，为街道社区购买公共服务提供了可操作流程。

2. 规范购买主体

为进一步推进社会组织承接政府转移职能，2013年1月，广州市政府出台了《广州市具备承接政府职能转移和购买服务资质的社会组织目录管理办法的通知》，对承接政府转移职能和购买服务的社会组织应当具备的资质条件、资质申请过程等做出了规定。广州市民间组织管理局将从申报单位中选拔出一批具有实力和公信力的社会组织，编制市级具备承接政府职能转移和购买服务资质的社会组织目录。

3. 试点政府购买

为积累经验，更好地在全市范围内推广，广州先行购买服务试点，开展社会管理体制改革创新试验工作。2011年，广州市社会管理改革组织试点购买社工机构服务，购买领域包括社会福利与救助、矛盾调处、权益维护、心理辅导、行为矫治、劳动就业、医疗卫生、青少年教育、残障康复、婚姻家庭等，20个社区综合服务中心成为试点街（镇），力求在政府购买服务试行方面取得突破。

4. 探索第三方评估机制

购买社会服务，绩效评估是一个关键环节。2010年，广州市政府颁布了《广州市政府购买社会服务考核评估实施办法（试行）》，从考核评估主体、考核评估标准、考核评估办法、考核评估程序、考核评估结果评价等几个方面，对政府购买服务合同的履行、服务项目目标达成度、社会效益、受益群体满意度等进行检查、评价。为了取得客观的评估结果，广州市探索实施独立的“第三方评估机制”。例如，广州在全市开展的20个家庭综合服务中心试点服务期满后，市政府投入近80万元，委托广州市社会工作协会承担评估工作，社协为此聘请了20名在校大学生做观察员，进行长期跟踪调查，在社区里匿名体验服务，同时还组织了26位由高校教师、香港督导等组成的评估团对20个试点进行中期和末期的审核打分。

5. 信息公开

广州市民政局开办了广州市社区服务网，打造出一个政府购买公共服务的阳光平台。在该网站上，广州市民政局及时公布政府购买服务的项目招标、项目评估信息，供相关社工机构查询，同时向社会公示全部工作进程。

得益于制度的逐渐完善，广州社会组织发展迅速，在公共服务中发挥着越来越重要的作用。目前，广州市社工机构的规模约占全省民办社工机构的一半，而且已经全部实现了民间化、专业化。过去五年（2008—2013年），广州市用于购买公共服务的财政资金从2008年的522万元增加到2013年的3.2亿元，购买项目从3项拓展到21项。

二、广州在公共服务购买方面存在的问题

购买公共服务，无论是对于政府还是社会组织，都是一个还处在探索、磨合阶段的新生事物，与一些发达国家和地区相比，广州仍存在不小的差距。

（一）合作重形式、轻绩效

政府对购买项目的社会和经济效益关注度不高，疏于合同管理和绩效评估。民间组织情况也不容乐观，多数民间组织更像是政府的附属机构，依靠政府补贴生存，在提供公共服务方面比较被动，项目开展过程中没有表现出足够的积极性和高效率，并不为社会全面接受。

（二）购买内容有待扩大

许多地方在政府购买服务中，最大的瓶颈问题是一些公共服务的职能没有真正转移到社会组织，尤其是涉及利益关系的关键职能还牢牢掌控在政府部门手中。对

于政府，因为权力转移感到被冷落，甚至人为制造阻力。尽管2012年广州出台了规定，社会组织无须挂靠单位可直接登记，但社会组织登记后能承接什么服务，还决定于政府将哪些服务下放给社会。

（三）成熟的社会组织数量较少

政府购买公共服务有利于提高效率的重要前提是，投标者在价格、技术、质量等各环节要有充分竞争，这就要求市场中存在数量足够多、类型足够丰富的潜在公共服务生产者。截至2013年，人口超过1600万的广州，165个合乎资质的社工机构中仅有125家成功获得服务购买资格；而人口不过700多万的香港，却有超过1万家民间组织，承担着大量社会管理和服务职能。

（四）沟通机制不畅

政府在购买社会服务的过程中，应当进行充分、及时的信息公开，不仅可以让社会组织和企业及时了解信息并积极参与竞标，同时也可以为网民与媒体提供一个获得信息的平台和渠道，便于对购买过程和实施过程进行监督。

（五）资金投入不足

广州的民间组织几乎都面临同样的困难，就是财政划拨资金不足，自筹资金难度大。由于税收制度限制、观念滞后等，企业、基金会、公益机构对于社会工作的投入严重不足。

（六）购买双方难以保持独立

向社会组织购买服务是一种新型的公共服务方式，在理念认识、财政预算、工作机制等方面与传统工作模式有所不同。政府购买公共服务的核心是建立契约式服务提供模式，它要求作为购买方的政府和承接方的社会组织之间保持独立，社会组织独立决策、独立运作、承担责任。

在广州市政府购买社会服务试点中，一些政府部门自办社会组织来承接社会服务，甚至于让有关系的组织承接了十几条街道的服务，形成公共服务垄断。在购买主体的关系上，存在购买双方非独立、平等，政府单向主导、低成本购买，职权介入的问题。同时由于提供服务的民间组织数量不多，政府向民间组织购买服务时，供应方也仅此一家，毫无竞争可言。

（七）从业人员不足

公益服务行业是一个很大的就业平台。在发达国家，慈善类的公共服务组织占整个就业人口的10%。广州社会组织具有较大的发展潜质，人才缺口大，随着民间组织的发展壮大，民间组织将会吸纳更多的人员就业。

三、政府购买公共服务的制度化机制建设

（一）制度构建

公共服务是无形产品，与政府采购的其他物质性的产品不同，为了规范发展，建立制度化的机制非常有必要，其目的是对服务双方的行为有清晰的约定，保障这种行为的可重复性、可复制性。完善的公共服务购买机制能够解决以下问题：购买内容与范围确定，购买方式及限定条件清晰，购买效果评价标准明确，购买行为发生纠纷后的救济途径畅通等。具体明确内容如下：

1. 服务购买的内容

制度化首先要确定服务购买的内容。国际上公共服务购买的领域非常广泛，包括：普通教育、职业教育和特殊教育，公共卫生，养老服务，残障服务，社区服务，文化与传统保护，就业促进、保障性住宅和其他社会问题解决，城市规划、交通、环境和其他政策咨询等。我国政府购买的公共服务主要涉及教育、公共卫生、文化、社会服务等领域。近年来，政府向社会开放的公共服务领域越来越广，众多民生项目、公益项目惠及越来越多的人群。

近五年（2008—2013年）来，广州市政府购买公共服务的项目不断得到拓展。从最初的3项基本服务项目——家庭服务、长者服务及青少年服务，到如今已经拓展到包括残障康复、精神康复、社区矫正、社区戒毒、移居人士服务、民族融合、异地务工人员服务等21种专业服务项目。2013年，广州市财政局公布了《广州市本级政府向社会组织购买服务目录（第一批）》，共140项事务纳入政府向社会组织购买服务范畴内，首批目录划分为基本公共服务事项、社会事务服务事项、行业管理与协调事项、技术服务事项、政府履职所需辅助性和技术性事务等5个一级目录，教育类、医疗卫生类等46个二级目录，对应具体140个三级目录。

2. 服务购买的主体

制度化要求确定哪些类别和级别的组织可以成为购买主体。公共服务购买的主体是非营利组织、营利组织、事业单位等，其中非营利组织是公共服务购买的重要主体。很多国家把非营利组织作为处理社会福利的第一道防线。不管是以新西兰为代表的政府管理私营化模式，还是以美国为代表的精简政府机构、服务外包模式，都把非营利组织作为重要的合作伙伴。2008 年，广州市仅有 10 家合乎资质的社工机构，到 2013 年，已发展到 160 多家。中标广州市政府购买服务项目的 125 家社工机构，全部是非营利社会组织。

3. 服务购买的方式

在当前条件下，公开竞标是获得公平、公正结果的最好方式。在我国，许多公共服务的购买订单不是在充分的市场竞争条件下订立的，更多是靠关系获得的。同时由于提供服务的社会组织数量不多，政府购买服务时，供货方屈指可数，也容易形成公共服务垄断，并由此带来服务质量差、费用高、资金使用不透明等一系列问题。

4. 服务购买的程序

公共服务的购买程序是否公正将直接影响竞买结果，因此，建立规范的购买程序很重要。政府购买公共服务的程序应包括制定采购计划和预算、财政部门批准预算、公布信息、公开招标、签订合同、项目实施、监督管理、绩效评估等。

5. 评估机构和标准

（1）评估机构

购买社会服务，绩效评估是一个关键环节。由于政府与服务方地位不对等，由政府机构来进行评估和验收，容易造成权力寻租，也容易导致数字化、政绩化取向。为了取得客观的评估结果，应设置独立的“第三方评估机制”，改变原来单一由政府机构来评估和验收的模式，在一定程度上可以避免出现“外行领导内行”的现象，也符合政府购买社会服务的初衷。广州市民政局 2010 年颁布的《广州市扶持发展社会工作类社会组织实施办法》中提出，要加强对政府购买服务的评估，建立事前、事中、事后的监控机制。到 2013 年，针对政府购买公共服务，广州市已经建立起一个评标、评估专家库。该专家库共175人，其中，社工专业专家158人，财会专业人才17人，在评标、评估时，从专家库随机抽取参评人员。

（2）评估标准

绩效评估需要通过科学的方法、程序和标准，从成本效益、顾客满意度、投入产出的比率、服务质量、社会反响等方面，对服务方完成的服务质量、效果做出客观的评价，进而形成一个系统化的评估标准。

（二）改进措施与建议

1. 完善相关法律条文

法律、政策等顶层设计的制度空白是政府购买服务的最大瓶颈。法律、法规的缺失，导致地方政府往往用红头文件来推进工作，不仅效力低，而且随意性大。一些地方政府出台的向社会组织购买服务暂行办法及目录等文件，在很大程度上属于纲领性设计，没有明确的时间表、实施方案，也没有详细的监督、考核和问责规定等，空白点较多。

发达国家大多通过立法来保障社会组织进行公共服务管理的自主权，完善的法律条文为公共服务社会化的发展一路保驾护航。与西方国家及香港地区相比，我国与政府购买公共服务相关的法律数量及内容都较少，只有《中华人民共和国政府采购法》，而且其没有将公共服务项目纳入政府采购范围，也未授予社会组织公共服务主体资质。

为促进公共服务购买过程规范化发展，应当对《中华人民共和国政府采购法》进行修订，将公共服务项目纳入政府采购范围，将社会组织纳入购买主体，并对购买的范围、程序、考核、经费保障等做出规定，使政府购买社会组织服务有法可依、有章可循。地方政府可根据本地情况，出台实施细则或配套政策，形成可操作的制度。

2. 扶持社会组织发展

目前，我国各类社会组织中多数还是属于互益性质的，公益性社会组织数量较少。其数量不多而且质量不高，政府的选择就非常有限；竞争难以充分开展，服务的质量就难以保障。

参与到更多的公共服务领域中去，首先需要社会组织成长起来。政府要从政策、资金、管理机制等方面支持社会组织建立、发展、壮大，引导和支持民间组织参与公共事务管理，不干预社会组织的内部管理，通过立法、制度建设来保障社会组织的独立性和自主权。

3. 建立监督和退出机制

（1）信息公开

政府购买社会服务的过程，应当进行网络公开，不仅可以让社会组织和企业及时了解信息、获得公平参与竞标的机会，同时也可以为公众与媒体提供一个获得信息的平台和渠道，便于对购买和实施过程进行监督。

（2）建立退出机制

为提高社会组织承担公共服务的能力，社会组织的登记、准入门槛逐渐降低后，建立退出机制、实施优胜劣汰的办法，对于促进公共服务供给水平的发展就十分必要。服务期满后，若社会组织评估验收不合格，可以给予其一个整改机会，如果整改达不到要求，就要取消其竞标资格。

4. 依据市场需求确定服务招标内容

有些地方政府以对自身是否有利为依据来确定服务购买项目，其结果就是可能出现货不对板，难以满足社会大众需求的情况，最终影响到政府的公信力和运用社会资源的整体效率。实际上，服务对象是否满意才是评价购买服务成功与否的重要标准。没有根据市场需求评估服务质量，不少社会组织只能跟着政府指挥棒转，而不是跟着服务对象转。因此，购买服务须引入群众评价，变“政府配餐”为“群众点菜”，通过专业的市场需求调研，获取真实可靠的数据，明确社会大众真正需要的公共服务内容和服务方式，确定公共服务购买项目。

5. 创新服务购买模式

从全国来看，市场化程度较高的广州在政府购买公共服务方面可谓走在前列。广州曾在全国首创“政府购买社会服务供需见面及展示洽谈会”，进行公共服务购买；近几年，广州借鉴香港等地经验，尝试运用家庭综合服务中心的形式购买社工服务。课题组认为，在政府购买公共服务的模式方面，广州可借鉴国内外先进经验，尝试更多模式，比如公益创投、慈善募捐、社会企业等模式，可以增加社会服务的资金来源，融合社会目标和经济目标，也给传统模式提供另外一种发展思路。

（选自广州市哲学社会科学发展“十二五”规划2012年度课题“政府面向社会组织购买公共服务的模式研究——以广州市为例”。课题负责人：王明刚；成员：魏红梅、李丹、刘惠苑、白文宇、何雪利。）

广州市社区服务需求研究

倪春丽（广东岭南职业技术学院）

一、问题的提出

（一）本课题的现实背景

需求是社会福利制度的中心，它界定了服务的目标和主体，是福利服务、社会计划与资源分配的基础。发现需求是社会工作的出发点和落脚点。进行没有需求，或者需求意义不大的社会工作，只会带来无谓的供给，浪费社会有限的财富。当前政府大力采购社会工作服务，建立社区综合服务中心的工作力度不断加大，积累了许多宝贵经验。但不可否认，当前社区服务工作仍然存在需求与供给不相匹配的情况，其突出表现是真正针对弱势群体的社会工作服务尚未被充分开发，也没有对其投入优势资源加以满足。例如某些家庭综合服务中心选址于中高收入人群聚集的成熟小区，而非贫弱人群集中的城中村；中心开展活动采用“先报名先得”的规则确定服务对象，缺少对申请对象的贫弱程度、需求迫切程度等情况进行考量并选取优先服务人群。因此，在大力推进社会工作改革的背景下，一个迫切需要解决的问题就是：社区服务供给的数量和质量如何与服务对象的需求相匹配？宏观层面表现为资源的供给水平是如何决定以及分配到不同社区；微观层面表现为社会服务供给在资源约束条件下，如何使得居民的社区服务需求得到最大满足。本课题尝试对社区居民的社区服务需求进行识别，寻找居民社区服务需求的评估标准和评估技术，从而为政府和社会工作服务机构提供决策参考，以有利于实现社会福利资源的有效配置。

（二）本课题创新程度、理论意义、应用价值

1. 创新程度

本课题的创新观点和成果包括：首次提出要以需求为出发点研究社区服务资源的有效供给，社区管理模式顶层设计的理论基础是公平与效率等突破性观点，在理论研究的基础上探寻对社区服务需求进行排序的标准，构建了社区服务需求的评估模型，最终形成判断资源分配优先次序的独特技术和方法。

2. 理论意义

当前有关社区服务供需平衡方面的理论研究仍较为薄弱。本课题对社区服务模式顶层设计的基本原理和依据进行研究，尝试明确社区服务领域资源有效分配的标准，并在此基础上构建决策模型，对弥补社区服务领域的理论不足具有学术意义。

3. 应用价值

政府购买社会服务，引入社会工作专业力量成为社区服务的创新模式。政府采购社会服务迫切需要解决政府采购什么、如何采购、如何监控和评价采购服务的质量、如何评价服务机构，社工机构如何识别居民的社区服务需求并进行资源的有效配置等现实问题。本课题基于供需联动的视角研究社区服务，针对政府与社工机构两大主体提出有效供给社区服务的参考建议，并构建了可运用于实务的社区服务项目优先值计算模型，对于社区服务决策和实施工作具有一定的应用价值。

二、本课题的研究目标与研究内容

（一）课题研究目标

本课题以广州社区服务需求的有效满足为出发点，通过理论研究以及访谈、调查问卷等实证研究方法，对广州社区服务的需求与供给现状进行分析，研究社区服务资源的分配标准，提出满足社区服务需求的相关对策。

（二）主要研究内容

（1）社区服务需求识别模型研究。采用文献研究法，对个体需求理论，公共需求理论，社会服务机构运作管理研究，发达国家和地区的社会服务满意度研究等理论进行深入分析。采用考察法、访谈法，对广州市社工机构提供的社会服务项目进行考察分析，寻找优先项目的共性规律。在理论研究和实际考察的基础上，提出社

区服务需求识别模型。

（2）社区服务需求问卷调查。根据需求识别模型设计调查问卷，选取社区展开调研。使用 SPSS 工具进行数据分析。

（3）社区服务需求管理对策研究。在需求识别模型研究的基础上，本课题进一步对政府，以及承接社区综合服务中心项目的社工机构的需求管理对策展开研究。对于前者主要探讨如何设计服务项目组合，以实现成本约束条件下服务效率的最优化；对于后者主要研究政府采购社会服务项目的组织，以需求满足为导向的服务机构绩效评价等。

三、本课题的主要成果、创新论点

（一）主要研究成果

本课题形成了社区服务需求领域从宏观到微观、从理论研究到实务建议的系列研究成果。

1. 当前社区服务的供需情况分析及供给对策

（1）当前社区服务需求的特点表现为：需求总量巨大且快速增长；需求多样化，基础服务领域和特色领域并存；需求层次提高，但整体需求层次比较低；以隐性需求为主，有待挖掘。

（2）社区服务供给存在的问题是：第一，供给不足。当前社会组织素质参差不齐，社会公信度不高，功能发挥不佳。社会工作者缺口巨大，社工专业训练不足，专业督导力量薄弱，社工的专业素养有待提高。第二，供给欠缺公平，表现为家庭综合服务中心选址不公，服务对象未进行筛选，供给信息不对称等。第三，特色不够，针对农民工问题、临终关怀、艾滋病防治、司法援助等的专项社工服务比较匮乏。第四，深度不够，表现为社区服务中心重点开展兴趣小组活动和社区文体活动，社区服务成了“有闲人群”的服务，针对困难人士的心理疏导、行为矫治、关系调适等专业化社会工作开展有限。

（3）社区服务供给对策。一是要发挥政府的主导作用：明确社区服务领域中的主体责任、职能及角色，促成社会组织的发展壮大；建立公平竞争机制；加强监管，建立科学的评估机制和信息披露机制；培养民众的消费意识，拉动社区服务需求。二是要加强社会工作服务机构建设：社工机构应当客观评估需求，对应需求的总量、水平和结构，合理安排供给；要主动进入生活场景，挖掘居民需求；要建立资源分配规则，平衡效率与公平；要提升专业服务能力，满足高层次的服务需求。

2. 社区服务资源的获取和配置研究

本课题组在社区服务需求调研中，对问题“您是否关心政府及社工机构提供社区服务的公平问题?”进行统计，结果显示，21.3% 的居民选择了“非常关心”，65.2% 的居民选择了“关心”，两者合计，关心社区服务公平性的居民达到 86.5%。这表明社区服务公平问题得到了人们的广泛关注。以公平和效率的角度审视社区发展问题具有本质意义。

（1）社区建设中公平和效率的概念

社会发展就是人类利用自然和社会两方面资源进行改造自然和自身，以达到发展目标的过程，本质上是资源归集、资源转化、资源增值的过程。从资源管理的动态过程来分析社区建设具有本质性的意义。社区建设通过资源投入、资源增值带来福利或效用，及其在社区居民以及相关各方中进行分配，就是社区发展的资源动态变化过程。在进行社区管理模式设计的时候，对投入社区发展的资源该如何组织、社区的资源该如何配置、资源的使用状况该如何监管，应该是社区管理最基本的问题。我国市场化配置资源的改革，从经济领域深化到社会公共服务领域，实践着“市场能做的事情，政府都让市场去做”这样的理念。市场对社会资源配置的基础性作用越来越得到证明和体现。对社区管理工作，很多城市探索通过市场或市场和行政结合的方式来完成部分服务的提供和资源的配置。在资源配置中，计划和市场作为配置资源的手段，都可以采用。只要有利于发展社会主义社会生产力，有利于增强社会主义国家的综合国力，有利于提高人民的生活水平，各种配置资源的方式都可以利用。

资源配置“三个有利于”的论述，解放了思想，拓展了高效利用资源的思路。其解放配置手段的同时，对资源配置的目的提出了清晰的要求，指出了资源配置、社会发展的方向。资源投入和配置的导向抽象出来有两个方面：效率和公平。

关于效率和公平的概念在不同的语境范畴下有不同的内涵和观点。西方经济学认为效率和公平存在对立矛盾关系，由此出发，关于公平和效率的关系主要有三种观点：效率优先、公平优先和效率与公平兼顾。国内学术界关于效率与公平关系的主要观点有：效率与公平关系的无关论、效率与公平关系的统一论、效率与公平关系的矛盾论、效率与公平关系的辨证论，以及公平与效率互促同向变动假设等。

有学者把公平和效率分为三级结构，即经济效率和经济公平、社会效率和社会公平、人类效率和人类公平。在三级结构的每一层次上，效率和公平都是成正相关的，彼此之间不存在冲突。其对立和冲突发生在经济效率与社会效率、经济公平与社会公平之间，间接表现为经济效率和社会公平的矛盾。我们在讨论社区资源管理中的效率和公平的概念时，应该区分采用不同级别公平的概念，对社区发展模式进行顶层设计所提的公平和效率更多是指社会公平和社会效率，因为统观全局，不能只从经济的角度来看问题。经济效率考虑的资源产出主要是经济收益，而社会效率考虑的资源产出除经济收益外还包括其他社会收益，如更加公平和谐的社会环境本身也是一种收益。对社区服务具体的微观运行所提的公平和效率则是从经济公平和经济效率的角度进行分析的。

社会效率是整个社会朝着人们期望的发展方向发展的效率，即人们获得社会发展收益和愿意牺牲的资源代价之间的比较。效率和公平之间的关系是统一的关系。它们的区分在于分别强调从财富的创造和财富的状态两个不同角度来看问题；它们统一于社会生产的整个过程。这里指的财富包括经济财富和其他社会财富，也指社会总效用。社会效率从社会财富创造的角度来衡量资源投入配置的合理性，社会公平从新增财富如何分配来满足人们各种需要的角度来衡量其合理性。资源的配置在全社会范围内能创造更多的财富，更好地满足人们的需要，则是有效率的；或者说消耗更少的资源能创造同样的财富，则这种资源在人群中的配置是有效率的。公平侧重于分配状态的合理性，这种合理性应该保障基本人权，保障人们获取更好生活条件的机会平等，保障每个人的生活水平有所提高，就是在不降低每个人的福利的情况下提高社会的总福利水平。人们希望实现社会公平，社会公平程度的提高本身也是整体社会福利或者效用的提高。这种合理性也包括了人们追求社会财富增加、追求人类发展目标的高效率实现。因此效率和公平统一于人们追求财富的合理性之中。

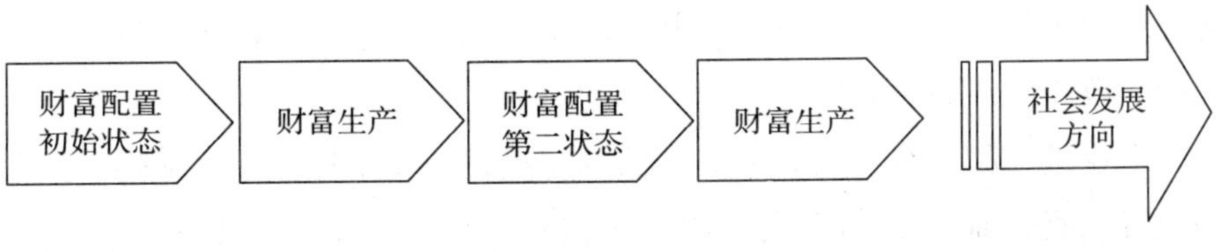

注：从财富配置状态角度考虑的合理性是公平；从财富生产的角度考虑的合理性是效率。

两者统一于符合社会发展的财富追求中。

效率和公平都是人们追求的合理性。效率的合理性是指资源的配置应有利于资源的增值，应符合人类社会发展的目标指向。侧重于这个角度合理性的人，会认为有效率的资源配置是合理的，从而也是正当的、公平的。公平的合理性是指发展的成果应该全民共享，在人群中，没有人因为发展而降低了福利，基本人权得以保证，社会公平正义得以实现。公平因而是人类社会发展的一个目标。社会公平的增加也就是人们总效用的增加。并且从市场经济理论可知，每位参与市场经济活动的人，平等自由地参与交易活动，在交易中获取消费者剩余或生产者剩余。因此，保证每位市场参与者的平等自由，保证机会公平和结果公平，财富的增加就会充分涌流。侧重于这个角度合理性的人，也会认为公平的资源配置有利于社会的长远发展，也是有效率的。

为实现社区发展目标，把握资源动态过程，围绕对效率和公平的追求，人们可以从本质上构建符合其愿望的社区管理模式。

（2）社区发展公共产品的性质

财富包括经济财富和其他社会财富的一个特征就是其有用性，即具有效用。效用的产生来源于需求。有需求才有效用，效用的增加指向财富的增长和发展目标的实现。因此，只有识别需求，对需求进行满足才能产生效用。如果是个体化的需求，则可以表现为市场化的需求，这部分需求可以通过市场的方式来识别需求和满足需求。一种产品提供来满足公共人群的各自需求，就是公共产品。对公共产品需求的满足，市场是失灵的。这部分需求往往通过政府的“有形之手”来满足。社区发展明显带有公共产品的性质。

公共产品是公众之事，西方经济学对公共产品供给的研究最终可以得出如下结论：区别于私人物品的帕累托最优要求个人边际替代率等于个人边际转换率，公共物品的帕累托最优要求所有人的“公共”边际替代率总合等于边际转换率。所有人总合的边际效用怎样来表达，成为公共需求是关键。这个公共需求可以通过代表民意的政府、政治组织等来表达。

社区事业是一种公共产品。公共产品的特点是非竞争性和非排他性，这是对特定的公众而言的。能满足两个人（或两个需求主体）以上的产品即可视为公共产品。一般而言，这个特定的公共人群对公共产品享用带来的效用是有差异的。对所有人而言，公共产品可以理解为以一种效用场的方式提供不同强度的效用，即对某些人、某些人群这些公共产品具有很强的效用，对有些人群有一定的效用，对另外的人群却只有很少的效用。例如生活小区内的物业管理，小区内的一些公共设施，对小区内的人群而言具有很强的效用值，对小区外周边的人群有一定的效用值，而对较远的人群和社区来说可能只有很少的效用值。

根据以上原理，在公共产品的提供上，我们应该注意两点：第一，公共产品的供给是有需求的公共主体决定的。这个公共主体里面的所有主体可能都是个人，也可能包含个人和法人、社会机构等不同团体。要在公共主体内获取公共需求的真实表达，必须有适当的民意收集和表达方式，其本质就是民主。两个人的公共产品由两个人协商决定，小区物业管理服务应该由小区居民协商决定。很多示范社区提出多元主体参与，政府改变用行政命令包办社会公共需求的方式，就是有益的实践，必然会提高公共产品供给的效率。第二，公共产品带给特定公共主体差异化的效用应尽量进行识别。社区发展是公共事业，同样具有效用场的特点。在效用场中能获得不用效用强度的主体应该承担相应的建设责任。当然，效用场中享受效用主体的效用值可以通过权利谈判、权利界定的方式改变初始的效用分配状态。比如一条高速公路，通过合同确定建设者以后收取一定费用的方式改变了本来效用的分配方式。建设方对产品以后收益的预期和建设的责任是匹配的。

（3）社区发展模式的讨论

2009 年，民政部表彰了全国 500 个和谐社区建设示范社区，其中呈现出各具特色的社区管理新模式。这些模式可以概括为行政主导型、半行政半自治型、企业主导型、自治型等。这些社区管理模式对具体的管理运作过程改革进行了非常好的探索并取得良好成效，如北京的朝阳模式突出如何利用信息系统进行资源整合和流程改进；焦作解放区的复合共治模式提出社区各方责任共担、资源共享、多元服务，进行领导力量的整合、行政力量的整合、社会力量的整合、社区力量的内部整合，从而促进社区发展。但因国家顶层设计的缺失，制度创新的深度不能符合这些模式的持续良性发展。比如杭州上城模式介绍社区建设资金的保障，“上城区通过财政支持、社会资助、费随事转等多元化渠道保障资金来源；加大社区创建投入”。说是保障，这里面似乎没有一条是可以保障的。如“财政支持”，既然是支持就是可多可少的；社会资助更是可多可少的；费随事转，费用是如何确定、新增的

"事"费从何来，都不能确定。没有顶层设计并配套相应的法律法规建设，政府的职能转变也很难实现。政府的职责不清、政府的职能缺失或越位，必然挫伤社区建设其他各方主体的积极性。

社区管理应该从资源动态过程中如何满足公平和效率的要求来解答以下问题：社区管理的财政投入合理吗？社区之间的投入分配是合理的吗？社区里不同的人群获得或享受社区服务产品的机会是均等的吗？社区的服务产品设计是否照顾到不同的人群并体现公平的原则？提供社区服务产品的主体竞争是公平的吗？社区服务各参与方是否形成公平的监督约束机制？

公平的前提是确认公平的对象，即享受机会和资源，获得服务的有差别人群或个体得到识别。他们的不同需求得到识别，在此基础上体现他们在机会上、程序上、结果上获得资源的合理性。在社区管理中，公平的对象从宏观到微观，划分为不同类型社区之间的公平性、同类社区之间的公平性、同一社区不同人群之间的公平性、个体和个体之间的公平性等。

社会公平的本质是一种价值判断。其在意识形态上是属于占统治地位的主流意识形态；在我国是属于社会主义道德和社会主义法治的范畴，是人民意志的体现。在法律上，人民群众对公平的要求通过人民代表大会反映出其意志。其中比较稳定的要求上升为法律，以宪法和法律来保障人民群众各方面的公平权利。对公平意志的执行落实则通过制度规范、组织体制来保证。通过对公平权利实现过程的监督和审议，保证公平要求在执行过程中不被扭曲，确实做到符合意志的公共需求得到满足和实现。在道德上，人民群众通过社会舆论来倡导、反映和监督公平意愿的实现。

社区管理中讲求效率和公平具有社会进步的现实意义。社区管理中提出公平和效率的问题，本质上是要实现社区更好更快发展。有效率的社区管理能以较小的资源投入获得社区管理的各种社会效应和经济效应，满足社区居民的各种生活需要，降低了生活成本，促进友好型、和谐持续发展社区的形成。讲求社区管理的公平，能较好地照顾、协调不同类型社区之间、同类型社区与社区之间、社区个体与个体之间的利益，促进共同发展，形成社会整体更好更快发展的局面。

要实现社区管理中的公平和效率，须从社区管理中公平意志的产生、表达、执行、监督各方面来保证。

（4）对社区发展资源配置公平和效率的思考

现有各地社区管理模式限于整个社会顶层设计的缺失，从传统模式向现代模式过渡时产生了严重的路径依赖。要取得整体的根本模式的突破，必须对社区管理投入资源模式、资源使用模式、资源监管模式进行顶层设计。顶层设计的理论基础是效率和公平。基于对效率和公平的共识，从法律上、制度上、组织上、各参与方主体上进行建设，形成既有法理基础的宏观管理架构，又能根据地方特点构建适应当地的具体社区管理模式。

第一，社区管理资源投入方面效率和公平的思考。

社区发展是多方共同的目标。需调动各方社区建设的积极性，共担建设责任，共享建设成果。建设责任最主要的表现是资源投入的数量和投入的方式。国家、当地政府、当地居民、社区内部居民、社区服务机构等各方分别应以什么方式投入多少资源？围绕发展目标，应从公平和效率的角度进行考量。

国家层面，可以从协调区域发展、转移收入支付、税赋贡献大小、区域社会发展目标、全国范围内社区发展资金分配立法、区域发展规划等方面，综合全社会经济发展的效率和公平因素来进行社区管理的顶层设计。

当地政府层面，在国家社区发展的法律法规框架下，根据当地社区发展规划、社区发展布局，对社区发展做出资金安排。社区内部居民是社区发展成果的直接享用者，可以以一定的财力、物力、人力投入来支持社区发展。这些投入包括社区自有资源（主要是产业、物业等）收入的一定比例、社区设施的共享、社区居民的志愿行为等。社区服务的提供机构是把社区投入资源转化为社区服务产品的主体，完全可以按照市场主体的办法进行建设，即他们本身应该具备市场竞争性，能够自我约束和自我发展。

这样，在保证公平提升的前提下，能够提高效率的做法得到鼓励和实施，反过来必将促进公平的发展。

第二，社区管理资源使用方面效率和公平的思考。

社区的发展应成为多方共享的成果。各方的需求转化为发展目标，各方的投入转化为建设发展成果。保证投入的效率，应有各方投入和产出的对比机制、激励机制。这里要说明的是，产出不仅仅是可以直接用货币衡量的效用，也有社会目标社会效益的达成、居民满意度的提高等方面。所以各方发展目标的设立既是社会发展方向的指向，又是投入产出成果的主要评价指标。因此各方发展目标的编制应充分考虑发展需求，挖掘各方内在真实的需要，通过目标的提出，安排资源投入，变成真实的需求。简单地说，资源投入以发展目标为依据，发展目标以发展需求为基础。社区的发展和投入应倾听各方的声音，依据需求来组织投入。

社会发展目标的设立，以需求为基础，特别要充分考虑公平的需求。比如对弱势群体应分别识别它们的需求，保证帮助各类弱势群体所需的资源投入比例。对各类弱势群体的资源投入安排要形成制度性的机制安排，并能根据情况的变化进行合理的调整。

在投入和需求清晰的条件下，进行社区服务市场采购是有效运作的合理方式。公平有效的市场采购需要建设公平的市场环境，培育合格的市场供应主体。比如采用招投标的方式、合格供应商竞价的方式来采购社区服务。在市场竞争的环境下，社区服务提供机构从业人员朝着多元化、专业化、职业化方向发展。

社区发展资源按需要流向发展的项目和人群。通过全社会范围的顶层设计，社区发展的合理性得到充分讨论，资源按照公平的要求高效率地流向需要的项目和人群。

第三，社区管理资源监管方面效率和公平的思考。

公共资源的收集、投入、分配、产出等过程必须运行在监管的阳光下，形成管理的闭环结构，才能不断优化资源配置，完善管理制度，调节具体运行流程，保证效率和公平水平不断提升。

政府资源的投入必须纳入政府财政预算，通过人民代表大会的审议来监督。社区资源的投入和使用情况，可以通过居民委员会来审议监督。社区服务机构可以通过居民满意度、采购合同完成度等监测指标来监管。

社区管理资源的监管，在整体设计时就统一考虑，构建精简高效的监管机制。监管是为了资源的高效公平利用，而监管工作的运行本身也要求公平高效。社区发展的监管涉及从政府到社区的各类机构，有不同的监管层级、不同的监管目的。在监管体系的构建中，尽量统一策划，建设精干的机构、高效的流程。同时吸纳不同利益的代表，建设多元的监管渠道，体现监管的公平性。国外采用一些先进的信息技术手段进行监管和社区绩效考核，也体现了效率和公平的要求。

3. 公平和效率相平衡视角下的社会福利资源分配标准研究

基于效率和公平是获取和配置社区服务资源的基本原则这一认识，本研究构建了社区服务资源分配的决策标准体系，该体系以效率与公平相平衡为逻辑起点和设计依据。其中效率标准包括成本－效果、外部性、非卫生结果；公平标准包括水平公平、垂直公平、紧急情况的拯救原则、对个人的积极影响、生命历程的完整性、个人 / 集体责任。

（1）社区服务资源分配的效率标准

效率是指在资源约束情况下实现效益（benefit）最大化，在福利经济学中效益是指主观偏好或效用，衡量一种分配比另一种分配更有效率取决于它能在更大范围内创造效用。常用的效率指标包括：

A. 成本－效果

成本－效果分析（cost–effectiveness analysis，缩写为 CEA）是一种常用的计量性经济学评价方法，是指用成本－效果比率来表示各方案投入单位成本所取得的效果大小，以此来评价经济效率，从而判断各方案的优劣程度。大量文献显示，成本－效果分析的应用越来越广泛，特别是被用于新的服务措施与现行服务措施的比较研究，为选择服务措施，有效分配公共福利资源提供决策依据。CEA 起源于成本－效益分析（cost–benefit analysis，缩写为 CBA）。与 CBA 不同，CEA 不需要将身心健康等社会效益转变成货币，它将效果用结果来表示，为将健康结果的货币值进行两难分析提供了一种方法。

在公共服务领域运用 CEA，可以将其理解为：以特定的服务目的或效果为指标，比较不同服务方案的成本高低，目的在于寻找达到某一服务效果时费用最合理的方案。成本和效果是 CEA 的两大基本要素。要对社区服务方案进行经济学评价，首先就要对成本和效果进行准确定位和计算。其中成本用货币单位表示，指的是社区服务过程中所投入的人力和物力的价值。效果用某种特定的指标，用服务覆盖人数、服务对象满意度等来表示。例如：某社区普及健康知识，目标是 500 人获得健康知识资讯，方案 1 是举办健康知识讲座，成本 2000 元，则成本－效果率为 4 元 / 人；发放健康知识手册，成本 500 元，则成本－效果率为 1 元 / 人，可以认为后者比前者具有更好的效率。

将成本－效果研究应用于分析社区服务资源分配的效率还面临着诸多挑战。首先，运用成本－效果分析有情境要求，通常对于相同的服务对象、目的，比较适合运用成本－效果分析法。例如，考虑为老人提供康乐性服务，可以将服务人数作为效果指标，通过比较不同娱乐方案的成本－效果值进行评估和抉择。但是，涉及不同群体，或目的不同的服务项目，则很难进行横向比较。例如，为某老人提供个案服务和为某儿童提供个案服务，难以进行成本－效果值的比较。又如，青少年的社会工作包含发展性服务、治疗性服务和支持性服务，对不同类型的服务方案进行成本－效果值比较也不现实，因为服务目的、层次是不一样的，哪怕使用共同的效果指标如满意度，其成本－效果值也不具有可比性。因此，在机构层面，对涉及不同群体不同层面的社区服务项目进行成本－效果分析，往往只能作为资源配置决策的参考依据，暂时无法作为精确的工具加以使用。

其次，指标的科学选取需要深入研究。效果指标方面，常用的指标有服务对象的满意度、服务对象的心理健康程度、服务对象人数、社会冲突案件化解数等。究竟如何选取效果指标？选取的依据是什么？是采用单一指标，还是综合指标？这些都是有待深入研究的问题。

最后，指标的准确测量存在困难。在各种效果指标中显然服务人数最易测量。例如开展小组活动时，可以通过预报名，估计存在服务需求的人数，进而计算成本－效果值。开展社区活动，也可以通过预测参与人数来评价活动效率。问题在于，人数并不能作为评价效果的唯一指标，服务质量也是必须考量的因素。但是对典型质量指标如满意度、心理健康程度等进行准确测量存在困难。成本方面的计算也可能存在障碍。例如社工开展个案服务可以采用案主恢复心理健康作为效果指标，然后估计达到预定目标所需投入的成本来判断服务效率，问题在于我们难以预测通过多少次的服务才能达到预定目标，因此要准确估计成本并不现实。

可见，成本－效果指标在实际运用时存在诸多困难，深入分析时所需的成本、时间，资源配置模型的复杂性必然会限制此方法的实际运用。因此，在实践中建议采用模糊评价法，而非进行精确的计算。

B. 外部性（溢出效应）

某些社区服务项目所产生的外部性也可以体现服务效率。外部性又称为溢出效应、外部影响或外差效应。外部性分为正外部性和负外部性。正外部性是某个行为个体的活动使他人或社会受益，而受益者无须花费代价，负外部性是某个行为个体的活动使他人或社会受损，而造成外部不经济的人却没有为此承担成本。社区服务的外部性是指正外部性，即项目的受益范围会辐射到周边人群。因此，服务项目的受益人群越广，则外部性越突出，效率越高。

C. 非卫生结果

将成本－效果分析的效果指标进行调整可以体现关于外部性的考虑。但此时成本－效果分析仍存在不足，即我们通常将服务对象的身心健康状况（保健类的卫生结果）作为效果指标，而忽略了对于其他非卫生结果效率指标的考虑，例如为生活在社区的企业员工提供心理健康援助服务（EAP），可以通过改善员工的心理健康状态实现劳动生产率的提高，为社会带来经济效益。所以，在评估效率时类似于经济效率这样的非卫生结果也应考虑在内。

综上所述，效率标准是影响资源分配决策的关键问题，但目前在公共服务领域运用效率标准还存在许多局限。更重要的是，应当建立对于效率标准的正确理解。在比较几种服务措施时，成本最低的就是最好的，这个观念用于社区服务决策并不一定恰当。例如，提供临终关怀服务或许成本－效果率很高，但若这种措施在可接受的成本条件下提供了有益的社会效果，那还是需要采用的。因此，在社区服务决策过程中，应综合考虑伦理学、经济学等因素，不能将效率作为唯一的评价标准，更要关注公平标准的使用。

（2）社区服务资源分配的公平标准

仅考虑效率不能实现社会福利资源分配的最优化，以公平作为调整个体与群体、社会与国家之间复杂关系的规范和准则，已成为现代社会对于如何处理人与人之间利益关系所达成的一种共识。公平是一个具有道德意味和伦理性的概念，指分配正义，即每个人应当获得他所需要的。社区服务的公平体现为在分配公共福利资源时，要优先照顾弱势群体，因为弱势群体受制于自身健康、经济条件，在解决问题时尤其需要外界的帮助。公平能够满足人们利益要求在价值分配上的合理性。公平分析较常见的是水平公平和垂直公平。

A. 水平公平

社区服务的水平公平是指相同的服务需要应该获得同样的服务，而不论其贫富、年龄、性别、户籍等因素的差异。现实生活中常有水平不公平现象，例如本地居民和流动人口相比，在教育、医疗、住房等方面可以享受更多的便利。虽然水平公平是很重要的公平指标，但水平公平指标对于彰显公平还不够，因为它尚未考虑到服务对象所遭遇困境的严重程度，必须引入垂直公平指标。

B. 垂直公平

垂直公平是指不同的服务需要应该获得不同的服务。衡量服务需要的差异可以从两方面进行：一是严重程度，二是贫困程度。

一方面，遭受严重身心伤害的居民应该优先得到救助，因为他们处于相对恶劣的健康状态，对于服务的需求也更加强烈。因此，社区服务供应者应优先提供“扶危救难”服务。例如：有孤寡老人突发疾病，需要社工陪同去看病，同时有老人有开展兴趣小组的服务需求，则社工应优先满足前者的需要。为情况严重者提供服务并不总是高效率的，因为可能产生高成本。研究表明，为情况严重者提供服务时，人们对于成本－效果的要求将会降低，即扶危救难式的服务即便效率不高，人们依然能够接受，这体现了人们在伦理道德方面的考量。

另一方面，越是贫困的人群服务需求程度越高。贫困人群由于其经济实力有限，其服务需求难以通过市场途径得以满足，因此对于社区服务的需求也更加突出。这就要求社区服务要对贫困人群进行倾斜，开展“扶贫救困”服务，以减轻贫困家庭的经济负担和心理危机。例如：社区提供少儿兴趣班服务，则贫困家庭的孩子应优先获得参加兴趣班的机会。对贫困人群的援助也可能并非是高效的，例如为贫困孩子提供教育辅导与开展全社区的知识大讲堂相比，后者覆盖人群广，具有更好的成本－效果值，但前者更能体现二次分配的公平性。

C. 紧急情况的拯救原则

除了水平公平和垂直公平，在满足社区服务需求时决策者可能还会运用其他衡量标准，例如紧急情况拯救原则。紧急情况拯救原则是指对于生命受到威胁的情况必须第一时间进行处理，哪怕成本很高，或者效果微乎其微。当然，紧急情况的拯救原则和垂直公平的“严重程度”具有共同之处，可以将其理解成对“最严重”情形——威胁生命事件进行相应的强调。

D. 对个人的积极影响

公平性还体现为服务项目对于服务对象产生的积极影响。有些服务项目表面上看是高效的，因为实施成本很低，同时产生了一定的效应；有些服务项目是服务对象迫切需要的，产生了积极的效果，但实施成本较高，计算下来其成本－效果值偏高。事实上开展前一种类型的社区服务社会意义不大，是资源的浪费，有悖公平。因此，社区服务还要评价项目实施对于个人的影响程度，能产生较大积极影响的需求应重点满足。

E. 生命历程的完整性

实现生命历程的完整性也是公平的体现。所谓生命历程的完整性是指在社会期望中，个体应该按照标准时间表的规划走完一生，经历儿童期、青年期和老年期。这意味着对于年少的、残疾的、贫困人群的救助要优先，因为跟其他人相比他们更难实现生命历程的完整。垂直公平可以体现出对残疾和贫困人群的关注，但对于少年儿童的救助并不能在垂直公平中得以体现。因此，从生命历程平等的角度出发，少年儿童也应该成为优先救助对象。当然，对于少年儿童的救助也可能是低效率的，因为他们年纪轻，实施救助的时间会更长，相应的成本也在增加。

F. 个人 / 集体责任

资源分配是否公平还可以考虑服务对象履行个人责任的情况。如果某些情况的发生是因为个人没有尽到自己的社会责任，则社会提供的援助也趋向于减少。例如因吸烟导致肺癌，则应该以个人力量为主承担医疗费用。如果某些情况的发生是因为不可抗力或社会原因，如地震灾害，则需要社会提供援助，履行集体责任。

（3）社区服务效率与公平的平衡提升

在当下的中国社会，社区服务究竟该重视效率还是公平？事实上社区服务作为二次分配的内容之一，本身就是公共政策“公平”价值取向的具体表现，公平是公共福利资源分配最本质的特征。但这并不意味着效率并不重要，因为效率是公平发展的基础和动力。社区服务始终应当在公平与效率的关系上做出平衡，实现“公平基础上的效率”。简而言之，社区服务所追求的效率和公平就是用最小的成本做出最大的蛋糕，同时把蛋糕分给最需要的人。

实践中不断发展的效率和公平标准，一方面是社会价值观的体现，在政府、社会工作者进行资源配置决策时起到指导作用；另一方面更要以制度、规范的形式落实在具体的工作之中，通过构建公平与效率动态平衡的内在机制，保证公平与效率的优化组合，从而实现公平与效率的统一。

首先，政府是社区服务的组织者、管理者和购买者，负责社区服务资源的一级分配，在工作过程中要注意：第一，在项目策划方面，政府部门要做好服务需求前期调研，应根据各地区的贫弱人群需要进行有差别的项目规划，兼顾效率和公平，避免出现“拍脑袋”项目和“形象工程”。第二，在资金和场地等资源供给方面，要科学论证，调动高水平地区的资源以促进地区间资源分配的公平性。项目购买资金要经过专业测算，综合考虑人口数、人口构成、收入水平等因素；场地选址要有利于为低收入人群、外来工等弱势群体提供服务。第三，在招投标和合同契约管理方面，要审查社工机构服务方案的思路和举措是否体现了对于效率和公平的考量，例如服务项目的设计是否体现当地人群的特征，社区活动和小组活动、个案之间资源配置的依据是什么，居民需求发生冲突时如何进行项目选择，是否具备提高效率和实现公平的规章制度、合同条款等，从而引导社工机构将效率和公平标准运用于具体工作中去，提高资源使用效率，改善公平性，提高服务效果。第四，在绩效评估方面，兼顾效率评估和公平评估。不仅要关注服务人数、财务管理等反映效率的指标，更要分析服务对象的满意度评价、服务项目的实施执行情况，评估水平公平、垂直公平等公平标准的落实情况。

其次，社工机构是社区服务的直接提供者，承担着社区服务资源二级分配的重要职责。要实现社区服务需求满足过程中效率和公平的平衡提升，社工机构可以从以下方面着手：

第一，有效识别需求。要求服务提供者开展多元、立体的需求评估工作，包括：公益项目竞标之前，进行社区调研，获取社区居民详细资料，了解弱势群体的分布状况，深入分析社区居民的需要，再制定有针对性的综合服务方案；运营过程中，通过服务项目预报名、热线电话、入户访问、热心居民提供信息等途径获取信息，主动挖掘服务需求人群。

第二，有必要开发基础的资源分配工具，例如制定资源分配模型（公式），进行社会服务资源分配。基本思路是引入效率和公平的关键标准，通过赋予权重构建效率和公平的平衡关系。社工机构以及社工可以使用该模型对服务项目进行综合评估，确定服务提供的优先次序。关于模型的构建，本文的第三部分内容中有详细论述。

第三，建立社工机构和社区居民的沟通、反馈机制。随着民主意识的加强，中国民众势必更加关注公共资源配置的公平和效率问题，也更需要机会和渠道去表达利益诉求和社会管理观念。因此，社工机构需要实现和居民之间的充分沟通，如建立信息公开制度，开展社会调研，召开社工机构与居民、业委会、物业管理公司、居委会等多方主体的联席会议等，让资源分配信息更加公开透明，了解社会对于社区服务工作的评价和期望。

4. 基于效率与公平相平衡的社区服务项目优先值计算模型

社区服务资源分配标准的确立，为我们开发实务领域的社区服务需求评估工具提供了理论依据。从当前的研究和实践来看，对社区服务需求进行评估、判断资源分配优先次序的技术和方法非常有限，本研究借鉴卫生领域的研究成果，尝试建立社区服务项目优先值计算模型，为社区服务工作决策提供参考依据。

社区服务项目优先值计算模型是以层次分析法和模糊综合评价法为基础构建的。层次分析法直接用于多目标、多层次、难以完全用定量方法进行分析决策的系统工程问题，可以解析确定各项指标的权重，是系统工程领域一种简单而又实用的决策方法。而模糊综合评价是以模糊数学为基础，应用模糊关系合成的原理，将一些边界不清、不易定量的因素定量化，进行综合评价的一种方法。由于社区服务资源的配置是否有效是一个具有模糊性的概念，影响资源有效配置的因素也是多方面、多层次的，这些因素本身也具有模糊性，所以本文选用上述两种工具对社区服务项目的优先性进行评价。

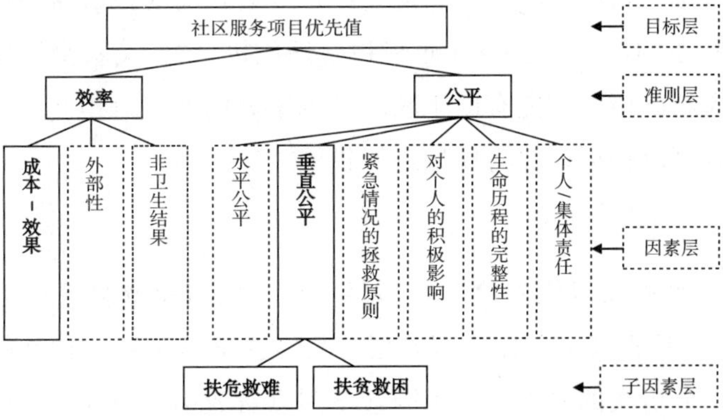

图 1　社区服务项目评价指标层次结构图

（1）建立评价指标的递阶层次结构模型

运用层次分析法，社区服务项目优先程度评价指标的递阶层次结构如图1所示。

A. 明确问题

本研究目的在于评估社区服务项目资源配置优先性的程度，在此将“项目优先值”作为评价目标，即社区服务资源应该向优先值高的项目倾斜，包括时间方面优先响应，提供人力、物力、财力等多方面的支持等。

B. 划分和选定有关因素

在公共资源配置领域，“效率”与“公平”是反映资源配置有效性的两大相互联系的基本标准，实现社区服务资源有效配置的关键是要实现效率和公平的平衡提升。因此，本模型将效率和公平作为评判资源配置优先次序的基本准则。

准则层之下是因素层。如前所述，在实践中已形成评价效率和公平的有关指标，包括成本-效果、外部性（溢出）、非卫生结果等效率标准，以及水平公平、垂直公平、紧急情况的拯救原则、对个人的积极影响、生命历程的完整性、个人/集体责任等公平标准。考虑到模型的简洁性，以及部分指标之间并非完全独立，例如“紧急情况的拯救原则”可以视为“扶危救难”的特例，“对个人的积极影响”和“垂直公平”相关，“生命历程的完整性”和“扶危救难”有重叠。本模型最终选用成本-效果指标作为效率的因素层指标，垂直公平作为公平的因素层指标，扶危救难、扶贫救困作为垂直公平的子因素层指标。各指标的具体含义前文已有论述。其中“扶危救难”指服务项目对于遭受严重身心伤害居民的救助情况，能有助于处于恶劣健康状态的居民减轻生理痛楚和心理危机。“扶贫救困”指服务项目对于贫困人群的优先救助情况，能有助于减轻贫困家庭的经济负担和心理危机。在实际工作中，使用者可以根据需要将模型进行扩展。

C. 建立层次结构图

我们将“社区服务项目优先值”作为目标层，将效率和公平作为准则层，将“成本-效果”和“垂直公平”作为因素层，将“扶危救难”、“扶贫救困”作为子因素层。根据层次分析法的要求，把子因素与因素看成第一级评判，而因素集与准则层的评价看成第二级评判，把因素层与准则层对目标层的评判看成第三级评判，如此则构成一个三级四层的社区服务项目评价指标层次结构图。

（2）权重赋值

在所建立的递阶层次结构图中，除了总目标层外，每一层都可能由多个元素构成，而同一层各个元素对上一层的某一元素的影响程度是不同的。这就要求我们判断同一层次的元素对上一级某一单元的影响程度，并将其量化，即为权重赋值。指标赋予权重之后，可以形成社区服务项目优先值计算公式（模型）。

社区服务项目优先值 = α× 公平 +（1−α）× 效率……………………………①

公平 = β× 扶危救难 +（1−β）× 扶贫救困……………………………②

合并公式①和公式①，可得：

社区服务项目优先值 =α［β× 扶危救难 +（1−β）× 扶贫救困］+

（1−α）× 效率……………………………③

其中，α 是公平系数，反映公平在资源配置中的权重，（1−α）反映效率在资源配置中的权重；β 是扶危救难指标的系数，反映扶危救难在公平中的权重，（1−β）反映扶贫救困在公平中的权重。通过系数 α 和 β 将效率和公平两大准则联结在一起，从而在决策制定过程中实现公平和效率潜在的平衡。

现讨论不同情况下 α 和 β 取值不同所形成的优先值计算公式。

情况 1：只考虑效率。此时效率占 100%，α=0，β=1，社区服务项目优先值 = 效率。

情况 2：效率和公平同等重要，扶危救难和扶贫救困同等重要。此时公平和效率各占 50%，扶危救难和扶贫救困各占 25%，则 α=0.5，β=0.5，社区服务项目优先值 =0.5×［0.5× 扶危救难 +（1−0.5）× 扶贫救困］+ 0.5 × 效率 =0.25× 扶危救难 + 0.25× 扶贫救困 + 0.5 × 效率。

情况 3：公平中的扶危救难更为重要，效率和扶贫救困同等重要。假设公平占 80%，效率占 20%，公平中扶危救难占 60%，扶贫救困占 20%，则 α=0.8，β=0.75，社区服务项目优先值 =0.8×［0.75× 扶危救难 +（1−0.75）× 扶贫救困］+（1−0.8）× 效率 =0.6× 扶危救难 + 0.2× 扶贫救困 + 0.2× 效率。

情况 4：根据民意调查确定权重。以广州市为例，2012 年 8 月至 12 月期间，课题组采用分段抽样法，选择越秀区、天河区、海珠区、白云区、萝岗区作为代表性区域，对 40 个社区的居民和社工进行访问，在解释指标涵义的基础上，要求访问对象对各指标的权重关系进行评分。最终回收有效问卷454份，其中居民问卷396份，社工问卷58份。通过统计频次，计算出α=0.49，β=0.53。此时可得：社区服务项目优先值=0.49×［0.53×扶危救难+（1−0.53）×扶贫救困］+（1−0.49）×效率=0.26×扶危救难+0.23×扶贫救困+0.51×效率。相比较之下，和上述第二种情况接近，可见当前广州地区的民众认为公平和效率基本上同等重要，效率稍微重要些，扶危救难和扶贫救困也基本同等重要，其中扶危救难稍微重要些。

（3）社区服务项目的模糊综合评价

A. 确定评价对象的因素论域

社区服务项目优先值计算模型的因素论域为H={成本－效果，扶危救难，扶贫救困}。

B. 确定评语等级论域

社区服务项目优先值计算模型中各指标的等级集合为：

U（成本－效果）={效率很高，效率一般，效率低}，将等级赋予分值进行量化，表示为U（成本－效果）={1分，0.5分，0分}。这里“效率”是用项目的成本－效果比率进行评价，成本－效果比率最低的得1分，最高的得0分，居中的得0.5分。例如：项目1是举办社区新年晚会，成本10000元，500人参加，则成本－效果率为20元/人；项目2是举办健康知识讲座，成本2000元，50人参加，则成本－效果率为40元/人；项目3是为残障人士提供康复服务，成本3000元，1人参加，则成本－效果率为3000元/人，三个项目的成本－效果得分分别为1分、0.5分、0分。

U（扶危救难）={非常紧急严重，一般紧急严重，不严重紧急严重}，将等级赋予分值进行量化，表示为U（扶危救难）={1分，0.5分，0分}。这里“非常紧急严重”是指所提供的服务属于处理紧急、严重的问题，如不及时应对会造成人身、社会等各方面的损失。例如，自杀干预项目得1分，陪老人看病得0.5分，兴趣小组活动得0分。

U（扶贫救困）={是，否}，将等级赋予分值进行量化，表示为U（扶贫救困）={1分，0分}。这里“是”是指服务项目是为贫困人群设置的，“否”是指服务项目是为一般人群设置的。例如针对外来工子女的服务可以得1分，为其他居民子女提供的服务得0分。

（4）社区服务资源配置评价的示例

现以某家庭综合服务中心某专业社工的工作情况为例，运用项目优先值计算模型进行项目优先性的排列。

首先，该社工对其近期工作中面临的5个社区服务项目进行评价，评判结果如下：

表1　模糊评判结果

项目	指标分值		
	效率（成本－效果）	扶危救难	扶贫救困
长者上门拜访	1	0	1
垃圾分类宣传	1	0	0
劳资个案	0	1	0
粤语小组	0.5	0	0
新广州联谊活动	0	0	1

第二步，计算4种不同指标权重之下的资源分配值，结果如表2所示。在实际工作中，确定权重之后无需计算4种不同情况下的优先值，只计算该权重之下的优先值即可。

表2　优先值计算结果

项目	效率第一 $\alpha=0$		效率和公平同等重要 $\alpha=0.5$，$\beta=0.5$		扶危救难更为重要 $\alpha=0.8$，$\beta=0.75$		民意调查 $\alpha=0.49$，$\beta=0.53$	
	优先值	排序	优先值	排序	优先值	排序	优先值	排序
长者上门拜访	1	1	0.75	1	0.4	2	0.74	1
垃圾分类宣传	1	1	0.5	2	0.2	3	0.51	2
劳资个案	0	4	0.25	3	0.6	1	0.26	3
粤语小组	0.5	3	0.25	3	0.1	3	0.25	4
新广州人联谊活动	0	4	0.25	3	0.2	4	0.23	5

由表2可见，在本案例中，假如采用民意调查数据作为权重依据，则项目的优先次序分别为：长者上门拜访、垃圾分类宣传、劳资个案、粤语小组、新广州人联谊活动。值得注意的是，在不同权重下项目的优先排序情况并不相同。例如，在只

考虑效率的情况下，劳资个案项目在5个项目里排最后，但考虑到公平性时，该项目获得了更高的优先权。因此，在实际操作中指标权重的设置非常关键。指标权重反映的是决策者的偏好，民意调研所获取的数据可以为决策者提供参考依据，但最终取决于决策者拟定公共政策时的价值取向。

（5）使用范围与建议

基于层次分析法和模糊综合评价法的项目优先值计算模型，可以从操作层面为社会公共福利资源配置提供参考依据。具体而言，其应用体现于三个方面：一是政府层面的公共服务预算决策。从宏观管理而言，要保障公共福利资源配置政策走向效率和公平相平衡的正效果，需要在实践中运用正确的方法或策略，更要注意决策的价值观或规范的引导。本模型作为基础的资源分配工具，体现了公平与效率的优化组合，政府部门可利用此工具对居民的公共福利需求进行评估，依据贫弱人群需求进行有差别的财政资源分配，逐步建立以需求为导向的平等可及的资源分配机制。二是社会服务机构的项目组合决策。社会服务机构作为社区服务的直接提供者，在运作实践中需要以社区服务项目优先次序设置、社区服务技术的优选等微观技术为支持。以家庭综合服务中心为例，中心服务既包括以一般性社区文体活动为主要内容的社区服务项目，又包括运用个案工作、小组工作等手法重点为老人、儿童与青少年、贫困家庭、单身母亲及遭虐妇女、残障人士等特殊群体和个人提供的深度专业服务项目。这种面上的服务性项目和点上的专业性服务项目的平衡需要借助有效的工具进行理性的规划。三是社会工作者的需求优先响应决策。社会工作者在工作中，可能面临若干个服务诉求同时出现的情况，对于服务对象而言都认为自己的需求是重要的，要优先予以满足。但要注意到个体迫切的需求不等于群体最优先的需求，服务个体的满意不等于群体的满意，此时社会工作者需要借助社会认可的规则对服务需求进行优先次序的排列，避免需求冲突引发争执和不满。

本模型使用过程中可以通过以下途径完善：（1）权重的配置要非常慎重，可以以更开放的、动态的方式确定二者之间的权重。社区服务资源分配应该体现整个社会对于公共福利资源配置的共识和认知，这种认知应当能够正确引导决策的价值观，且需要加以保障。同时这种社会认知也是动态的，随着时代的变迁，人们关注的问题会发生变化，效率和公平的侧重点也会出现迁移。因此应创设体现各利益相关方诉求的分享表达机制，例如定期的调研，以开放的、动态的方式确立公平和效率之间的权重。(2)进行多主体的需求评估。埃费（Ife）指出，根据主体特性，需求分成三种，即社会成员界定的需求，是社会成员基于调查而进行的需求表述；照顾者界定的需求，是由社会工作者等专业人士完成的信息调查而报告的需求；实务人员推断的需求，是基于政府的行政管理者、社会政策制定者、社会研究者等人士分析人口普查、社会福利设施使用、被治疗者的个人及家庭环境等资料而发现的需求。不同主体在对需求进行评估时观点很可能存在差异，因此在运用本模型时，要注意吸纳不同主体的意见，例如建立多界定主体的评估团队进行项目指标的模糊评价，从而使得评价结果更为理性和公平。

（二）主要创新论点

本课题的创新论点主要包括：

（1）从经济学的视角，提出需求是社会福利制度的中心，发现需求是社区社会工作的出发点和落脚点。这是本课题比较独到的研究思路。

（2）对以广州为代表的居民社区服务需求进行调查分析，形成对中国社区服务工作现状及问题的认识，并提出实现社区服务有效供给的对策。

（3）对社区服务这种公共产品的性质进行研究，形成社区管理模式顶层设计的突破性观点，指出现有各地社区管理模式限于整个社会顶层设计的缺失，从传统模式向现代模式过渡时产生了严重的路径依赖。要取得整体的根本模式的突破，必须对社区管理投入资源模式、资源使用模式、资源监管模式进行顶层设计。顶层设计的理论基础是效率和公平。基于对效率和公平的共识，从法律上、制度上、组织上、各参与方主体上进行建设，才能形成既有法理基础的宏观管理架构，又能根据地方特点构建适应当地的具体社区管理模式。

（4）基于效率与公平相平衡的视角，明确指出社会福利资源分配的标准应当包括效率和公平两方面，其中效率标准包括成本 - 效果、外部性、非卫生结果；公平标准包括水平公平、垂直公平、紧急情况的拯救原则、对个人的积极影响、生命历程的完整性、个人 / 集体责任。该评价指标体系借鉴了卫生领域的相关研究成果，但进行了运用对象的转化，根据社区服务工作的实际情况对各项指标进行新的诠释，是应用层面的创新。

（5）在评估指标的研究基础上，结合广州市居民的社区服务需求调查，最终形成可运用于实务的社区服务项目优先值计算模型。该模型是社区服务领域的崭新工具。

四、本课题的成果推广、应用范围

当前政府与社工机构通过公开招投标方式建立合作关系，实行合约管理，为全街道辖区居民、家庭及社区提供社会工作专业服务。这种新型的社区服务模式刚刚起步，在实践中还存在许多问题，并且随着社区服务工作的全面推进，还会涌现出更多的问题，其中一个需要重点解决的问题就是在资源有限的前提下，如何实现社区服务资源的有效配置。由于这是新的模式、新的领域，因此就学术研究而言，缺少系统、深入的理论基础；就实务而言，缺少科学有效的判别工具。本课题的研究成果尽管是立足区域范围所取得，但是其中提出的新观点、新对策具有广泛的参考价值，可以在国内社区服务工作领域中加以推广和应用。

（选自广州市哲学社会科学发展“十二五”规划2012年度课题“广州市社区服务需求研究”。课题负责人：倪春丽；成员：易丹华、钟卫民、李旭穗、李玉春、刘丹侠。）

广州市碳排放权交易的法律规制研究

刘　畅（广东技术师范学院天河学院）

一、构建碳排放权交易法律制度的意义

广东省是能源消耗大省，碳排放量在全国位居前列，承受的节能减排压力也非常大。统计数据显示，广东目前的终端能源消费总量超过 2.7 亿吨标准煤，占全国能源消费总量 8% 以上，位居全国第三，能源结构以化石能源为主。碳排放与化石能源消费具有高度相关性，由此可推断广东省的碳排放量也位居全国各省市的前列。据测算，在没有能源消费和碳排放约束的情况下，到 2015 年，广东省重点行业的能源消费将达到 3.76 亿吨标准煤，排放 8.72 亿吨温室气体。

在 2011 年 12 月出台的《"十二五"控制温室气体排放工作方案》中，国务院将单位国内生产总值二氧化碳排放下降率作为约束性指标分解到地方。作为国家首批低碳试点地区之一，广东省在"十二五"期间要实现单位地区生产总值能耗下降 18%、二氧化碳排放强度降低 19.5% 的目标，均高于全国其他各省市的指标，减排压力巨大。如何在实现经济发展的同时促进节能减排，已经成为广东省和广州市未来发展中亟须解决的问题。推进碳排放权交易的相关理论研究与实践工作，成为解决这一矛盾的重要路径之一。

2012 年 9 月 7 日，广东省政府出台《广东省碳排放权交易试点工作实施方案》；同年 9 月 11 日，广州碳排放权交易所正式成立，作为广东省省内碳排放权交易平台开始运营。广州碳排放权交易所的启动，意味着广州在节能减排措施的改革方面踏入了先遣者的行列。未来，设置全国统一的碳排放权交易市场是大势所

趋，广州能否成为碳排放权交易的领军城市，需要在理论和实践两方面取得实质性突破。

碳排放权交易市场是人为设计出来的虚拟市场，其复杂性和监管难度远甚于实体经济市场。除监测等相关硬件设施的缺乏外，相关法律制度的缺位是过去碳排放权交易试点成效不高的重要原因之一。为保证碳排放权交易的顺利实施，取得节能减排的实际成效，相关法律制度的构建是必要措施。这也是本研究的目的所在。

二、碳排放权交易的基本原则

1. 透明公开原则

首先，对有关碳排放权交易的法律、法规和政策性规定应向社会大众公开，让公众了解参与碳排放权交易应满足的条件以及相应的法律程序，并在相关政府网站以通俗简明的形式向公众提供。

其次，在碳排放权的初始分配阶段，应公开相关要求的内容及分配程序，并公布参与碳排放权原始取得的交易方依法应当披露的信息及其他与碳排放权交易有重大影响的关联信息，并及时公布碳排放权的初始分配结果。

最后，对碳排放权交易的时间、主体、碳市场价格、交易金额和碳排放权移转等进行备案并公示，通过电子数据的形式在相关网站定时更新，供公众查阅。

2. 平等自愿原则

在碳排放权交易合同的层面，主体参与方是平等的民事主体。碳排放权交易的当事人双方基于真实自愿的意思表示达成的合同受法律保护，政府只是起到管理监督的作用，并不干预私主体的合法交易，合同法对于合同规定的一般原则应适用于碳排放权交易合同。

3. 政府适度介入原则

碳排放权交易包含三个阶段——权属分配与权利界定阶段、权利交易阶段和交易监督阶段。在这三个阶段中，权利交易阶段和交易监督阶段，政府与市场的权限划分是清晰的：权利交易阶段以市场机制完成碳排放权的再次分配或重新配置，交易监督阶段则应以行政权力为主导，解决和弥补市场机制的缺陷和不公问题。在二者介入界限较为模糊的权属分配与权利界定阶段，应加强政府权力在此阶段的干预程度，通过确定总量、发放或拍卖排放许可证等方式，做好碳排放权的初始分配工作。

三、碳排放权交易法律制度的构建

（一）温室气体总量控制制度

在现有污染物总量控制制度基础上，制定具体系统的温室气体总量控制制度。不同于其他大气污染物和水污染物，温室气体在空气中含量较高，在测量各地区环境容量以及允许排放量时必定需要更为先进的技术与更为专业的部门人才。因此，应设置专门机构，负责广州的温室气体总量目标的制定以及对区域总量目标进行审查。

全市的温室气体排放总量目标制定，除了根据广州环境质量标准、环境质量现状、污染源情况、经济技术水平等因素综合考虑外，还应充分考虑全国温室气体排放现状以及未来广州可能面对的减排任务。各区市部门在广州温室气体排放总量目标基础上制定各区市的总量目标，并报专门机构审核。在制定总量目标时，数量应适度，否则会产生交易价格偏低或者偏高的状况，不利于交易的展开。

除按照总量控制目标执行环境计划外，广州可以在已有的减排基础上借鉴德国的互补式总量控制制度。此外，日本规定各产业部门可以自行制定环境目标并报政府审核，这一政策在提高了企业积极性的同时减少了政府的管理成本，也值得广州借鉴。

（二）碳排放权初始分配制度

碳排放权分配分为初始分配和再分配：初始分配为权利的首次分配，通常只能从政府手中获得；再分配则是已分配出去的权利再重新配置，主要通过交易的方式进行。在此我们探讨的是碳排放权的初始分配。如何进行碳排放权的初始分配，是碳排放权交易制度构建的基础性问题。

碳排放权的初始分配方式将主要借鉴排污权的分配方式，现阶段排污权的初始分配方式主要有三种：无偿分配、政府定价和公开拍卖。

无偿分配是指政府根据企业的历史排放量无偿发放排放配额。这种机制不符合污染者付费这一环境法基本原则，无偿分配到碳排放权的企业无需支付任何费用即可使用环境容量资源，没有真正体现出资源价值。政府定价是指由政府主导制定市场价格。这一机制无法有效反映环境容量资源的稀缺程度，也无法及时反映市场供求关系，都有可能导致市场机制无法有效运转。

相比无偿分配与政府定价方式，拍卖方式更具优势，这些优势体现为以下几个方面：通过竞拍企业间的竞争，碳排放权的价格得以最大化，拍卖所得资金也为环境治理提供了更多的资金支持；通过价高者得的形式，拍卖可以将碳排放权赋予最具有减排潜力的排放者；企业之间的竞争在体现资源价值的同时也激励企业进行技术创新，节能减排。

现阶段广州市碳排放权的初始分配可以采取拍卖为主，无偿分配和政府定价相结合的分配模式。在拍卖中坚持公平公正原则，提高信息透明度，加强对碳排放权初始分配过程的监管与监督。

（三）碳排放权交易程序法律制度

完整的碳排放权交易市场主体包括两部分：一是由政府确定的，被纳入碳排放总量控制且被授予碳排放权的主体，以单位为主；二是在碳排放交易二级市场上，对碳排放权有需求的单位或者个人，通过向拥有碳排放权的主体购买碳排放权而进入碳排放权交易市场。

在实际交易中，可由参与交易的主体在市场上提出买卖需求，交易双方通过谈判以合同确定交易商品、交易价格和交易量，并向指定机构报告。指定机构负责批准、跟踪和确认交易完成情况以及企业达标情况，定期发布报告，并负责对交易过程进行监督。

（四）碳排放权交易监管法律制度

1. 确立专门的碳排放权交易监管机构

碳排放权交易监管机构的设置可以借鉴《清洁发展机制项目运行管理办法》的相关规定，赋予发展和改革委员会等单位以碳排放权交易的监管权。清洁发展机制项目是碳排放权交易的一种，在交易的某些程序上有着很多的相似性。发展和改革委员会在对清洁发展机制项目实施监管的过程中，拥有了一定的经验基础，赋予其碳排放权交易监管权，更有利于其实施监管。

2. 建立碳排放权申报登记和报告制度

碳排放权申报登记制度是进行碳排放权分配的基础，为政府部门科学合理地确定排放许可证配额提供了客观依据。碳排放权申报登记制度应当规定，需要取得碳排放权的单位或个人，向所在地的环境保护部门申报登记自己所拥有的温室气体排放设施、处理手段，以及在正常作业条件下排放气体的数量和浓度，并提供有关技术资料；并在排放的种类、数量和浓度有重大改变时，及时申报。政府部门应对企业提交的资料进行审查，确保其真实性，为碳排放权市场提供真实可靠的值得信赖的交易主体。

进行碳排放权交易登记的企业应该在每个单位时间内及时报告相关的交易以及减排情况，以便政府部门及时调整相关计划政策。报告的内容应当涵盖如下几个方面：减排的碳排放、碳排放权交易量、用于储存的碳排放权、新增的碳排放权等。

3. 构筑碳排放自动监测、监控系统

完善的碳排放自动监测监控系统是确保碳排放权交易公平公正进行的关键，只有通过有效的、科学的、公正的排放监测，才能为政府初始分配提供科学的决策依据，从而为交易双方提供公正的交易基础。监测、监控系统的完善，在对碳排放企业进行持续有效的监测的基础上确保排放企业将排放量控制在分配或购买的排放权限内，从而达到总量控制和维护排污权交易秩序的目的；防止排放企业超额排放，并杜绝非法的排放，以保证合法的排放企业不因为其他排放者的非法排放而遭受外部损失。

4. 制定并发布碳排放量化标准

碳排放权只有经过量化才能用于交易，根据不同地点、时间的污染程度不同，结合当地环境质量的时空特性，制定一套交易折算量化体系。在对监测到的碳排放实施了量化后，对相关信息进行适时发布以及更新，以便于相关企业以及公众及时了解，并进行有效监督。相关机构必须设立信息发布部门，及时进行信息公示。

四、结束语

20 世纪 60 年代以前，环境问题并未引起广泛关注，随着《寂静的春天》的出版，一场环境保护的运动首先在美国掀起。环境问题演变成公共问题，各种环境组织和利益集团参与了进来，政治生活中也出现了环境保护的影子。从被称为“环境十年”的 20 世纪 70 年代开始，政府逐渐放弃“守夜人”的姿态，试图通过直接采取“命令与控制”的集中监管，给企业制定统一的技术标准或减排指标，以提高公众健康水平和保护自然资源。

政府管制在早期起到了较好的效果，但不可忽视的是，这种监管方式直接干预了企业行为，忽视了企业防止破坏环境的边际成本的差异，从而导致社会成本大于收益情况的出现。在以科斯的产权理论为基础的现代产权经济学兴起之后，运用产权解决外部性问题逐渐成为主流。碳排放权交易正是在全球气候变暖的大背景下，逐步从理论向实践发展，并且在一些国家和地区取得了较好的效果。

需要注意的是，目前的主流观点是将碳排放权等价为大气环境容量使用权，但实际上碳排放权作为公权与私权的结合体，其本质的法律属性是企业所应承担的环境义务。在制度的设计中虽然是以碳排放配额的可交易性为前提，但总量控制才是根本目标，此点在广州进行碳排放权交易法律制度的构建时尤为不可忽视。

科斯曾经指出，社会中组织社会关系（此处指涉及碳排放行为的关系）的所有机制“或多或少都是失败的”。在这种次优的情形下，我们的目标只能是在各种条件下，以最可能成功的方式建构这些关系。本研究虽然提出了一些可供参考的思路，但无论如何精心地设计，总是会出现一些干扰因素。这些都需要立法者在进行碳排放权交易法律制度的构建时保持谨慎，细致地解决出现的问题。

无论多么完善的法律制度，最终的实施都是靠人去完成的。碳排放权作为法学领域中的新生事物，本身就是在对传统法学理论进行反思与重构的基础上得来。碳排放权交易的相关法律制度，也只有在执行者和参与者对其充分理解的基础上才有可能得到较好的实施。因此，广州在构建碳排放权交易的法律制度时，应当做好相应的信息公开工作，通过社会监督、公众参与的共同努力，使碳排放权交易的法律制度从构建到执行都落在实处，并取得预期成效。

参考文献：

［1］埃格特森．新制度经济学［M］．北京：商务印书馆，1996.

［2］唐方方．气候变化与碳交易［M］．北京：北京大学出版社，2012.

［3］彭江波．排放权交易作用机制与应用研究［M］．北京：中国市场出版社，2011.

［4］周亚成，周旋．碳减排交易法律问题和风险防范［M］．北京：中国环境科学出版社，2011.

［5］郭冬梅．应对气候变化法律制度研究［M］．北京：法律出版社，2010.

［6］蔡守秋．欧盟环境政策法律研究［M］．武汉：武汉大学出版社，2002.

［7］王小龙．排污权交易研究：一个环境法学的视角［M］．北京：法律出版社，2008.

［8］冷罗生．构建中国碳排放权交易机制的法律政策思考［J］．中国地质大学学报：社会科学版，2010（2）.

［9］朱家贤．碳金融创新与中国排放权交易［J］．地方财政研究，2010（1）.

［10］于杨曜，潘高翔．中国开展碳交易亟须解决的基本问题［J］．东方法学，2009（6）.

［11］于天飞．碳排放权交易的市场研究［D］．南京：南京林业大学，2007.

［12］郝海清．欧美碳排放权交易法律制度研究［D］．青岛：中国海洋大学，2012.

（选自广州市哲学社会科学发展“十二五”规划2012年度课题“广州发展低碳经济的长效机制研究——碳排放权交易的法律制度构建”。课题负责人：刘畅；成员：郭燕销、周蔚、高树勇。）

第三部分

文化、艺术、教育与新闻传媒篇

广州都市化进程中的文化自觉研究

周　峰（广东省委党校）

2003年，广东提出建设文化大省，2009年提出文化强省战略。但时至今日，对于广州新型城市化的建设战略，我们仍然鲜有看到新型城市化本身与广州文化自觉间的联系。这说明，新型城市化的战略仍然是一个以物质发展为中心的发展战略，代表与反映着广州城市化中的文化自觉仍有待发掘。

没有文化的发展，就不会有任何所谓的城市化甚至都市文明。但实际上，广州的都市化已经远远地超过了其曾经负有的物质现代化的追求使命，应该及早地转向对文化的精神分析。因为一切都市文明都是以文化的方式来展示自身的，城市的主要功能就是“缔造和改造人类自身”[①]，而并非那些外表光鲜、华丽却不断制造着人群分裂与关系冷漠化的庞大建筑与繁华的金融商业。

一、文化自觉、文化认同的价值论分析

社会的进步总是以文化的进步为先导，对于一座城市而言，文化自觉、文化认同是城市大厦的中流砥柱，是城市的思想根基，是一座城市高水平发展的基石。

（一）文化自觉

费孝通说：“文化自觉只是指生活在一定文化中的人对其文化有‘自知之明’，明白它的来历，形成过程，所具的特色和它发展的趋向，不带任何‘文化回归’的

① 刘易斯·芒福德．城市发展史：起源、演变和前景［M］．北京：中国建筑工业出版社，2005：122．

意思，不是要‘复旧’，同时也不主张‘全盘西化’或‘全盘他化’。”[①] 作为一种文化的自我意识，文化自觉既包括人们对自身文化历史发展过程的认识和评价，也包括对其未来趋向的预测和筹划，更重要的是对其现实状况的观察、分析和反思，是一种将历史、现实和未来融会在一起而形成的总体性的自我认识和行动筹划。文化自觉的主要目的是要弄清我们的文化到底为我们的生活提供了什么样的依据、方式和意义，从而实现文化的自我更新和生活境遇的改善，包括人生境界的提高。

于此，文化自觉就包含了静态与动态两种理解方式。就静态而言，文化自觉包括一种文化的自我认识与自我认同，各种文化间的相互认识、相互宽容与相互尊重，以及对整个人类文化的共同本质与共同命运的总体认识和普遍追求；从动态上说，文化自觉是一个逐步扩大、不断深化和升华的历史过程，有其具体的历史内容和时代的价值指向。所以，文化自觉概念是一个充满实践意向的理论概念，或者说，是一个富有理论深度的实践理念：它既强调各类人群对其所属文化及其他文化进行独立的精神探索和深刻反思，也满含进行文化改造和创新的行动意志。

文化自觉的两种理解，都指出文化的自我意识——自我认知、自我认同对于人类之生活意义的极端重要性。我们依靠所属文化而生活，但往往对之却缺乏系统明确的认识，知其然，而不知其所以然，在剧烈变动的环境中不免陷入困惑的境地。费孝通先生说：“通过我个人这么多年的经历，我深深体会到，我们生活在具有悠久历史的中华文化中，而对中华文化本身至今还缺乏实事求是的系统知识，我们的社会生活还处在‘由之’的状态，没有达到‘知之’的境界。同时，我们的生活本身已经进入一个世界性的文化转型期，难免使人陷入困惑的境地。”所以，提出文化自觉无非就是认识自身文化的自觉行动，是我们消除困惑、走出困境、付诸实践的内里前提。

文化自觉是通过对现在文化的认识，并在此基础上，克服以前文化的缺点而取得的进步。“它是通过文化反省的途径来认识旧文化的没落和新文化的产生的必然趋势，从而清醒地意识到自身的历史使命，并付诸实践”。要达到文化自觉，就要实现其文化价值。

（二）文化认同

文化认同指个体对于所属文化以及文化群体内化并产生归属感，从而获得保持

① 费孝通. 反思、对话、文化自觉［J］. 北京大学学报，1997（3）.

与创新自身文化的社会心理过程。[①] 对全球化语境下的文化认同的理解和建构，不同学者可能持有不同的看法。从价值论、存在论、认识论等角度，从社会学、管理学、经济学等学科，多数学者“把认同从一个行为科学的术语带入社会人文科学领域，所寻求的是某种群体的归属意识的形成过程”[②]。这种寻找意识归属的过程，就是基于一种原生性的文化认同（身份、等级以及习俗），所以，按照马克斯·韦伯（Max Weber）的逻辑，“这种原生性的认同应当是与对既定秩序信守的传统主义精神分不开的”。原生性认同是人们最基本的聚合要素，构成了文化认可的基础积淀。同时，原生性认同，是潜在的、无意识的，“必须经过动员和进一步建构，才可以成为国家政治、族群政治或地方政治的资源”。

但是，建构文化认同也就意味着排斥或建构他者，作为一种自身的主观定位，认同是一种对所谓归属的情感。在全球化进程中，文化排斥和文化认同构成了一对矛盾体，有交融、有冲突、有影响。而文化认同的过程即意味着不同文化主体的相互承认过程，是不同人类文明在时空系统中相互塑造、相互碰撞、相互影响的过程。任何文化认同都交织着历史与现代的较量、外来与本土的冲突，文化认同又以复合元素的黏合剂作为认同的形式。

（三）城市化与文化自觉、文化认同

马克思认为：“城乡关系一改变，整个社会也跟着改变。”[③] 城市是人类文明的产物，城市化是人类经济社会发展的必经阶段。但是，城市化不等同于城市建设，“拆旧建新”、“千城一面”的造城运动，虽然能让城市每天穿新衣、戴新帽，但是，却无法改变某些城市文化自觉的苍白说教。

对一个城市的发展来说，文化认同绝不是可有可无的东西。发展经济学家佩鲁曾指出：“如果脱离了它的文化基础，任何一种经济概念都不可能得到彻底的思考。”[④] 建构一种新的文化，特别是一种精神气质、精神面貌，从而收获庞大的文化认同以至城市认同，是城市发展至关重要的内在基因。“从社会认识论看，作为一种社会共同意志、城市共同知识、社会文化心理，城市认同是城市人员对特定城市的心理依恋感、文化归属感。城市认同既表现为一种社会心理，即人们对作为一

---

① 陈世联．文化认同、文化和谐与社会和谐［J］．西南民族大学学报：人文社科版，2006（3）．

② 范可．全球化语境下的文化认同与文化自觉［J］．世界民族，2008（2）．

③ 马克思，恩格斯．马克思恩格斯选集：第1卷［M］．北京：人民出版社，1995：157．

④ F.佩鲁．新发展观［M］．北京：华夏出版社，1987：166．

个城市市民所具有的自豪感，对自身城市发展所具有的信心；也表现为一种社会理论、城市公共理性，即为市民自觉遵守、共同维护的城市精神、城市规则、城市文化。”① 城市文化自觉、文化认同是城市存在与发展的文化根基、精神支柱。城市人员对城市的文化自觉和认同程度对于城市秩序的形成、城市形象的提升、城市的可持续发展，具有重要作用。在城市化进程中，大量外来人口涌入城市，在这种身份的转变过程中，本土居民在文化、心理上如何接受新人，以一种宽容的心态接受城市“新人”，与新城市人群平等交往、和谐相处，无疑会经历一个文化磨合、心理调适的过程。对大量新增城市人口而言，融入城市，面临着从以自然经济为基础、以血缘地缘为纽带的农业文化认同，向以新型生产方式为基础、以新型交往方式为纽带的现代文化认同的转换。新、旧城市人能否互相吸收对方文化中的优秀成分，抛弃自身不足，在共同生产、生活交往中建构新的城市精神，形成新的城市文化认同，对城市持续发展的意义十分重大。

伴随着经济全球化、区域一体化的浪潮，城市化波涛汹涌。在这一背景下，各城市之间的经济联系空前频繁，文化交流日益密切，本土文化与异域文化的关系也错综复杂。文化冲突尖锐地摆在人们的面前。对城市而言，如何消除城市化过程中的文化困顿，消解文化紧张，成为实现文化自觉、文化认同的首要前提。同样，对个人而言，新的文化认同的形成意味着文化身份的转换。在身份的转变中打造认同，进而打造城市精神，协调好城市与个人、个人与个人的张力，协调好不同场域的张力维持、压力释放，形成社会发展合力的文化支点。

“都市化进程作为一个鱼目混珠、泥沙俱下的历史运动，其在主体的审美趣味、审美活动、审美生态上制造出各种各样的问题。”② 城市化进程的推进，不仅意味着城市空间的拓展、经济总量的增长、地域的变动、城市人口的增加，更意味着深刻的文化转换、文化自觉和文化认同的建构。

在推进城市化的背景下，如何建构城市认同，如何将城市中的自然松散无组织的个体，整合、教化为自觉、有序的市民，成为有强烈的责任意识、公共意识、荣誉感、归属感、自豪感的市民，无疑越来越成为关系城市化发展中的重大文化课题。激发起社会成员的文化原动力、存在价值、精神基础，这也是从文化支撑的意义上决定一个城市的存在样态与发展潜力。

① 陈忠．城市化过程中的城市认同［N］．光明日报，2004-10-18．

② 刘士林．都市美学的逻辑起点与价值判断［J］．学术月刊，2010（3）．

（四）城市文化自觉和文化认同的价值论、认识论分析

从认识论来看，城市文化作为一种社会关系的反映，是上层建筑的一部分，是对经济基础的反映。文化自觉和文化认同是市民对城市与个人、城市与组织、城市与社会等城市社会关系、社会存在的自我反馈、集中反映、观念凝结。文化自觉和文化认同的对象是城市社会关系，是一种社会意识，是社会存在的反映，反映城市社会关系的发展水平、历史转换。“作为一种社会共同意志、城市文化反映着社会心理，即人们对作为一个城市市民所具有的自豪感，对自身城市发展所具有的信心；也表现为一种社会理论、城市公共理性，即为市民自觉遵守、共同维护的城市精神、城市规则、城市文化。”①

从价值论来看，城市文化具有不同于乡村的独特生活方式、文化气质，这些独特的价值构成城市个性，也就是城市的特质。城市文化自觉和文化认同正是对城市独特价值、特有生活方式、文化气质的发掘、体悟、反思、内化，形成符合城市存在结构、发展逻辑、现代节奏的生活习俗、行为习惯、民心风俗。贮存文化、创造文化、传承文化，构成了城市的文明发展主线，城市也得以成为文明的鲜活的传播载体，城市化的过程显然是文明发展和社会进步的过程，城市文化自觉和文化认同正是对城市发展规律的理性认知。在城市发展中探寻个体价值，是确证城市的意义和价值的重要标准。

作为一种特殊的社会文化，城市文化具有开放性、整体性、知识性、规则性、行动性等特点。对城市文化的考察放在整体的高度，建构整体意识、公共意识，正如“城市是一个成就与问题、文明与野蛮的复杂统一体”，城市化的过程具有两面性、辩证性，城市文化同样具有复杂性。文化自觉就是提高市民的自觉意识，文化认同的重要目的、实践导向是提高市民的组织化程度；市民对城市文化价值的自觉认同，则将为城市发展提供根本的社会心理基础。在芒福德看来，一方面，“城市的作用在于改造人，……缔造和改造人类自身，正是城市的主要功能之一”。文化自觉和文化认同的建构，可促进市民组织程度的提高、交往合理化的推进，也将有利于减轻和克服情感孤独、人情冷漠等现代城市心理病。

城市文明的建设，不是一个自发的契约形成过程，而是一个自觉的实践建构过程，使城市发展同人类精神追求相同步，使文化建构同物质生产、生产方式转变、

① 陈忠. 城市化过程中的城市认同［N］. 光明日报，2004-10-18.

生活状态提升相协调。文化自觉是人对社会文化价值、文化习俗、文化传承所形成的认知与察思，是文化认同的前提；文化认同是对自我文化的再确认，对个人与社会关系的再肯定，以自我为中心、对自我身份的寻找与确认，他需要别人或者社会对于自我身份的肯定。文化认同以价值观为核心，包含种族、宗教、习俗等内容，作为人类最为基础和核心的认同行为，以潜移默化的形式使人们遵循共同的文化规范，即共同的文化理念、共同的文化习惯、共同的道德规范。

二、广州都市化进程中的双向景观

30 年来的中国城市化过程，是追求一体化的现代主义和追求个性化的后现代主义交织、混杂的过程，其结果是造就了两极化的城市景观：一方面，毫无个性的办公楼和住宅小区遍布全国，以极高的效率机械复制出大大小小的城市和乡镇；理性的功能分区和房地产商业开发的策略改变了城市的布局，白天车水马龙的 CBD 到了夜晚则灯光迷离使人眩晕，而郊区化的居住区则因缺少便利的商业服务而显得冷清。另一方面，大小城市、乡镇纷纷涌现出体量巨大、造型夸张的各种“标志性建筑”，这些带有权力美学印记的后现代建筑物在其周围现实环境的映衬下具有超现实主义的梦幻色彩。这种城市景观仍然是许多大城市不断演绎的现实。

以广州珠江新城为代表的 CBD 区域，就代表了这种城市化群集的现象。各种商业设施、文化场所、娱乐设施、政府公共机构、医疗机构、教育机构与不同的住宅小区等混杂在一起，共同构成一种完全集约性的部落式聚合体。甚至上述所说的现代主义的一体化追求与后现代的个体主义造成的双重景观——“城中村”与珠江新城隔街相望，很快也要在已经或正将启动的猎德村、林和、冼村、石牌村等的改造与拆迁中进入历史的角落。

但是，城市化进程并不是一个纯粹的物质文化形态的变迁与建造工程，过快的城市化速度根本无法遮掩其背后的城市后遗症——城市中人们生活方式的文化意蕴。在现代化与城市化的道路上，人类日益膨胀的欲望让城市变成了政治的大舞台、商业的集散地、名利的竞争场，城市作为美好家园的意义被遮蔽了，各种“媚俗、庸俗、低俗”的文化病态、失德的丑态充斥着中国城市的舞台，忽视城市文化的或精神的、历史的、自然的价值维度，城市的存在和发展只能沦为遮风挡雨的躯壳。

广州作为中国城市化最迅猛的典范，经过 30 多年的发展已经产生了资本主义国家城市化过程中经历过的一切特质，而且这些特质在今天仍然在不断放大。这是伴随着大批从农村涌入城市、从小城市涌入大城市的追求“中国梦”的人而造就的。大都市建设空间对底层人们生活空间的不断盘剥，被分割的城市群落彼此之间互不容纳，金钱与效率已经替代了既有的崇高与正义，人们之间更多的是以冷漠、疲倦、无聊等来展开彼此的交往与对话。这种源于欧洲资本主义的现代“都市病”，似乎实现了以“高雅文化”的形式将平民主义和精英主义的感情融为一体，它既印证着富裕的街坊四邻过着上层生活的“真实”现状，同时也提供了再开发对公众负有责任甚至还具有“民主”特色的佐证。但是这一切，只不过从反面证实了“真、善、美的普遍利益”似乎在决定与分配着“利润和控制的特殊利益”。城市化的高速推进在表面上实现了城市居民的生活品质，也形成了外来人口对于广州高度的认同，但这种认同更多的是物质层面而非文化层面，这可以从每年春运大军的人口迁移中得到绝佳的证明。

在今天的广州，物质的现代化扩张了人们对于幸福触手可及的感觉，却也在文化精神的内里层面阉割了人们对于幸福的意义畅想。广州有着丰厚的岭南文化传统，但城市化的进程已经使这种被认同的传统文化有可能失去其生长与发展的空间。人们想象中未来的大都市将会是通过社会主义改造而走向完美的新伊甸园。就事实而言，改革开放以来繁华的大都市并没有成为“梦想之城”，大都市因为天时地利加上享有的优惠权利，许多人千方百计想涌进城区分一杯羹，想拥有光耀的市民身份，哪怕是拥有多一点分配资源的机会。北京、上海、广州、深圳等城市，构造了当代中国人心目中的大都市想象。

尤其是广州，在中国当代的都市文化建设中，成为一个特殊的非乌托邦美学个案。对生活在中小城市和农村，尤其是经济不发达地区的人们来说，到广州甚至来打工原都是一种对幸福的憧憬，改革开放后广州的形象显然是通过想象而整合成了一种伊甸园图景。“广州是个有着2800多年历史传统的文化古城，近代以前又是中国唯一的对外通商口岸，广州的城市建筑在保留了传统岭南风格的同时又吸收了欧洲的建筑风格，形成了以西关骑楼和沙面租界建筑群为代表的中西合璧的城市建筑风貌。”[①] 自20世纪80年代开始的大规模建设之后，广州逐步形成了多种文化杂陈、多元交融的形态。赞赏者誉之为平民化都市，反对者则贬之为杂乱无章。其中又以城中村最为典型地表现出文化的杂多性，这里一度成为本地乡民、外来移民乃

① 赵泉．试论中国城市化风格：以广州城市化为例［J］．建筑与文化，2009（7）．

至小偷、性工作者、飞车党等形形色色人杂处的地方，而又往往与大学、商业区、高级写字楼毗邻。但随着都市的发展，都市中不同文化群落之间的杂处关系似乎正在面临挑战。2007 年，离广州未来的城市中心珠江新城最近也最富民俗文化特色的城中村——猎德村被拆除了。这虽然是政府行为，但也表明，我们的都市美学还没有真正达到理解和认识当代文化的深度。同样，广州的一些具有历史文化价值的旧建筑、旧房子、旧地标，就是在这种房地产的“圈地运动”中被抹掉了，一些短视功利的破坏令广州逐渐失去了自己的个性、魅力，为城市建筑的“趋同化”埋下隐患。因此，20 世纪 80 年代以来所有以“文化沙漠”来指称广州（广东）的形象代言，确实说明了一种事实。今天，若不想使广州再度成为欧洲资本主义都市群落中的中国复制，就必须在广州世界文化名城建设的逻辑中，从文化自觉——文化脉络的自我认知——的角度来对广州的都市化进行内里的分析，这正是本课题的研究意义所在。

广州作为代表中国城市化的典范，是伴随着大批从农村涌入城市、从小城市涌入大城市的追求“中国梦”的人而造就的，正是这种二元性的同时聚合在 30 多年内的飞速压缩，使得大都市人们生活的压力不断增加，从而不得不启用特殊的心理对抗机制，即厌倦心理。而这就是以冷漠、疲倦、无聊等为特征的典型的心理状态——“现代都市病”。这种都市病从某个层面上完全可以如此来表达：所谓的“高雅文化”将平民主义和精英主义的感情融为一体。它的在场印证了富裕的街坊四邻过着上层生活的“真实”现状，同时也提供了再开发对公众负有责任甚至还具有“民主”特色的佐证。这一切，只不过从反面证实了“真、善、美的普遍利益”似乎在决定与分配着“利润和控制的特殊利益”。城市化的高速推进在表面上实现了城市居民的生活品质，却在内里消解了一种作为公共领域的“政治工厂”的丧失。

全国在建设文化强国，全省在建设文化强省，广州也提出建设文化强市的构想。这种转变，在其逻辑上并没有形成广州人更为特质性和时代性的文化风格，当我们以改革创新、敢为人先作为一种广州文化的对外代表时，却几乎发现这已然成为所有被叫作大都市城市的外在特点。城市是人类伟大的发明。城市的诞生，改变了人类生存的意义，它拓展了人们能够想象的空间，在其中，城市带给了不同人们更多的自由和选择，释放了人们不同的能力与趣味。但是，发展到现代的大型城市甚至城市群落，我们也会发现，城市释放了人性也囚禁了人性，它创造了交往空间也设置了交往空间障碍，它丰富了人性本身也制造了更深刻而复杂的精神焦虑、精神危机。反思城市，反思城市文化，尤其是反思日益膨胀的都市群落建设，是这个时代、当今广州必须要做的工作。

三、广州城市化进程的文化考量

广州作为现代中国都市的代表，并非不是一座文化之城。但是，这个文化之城却一直充满着新旧、土洋、官民、内外等二元对立性的文化差异和矛盾，这些错综复杂的文化差异与矛盾，决定了广州城各项工作和城市发展方面的错综复杂的差异与矛盾的形成。广州城市化总是在一种自身的文化精神指引下，既神秘又张显地指挥和支配着人们的一切行为，形成了现在广州城现实的人、物和事。或洋洋大观、仪态万方，或抱残守缺、丑陋拙劣，或发展迅速、社会安定，或迟滞不前、民心浮动，或功或过、或成或败，皆文化使然。广州，以自身无所不包的胸怀容纳了海内外的文化人群，所以形成如今不拘一格的文化广州。只是，不拘一格很容易形成没有格调的城市特质，广州城市化恰恰就陷入这种无格调的文化建设步骤中。

广州，这个进入到西方国家后现代主义意义上的大都市，它的“文化和工业生产及商品已经紧紧地结合在一起，如电影工业，以及大批生产的录音带（现在则是各种碟片——作者注）等等。……而到了后现代主义阶段，文化已经完全大众化了，高雅文化与通俗文化、纯文学与通俗文学的距离正在消失。商品化进入文化，意味着艺术作品正在成为商品，甚至理论也成了商品。当然这并不是说那些理论家用自己的理论来发财，而是说商品化的逻辑已经影响到人们的思维。总之，后现代主义的文化已经从过去那种特定的‘文化圈层’中扩张出来，进入了人们的日常生活，成了消费品”①。

文化的消费化成为一种常态甚至成为一种固定的规律，作为具有意义生产的文化事业俨然成为一个帮手。以广州为代表的广东式文化生产，为无数大众带来了文化消费的真实，也带来了无尽的文化想象空间，但文化消费的商品逻辑始终没有带来广州文化软实力的品位提升。

如何看待这种文化的消费逻辑？

陷入这种境地，不能咎责于纯粹的广州城市化本身，它来自整个中国现代性的时间压缩进程。六十年的现代性探索和三十年的现代性建设，都是人类史上非常迅

① 弗·杰姆逊．后现代主义与文化理论［M］．唐小兵，译．北京：北京大学出版社，1997：162．

猛的现代性过程，不像资本主义几百年的现代性发育。中国的现代化以一种超常规的速度来实现时，它必然会将正常的时间压缩，不仅是物质建设的时间甚至空间，更带来物质的文化空间、时间的延续与创造的压缩。技术很容易实现物质层面的压缩，并给予人们丰足的享受，但文化的压缩能否如此？文化压缩除了直接带来学术理论的市场化和应景化，更带来日常生活世界的非平衡和破坏。其结果无非是学术精神的独立性丧失，和人们沟通的可能性被消解。大多数人在追求自己渴望的东西时，或者犹豫不前，或者瞻前顾后。生活在这样一个被称为达到中等发达资本主义国家生活水平的广州社会里，大部分人并没有从更高的精神层面来应对城市化的弊病所带来的文化问题，他们只是忙碌于生计和计算。而葆有优良传统的岭南知识分子，也基本在物质逻辑的演绎中失去了创新与独立，只知道模仿从发达国家舶来的堂皇理论，而生产线上的工人更是只能无思考地亦步亦趋。理论术语被渐渐用来伪饰现实，残酷的工作条件又破坏了思想和反思的维度。人们越是繁忙，越容易落入两分的思维方式：男人和女人，大人和小孩子，我们和他们，城里人和乡下人，等等。文化时间压缩性的发展，使人们更易于陷入两分的逻辑之中。

所以，广州城市化的继续要实现一个后现代城市之后的城市文化的自我反思与批判。这不仅限于广州，而是以广州为代表的所有中国发达城市都应如此。

正如前面所述，西方城市化理论在其自身发展过程中不断自觉地提出反思与批判。中国的城市化对西方城市化理论和城市发展道路的总结与反思深度不够，往往以“山寨”式的拿来主义搞城市建设。没有放之四海而皆准的城市发展模式，城市的建设发展必须结合地域特征。对城市文化的追问离不开质疑、批评与反思。因此，批评“千城一面”，诟病那种城市建筑的复制与雷同，同样也要批评城市文化内涵的同质化、空洞化。文化作为一个可持续发展的取向与路径，是不能以抹杀了地域特性的魅力作为代价，来换取所谓全球化快速发展的。广州城市风貌的突显，是这座城市让人流连忘返的所在。没有特色，没有标识，就丧失了魅力与吸引力，也就丧失了自身的独特价值。

1998 年，联合国教科文组织在《文化政策促进发展行动计划》中指出：“发展可以最终以文化概念来定义，文化的繁荣是发展的最高目标。”同年，世界银行在《文化与持续发展：行动主题》的报告中也提出：“文化为当地发展提供新的经济机会，并能增加社会资本和社会凝聚力。”“文化不仅是人类历史创造出的带有某些完成性的文明结晶与精神财富以及滋养人类心智的精神形态，而且是人类再生产的物质生产力、生产资源。”人们通过一系列生产性的运作、情感性劳动，将文化融入物化的商品和创意性服务形态之中，以获得直接的物质利润，进一步推动经济社会的发展。

近年来，借助文化的春风，广州出台了《广州建设文化强市培育世界文化名城规划纲要（2011—2020年）》，寻找如何像纽约、洛杉矶、伦敦、巴黎、米兰、罗马、雅典、维也纳、柏林等举世公认的世界文化名城一样，形成文化辐射力，超越地域性，辐射全球；形成文化影响力，引领价值观念；塑造文化向心力，形成文化氛围。如果我们将广州城市文化发展的坐标放在世界范围内，这个要求会更高。比如说它像雅典和罗马那样强调所在的城市对世界文明的影响，像伦敦、巴黎那样强调城市对近现代历史的影响，像印度、埃及的一些城市一样强调深厚的历史积淀和鲜明的文化特征。这个“深厚的历史积淀和鲜明的文化特征”显然是广州具备的，也是我们努力培育广州成为一座世界文化名城的方向。

建设世界文化名城的根本目的是满足人民群众日益增长的文化需求，落实公民的文化消费和文化发展的权利，体现以人为本，实现经济社会文化全面协调可持续发展。而其最终目的，是通过文化自觉意义上的文化强省战略，不断创生出大量先进、优秀的文化产品和精神成果，使它们能够满足人民的文化需要，又能成为广大社会成员普遍接受的思想方式和行为规范，实现一种新的文化价值观的生成。因此，文化强市建设必须要处理好文化发展与经济发展的关系，防止城市社会关系与人口结构的“碎片化”剥离，避免优质资源持续被少数富人占有。

文化强市建设要以人为本，要积极发展、创新文化产业，通过文化产业的发展来支持文化事业。但是切忌使文化产业在市场经济的大潮中走向平面化、庸俗化、货币化。广州作为中国社会主义市场经济发展最前沿的阵地，难免遭受市场与货币的侵蚀。如何保持自身的文化自觉以引领文化建设，就显得尤为重要。费孝通先生早就说过：“文化自觉是一个艰巨的过程，首先要认识自己的文化，理解所接触到的多种文化，才有条件在这个正在形成中的多元文化的世界里确立自己的位置。经过自主的适应，和其他文化一起，取长补短，共同建立一个有共同认可的基本秩序和一套与各种文化能和平共处、各抒所长、联手发展的共处守则。”① 广州文化自觉的首要前提就是找到自己的文化坐标。广州一面拆除旧墙，一面建设新城，为了

① 费宗惠，张荣华．费孝通论文化自觉［M］．呼和浩特：内蒙古人民出版社，2009：5-6．

建设“国际化大都市”的气派，在没有形成完善的文化自觉的前提下割断了自己的历史文化传统，建筑风格、城市底蕴在城市的扩张中迷失了。不健康的“土豪”心理作用充斥了中国城市化过程，导致了“贪大求快”、“崇洋媚外”的现象普遍发生，造成了土地和建筑资源的极大浪费，绿地、行人空间越来越小，城市也逐渐失去了生态魅力和文化特色。

张岱年先生在概括中国文化建设的具体道路时说：“中国文化的发展有三条道路：第一是固步自封，因循守旧，以大国自居，自以为高明，这是没有前途的。第二是全盘西化，完全抛弃固有的文化传统，这是不应该的，也是没有前途的。第三是主动吸收世界的先进文化成就，同时保持民族文化的独立性，发扬固有的优秀传统，创造自己的新文化，争取与发达国家并驾齐驱。”建设广州文化强市和世界文化名城必须在文化自觉的前提下，建设有中国特色的社会主义文化。建设世界文化名城要与广州市小康社会和现代化目标相适应，把握先进文化的前进方向。确立文化强市和世界文化名城的战略目标，这是一个长期性、持久性、艰巨性的工作，一个民族、一个地区的文化是在历史的发展过程中逐渐积累、沉淀而成的，不能奢望建设文化强市和世界文化名城的目标一蹴而就。

改革开放 30 多年来，广州已经以 83.8% 的城镇化率走在全国前列，远远高于全国平均水平。近年来，以广州为代表的城市之所以提出新型城市化的战略，既是解决自身发展的需要，更是将珠三角城市群向外拓展以实现广东省均衡发展的需求。但是，发达国家城市化的经验告诉我们，城市化从来没有终点，它是一个持续的过程，它并不意味着物质文化的聚集与转型，更重要的是，精神文明的转型与再生产其实就是文化的转型与生产。在城市化的过程中，最为重要的就是能否生成强大的文化自觉与文化认同。正因如此，广州提出建设“文化强市和世界文化名城”的目标是有远见的。广州有深厚的现实基础、悠久的历史传统、浓郁的人文气息，再有一种适应时代需要的文化自觉，广州文化的发展一定会和经济发展一样充满光明。所以，当前城市化发展又处于一个关键时期，城市决策者需要有勇气与远见站在全球发展趋势角度思考城市未来的走向。广州正处于特殊而优越的地位和新的信息节点，抓紧“三个定位、两个率先”的目标，科学准确定位，寻找产业特色，培育和展现城市文化竞争力，与周边城市和城市群错位发展，全力以赴发展成为在国际上有影响力的城市或城市群。

四、广州新型城市化建设中的文化自觉认知

文化是民族的血脉，是人民的精神家园。广州正处在发展与转型的关键时期，更处在一个亟待文化自觉、建构文化认同的重要时期。建设历史文化名城、打造世界文化名城，要潜移默化培养市民的文化认同感和现代公民意识，重视对城市文化空间的保育，吸引更多优秀人才来到广州、定居广州，使广州成为文化学术浓厚、文艺气息高涨的宜居城市。

（一）广州城市化的文化自觉与批判塑造

广州提出了“以科学发展为主题，以转型升级为主线，以民生幸福为主旨，更加注重以人为本，更加注重可持续发展，更加注重创新发展动力，更加注重优化发展空间，更加注重统筹城乡发展，更加注重体制机制创新，努力走出一条经济低碳、城市智慧、社会文明、生态优美、生活幸福的特大型城市科学发展之路”的新型城市化战略目标。面对着城市发展的文化困境、市民本身的文化缺损，我们必须要对城市化的进程进行文化考量之后，给出一个城市文化建设的文化自觉意识和批判塑造。没有文化自觉和批判，就不可能塑造出优秀的城市文化。

所谓的文化自觉，如前文所述，就是让文化引领城市发展，用文化重塑城市精神，市民了解城市文化，市民弘扬城市文化；就是让文化发展走在城市发展的前面，让文化观念深入每个市民心中。现代化不应仅仅体现在摩天大楼上，更要有文化的传承和延续。既要熟悉城市景观和历史遗产等有形存在，也要关注传统文化精神寄托的无形资产。让现实的选择往文化的方向导引，也许就不会偏离“城市让生活更美好”的初衷。文化自觉既包括人们对自身文化历史发展过程的认识和评价，也包括对其未来趋向的预测和筹划，更重要的是对其现实状况的观察、分析、反思和批判，它是一种将历史、现实和未来融会在一起而形成的总体性的自我认识和行动筹划。所以，从这个意义上而言，文化自觉是通过对现在文化的认识，并在此基础上，克服以前文化的缺点而取得的进步。我们发展城市化的文化自觉，无非是要认识到这座城市的文化内涵和文化品格，这是每个生活在广州这座城市的市民都应充分考虑的问题。

对于广州城市化进程中的文化自觉而言，它最起码包括以下几个内容：其一，历史文化的自觉。就是要正确认识广州本土的文化传统。其二，主体意识的文化自

觉。确立每一个广州人的主体文化自觉意识，不可妄自尊大，也不可妄自菲薄。其三，环境文化的自觉。城市，是人工的建造实体，必须要实现与外在自然的自觉和谐。其四，城市化的再造文化与创新文化的自觉。城市化的过程是一个不断新生与再造的过程，但不仅仅是物质形态的不断颠覆与重建。其五，广州日常生活文化与公共文化的自觉。广州虽然已经有羊城论坛、政府领导公共接待日、网络问政等，但其中的文化自觉意识是否已经完备，需要不断反省与探讨。其六，广州这座城市作为市民和公民家园的文化归属意识。城市是千差万别的，城市文化必须要有所差异才能显现其独有的吸引力、感召力、凝聚力和维护力量。其七，文化批判与学术创新。文化批评家朱大可曾说，当今中国的“民间批判已经非常微弱，现在没有人听你在说什么”[①]。广州也不例外，虽然网络问政掀开了民间批判声音的号角，但它并没有成为一种张显性的力量。至于广州的学术批判，当大学里的学术自由和学术共同体都不能建立，只是不断形成各种名目的利益共同体时，谁会扛起那个叫作“批判”的大旗呢？

城市化扩张了人们的幸福，但同时萎缩了人们的文化意识与批判精神的想象空间。我们需要从“消费型”、“娱乐型”、“感官型”的文化生产中解放出来，走向“生产型”和“创造型”；我们更需要从利益链条的学术兴趣中解放出来，从体制的权力框架中解放出来，走向学术精神的时代创建。广州文化发展的自觉意识，源自岭南文化，却在新生的市场、商业文化中渐渐丧失其自觉性，导致自身文化传统的断裂性和违背文化自身的发展规律。而转变与树立新时代下文化自觉的欲望，可从以下方面入手：

一方面，真正用心了解自身文化传统和外部文化系统。对文化传统的自觉，首要前提是正确认识广州本土的文化传统。任何一种文化的发展都不可能脱离历史，不可能是空中楼阁，传统是文化发展的历史起点，任何企图绕过文化传统的门槛去寻求文化发展是不现实的、幼稚的。其次，对文化传统的自觉不是为了复古，不是简单地回归传统，而是为了从传统中寻找力量和支点，推进文化的再造和创新。再次，寻找文化传统的方法论的现实价值和时代意义，不在于承载传统本身的文化典籍和其他物质载体，关键是它存在于广州人民的生活实践中，转化为广大市民普遍的思想方式和行为规范，成为生动的现实实践。在对广州文化传统有了自觉认识之

① 文化批判声音变弱：中国粉丝愚忠丧失批判精神［J/OL］. 新世纪周刊，2009-09-10. http://news.sina.com.cn/c/2009-09-10/124618622209.shtml.

后，还需要对外部文化有一个自觉认识，也就是费先生所说的“美人之美”。广州人既不可妄自尊大，也不可妄自菲薄、崇洋媚外，应该理性、全面地对待外部文化；要善于甄别不同的他者文化，尤其是在全球化的包围中，确立以中国特色社会主义先进文化引导的广州文化精神。

另一方面，要遵循文化发展规律，创造更加符合时代需要的城市文化。文化有其自身的发展规律，广州文化名城战略万万不可将市场经济规律滥用于文化发展领域。要防止和克服金钱成为衡量整个社会包括文化领域的独断尺度，防止和控制商品货币关系的“僭越”，最大限度地减弱市场经济的功利性和世俗性对日常生活文化的侵蚀所产生的负面效应。从而在现实性上，能够引导人们树立高尚的文化价值观，自觉抵制文化领域的“物化”效应。

考察欧美资本主义都市文化的发展可以看到，在分析文化自觉、文化认同的缺失之后，欧美资本主义在20世纪中后期开始进入文化自觉、文化认同的重新整合与培育建构，至今许多城市化的弊病得以革除。而从中国社会主义城市化发展的进程来看，以广州为代表的城市化历程表现出了欧美国家曾经历的城市病，而且在现代新型城镇化的建设中有可能再度扩张城市病，因此必须按照十八大精神从文化自觉的高度，以核心价值观为引领打造新的真正的文化认同。广州城市化病症的根源主要在于缺少文化自觉的指引和文化认同的自主建构，因为文化自觉就是“通过文化反省的途径来认识旧文化的没落和新文化的产生的必然趋势，从而清醒地意识到自身的历史使命，并付诸实践”。没有文化自觉的引领，城市化就只会停留于虚壳的认同，而没有基于价值意义的真正认同。因此，广州城市化的发展必须要打破这样的二元概念框架——空间与时间的分离、财富与生活的分离、技术与人文的分离；必须建立起整合的城市文化发展精神——岭南文化的积极包容、竞争进取，来实现广州新型城市文明的再塑造。

（二）广州的城市文化与幸福社会

形成一种有内涵、有魅力、有特色的城市文化，离不开对传统文化的传承。任何一种地区的文化形式，总是深深烙上当地民族的印记，这是一个地区最显著、最重要的精神标识。没有对传统文化的本质把握，这样的文化发展是不成熟的。对传统文化的传承和超越，是推动城市文化发展的重要前提。

广州是岭南文化的重要发源地，是广府文化的兴盛地，岭南文化作为传统中华文化的有机组成部分，是广州城市发展的思想源泉和文化根基。维护和传承历史传统文化，是实现中国梦的价值应然，也是在未来一代的传承中复兴传统文化的中国使命。在新型城市化的建设中，广州力图实现自己在未来的世界都市文明的中心地位，就必须大力弘扬与再造岭南文化传统，激励广大市民学习自身传统文化，辨析中西文化差异，树立文化自信，实现文化自强。

“仓廪实而知礼节，衣食足而知荣辱”，城市发展就应该在财富丰富发展的基础上把中心转移到文化的“真善美”上，让文化成为一座城市不可妥协的“高度”、让人垂范的“厚度”、历史积淀的“深度”。文化是一种软实力，我们可以引用约瑟夫·奈的观点来考察广州的软实力。以 2010 年广州亚运会为例，它不仅仅是一次体育盛事和文化活动，它传播的是城市的软实力，其中除了岭南文化所具有的吸引力外，还同时传达广州的感召力、亚运精神和城市价值观。幸福城市与亚运文化，不仅仅体现在激烈的赛场上，还是我们整个城市焕发的思维理念、精神面貌。

幸福广州应该建立在文化共识的基础上，在新一轮的建设文化名城的城市发展目标的推动下，广州应该变得更加宜居，更有文化，更有魅力，更有家园归属感。对城市自身文化不断地定位、描述、反省，其实就是在为文化正名的时候，以更有力、更有效的方式传播着城市发展的理想，也就是在意识形态上构筑着我们的城市图景和城市形象。只有当文化建设返回到我们生存的环境，才会对现实生活发挥切实有效的刺激和作用。

实现人民幸福，让人们生活更美好，是城市发展的题中之义。幸福城市建设，就是要把握历史、立足当下、放眼未来。城市不是历史记忆的终结者，而是传统文化的放飞者。一座城市站在历史的高度，坚守自身的个性，其实正是为了保留这座城市的精神气质，从而让这座城市带有独特的魅力，使它传达出来的文化更富有独创性和个性特质。

五、广州城市化进程中的文化自觉、文化认同建构

在新型城市化的建设发展过程中，面对着旧城改造、历史文化遗产和人文景观的去留，如何克服文化焦虑，如何化解文化焦虑里的文化忧患，实现文化自觉，是摆在广州城市发展面前的一个新课题。如何破题，当务之急是如何让文化焦虑去促动文化自觉。

（一）塑造城市精神

在改革开放新的历史条件下，广州这座历史文化名城有了更多的机会去接触、吸纳外来的文化、理念，可以以一个良好的城市精神面貌、一个国际化大都会的形象，打造在国际社会中的名片和声誉。城市精神是城市竞争力和影响力的重要内涵，打造城市精神是广州成为世界经济、贸易、金融中心的需要，是实现物质文明的精神基础。

广州城市精神的塑造要在广州城市化进程之中，明确了广州的城市文化发展阶段、特征，掌握了城市发展规律，才能成功地塑造出富有自身特质的城市精神。同时，还应考虑以下因素：一是城市之间经济联动性增强，使得文化交往日益紧密，新兴的城市间互相仿效，城市间的共同性日增，城市精神难免出现雷同或相似。二是城市还受到区域传统文化的影响，存在着各自的个性，而城市精神正是反映出各个城市的独特气质，反映了不同的城市风貌，突出城市个性，体现城市灵魂。这也要求对城市精神的审视和把握要处理好普遍性与特殊性的关系。2012 年 5 月 9 日开幕的广东省第十一次党代会上，首次公布了新时期广东精神——“厚于德、诚于信、敏于行”。新时期广东精神有了新表达、新阐述、新定义，广东精神是所有广东人的道德追求、精神信仰、道德力量，新时期广东精神传承了广东文化的历史文脉，反映了岭南人文的传统特征，彰显了广东的时代精神，是新时期广东文化建设的价值坐标。作为省会城市，广州要结合自身特点，将新时期广东精神内化为广州新型城市化实践的价值支撑，以大力践行新时期广东精神为契机，促进广州精神的新提升。

（二）打造文化自觉

站在新的历史高度，站在新的时代起点上，广州要以“五位一体”的总体布局为指引，以推进广州新型城市化发展为契机，以对文化的地位作用、发展规律和建设使命的深刻认识和精准把握，深刻认识到培育世界文化名城任务的长期性、艰巨性，敢于破题，勇于出击，让千年羊城、南国明珠、千年商都、岭南文化中心地、古代海上丝绸之路发祥地、近现代民主革命策源地、改革开放前沿阵地等文化资源汇合，发掘深沉、厚重的文化资源，打造底蕴深厚的文化名城，培育具有世界文化名城特质的文化积淀，体现出高度的文化自觉与文化自信。

要着力打造“千年商都”，建设“文化创意之都”、“国际重大活动举办地”和

"世界旅游目的地"，重点打造"海上丝路"、"十三行"、"广交会"、"北京路"、"广州花城"、"食在广州"六张"城市名片"，不断提高城市文化影响力、吸引力和美誉度。

一个国家、一座城市的发展，在很大程度上取决于文化的自觉和自信。实现文化的自信，首先是文化的觉醒，只有经济发展体现出文化的灵魂，社会发展才能体现高质量、高水平。面对经济发展与文化保护这一世界性难题，广州也不可回避。作为历史文化名城，一些古旧建筑尤其脆弱易受冲击，老城的整体肌理保存不易。骑楼建筑、南越国遗址、水乡原貌等遗迹、遗址、史迹和景观，恰恰又是我们广州不可或缺的地域文化符号。为了守住历史城区范围内新建建筑高度不超30米的底线，广州将中山四路农讲所附近一栋18年前获批的高层建筑项目压低，从目前的50米降低到30米，为此政府花了5个亿补偿开发商。政府花巨资保护文化名城，彰显其远见卓识，同时也昭示文化保护任务之艰巨、工作之迫切。"城市遗存的建筑是人类文化的重要载体、民族历史的缩影，也是民族精神的象征。在城市的建设、发展中，保护好具有历史和文化价值的建筑，对于增加城市的综合文化魅力、吸引游人观光游览、促进城市旅游发展具有特别重要的意义。"

广州已建成文化建筑设施、文化名片、艺术节一览表

市级图书馆	广州图书馆、广州少年儿童图书馆
文物建筑	全国重点文物保护单位29处
博物馆、纪念馆	市属博物馆、纪念馆16处
已建成文化设施	南越王宫博物馆、辛亥革命纪念馆、广州大剧院、广州话剧团、广州市群众艺术馆等
文化名片	"海上丝路"、"十三行"、"广交会"、"北京路"、"广州花城"、"食在广州"
文艺活动	广州乞巧节、波罗诞、盘古王诞、仙姑庙会、妈祖诞、老广州民间艺术节

面对着时间与空间的流变，文化的传承依仗于描述、展现与定位，不断地彰显和强化价值本真，传统文化才不易为时间覆盖和为话语窜改。同时，要避免文化演绎的错位或者功利性的嫁接，要重视文化内在的尊严与价值，要警惕把文化作为附庸风雅的工具或政治装饰品，使文化的传承不偏离本质和神韵，尽可能减少对文化把握的人为偏差，复活与唤醒传统文化中的精华和价值所在，打造文化自觉的坚实根基，唯有如此，才能让文化的本质力量在传承中持续地产生效应。就文化自觉的层次与维度而言，文化既有宏观层面的暴风骤雨式洗礼，也有润物无声的细微渗

透。如同文学符号、文学形象的塑造所催生的影响是难以估计的，城市文化对民心潜移默化的作用也是不可小觑的。坚持传统与创新的结合，是广州文化发展的本质之道。

（三）构建文化认同

文化认同是人们对一定的文化共识（文化观念、精神理念、道德准则）的共同认可与遵守，它超越宗教、民族、时间的界限，被每一个个体所接受。城市的文化共识是各国共同创造的、全球适用的、维持人类社会健康发展的价值观体系。所谓的文化认同，包括政治认同、经济认同与狭义的文化认同。文化认同既是抽象的理念，也涉及具体的实践。市民对城市有一个对习俗与环境不断调适以适应成熟文化的心态转变过程，在这个过程中会出现文化的困惑、迷茫。

2010年亚运之后，广州的明确定位是建设国际商贸中心和世界文化名城，这使得城市未来的文化在世界舞台上具有强大的辐射力和影响力，围绕这一远大目标制定的文化发展规划，必将带领岭南文化走出中国、走向世界；同时，也必将创新地融合其他地区文明，不断形成广东城市文化内涵特质。每个城市都对文化共识的发展担负着奉献的责任，特别是历史悠久、特色鲜明、社会发展顺畅的世界中心城市和文化名城，更应该有着自觉的文化担当。在培育世界文化名城的目标体系中，追寻全球视野下的文化认同是题中之义。

对一个城市文化的共识和认可不是文化冲突的必然结果，而是文化和谐共赢的最佳状态。历史证明，岭南文化是中华文化内部特色鲜明的一种地域文化，有着开放、革新、兼容等特点和典型的海洋文化气质。近300年来，岭南文化推动了中外海洋贸易，呼吁改良封建专制，发动民主革命，积极推进改革开放，推动着广州的现代化建设。受到不同客观、主观条件的限制，受到不同时空的因素制约，每一种文化都不是完美的，需要在文化交流和交汇中各取所长、优势互补。既要善于吸收世界上各个民族的文化精华，又能深入挖掘本民族内部的文化潜力，从各地文化传统中发掘优势文化因子。

（四）培育文化气质

广州站在时代的高度上，肩负着新的使命，选择什么样的城市发展观，领导树立什么样的政绩观，对于广州的文明走向至关重要。塑造自身的城市精神，坚守城市独特的个性，增强城市的气质魅力，无疑是培育世界文化名城这一目标的前提。

一是树立文化影响力。建立长期的文化发展规划，让城市在与时俱进的文化观里发展下去，要为未来的城市发展预留空间，为文化创新腾出地方，让精神文化承担责任，保障文化的长期影响力。大力发展文化产业，提高城市文化地位。文化不是政绩工程，而是社会发展和改革创新的推动力和后劲。无论是一个国家还是一个区域，软实力更多体现在城市发展状态与发展方式的结构上。全民要在文化上达成共识，形成共同的价值观和愿境。

二是树立文化感召力。城市文化是市民的精神力量源泉，以其特有的人文内涵鼓舞和感动人。打造文化的感染氛围，让广大人民群众敢于做梦，能够圆梦，使城市经济发展惠及民生，建设幸福广州，使文化认同成为人心所向的基础，成为政治决策、政治实践与经济建设的共识。

三是树立文化亲和力。文化不能脱离群众的实践，城市文化亲和力是关乎市民生存能否有家园感，工作的氛围有无魅力，生活能否有情趣等切身感受，只有从情感上和历史的认知上，让市民参与到文化的创造和发展之中，获得对广州文化的涵义与存在价值的认同，才会有更有效的传承与影响，才能树立市民良好的文化亲和力。

四是提升市民文化气质。推进学习型城市建设，努力办好“书香羊城”、“南国书香节”等全民阅读活动，营造全民学习、终身学习的浓厚氛围，提高市民人文素质。

（五）突出城市个性

培育现代市民是打造城市个性文化的前提，培育世界文化名城的出发点和落脚点，都应该体现在市民身上。发展多元文化，让不同层次、学历、性别的人“各得其所”、“各尽其才”。要大力提高公共文化服务体系建设水平，为人民提供丰富多彩的精神文化生活条件，保障人民文化权益，满足人民文化需求，增强人民幸福感。以“文”化人，把社会主义核心价值体系融入城市核心价值观，切实用社会主义核心价值体系引领城市文化的发展。引导市民养成良好的行为习惯，把社会主义核心价值体系内化为社会的群体意识，外化为人们的自觉行动。

广州要以地方性打造城市的文化个性与业态，现代城市不能光有缺乏个性的华丽外表，而应当有着深刻的自然、历史和文化内涵。岭南文化具有几千年优秀传统文化的延伸力，又有现代文明成果的融合力，既有东方文化的特色，又有海外文化的特色，要把岭南文化上升到战略高度，上升到城市的血脉和灵魂的高度，作为广州城市品位的核心与灵魂。我们要通过发掘、保护和利用岭南优秀传统文化，进一步擦亮国家历史文化名城品牌，把广州建设成名副其实的世界文化名城。

城市居住环境要有自己的个性，要打造城市文化标识。个性突出、城市风貌独特的城市建筑艺术文化标识是城市品牌的重要代表。一个城市的个性，需要独特的文化、生产力和消费模式，需要本土文化品牌的崛起和成长，这仍任重而道远。

六、结语

明万历二十七年（1599年）2月6日，意大利耶稣会士利玛窦抵达南京，寄寓于三山街承恩寺。他在《中国札记》中，记载了他见到的南京："在中国人看来，论秀丽和雄伟，这座城市超过世上所有其他的城市，而且在这方面，确实或许很少有其他城市可以与它匹敌或胜过它。它真的到处都是殿、庙、塔、桥，欧洲简直没有能超过这些的类似建筑。在某些方面，它超过我们的欧洲城市。"

今天，南京早已不再以是殿、庙、塔、桥等为主要建筑的城市。但与之相反，利玛窦那边的威尼斯、那不勒斯、佛罗伦萨等意大利古城却因完好保存，而成为世界文化遗产。

广州的命运，也和南京类似。

千百年来，广州以岭南之风引领中国走向世界。其建筑样式、生活习俗、饮食文化等不仅在国内独具特色，甚至也成为向世界输出中国文明的海上丝绸之路的重要起点。今天，这一切即使被中原北城称为南蛮之地的岭南，在改革开放后却成为最具现代性气质的都市部落。虽然我们仍然可以在现代化的建筑群中发现一些古典的痕迹，但它们俱已经凋零。

大卫·哈维曾称，西方城市化不过是"工业资本主义的扩张所创造的人造环境"，在这种进程中，城市和街区的布局、建筑风格，既代表着城市本身的进化诉求，同时又反映着社会中不同群体的斗争和冲突。

今天的中国城市化，在一片巨大的"拆旧建新"中埋葬了自己的传统，城市变成了"千城一面"的钢筋水泥结构。在这样的城市空间，怎么可能会有城市自身的文化自觉？

在广州，你会看到这样的奇妙组合：一旁是极具现代化的摩登大楼，在内里却是破败的城中村；那直通天空的以明亮的日夜闪烁的电子分屏为标志的全玻璃建筑，而装满生锈的防盗网的小矮层居民楼则非常生硬地竖立其侧。一个力图把增城、佛山通过地下庞杂的地铁系统来连通的巨大计划，正在广州上演。未来，我们会看到广州市将不再是局限于天河、越秀、海珠、荔湾等区的广州，那些曾经拥有的广州记忆都会在现代化的都市建设中渐渐失去。

未来，我们只会想象广州。不过，也不需要这样悲观。

文化自觉与文化认同，总是在城市进化的过程中有新的生成与发展，也许我们会迷恋那绵长的岭南文化，但也应该赞美诸种新的文化形态与文化精神观念。

我们不希望广州的文化自觉与文化认同被放入未来的博物馆，而是存在于广州新型都市化的每一片土地和人们的生活方式中。

（选自广州市哲学社会科学发展“十二五”规划2012年度课题“广州都市化进程中的文化自觉研究”。课题负责人：周峰；成员：周霞、张笑扬。）

都市文化的发展趋势与广州培育时尚之都研究

伍　庆（广州市社会科学院）

都市是文化的聚集地，现有许多关于文化都市的研究和讨论都列举了文化都市的外显性特征，如世界闻名的地标建筑、全球瞩目的国际盛会、高度发达的产业体系、便捷完善的服务设施、群星璀璨的名士文人，等等。但是，仅仅归纳这些外显性的特征不足以解释文化都市的形成以及其巨大的影响力，也不足以概括文化都市的演变规律。尤其是在全球化的背景下，都市文化出现了一些新的趋势，文化中心城市的发展演变也形成了一些新的特征和形态，需要我们更深入地分析由此带来的机遇和挑战，瞄准未来的发展趋势，培育顺应文化潮流、适应广州实际的现代文化都市。

一、都市文化发展的趋势与作为文化先锋的时尚文化

近代以来，文化不再被少数知识精英一手垄断，而融入到普通群众的日常生活中，更多以文化商品的形式生产出来，满足大众日益增长的文化消费需求。与此同时，技术进步日新月异，经济发展持续繁荣，全球交流不断深化，于是出现了“信息社会”、“后工业社会”、“地球村”等新概念对此进行概括，作为文化的集中表现形态，都市文化呈现出一些新的趋势。

（一）文化形态的多样化

随着经济社会发展和科学技术提高，文化的表现形态也呈现出多元化的趋势。一是随着技术条件的进步，大量的文化产品不再是手工制作而是借助于科学技术生

产出来。早在以摄影为代表的复制技术出现的时候，就引发了关于“机械复制时代的文化”这样的问题。而在电子、信息、网络等技术条件下，电视、电影、动漫、网络小说、网络游戏、MV、电子音乐等越来越多地依靠新技术的文化形态层出不穷，正极大地改变传统的文化类型概念，也不断扩展着文化产品的边界。二是随着文化的传播和扩散，文化与日常生活的结合日渐紧密。文化体现越来越紧密地融入到日常生活中，在日常生活中的平凡事物也越来越有文化味，日常饮食、旅游、娱乐休闲、文体活动等日常休闲生活中的重要内容都渗透着不同的文化。三是随着市场化力量的深入拓展，文化更多地以商品形态表现出来。文化的创作和文化的接受之间，主要是通过市场的力量来进行沟通的，文化不再仅仅是能工巧匠的独门秘艺，或者骚人墨客的闲情逸致，而成为一门日益庞大的生意。

（二）文化消费的大众化

文化消费成了普通大众生活的基本需求，对文化的需求也不断增强。一是文化消费主体的不断扩大。随着各级教育的普及，生活水平的不断提高，文化消费的主要群体不再局限在小范围的王公贵族和知识精英中，文化需求不再是少部分人所享有的特权，普罗大众同样具备了文化消费的经济能力和鉴赏能力，他们的文化消费需求蓬勃发展起来。二是文化消费需求内容的不断扩展。人民生活水平的不断提高，群众的文化需求意识也更加强烈，更多的普通人主动意识到了自己的文化需求，对精神生活的要求越来越高。文化消费需求也不再是简单的听歌唱戏，而是希望能够获得更多、更全面、更深入的文化体验。三是文化消费需求的趣味越来越细分。尽管大众化、流行化的文化需求形成了一种趋同的心理，但是与此同时，社会群体的异质性和多样性也更加明显。年龄阶段、教育水平、生活经历、职业生涯等因素都有可能形成不同的社会群体，各个群体的文化需求也可能各有差异，尤其是在指定文艺作品一统天下的局面结束之后，“众口难调”成为文化需求的一种常态。

（三）文化生产的产业化

文化生产尽管仍然保留着个人技能取向的文艺创作、以手工作坊形态进行生产的手工艺，但是以产业化方式进行生产正在逐渐成为主流。一是从文化生产的深度来看，文化产品生产中的分工更加细密。早期的文化产品属于精英文化，生产和消费是在分散零星的状态下个别进行。商品经济时代的市场竞争把文化产品纳入到大众消费中，使文化的经济价值在产业化的过程中得到了最大化的实现，产业化重要的标志就是文化商品在生产的过程中，形成了众多环节的细密分工，将文化产品由原来孤立小规模分散生产经营，转变为分工协作的批量化、大规模生产。二是从文化生产的宽度来看，文化生产的产业链条不断延长。在社会化分工的生产模式中，即便是个人创作的小说、绘画、雕塑等文化产品，也需要融入到策划、出版、宣传、发行、交易等环节中去，才能为更多人所了解和接受。三是从文化生产的广度来看，文化与其他领域和行业的结合也日益紧密。文化的重要性在各个领域中都体现出来，即便是非文化领域的生产者也越来越注重打“文化牌”，文化越来越与其他领域相互交融，与其他产业化的生产紧密结合。

（四）文化传播的信息化

随着技术的进步，文化传播的方式不断更新，传播的速度越来越快，范围也越来越广。一是文化传播的方式不断更新。从结绳记事到纸张印刷，从广播电视到互联网，文化传播方式随着技术的进步也不断更新，各种多元化、信息化的传播方式并存。二是文化传播的速度越来越快。在新的信息科技和网络科技的影响下，文化信息和文化商品的传播更加迅速，各种文化符号能够在全球实现快速的传播。神曲《江南 style》横空出世后通过网络迅速在全球流行，仅用 76 天在 YouTube 的点击量就超过 3 亿次，三个月的时间在全球有超过 4 亿次的网络点击量，甚至被纳入吉尼斯世界纪录，这在很大程度上应该归功于互联网时代高效率的传播速度。三是文化传播的范围越来越广。通过网络技术，文化传播的障碍也相对减弱，可以迅速地向全世界传播。《江南 style》被改编成几十国的语言及各种不同角色，更是包揽了欧美超过 35 个国家 iTunes MV 榜单排行榜冠军，成为亚洲歌手有史以来创造的最佳成绩。在网络上，绘画、歌舞、音乐、影像等各种文化产品都能以数字形式储存和展现，并借助网络媒体超越现实的地理界限实现远距离瞬间传播。

（五）作为当代都市文化先锋的时尚文化

时尚是一个难以界定的概念，在历史上人们总是将其与服装联系在一起，以不断变化为特征。其实人类装扮自己的冲动古已有之，各个历史时期也都有着各自流行的风格。但是自近代以来，时尚的内涵远远超出服装的范围，渗入到整个生活方式中，尤为突出的现象是随着政治限制的减少，经济收入的提高，时尚的民主化、普及化，进而影响到社会生活、经济产业、文化趣味等许多方面。史文德森甚至评论说："如果我们拓宽视野，不局限于服装领域，而将时尚视为渗入所有其他消费领域的一种现象，并且时尚的逻辑也渗入了艺术、政治和科学的范畴，那么很清楚，我们讨论的时尚就是一种近乎位于现代世界中心的现象。"（史文德森，2010：3）可以说，时尚文化也正成为当代文化中最突出的现象之一。时尚商品具有文化和商业双重属性，其生产形成了功能价值和符号价值的双重价值链，可以说是产业化的典型，时尚商品的生产充分集中了产业化的特征，同时满足消费者日益增长的消费需求。借助现代的技术手段，现代时尚文化能够在非常短的时间内实现大范围的传播，从而实现迅速流行。时尚文化作为文化与商业结合的新形态，其生产方式走向产业化，目的是为了满足消费者的需求，其传播推广的流行性手段等特质正深刻体现了当代都市文化发展的趋势。在文化的总体发展趋势下，时尚文化正成为当代都市文化潮头的先锋。

二、文化中心城市的新形态与新特征

典型的传统文化中心城市是政治首都，在政治推动力的作用下，聚集政治影响范围内的各种文化资源，在相对封闭的文化圈内发生辐射作用。随着文化的发展，新趋势日益明显，文化中心城市的形态和特征都发生了明显的变化。

（一）文化中心集聚内容从资源到资本

文化中心最基本的功能特征就是"集聚"，但是集聚的内容从实物形态的文化资源更多地转向非实物形态的文化资本。传统的文化中心最外显的特征就是拥有众多高大、宏伟、壮观的文化资源，例如宫殿陵寝、教堂寺观、雕像纪念碑等等，以及所谓的地标。但是，今天的文化中心更重要的并不是曾经拥有什么，而是能做什么。就像经济发展中，经济资本将各种资源转化为产品实现其价值，丰富的文化资源如果没有得到充分的开发利用，并不能真正形成文化影响。特别是在全球化沟通与传播的时代，各种抽象的文化资源都成为跨国文化资本所利用的元素。最典型的例子就是好莱坞将全世界的传说、故事等资源，通过现代的包装和演绎而变成他们的商品。例如中国古代花木兰的传说故事被拍成好莱坞的动画片，尽管看着似乎讲的是中国的故事，但是花木兰为"孝"代父从军的民歌转变成了符合当代人口味的女性追求独立、争取自主的现代版本，实际上传播的是现代美国的文化价值，赚取了全世界包括中国本土观众的钱。

当代文化中心应当集聚大量文化资本，能够充分开发和利用地区乃至全球的文化资源，生产丰富的文化产品。最重要的文化资本包括不断创作和创新的文化人才，富有生机和活力的文化机构与文化企业。

（二）文化中心辐射范围从封闭到开放

各种文化根据地缘、历史、民族等原因，总有大致的边界和范围。特别是随着民族国家的出现，文化与民族国家的联系更加紧密，尽管也有很多跨境民族以及多民族国家，国境线仍然成为民族文化的天然边界，文化中心在相对封闭的管辖界内或者势力影响所及范围内形成实质的辐射作用。但是，随着传播工具的发达、人员流动的增多，文化的传播和辐射早已没有了相对固定的界限，各种形式的交融汇通同时并行。随着文化的交流和融合的不断深入，各种文化的辐射范围不再是封闭的，而是在开放的平台上共同竞争。原来那种层级分明的文化中心体系，已经相对削弱了。所以，文化中心不仅是所在地域文化的聚合点，更重要的是将具有特色的文化传播到更广泛的范围中去。

在当前全球化的形势下，辐射的地理限制其实已经微不足道，全方位的开放格局已经形成，各种文化纷繁复杂，形成你中有我、我中有你的格局，在全球的平台上一起竞争。尽管好莱坞的电影风靡全球，日本的动漫也能大行其道，同样发挥着巨大的影响。热播大片《环太平洋》的导演本身也是日本动漫迷，在电影中也大量学习和模仿了日本动漫中机甲战士的概念。因此，全球文化全方位的开放格局已经形成，文化中心的影响早已超越地域范围的局限，只要具有足够的吸引力，全世界的人都有可能是你的受众。无论是岭南文化还是中华文化，都在全球其他文化的传播和影响范围之内，同时也可以传播和辐射到世界各地。

（三）文化中心动力机制从单一到多元

文化中心实现集聚和辐射功能，其背后的动力机制正从传统的以政治推动力为主，向经济辐射力、社会吸引力等多元动力机制演变。

在漫长的历史进程中，众多著名的文化中心都是政治体（从传统的帝国、邦国到现代的民族国家）的政治中心。大量传统文化中心主要是依靠政治推动力而形成的，这指的是通过政治权力聚集在政治影响范围内的各种文化资源，典型就是各个政权的政治中心同时往往也是文化中心。中国的例子如长安（西安）、洛阳、南京、北京，世界各国的例子如罗马、君士坦丁堡（伊斯坦布尔）、巴黎、伦敦、莫斯科等等。值得注意的是，这些城市的很多文化遗产都是传统社会中，作为政治中心由统治者征敛统治范围内的资源而兴建的，例如各种宫殿、教堂、陵寝等等。进入现代社会后，政治首府聚集文化资源的政治推动力表现在集中了国家层面的图书馆、博物馆、演剧院等文化设施，以及国家级别的文艺社团、文化和科研机构等等。此外，在国家举办重大文化活动时，从推动国家形象的整体战略考虑，也往往以首都作为首选之地。

现代经济体系成长起来以后，经济辐射力在文化中心形成过程中的作用也日益明显，这指的是经济能力辐射到文化领域，以经济基础聚集文化资源，以及进行文化生产和消费的能力。近代以来，随着美国经济的崛起以及大众文化的流行，提供了文化中心动力类型的另外一种典型案例。美国并没有深厚悠久的历史，但是在近代以来经济发展的过程中，把握住了文化市场化的趋势，逐渐成为文化生产的大国。如果从国家层面来看，经济辐射力的典型是美国，回到城市的层面来分析，纽约正是美国的缩影。相比于各个历史文明古国来说，纽约的城市历史简直微不足道，但是纽约在现代世界文化中的地位却是举足轻重。尽管它没有傲人的历史，却是现代文化艺术潮流的源地，还是众多世界级博物馆、画廊和演艺比赛场地的所在地。在传统社会中，尽管也有类似的经济发达城市聚集大量文化资源，但是仍然没有形成真正大规模的文化生产和消费机制。经济辐射力能够驱动文化都市的形成，很重要的一点是基于文化的商品化和市场化。一个城市随着经济实力的增强，不再需要依靠政治权力征发其他地方的资源，而凭借自身的实力能够建设文化设施，奖掖文化人才，同时都市民众庞大的消费能力，也为文化产业的发展提供了市场空间。

文化中心发展中的社会吸引力，指的是都市本身形成了深厚的魅力和良好的氛围，吸引和集聚各种高素质的文化人才。一个典型的案例就是文艺复兴时期的佛罗伦萨。当时意大利在政治上四分五裂，并没有形成强有力的统一国家，各个城邦共和国各自为政，经济上也互争长短。佛罗伦萨之所以成为意大利文艺复兴的发祥地，当然是有各方面有利因素的共同促进，但其中一个非常重要的原因是以美第奇家族为代表的统治者提倡和保护艺术创造，营造了适宜艺术家生活和创作的良好环境，培养和吸引了一大批具有艺术天分的人才发挥自己的聪明才智，创作出大量文化精品。其中洛伦佐·美第奇是文艺复兴盛期最著名的艺术赞助人，他修建教堂及公共设施，奖掖文化，网罗并资助艺术家，收藏图书、手稿并对公众开放，广泛涉及诗歌、绘画、雕刻、建筑、音乐、历史、哲学、政治理论等各个领域。佛罗伦萨形成文化中心的社会吸引力有其特殊的历史和社会原因，在当时的历史条件下，君主的个人性格和魅力起着决定性的作用。现代社会以后，都市的社会吸引力更多是由都市整体的经济社会发展水平、制度和政策环境、生活和创业氛围等因素共同来决定。

从以上的分析可以看出，文化中心里文化设施的建设、文化机构的设立、文化活动的举办、文化人才的集聚等等，其背后决定的力量可能有所不同。而且更为重要的是，从历史发展的进程和趋势来看，政治推动力在文化都市的形成中已经逐渐弱化了，经济辐射力正成为最重要的推动力，而社会吸引力的作用可能在未来更进一步地凸显。这就要求新文化中心要善于利用各种文化动力，形成有力的聚集和辐射机制。

（四）洛杉矶作为时尚型文化都市的特点与经验

当我们环顾全球的文化都市，洛杉矶显得像是一个奇迹。它的城市历史非常短，在过去的几十年之中，洛杉矶在经济、社会、政治、文化等方面发生了巨大变化。而这些变化之深之大，远远超过美国的任何一个都市。洛杉矶已经崛起成为美国仅次于纽约的第二大城市，成为以影视为代表的美国乃至世界的流行文化中心。洛杉矶在大众娱乐，诸如电影、电视、音乐方面具有巨大的国际声誉和全球地位，闻名世界的电影中心好莱坞就位于该市。它还拥有世界知名的各种专业与文化领域的机构。洛杉矶的都市文化以现代流行文化为主，最核心的是以电影相关产业奠定的基础，并在电视、音乐、体育、现代艺术等领域拥有巨大影响力。

洛杉矶和拥有大量历史文化遗产的其他文化都市存在显著的不同，非常值得深入分析思考和借鉴。洛杉矶与历史上著名的文化都市都不相同，它的历史太短了，而它的文化活力又太强大了，我们把它定位为时尚型文化都市，以便与其他历史型文化都市区别开来，它拥有以下几个重要特点：

第一，没有历史重负下的包容与创新。洛杉矶的城市历史较短，并没有深厚的历史传统，遗留下来的文物古迹也很少。但是从另一个角度来看，这也使得洛杉矶没有历史的重负，文化创新能力非常强，特别是在电影产业的发展历程中，顺应电影作为文化商品的潮流，不断以创新的姿态推出精彩的作品，最终超越电影的起源地欧洲，成了全球执牛耳者。同时，由于洛杉矶一直都是美国少数族裔聚居的最大都市之一，特别是近几十年来白人正在逐渐减少，而西班牙语裔、亚裔及非洲裔人口增长迅速，尽管曾经出现过族裔之间的冲突，但是洛杉矶的城市包容性还是相对较强。

第二，都市文化发展驱动力的转型。从前文所分析的文化都市的动力类型来看，洛杉矶都市文化的发展缺少政治推动力。其实，美国作为联邦政体，地方自治传统深远，政治中心并没有更多的特权汲取其他地方的资源。甚至像奥运会这样盛大活动的举办，也主要是申办城市自己的事情，并不会有举国办会这样的盛况，更不会出现首都当仁不让成为举办盛会的首选城市。所以尽管美国在历史上举办了最多的奥运会，但是没有一次是在首都华盛顿举行的。纽约成为文化都市更多是依靠经济辐射力，经济辐射力在洛杉矶文化都市发展中也发挥着重要作用，但是社会吸引力开始发挥得更加明显，这也体现了文化都市发展动力从政治推动力逐渐转变为经济辐射力和社会吸引力。

第三，文化的市场性特征明显。洛杉矶的文化产业非常发达，其都市文化的市场性或商业性特征也非常明显，其典型文化商品是电影。当然，说明洛杉矶市场性特点的最好例子，也许是 1984 年的奥林匹克运动会。由于之前的奥运会举办城市严重收不抵支，所以 1984 年奥运会只有洛杉矶一个城市申办。美国政府和洛杉矶市都不提供经费支持，这场国际体育比赛盛会由私人公司承包，这还是有史以来头一次。结果，这届奥运会壮观至极，其开幕式、闭幕式的精彩，各项赛事、设备与服务的完善，都是奥运史上“史无前例”的。最重要的财源是出售电视转播权、企业赞助、门票销售，甚至火炬传递的线路设计为绕行 41 个城市和 1000 多个镇，全程 15000 公里，其中 10000 公里实行收费，参加火炬接力者每跑 1 公里需缴纳赞助费 3000 美元，就此共获得赞助 3000 万美元。这是历史上首次赚钱的奥运会，获得总收入 6.5 亿美元，扣除费用支出后还有 2.13 亿美元的利润。

第四，大众传播对文化流行的作用显著。洛杉矶崛起为著名文化都市的过程也正是大众传播普及的过程，广播、电影、电视、网络等不断革新的传播工具，为洛杉矶的文化商品向全世界推广提供了有力支撑。特别是全球化日益深化的今天，好莱坞电影的国际传播更加显著，在全球放映的影片中，好莱坞电影占 85%。即使在重视市场保护的欧盟，来自好莱坞的大片也占据 80% 以上的市场份额。如果考虑到很多观众通过盗版影碟和网络下载观看电影，实际比例可能还会更高。

洛杉矶在如此短暂的时间内崛起成为具有世界影响的文化都市，确实值得我们深思。从洛杉矶的案例，我们可以深入考察文化发展的趋势，进而为文化都市的发展提供借鉴。

三、广州培育时尚之都的战略分析

广州确立了新型城市化的发展道路，但是如何在城市化的进程中避免“千城一面”，塑造独特的城市风格，是非常重要的问题。建设国际商贸中心和培育世界文化名城是广州新型城市化发展的两大战略重点，建设国际商贸中心面临着如何高端化的挑战，建设世界文化名城面临着如何把握文化发展最新趋势的问题。“时尚”可以说是广州两大战略重点相互促进的交汇点，一方面，时尚产业所涉及的时尚商品流通、交易与消费，可以说是商贸流通业中商品品质最优、环境档次最佳、附加值最丰厚的环节，也是引领商品销售和购物潮流的核心内容。另一方面，广州具有深厚的历史文化资源，“四地文化”的概括对广州的历史文化提供了很好的总结，但是在继承历史文化的同时，更要面向未来，在文化的生产和消费上发挥更为重要的作用。因此，广州打造时尚之都，对于推动国际商贸中心的高端化、世界文化名城的现代化，进一步增强城市的辐射带动能力，都有着积极的意义。广州培育时尚之都尽管面临良好的机遇，具备坚实的基础，但同时也面临着国内外众多城市的激烈竞争。

（一）广州培育时尚之都的重要意义

第一，广州培育时尚之都是建设世界文化名城和新岭南文化中心的重要内容。广州提出培育世界文化名城的战略目标后，也有不少的人心存疑虑，认为广州在历史上偏处岭南，与中原相比开发较晚，文化资源的积淀相比国内一些古都而言不够丰厚。根据本研究所分析的文化都市的动力机制而言，其实质就在于历史上广州文化发展的政治推动力相对不足。与各个著名的古都相比，没有显赫的王朝在此定都，即使是一些地方性政权如南越、南汉等，由于政治势力所及的范围相对狭小不出岭南一隅，能够动员的资源也相对有限。因此，广州缺少宏伟的宫殿、陵寝、寺庙等文化遗迹。从现实来看，广州在政治推动力上远远无法与北京相比，甚至比起其他一些重点城市而言也有所不足。而从现在到可见的将来，政治推动力也很难成为广州培育世界文化名城中的重要支持。

但是，正如前文在文化都市的动力机制以及文化发展的趋势中所分析的，政治推动力的相对作用正在逐步降低，而经济辐射力的作用正成为重要的动力，未来社会吸引力的作用会更加凸显。而政治推动力主导下的文化资源如宫殿、陵寝等等所谓文化遗产，在现代文化生产中的作用也日益边缘化。新的市场化、商品化、产业化的文化生产方式正在崛起，这对广州培育具有自身特色的文化都市开拓了新的思路。广州培育世界文化名城，建设新岭南文化中心，要把握现代文化发展的新趋势。当代时尚与艺术的交融不断深化，时尚和文化的关系在广度和深度上变得更加紧密。越来越多的艺术家参与到时尚产品的设计中，时尚商品的展示场所拓展至博物馆、美术馆这类传统的纯艺术殿堂。可以说，时尚文化已经成为现代性都市文化的重要内容，巴黎、伦敦等时尚之都都是世界文化名城，时尚文化也为它们的现代都市文化增添了艳丽的色彩。广州一定要结合自身的实际，走出一条自己的特色文化发展之路，形成独特的都市风格。近代以来，广州得以成为领风气之先的城市，关键就在于形成了一种开放、包容的独特氛围。同时，广州在改革开放以来，市场化的改革一直走在全国前列，文化产业的发展也形成了良好的基础。因此，广州应该扬长避短，不必在文化发展的政治推动力上去与其他城市一竞长短，而应充分发挥经济辐射力和社会吸引力的优势。时尚型文化都市是着眼于文化未来发展趋势的文化都市类型，与广州的实际有着较高的契合度，中国文化走向世界也需要时尚型文化都市在未来发挥引领作用。广州将时尚之都作为自己的定位，既扬长避短，又独具特色，是符合广州实际又适应文化发展趋势的发展道路。因此，广州不仅需要保护“古老”的文化，擦亮历史文化名城品牌，同时也需要把握时代发展趋势，大力推动时尚文化的发展，塑造现代城市文化形象，为培育世界文化名城、建设新岭南文化中心注入新的内容，赋予新的意义。

第二，广州培育时尚之都是提升国际商贸中心的应有之义。广州作为千年商都，商贸服务业一直是广州的优势产业，建设国际商贸中心要求进一步增强城市商业活力，聚集众多国际性商贸活动，在世界范围形成较大的凝聚力和辐射力。时尚产业所涉及的时尚商品设计、展示、流通、交易与消费，可以说是商贸服务业中商品品质最优、环境档次最佳、附加值最丰厚的环节，也是引领商品销售和购物潮流的核心内容。因此，大力发展时尚产业，打造时尚之都，是广州建设国际商贸中心的应有之义，将使广州的商贸中心功能在层次和能级上得到大幅度的提升，重塑千年商都的新辉煌。

第三，广州培育时尚之都是增强国家中心城市辐射影响的重要动力。在当前的全球化产业分工体系中，发达国家仍然在本土保留着垄断性的符号价值链，而把生产制造商品实物的功能价值链转移到低成本的发展中国家来。珠三角地区肩负着率先转型升级的任务，但是面临缺少核心要素价值链的重要瓶颈。如果不能形成自己的时尚之都，聚集起一大批设计、广告、展示、传播等产业和人才，打造出自主的、能提供独特风格的符号价值链，要求传统的生产制造型企业独立实现升级几乎是不可能的。广州加快发展时尚产业建设时尚之都，有利于带动和辐射珠三角乃至周边更广阔地区的相关产业升级，这也是广州建设国家中心城市的重要功能和必要抓手。

（二）广州培育时尚之都的良好机遇

随着我国居民收入水平不断提高，消费能力越来越强，消费时尚化的趋势日益明显。越来越多的消费群体的消费模式趋向于追求时尚，越来越多的商品具备了时尚商品的特征，这使得时尚消费的市场日益增长，为时尚之都的发展提供了广阔的空间。中国本土时尚正在走向世界，已经培养出了一批紧跟国际时尚脚步、拥有自己特色的时尚设计师，同时形成了一批具有较强市场开拓能力的时尚品牌企业，开始走上国际秀场，展示中国时尚风格。在这些领军人物的带动下，越来越多的企业开始树立自己的时尚品牌、传播自己的时尚风格，影响力也不断提升。就像中国经济对世界经济的影响一样，中国时尚的崛起也将对整个世界时尚产业产生深远影响，也许会让世界时尚产业重新洗牌。

广州及珠三角地区作为中国改革开放的前沿地，经济发展水平较高，《珠江三角洲地区改革发展规划纲要》对广州提出了“国家中心城市”的定位。广州在30多年改革开放的基础上，面对国内外城市的发展趋势，提出了新型城市化的重大战略构想，为广州未来的城市发展提出了更高的目标。广州的时尚相关行业正在迈向以设计开发与品牌经营为竞争手段的高级阶段，作为岭南文化的中心地，广州也逐步兴起具有岭南风格特征的新时尚，影响力不断扩大，将作为中国时尚的重要组成和先锋代表，进入世界时尚的舞台。

（三）广州培育时尚之都的坚实基础

广州作为“千年商都”，拥有良好的城市品牌和深厚的文化底蕴。在海上丝绸之路两千多年的历史中，相对其他沿海港口，广州是长期不衰的通商港口，形成了“千年商都”的美誉。改革开放以来，广州以及珠三角地区得改革风气之先，“广货”誉满全国。广州还是国内会展业发展最早、会展经济最活跃的地区之一，展览的数量，展览面积，名展、大展的规模和影响力，都位居全国前茅。广州两千多年的商都历史和文化为广州树立了鲜明的城市品牌和深厚的文化底蕴，有助于提升广州时尚产业的品牌知名度和影响力，浓厚的商都文化氛围既是本地时尚产业蓬勃发展的沃土，也有利于吸引国际知名品牌和高端人才集聚。

广州及周边地区的时尚相关产业基础实力雄厚。在多年的发展中，以广州为核心的大都市圈的时尚产业已非常完整，涉及女装、男装、婚纱等纺织服装领域，以及珠宝首饰、鞋业、皮具、美妆等产业。周边珠三角地区如虎门的服装，均安的牛仔服，盐步、小榄的内衣，沙溪的休闲服等产业集群，进一步强化了时尚商品制造的集群优势。时尚相关商品的产销量占据全国领先位置，这样完整的时尚产业基础在全国是非常少有的。时尚相关的传播、动漫、创意、设计等行业也形成了一定的规模，集聚了一批人才队伍，为在更高层面上推动时尚之都发展奠定了良好基础。

（四）广州培育时尚之都的迫切性

广州在改革开放之初引领全国时尚潮流，但是在全国全面开放后曾经的优势地位受到冲击，国内外许多城市也提出建设时尚之都的口号。面对激烈的竞争，广州打造时尚之都显得尤其迫切。

首先，广州曾经的时尚领先地位有衰退的风险。广州及珠三角地区是中国改革开放之后，最先吹起时尚之风的地方，随着来自香港的服装、鞋类等与时尚相关的生产企业北移到毗邻的珠三角，国际前沿的时尚潮流、流行趋势等等的信息也开始陆续进来，并由此传递到全国。一些服装厂开始接国外的服装、鞋子品牌做来料加工，随后本土的时装设计师也开始走向舞台，牛仔裤、喇叭裤、蝙蝠衫等风靡全国，广州的服装、化妆品、皮鞋等时尚商品走向全国，打响了“广货”的品牌。在更广泛的流行文化层面，广州也在引领潮流，例如广州的流行音乐创造了多个全国“第一”。“广州”成为这一时代的时尚代名词，但是，曾经的时尚领先地位在全国全面开放的大环境下，优势不再明显，甚至出现了衰退的迹象，在很多方面都被其他兄弟城市赶上。

其次，国内外城市展开时尚都市的激烈竞争。广州与国际知名时尚之都还有较大差距，同时也面临着国内外其他都市的激烈竞争。传统公认的世界时尚之都集中在发达国家，汇集了大量知名时尚品牌、时尚传媒和专业人士，中国要赶上这个水平，形成能够与之比肩的时尚之都，还需要较长的时间。后发展国家在经济发展之后，都希望在时尚产业中拥有更大的发言权，例如韩国有“米兰计划”，泰国也在建设曼谷时装中心。同时，国内许多大都市都看到时尚产业的辉煌前景，纷纷提出加快发展时尚产业的目标，特别是上海、北京等城市优势较为明显，提出打造世界时尚之都的口号。上海被认为是中国内地最具时尚魅力的城市，众多国际时尚品牌竞相在上海开设旗舰店。上海也非常重视时尚产业发展，2008 年发布的《上海产业发展重点支持目录》就已经有“时尚产业”的条目，近年来更逐步加强与周边长三角地区的协作，让长三角成为中国服装、纺织品采购、经营、销售、配套的全球性平台。北京的优势则在于文化底蕴深厚，各种艺术团体、高等学府、媒体云集，丰富的文化活动再加上众多独具个性的艺术文化交流场所，如“798 工厂”等艺术沙龙，后海和三里屯的艺术、时尚酒吧，通过展览、走秀和论坛等形式多样的活动，使得北京的时尚文化传播覆盖面和影响力极大。此外，大连、重庆、杭州等城市也纷纷结合自身产业优势和特点，大力吸引国际时尚品牌，扶持本地时尚企业发展，形成了激烈的竞争格局。

（五）广州培育时尚之都的定位

在当前日益激烈的全球化竞争中，广州培育时尚之都，既不是希望渺茫，也不能一蹴而就，应该充分认识发展机遇，发挥自身优势，明确未来定位，突出重点，循序渐进。

时尚之都的形成和发展也是动态变迁的过程，并不是哪个城市天然就是时尚之都，而其他城市就不再有发展的机会。作为世界级的时尚之都，巴黎、伦敦、米兰、纽约等城市的地位短时间内难以撼动，但是以中国的经济总量、消费人群、地域差别，完全可以并行不悖地成长出多个不同风格、在国家层面上具有较强影响力的时尚之都，并参与到国际时尚的竞争中。广州以自己的文化底蕴、经济基础、发展潜力，完全可以走出一条符合新型城市化发展方向、融合岭南特色的时尚之都发展道路。

广州培育时尚之都的阶段性定位是：用 5—10 年的时间，在现有时尚商品制造优势的基础上，大力发展时尚相关服务行业，立足聚焦高端要素和高端环节，积极推动时尚服务业与制造业的融合互动，形成设计、展示等时尚传播服务的中心，在珠三角乃至华南地区范围内增强集聚带动、融合引领、辐射服务功能，以鲜明的岭南风格在中国时尚界中形成强有力的话语权，巩固全国时尚中心城市的地位。

广州培育时尚之都的长远定位是：争取用10—15年的时间，在引入和学习国际知名时尚品牌的成功经验基础上，积极扶持本土时尚企业和人才，从深厚的文化底蕴中汲取智慧，融合现代时尚品味，发展具有中国本土特色的时尚设计、时尚品牌、时尚传媒，鼓励更多具有岭南风格的本土时尚企业和设计师成长壮大后，代表中国时尚进军国际时尚界，成为具有较强国际影响力的亚太时尚之都。

四、广州培育时尚之都的对策建议

时尚领域涉及的内容广泛，广州培育时尚之都，近期要注意选择主要方向进行突破，重点支持价值链中的核心领域，加快发展时尚产业，尽快塑造自身特色，为巩固全国时尚中心城市地位，进而迈向亚太时尚之都打下扎实基础。

（一）明确时尚之都的发展定位

广州应该更加明确提出加快发展时尚产业、打造时尚之都的定位，并尽快出台和完善相关的规划和配套政策。借鉴国际时尚之都的成功经验，立足现有优势资源，尽快科学制订《广州市时尚产业发展规划》，以及相关的配套政策，合理规划时尚产业发展目标与产业布局，确定时尚产业的重点领域和重点项目，完善产业价值链，提升产业配套能力。积极鼓励相关企业、行业协会、专业人士等民间力量的参与，形成共谋产业发展、共建时尚之都的良好局面。

（二）形成有力的组织领导工作机制

时尚之都的内涵丰富，牵涉面广，统筹协调工作难度很大，必须从组织领导上建立健全产业发展的推进机制和保障体制，建议设立“广州时尚产业发展促进办公室”，具体办事机构可设在经贸委，统筹整合相关资源，完善战略规划和配套政策措施，营造良好的服务环境。要充分发挥行业协会的组织和协调作用，例如巴黎时装公会在扶持新兴品牌的发展、协调时装行业各个环节、保护知识产权、发展职业教育、协调各时装发布会的时间和地点等各个方面都起着重要作用。鉴于许多具体行业已经设立了自己的行业协会，可以在此基础上成立时尚产业联合会，建立联席会议制度和经常性联系制度，强化时尚产业各层次、各领域的沟通、交流与合作等。在各行业协会中，凝聚共同发展广州时尚产业的共识，以社会化、市场化运作为机制，打造和完善相关公共服务平台，加强协会成员之间的联动与合作。

（三）突出时尚设计的引领作用

时尚设计是构建时尚产业核心竞争力的重要环节，广州应积极争取加入联合国教科文组织（UNESCO）以及国际设计联盟（IDA）等国际组织的“创意之都”联盟网络，扩大广州设计的影响，营造支持设计发展的良好氛围。鼓励行业协会或者龙头企业牵头组织举办各类时尚产品的设计专业赛事，加强赛事的规范化、市场化和国际化运作，树立广州时尚设计的品牌。充分利用广州创意产业园区，将其作为时尚设计人才的培养基地，大力开展设计教育和培训，带动和培养一批有较强影响力的本土设计企业。结合广州会展业优势，积极谋划在时尚展会活动中建立设计交易市场，提供优秀设计成果展示、设计信息交流、设计业务对接与交易、设计企业投融资等服务，吸引国际设计公司与组织、高端人才落户。

（四）扶持时尚传播展示推广的平台

时尚的传播和展示是扩大消费市场、树立时尚品牌的重要途径。广州要制定时尚之都的品牌营销推广计划，借助千年商都和广交会品牌效应，加大对广州时尚之都的城市品牌营销推广力度，在全国乃至世界上树立广州时尚之都的品牌形象，提升知名度和影响力。充分发挥广州新闻媒体发达的优势，重点扶持一批本土时尚传媒，鼓励新闻媒体设置时尚专版或专刊，充分利用卫星电视的传播途径积极打造时尚电视频道，提高时尚流行信息发布的专业性和权威性，建设具有强大话语权的时尚信息发布平台。积极邀请国内外著名品牌设计师来广州召开新品发布会，新锐设计师举行设计作品展，时尚媒体和专业人士召开时尚产品论坛等等。鼓励时尚专刊、时尚频道在介绍国际流行趋势的同时，加大介绍本土时尚品牌的力度，积极推广广州知名时尚企业，使更多的潜在消费者认识广州的时尚品牌。

（五）培育本土时尚专业人才

培育时尚之都的最终支撑是时尚专业人才，从时尚产业发展的全局来看，在吸引国际时尚品牌的同时，尤其需要大量具有中国本土特色的时尚专业人才快速成长。发达国家时尚院校的专业设置涵盖了时尚设计、时尚生产管理、时尚品牌管理、时尚营销和传播、时尚零售管理等产业相关环节，即使是传统的设计领域，都已细分到男装、女装、童装、舞台服装、造型、服装调配、鞋履、箱包、配饰、香芬、珠宝等方面，并单独设立专业，其中很多领域都是国内同类院校的空白点。可以借鉴国外时尚院校的人才培养经验，发挥广州地区大中专院校众多的优势，积极鼓励院校设立时尚产业相关专业。加强时尚教育和产业发展实际的沟通与合作，支持相关院校注重发展继续教育，使更多拥有丰富实践经验的从业人员获得深造机会，提升专业水平。

（六）策划丰富精彩的时尚活动

时装周、设计周、艺术节等时尚活动是时尚产业的重要助推力量，也是时尚之都的城市名片。要加强对大型时尚活动的支持，统筹策划时装周、设计周等大型时尚活动，积极吸引更多国内外时尚品牌、设计师、顶级名模的参与，更加注重与媒体合作，加强宣传推介，扩大时尚活动的规模和影响，将广州打造成为国际时尚辐射中国的展示高地、本土时尚走向世界的窗口。加快时尚会展业专业化、品牌化和信息化发展，积极支持小型、高端、精品的时尚展示发布会，包括高端设计作品的会展、国际品牌专家论坛、国际模特大赛、国际流行时尚发布，让广州的时尚展示会成为引领潮流的风向标。支持各类专业机构在广州举办设计大赛、名模大赛等高档次、高水平的赛事和交流、培训活动，通过赛事和活动发掘人才，引进或者吸引他们留驻广州。在吸引国际重要时尚活动到广州举办的同时，也鼓励企业积极开辟海外市场，支持行业协会组织相关企业走出国门参与国际重大时尚活动，对外积极推广具有岭南特色的“广州时尚”。

（七）增强时尚商品流通和交易功能

时尚商品流通是时尚产业的重要环节，时尚之都也是时尚商品集散和流通功能的主要承担者。广州已经拥有一些时尚商品的著名交易市场，但是小、散、乱现象仍然比较严重。广州建设时尚商品流通和交易中心，促使传统批发市场向现代展贸中心和采购配送中心转型，依托广州批发交易市场的优势及一系列商品展贸中心、交易中心、采购物流配送中心等载体，大力发展时尚商品的展示和交易，打造时尚商品的“广州价格”体系，构建具有远程控制和辐射能力的时尚商品采购与商品定价中心。同时，积极引导大型批发市场设立国际时尚商品集聚区，使之成为国内外时尚商品的综合交易中心。

（八）提升时尚消费购物天堂的形象

广州要全面提升购物环境、品牌、价格、服务、载体等要素竞争力，切实提高广州在全国的消费示范与时尚引领功能，努力打造时尚“购物天堂”。针对消费潮流新趋势，积极推进大型高端购物中心或现代城市商业综合体的宣传推广，重点吸引国际著名商贸企业和时尚品牌的总部或地区总部以及旗舰店、专卖店进驻，并通过旗舰店，联动这一品牌在珠三角乃至华南地区的总开发、总经销、总代理，加速网点布局。优化提升传统商圈，改善基础设施和环境品质，增强文化特色和综合服务功能。结合城市空间布局的拓展，在新发展城区拓展高端商业网点布局，形成更广泛的高端商业网络，引领时尚消费潮流，提升“千年商都、购物天堂”的时尚消费都市形象。

参考文献：

［1］Gefeffi G. International Trade and Industrial Upgrading in the Apparel Commodity Chains [J]. Journal of International Economics, 1999 (48).

［2］白玉力，陈芊瑞，区伟文，蔡灿明．时尚的艺术变脸：时尚产业艺术潮之解析［J］．东华大学学报：社会科学版，2008（2）：117-121.

［3］程建强，黄恒学．时尚学［M］．北京：中国经济出版社，2011.

［4］川村由仁夜．时尚学［M］．台北：立绪文化事业有限公司，2009.

［5］高骞．上海打造国际时尚之都的探索与实践［M］．上海：格致出版社，2010.

［6］高骞．上海时尚产业政策研究［J］．科学发展，2009（10）：87-95.

［7］高宣扬．流行文化社会学［M］．北京：中国人民大学出版社，2006.

［8］顾庆良．时尚产业导论［M］．上海：格致出版社，2010.

［9］马小宁．美国西海岸大都市洛杉矶经济腾飞原因探析［J］．河南师范大学学报：哲学社会科学版，2007（3）：147-150.

［10］钱尼．文化转向：当代文化史概览［M］．南京：江苏人民出版社，2004.

［11］沈之兴．论美第奇家族对佛罗伦萨文艺复兴的促进作用［J］．华南师范大学学报：社会科学版，1991（3）：77-83.

［12］史文德森．时尚的哲学［M］．北京：北京大学出版社，2010.

［13］斯科特．电影中的洛杉矶：历史、好莱坞及对该城的灾难性想象［J］．世界电影，2011（4）：36-46.

［14］王峥峥，郭平建．中国时尚问题初探［J］．山东纺织经济，2009（6）：82-85．

［15］伍庆，董曼虹．“时尚＋创意”迈向亚太时尚之都［N］．广州日报，2010-08-23．

［16］谢菲．“洛杉矶模式”对海峡西岸城市群发展的启示［J］．福州大学学报：哲学社会科学版，2009（5）：55-59．

［17］杨度．政策变迁下的时尚产业：关于一个标板城市的产业政策研究（上）［J］．中国纺织，2009（5）：52-56．

［18］杨度．政策变迁下的时尚产业：关于一个标板城市的产业政策研究（下）［J］．中国纺织，2009（6）：92-95．

（选自广州市哲学社会科学发展“十二五”规划2012年度课题“都市文化的发展趋势与广州培育时尚型文化名城研究”。课题负责人：伍庆；成员：马凌、张燕、草耘心。）

岭南民间舞蹈文化类型及其呈现[①]

眭美琳（广州大学）

“岭南”一词，最早出现在司马迁《史记·货殖列传》中：“夫天下物所鲜所多，人民谣俗，山东食海盐，山西食盐卤，领南、沙北固往往出盐，大体如此矣。”《辞海》释义有三：一为地区名，亦称岭表、岭外、岭海等，指中国五岭以南地区，包括现今广东（含港澳地区）、海南、广西大部分地区和越南红河三角洲一带及以北地区；二为道名，唐贞观十道、开元十五道之一，以在五岭之南得名，治所在广州，范围大约包括当今广东、海南、广西大部和越南北部地区；三为唐方镇名，开元二十一年（733 年）置岭南五府经略使，至德元年（756 年）升五府经略使为岭南道节度使，治所在广州，直辖广管诸州，约当今钦山港以东大部分地区，兼领桂、邕、容、安南四管，咸通三年（862 年）分为东西两道：以广管为岭南东道节度使，邕管为岭南西道节度使，兼领桂、容、安南三管。[②] 从以上表述可以得知，岭南为地理区域属性，并随着时代更迭有所变化。现今，岭南更多专指广东省行政区域。在本文中，“岭南”一词的区域划分也专指广东省。

岭南除了以上地理区域属性外，还具有专门的文化属性，其代表为“岭南画派”、“岭南诗派”、“岭南园林”等。岭南文化具有多元、兼容、开放等特性，其构成元素主要为本土的百越文化、南迁的中原文化以及舶来的海外文化。岭南民间文化特点为：其一，南北文化的交融，中西文化的荟萃；其二，活泼明快，充满南

---

① 该文发表于《北京舞蹈学院学报》（全国中文核心期刊、中国人文社会科学报核心期刊、CSSCI 来源期刊）2013 年第 1 期。

② 辞海编辑委员会. 辞海［M］. 缩印本. 上海：上海辞书出版社，1980：790.

国水乡的浪漫情调；其三，兼容的情怀和温顺的生活方式。[①]

笔者根据岭南大地现存的民间舞蹈，按照民间舞蹈文化的特殊性，从动态形象入手，对岭南区域内各种文化类型下的区域性民间舞蹈进行比较研究，将岭南民间舞蹈文化区划分为粤北少数民族民间舞蹈文化区、粤东客家民间舞蹈文化区、粤东北潮汕民间舞蹈文化区、粤中南广府民间舞蹈文化区、粤西北桂东民间舞蹈文化区、粤西雷州民间舞蹈文化区、五邑侨乡民间舞蹈文化区，以及特区新客家民间舞蹈文化区等。

一、少数民族民间舞蹈文化区

该区域主要为广东省北部韶关、清远、惠州等山区。在这里生活着瑶、畲、壮等少数民族，其民间舞蹈文化具有浓郁的民族风情和特点。粤北瑶族同胞与其他少数民族一样，民间歌舞丰富多彩，其中代表的有连南瑶族（排瑶）的《大长鼓舞》、连山瑶族（过山瑶）的《小长鼓舞》以及龙门蓝田瑶乡（过山瑶）的《舞火狗》等。

《大长鼓舞》又称“打嘟”、“调花鼓”，每逢重大传统节日或喜庆时节，瑶家都要跳《大长鼓舞》庆祝。该舞蹈为男性群舞，现个别地方也有女子加入，表演人数不限，但必须成双成对。表演时两人一组，相距三四步，左肩相对，时而穿插换位，时而旋绕成圈，整体队形可成横排、斜排、方格等，游村则以队列行进表演。舞蹈内容丰富多样，有模拟劳动生产的“种树鼓”、“砍树鼓”；有叙事的“十二姓鼓”；有表现欢快情绪的“歌堂鼓”、“大圆圈鼓”；还有祭祀祖先的“盘古王鼓”。舞蹈时舞者可以左右手击鼓或双击鼓，舞蹈动作集中于腰部和下肢，基本动态为两膝有节律地伸屈，身体上下起伏颤动，基本动作有“蹲颤”、“蹲颤摆鼓”、“提手击鼓”、“弓步划狐”等。

《小长鼓舞》主要在逢年过节、喜庆丰收、婚姻祭祖等活动中表演，通常为两人或四人对舞，现也有群舞和独舞表演形式，难度最大要数在八仙桌上对鼓而舞，具有很强的技巧性和观赏性。舞蹈内容主要表现瑶家生活生产的场景，过山瑶得名因该民系部落频繁迁徙，过着游耕游猎的生活，每到一处就必须盖房建屋，因此有专门表现盖房建屋的动作，例如“平屋地”、“立柱”、“拉梁”、“盖房”、“莲花盖

① 叶春生. 岭南民间文化［M］. 广州：广东高等教育出版社，2000：13-15.

顶”等。动作刚柔相济、步伐灵巧，基本动态为双腿屈蹲、重心往下沉，身体有节律地上下颤动。

二、客家民间舞蹈文化区

该区域主要为广东省梅州、惠州、河源以及韶关一带。客家是广东的三大民系（广府、潮汕、客家）之一，客家文化既继承了古代中原文化，又融合了岭南土著文化，进而形成了岭南文化中独具魅力的客家文化。客家人讲究“耕读传家”，非常重视读书和农业，因此其民间舞蹈也受此影响。其代表主要有客家采茶歌舞、杯花舞以及各种灯舞等。客家采茶歌舞又称“采茶灯”、“采茶戏”，是一种载歌载舞的民间民俗艺术，一般在春节期间演出，因为贴近生活、通俗易懂而深受群众热爱。其动作按照老艺人的“艺诀”要求“扇花舞起像绣球，头顶水碗矮步走，水袖挥舞龙摆尾，收舞静观若神偶”，由此得知，扇子花、矮子步以及单臂袖为客家采茶舞的“三绝”。表演内容主要围绕生活生产，例如，模拟现实生活的“梳妆”、“整鬓”、“开门”等；模拟生产劳动的“绣花”、“挑担”、“摇船”、“锄地”、“喂鸡”等；还有模拟动物、大自然的“乌鸦晒翅”、“蜻蜓点水”、“狮子滚球”、“大树遮阴”等。

客家民间舞蹈是人民在劳动中的产物，反映的是劳动者的理想和愿望，把生活中的感受以及内心的喜怒哀乐，都用舞蹈的形式来表达。另外，客家人在节日时多以灯舞相伴，其形式可谓丰富多样、千姿百态，有船灯、竹马灯、龙灯、狮灯、花灯和鲤鱼灯等，但大多还是以舞龙灯为主，有祈求如意吉祥、风调雨顺、五谷丰登、消灾纳福、国泰民康之意。同时在客家人的世界观中认为狮子是吉祥之物，它能带来财富与平安、吉祥与健康，客家有一句俗话“狮龙入屋，买田做屋”，所以舞龙和舞狮是客家人最喜欢的舞蹈方式。个别客家地方喜欢以鲤鱼灯为主要表现方式，把鲤鱼喻为年年有余、吉祥、幸福的象征。客家灯舞活动，场面浩大，不管是在表演人数上还是在乐队伴奏上，都突显出这个民系的风俗习惯、社会风貌、文化传统和人文性格。

三、潮汕民间舞蹈文化区

该区域主要为潮州、揭阳、汕头以及汕尾等潮汕地区。潮汕文化是古代南粤土著文化、中原文化和海外文化相融合而产生和发展的文化。其民间舞蹈深受该文化的浸染，主要代表有潮汕英歌、钱鼓舞、鳌鱼舞等。英歌，又称“因歌”、“莺歌”等，广泛流传于潮汕地区，其中普宁、潮阳及邻近的惠来等地最为盛行，是一种融舞蹈、戏曲、武术于一体的民间广场游艺民俗舞蹈。表演气势宏大，全部由男子表演，有歌颂英雄人物、驱邪逐疫的寓意，也有祭祀祖宗和弘武健身的功能，最主要还是当地群众的自娱和他娱活动，主要是在春节至元宵期间以及其他重大传统节庆日子演出。表演形式一般分为“前棚”、“中棚”和“后棚”。

“前棚”为男子集体舞蹈表演，也是英歌的主打部分。由棒槌舞和小鼓舞组成，表演人数少则 16—32 人，多则 108 人。演员们身着古代武士装扮，脸上涂抹脸谱，其中几个演员是按戏曲舞台上的梁山英雄好汉脸谱样式的化妆，其他演员也画脸谱，但没有明确的人物身份，但也有在腰上挂水浒人物名称的腰牌，以示其身份。表演队分为左右两队，纵队向前行进，舞者双手拿短槌或右手短槌、左手持鼓。行进至广场或开阔地，整个舞队就会舞动起来，变换出各式舞蹈队形，如麦穗花、金龙穿水、双龙出海、田螺圈、半月莲等；舞者敲击着短槌或小鼓，敲击槌的手法有十字滑槌、夹槌、撩击槌、甩槌、斜插槌等十几种；同样，击鼓有上击鼓、抓鼓、持鼓槌、抢鼓跳步等；脚下基本步法有提颠步、磋跳步、碎步等。在大鼓、大钹、月锣等乐器“咚咚喳、咚咚喳”和呐喊声的伴奏下，队形整齐紧凑，舞姿协调优美，具有阳刚英武之气。舞至高潮，呐喊声与锣鼓声响彻四方，气势磅礴，震撼人心。

“中棚”就是由一些小演唱、戏曲片段之类的表演节目组成，目前保留了 13 个传统曲目，表现内容多为民间生活的轶事趣闻。

“后棚”为集体武术表演，一般由 16—36 人组成，表演各式各类的武术套路和真功夫，显示英歌队伍的高强武艺和宏大气势。根据表演来分，大致可分为慢板、中板和快板三种。在慢板英歌中，又分对打套式、文派和武派。主要特点是动作刚劲雄浑、粗犷奔放，威武豪迈，场面恢宏壮观，给人以美与力量的享受。中板英歌的锣鼓敲击比较简单，节奏变化不多。快板英歌相对前两种，节奏更加快，鼓点更紧密，队形变化丰富，动作的幅度增大增强。俗语道“北有秧歌，南有英歌”，20 世纪 70 年代末《人民日报》更撰文“北有安塞腰鼓，南有普宁英歌”。

四、广府民间舞蹈文化区

该区域主要为广州、佛山、珠海、中山等珠江三角洲平原地区。广府文化是指以广州为核心、以珠江三角洲为通行范围的粤语文化，从属于岭南文化，在岭南文化中个性最鲜明、影响最大。其民间舞蹈最具代表性的要属舞龙、狮舞等。

舞龙有香火龙、醉龙、旱龙等各种各样的形态，例如，佛山香火龙由棕缆、草绳捆扎河涌边野生的水仙花而成的龙头、龙身和龙尾，再插满香火，随着社会的发展衍化成金龙、银龙等。该舞蹈一般在祠堂、庙宇或广场表演，有“游龙”、“团龙”、“戏珠”、“咬尾”、“梅花阵”等多样形式，腾跃飞舞的长龙配以激昂高亢的锣鼓点伴奏，深受广大群众的喜爱。

醒狮，又称“狮舞”，独具岭南特色。“醒”在粤语中是“威猛”的意思。醒狮由两人表演，一人舞狮子头、一人舞狮子尾，刻意模拟狮子的内在神韵，其动作威武粗犷，腾挪闪躲十分大气，并且有南拳武术的套路参与其中，例如，“四步马”、“跳步”、“滚辘”等。传统舞狮主要分三星鼓舞和七星鼓舞。三星鼓舞步伐小，动作较柔，侧重表现醒狮的神态和神情；七星鼓舞步法大，动作刚硬，幅度也大，侧重表现醒狮的威武勇猛的“兽王”气质。表演程序分“开桩”、“出洞”、“上山”、“巡山会狮”、“寻青”、“采青”、“入洞”、“收式”等步骤，其中“采青”中的登高“采天青”最为精彩、惊险。

五、桂东民间舞蹈文化区

该区域主要为肇庆、云浮、茂名等地区。该区毗邻广西壮族自治区，由于历史上行政区域的调整和变化，具有八桂文化的一些特点。主要代表性民间舞有麒麟白马舞、禾楼舞、五马巡城舞、德庆雄鸡舞等。

麒麟白马舞主要流传于肇庆封开，该地有两座相连的大山，一座叫麒麟山，一座叫白马山。每年农历八月十七日（岭南第一状元莫宣卿的诞日）封开大洲镇村民就穿戴着麒麟、白马的道具，过村走寨，敲锣打鼓、载歌载舞表演麒麟白马舞，以此祈求风调雨顺、国泰民安，几百年来代代相传。麒麟在古代是王政兴旺、吉祥太平的标志，也是圣贤之人的象征。广西罗城的仫佬族为纪念为爱情而献身的白马娘娘而跳“白马舞”。麒麟白马舞以麒麟的神性和白马善良纯洁的传说融在一起，并借此舞蹈来颂扬、纪念莫宣卿，达到教化后人的功能。

郁南禾楼舞是南江流域的乌浒人（壮族祖先）在庆祝丰收、祭祀神灵时跳的一种舞蹈，是远古稻作文化的活化石，同时，也是原始巫文化与傩文化结合的产物。舞者头戴假面具，身穿黑色衫裙（壮族崇尚黑色），头戴蓑笠，腰扎禾束，脚蹬麻鞋；“族长”（亦是人神相沟通的巫师）身披红袍，头戴莲花冠，系红色间黄披肩，左手执牛头锡杖，右手摇着一个系有彩带的铜铃，铃声起着震慑和号召众“族人”的作用。舞蹈动作以踏足、摇手、摆身为主，原始粗犷、舞步轻快、号声呼呼，一派庆丰收的景象，伴以“登上楼台跳禾楼，风调雨顺庆丰收，摇肩欣歌太平世，众执穗铃咏金秋”的歌词。

在其他地方的禾楼舞有些不一样。例如，罗定跳禾楼舞从祭神开始，由一名女巫主持，男巫在一旁敲小锣，之后摆山歌擂台，由男巫师扮歌伯，先要拜过刘三姐（广西壮族的歌仙）神像，后与棚上观众对歌，所唱为郁南连滩山歌调。发展到现在，还与当地祭神打醮的仪式相融合，巫风更浓。有学者认为，那是八桂壮族风俗的遗存。另外，化州禾楼舞则主要以祈年为主，每年农历七月十四“禾了节”，禾堂中央挂刘三仙（即刘三姐）画像，据说原来是挂禾花仙子、禾谷夫人的画像，传说刘三姐传歌至此，正值当地闹虫灾，刘三姐教他们炼“百草丹”，消灭了虫害，获得了丰收，从此就挂刘三仙。该民间歌舞生活气息浓郁，与农事息息相关。

六、雷州民间舞蹈文化区

该区域为湛江、茂名等地，是以闽语雷州话为通用语言的文化区域。该区地理环境十分恶劣，被称为“蛮荒之地”、“瘴疠之乡”，先民既要面对变幻莫测的海洋，还要面对各种自然灾害，产生了对神灵的敬畏心理，因此形成了敬神尊贤的雷神文化、海洋文化等，其最具代表性的民间舞蹈就是傩舞、人龙舞等。

傩舞，为先秦时期中原地区的一种驱逐疫鬼、祭祀神祇的舞蹈，有国傩、乡傩、天子傩等。在粤西雷州半岛的湛江、雷州、吴川以及茂名的化州等地都有傩舞，但因各地的表演形式和祭祀的神祇不同，名称也有所不同，吴川叫“舞二真”、“舞六将”，湛江叫“考兵”，雷州叫“走成伥”，化州叫“跳花棚”。粤西傩舞多与祭祀神祇有关，如“跳花棚”于每年农历十月“小雪”至“大雪”间举行，其祭祀对象是康皇；“考兵”于正月十五元宵节举行，其祭祀对象是康皇及其部下刘、车、麦、李、洪五将；“舞二真”于正月初八至十五日举行，敬奉的对象是康皇及车、麦二真君；“走成伥”于正月二十七日举行，敬奉的是雷神；“舞六将”于农历三月初三举行，祭祀的对象为北帝菩萨及其部将赵、马、关、张、辛和邓。

祭祀程序大致为设坛、捉鬼、游神、祭神等，同时，各地傩舞表演还有各自不同的特色节目，如“考兵”表演期间，有“翻刺床”的巫术巫技表演，就是坛前八仙桌上布满荆棘，一个“神灵附体”的人赤裸上身在刺床上来回翻滚，而傩舞队在旁跳傩呐喊助威；“舞二真”的二真君手持钢刀，在八仙桌上按特定的口诀表演循环舞蹈；而“跳花棚”是以傩戏的形式演出，有固定的“科本”，面具具有戏曲人物造型，表演内容多与农事、男女、生活、祭祀相关。

人龙舞是湛江市郊东海岛一带流行的民间舞蹈，属于我国龙舞的一种，起源于明末清初，盛行于清代乾隆、嘉庆年间，是一种大型的广场艺术。每逢农历中秋或丰收时节，都要在街道、广场或海边表演，由五六十人甚至百余人组成。龙首、龙身、龙尾都用人体接架而成，龙头由身高力大的大人身负三个小孩，分别代表龙舌、龙眼、龙角，龙身由大人支撑在其肩上仰卧的少年，一节一节地连接起来，龙尾也是大人肩扛着一个少年，双脚叉开，以示龙尾。表演者头扎黄、红两色头巾，身穿短褂龙衣，臂、腿都扎着绑带，舞蹈动作粗犷而又威武逼真，在锣鼓的伴奏下时而左盘右旋，时而腾舞戏珠，时而摆尾摇头，充分体现了龙的威猛、灵活，可谓规模宏大、精彩异常。

七、五邑侨乡民间舞蹈文化区

该区域主要为江门市辖的新会、台山、开平、恩平、鹤山五县市，史称“五邑”，目前有人口370多万，而海外五邑籍的华侨华人有215万，分布在世界100多个国家和地区；另外五邑籍的港澳同胞有149万之多，因此称为“五邑侨乡”。该区有着浓郁独特的侨乡文化。在这里，中外多元文化广泛交融，乡村比较“洋气”，比较城镇化，中西结合的乡土建筑随处可见。民间舞蹈主要有荷塘纱龙、芭蕉火龙、鹤山舞狮等。

荷塘纱龙，明代时由四川传入，原为布龙；民国时期，经留学日本的乡民李玉颖提议把裹布以轻纱贴金绘彩，使龙灯形象显得色彩瑰丽，一般在晚上表演，烛光把整条纱龙映照得玲珑透彻，熠熠生辉。舞步有小跑步、大跨跳、古典错步、弓箭步等，舞珠人也有时用武术耍枪的步法和动作，花式丰富多彩。

舞狮按地域和流派可分为南狮和北狮，南狮又分为佛山派和鹤山派两个主要流派。鹤山狮由1852年出生于鹤山的冯庚长所创。冯庚长与师弟胡沛在武馆专门养猫细心观察，终于从猫儿戏鼠的过程中悟出狮型猫步，把猫的动作与狮的性格融合起来，创立了“捕鼠、玩耍、捕鸟、高蹿、低伏、跳跃、翻滚”狮步八法。因此，鹤山狮以丰富的神态、独特的舞步、威武的狮型、强劲的鼓点而闻名，既有狮子的阳刚威猛，又有猫的活泼可爱，技巧性、艺术性和观赏性都很强。现今鹤山舞狮，一方面在本土薪火传承，另一方面由五邑华侨带到港澳、新加坡等南洋传承而享誉海外。

八、“新客家”特区民间舞蹈文化区

该区域主要为深圳特区。深圳 30 年前还是一个普通的海边小渔村，改革开放 30 年后，成为一个拥有 1000 多万人口的国际化大都市。其居民因都是从全国各地“移民”而来，同时，深圳龙岗等地属于客家地区，所以有学者把深圳人称为“新客家”。近年来，深圳充分利用其地缘优势，开展了以特区旅游文化为主的各类民间舞蹈表演，例如，世界之窗、锦绣中华、民俗文化村等；同时，也注重本地民间舞蹈文化的保护和开发，包括沙头角的鱼灯舞、龙岗的舞龙、福永的舞狮等。

九、结语

2003 年，广东省被中央确定为文化体制改革综合试点省，开始了“文化大省”建设；2010 年，广东省出台了《广东省建设文化强省规划纲要（2011—2020 年）》，提出要大力推进实施广东建设“文化强省”战略，明确要求把弘扬中华传统文化和岭南优秀历史文化与吸收外来文明成果有机结合起来，加强岭南历史文化研究。岭南民间舞蹈文化是岭南文化的一个折射点，更是其区域文化的“身体”体现。因此，我们必须积极主动地参加“文化强省”的建设，深入理解岭南民间舞蹈文化的地位和作用，并不断继承、发展，通过大力研究、挖掘和整理岭南民间舞蹈文化，使其内涵和外延得到更大的发展和提升。

参考文献：

［1］中国民族民间舞蹈集成编辑部．中国民族民间舞蹈集成：广东卷［M］．北京：中国 ISBN 中心出版，1996.

［2］中华舞蹈志编辑委员会．中华舞蹈志：广东卷［M］．北京：学林出版社，2006.

［3］李权时．岭南文化［M］．修订本．广州：广东人民出版社，2010.

［4］陈泽泓．广府文化［M］．广州：广东人民出版社，2007.

［5］谭元亨．岭南文化艺术［M］．广州：华南理工大学出版社，2007.

［6］罗雄岩．中国民间舞蹈文化教程［M］．上海：上海音乐出版社，2008.
［7］袁钟仁．岭南文化［M］．沈阳：辽宁教育出版社，1998.
［8］叶春生，朱炳帆．动物狂欢：广东动物舞蹈［M］．广州：广东教育出版社，2010.

（选自广州市哲学社会科学发展“十二五”规划2012年度课题“文化强省背景下的岭南民间舞蹈文化研究”。课题负责人：眭美琳；成员：孟尧、贾东霖、王志刚、单磊。）

焦虑与笔译策略内在关联实证性研究

——基于英语专业大学生的有声思维调查

翟秋兰（广州大学松田学院）

一、引言

林语堂先生曾指出："翻译上的问题，仍不外乎译者的心理及所译的文字的两样关系，所谓翻译的问题，就可以说是语言文字及心理的问题。"可见译者心理对于译文质量高低的影响。影响译者心理的众多因素之中，焦虑历来是研究重点之一，尤其是焦虑和口译的关系。据不完全统计，近五年来，有关焦虑和口译关系研究的学术论文达 19 篇，然而，焦虑和笔译的关联却少有谈及。作为翻译的重要形式之一的笔译，其策略种类和使用频次与焦虑之间是否存在关联？若存在关联，具体的表现形式是什么？通过研究以上问题，对于提高译者心理素质、促进高质量译文的生成均有帮助。

二、翻译中的焦虑心理研究

焦虑原指情绪的一种非正常变化，也被称为心理异常。[1] 目前对于焦虑的界定还存在一些分歧。Spielberger 认为焦虑是一种主观的紧张感、忧虑感和神经质，以及和自主神经系统唤醒相联系的一种担心。[2] 陈仲庚指出焦虑是一种内驱力，焦虑是驱使人行动的源泉之一。[3] 刘聪慧指出焦虑不是一种单一的情绪状态，而是由紧张、焦急、忧虑、担心和恐惧等交织而成的一种复杂的情绪反应。[4] 无论学者们对于焦虑的界定有何不同，可以肯定的一点是，焦虑是一种心理现象。作为人类最古老的活动之一的翻译，无论是口译还是笔译，其实质都是心理的，认知的。[5]因此，焦虑在翻译中对于翻译结果和译者来说，影响都不容小觑。

纵观国内相关著作文献，作为一种心理现象，焦虑在口译心理研究方面引起了许多学者的重视。康志峰[6][7]，许明武、左洪芬[8]，黄建凤、宋亚菲[9]，龚龙生[10]等学者曾直接或间接地关注到口译中的焦虑心理。其中，康志峰[7]对口译焦虑级度展开了系统的研究，指出口译焦虑分为高、中、低三个级度。只有中焦虑对口译操作具有"催化剂"作用，产生促进效应；高焦虑和低焦虑均对学生口译产生负面影响。然而，作为翻译的另外一种重要形式——笔译，研究其焦虑心理、焦虑对笔译译作和译者影响的著作并不多见。

三、TAPs翻译策略研究

有声思维法又称有声思维资料分析法（think-aloud protocols，简写为TAPs）。这一方法来源于心理学研究。根据Ericsson和Simon的观点，有声思维就是受试者在完成某项任务的过程中，随时随地讲出头脑里的各种信息。[11]"理想的有声思维，是受试者一刻不停地说出自己在完成特定任务时大脑内的任何信息。"[12]1 TAPs具体操作过程为：研究者要求受试者在进行实验任务时，尽可能地说出大脑的思考内容，研究者则用录像机或录音机对这一过程予以记录，然后把受试者说出的话转誊为书面文本，用于进一步分析。TAPs能直接反映译者大脑的思维过程，这对于探究被称作是"黑匣子"的大脑及其思维过程无疑有直接帮助。"有声思维调查方法在翻译研究中的应用，主要集中在3个方面：翻译的过程研究、翻译的策略研究和影响翻译过程的因素研究。"[12]117 国外学者Lörscher[13]、Séguinot[14]等均采用过TAPs研究翻译策略；国内学者苗菊[15]，李德超[16]，蒋素华[17]，文军、殷玲[18]等对于TAPs的方法、意义、应用价值和局限性等均有研究。但采用TAPs研究翻译心理中的焦虑以及焦虑和翻译策略之间内在关联的研究较为罕见。

四、实验设计

（一）受试者

本实验随机选取了30名广州某高校英语专业三年级的学生作为受试者。这些学生的母语均为汉语，已经在学校接受了一年的翻译课程的学习，并且自愿参加本实验。

（二）实验材料

为考察和对比受试者对于不同体裁的文章焦虑心理、所采取翻译策略的差别以及它们之间的相互关联，实验材料分别选取一段文学测试材料和一段科普测试材料。其中，材料一为文学测试材料，选自 John Steinbeck 的短篇小说《The Chrysanthemums》中的第一自然段，共计 112 个单词，大意并不晦涩，但涉及一些文学、文化性质的词语，笔译时需要考虑的因素较多。材料二为科普测试材料，简单介绍海洋中的动植物的生存情况，大意清晰，受试者在笔译时需考虑一些长句和词组的处理，共计 187 个单词。两段测试材料难度适中，含有足够的和本实验相关考察点。

（三）实验过程

30 名受试者被随机分为 3 组，每组 10 人。每组都有一名教师对实验进行全程监控。在正式实验开始之前，每名教师都会对自己所负责的小组进行为期 5 天的 TAPs 培训，保证每名受试者在正式实验开始时能不停地说出大脑里的内容，并不做回顾性报告。正式的 TAPs 实验在受试者熟悉的语音室里进行，并提供网络、字典，笔译无时间限制。

两段笔译测试材料完成之后，所有受试者会被要求立刻完成一份调查问卷。该调查问卷分为两个大项：项目一为测试教师参照 Cassady 和 Johnson[19] 测试焦虑量表为本次实验设计的笔译焦虑量表（written translation anxiety scale，简写为 WTAS）。该量表 10 项内容可能达到的逻辑分数从 10 分到 50 分。通过 SPSS 计算，Alpha 信度系数为 0.87，证明该表信度可接受。按照表中的内容设计，受试者的分数越高或选择“非常相符”越多，表明其焦虑程度越大。参照康志峰[6] 所划分的口译焦虑级度分值，测试教师将项目一中得分≥ 32 分的受试者列为高焦虑，26—31 分为中焦虑，≤ 25 分为低焦虑。调查问卷的项目二为受试者对于实验的自我评价和感受。

（四）数据收集

实验完成后，每组教师将收集两类主要数据：受试者的译文和有声思维数据。测试教师汇总 30 篇译文后，对每篇译文进行了编号，如：A1—T1 表示受试者 1

对测试材料一的笔译，以此类推。

对于30份有声思维数据，3位教师在实验结束后进行了认真的转誊文字工作，包括笔译过程中所有测试材料的阅读、重复、停顿等。

五、数据分析和讨论

（一）数据可靠性和有效性分析

在30名受试者完成的调查问卷项目二中，其中两道题如下：

1）在本次笔译中我记录下了___的关于测试材料的思维过程。

A. 90%以上　B. 70%以上　C. 50%以上　D. 30%　E. 30%以下

2）我认为在笔译过程中把思维过程记录下来的方法___妨碍笔译效果。

A. 非常　B. 比较　C. 不太　D. 有点　E. 毫不

30名受试者有关于以上两题的回答如表1所示。

表1　30名受试者调查问卷回答情况

	A		B		C		D		E	
	人数	占比	人数	占比	人数	占比	人数	占比	人数	占比
Q1	2	6.67%	22	73.33%	3	10.00%	3	10.00%	0	0
Q2	0	0	3	10.00%	20	66.67%	6	20.00%	1	3.33%

注：Q1代表问题1），Q2代表问题2），A—E代表每道题目的5个选项。

在统计30名受试者完成两段测试材料所用总共时间和停顿时间时，3名教师严格遵循郭纯洁的“累积的沉默时间不超过总测试时间的10%”[12]9的标准，即在分析数据时不考虑在实验中沉默时间超过测试总耗时的10%的受试者的数据。由于篇幅关系，下面只例举30名受试者完成测试材料一时停顿时间和总耗时的百分比。

表2　30名受试者完成测试材料一停顿时间和总耗时情况

受试者	完成测试材料一总耗时（min）	停顿时间（min）	百分比
T1	38.27	2	5.3%
T2	22	1.6	7.3%
T3	40.11	3.7	9.2%
T4	24.17	1.3	5.4%
T5	21.57	1.4	6.5%

（续表）

受试者	完成测试材料一总耗时（min）	停顿时间（min）	百分比
T6	19.48	1.6	8.2%
T7	25.13	2.4	9.6%
T8	22.12	1.4	6.3%
T9	17.16	1.3	7.6%
T10	20.56	1.6	7.8%
T11	16	1.1	6.9%
T12	15.47	1.4	9.0%
T13	23.40	2.6	11.1%
T14	18	1.4	7.8%
T15	24.54	2.2	9.0%
T16	19.55	1.5	7.7%
T17	25.14	2.4	9.5%
T18	20	1.7	8.5%
T19	19.42	1.5	7.7%
T20	30.32	4.5	14.8%
T21	18.34	1.5	8.2%
T22	23.17	2.1	9.1%
T23	24.55	3.1	12.6%
T24	19.20	1.5	7.8%
T25	32.45	2.3	7.1%
T26	27.33	1.9	7.0%
T27	23.26	2.2	9.5%
T28	29.43	3.4	11.6%
T29	21.18	1.6	7.6%
T30	26	1.5	5.8%

注：T 代表受试者，1—30 代表 30 名受试者的编号，T1 代表受试者 1，以此类推。

从表 1 和表 2 可以看出，83% 的受试者自我评价在利用 TAPs 进行测试时，表达出了 70% 以上的思维过程，并且 67% 的受试者认为 TAPs 不太妨碍笔译效果；T13、T20、T23 和 T28 四名受试者的停顿时间超过了总耗时的 10%，因此，在分析数据时，该四名受试者的数据不予考虑。综上所述，此次 TAPs 实验收集的数据是可靠的、有效的。

（二）笔译焦虑级度划分

26 名受试者焦虑级度划分如下表所示。

表 3　笔译焦虑得分和级度划分

受试者	焦虑得分	焦虑级度
T1	34	高
T2	30	中
T3	31	中
T4	22	低
T5	25	低
T6	26	中
T7	30	中
T8	32	高
T9	31	中
T10	27	中
T11	29	中
T12	30	中
T14	18	低
T15	28	中
T16	25	低
T17	23	低
T18	27	中
T19	26	中
T21	31	中
T22	25	低
T24	29	中
T25	23	低
T26	31	中
T27	32	高
T29	26	中
T30	28	中

受试者焦虑级度百分比为：高焦虑受试者为 11.5%，中焦虑受试者为 61.5%，低焦虑受试者为 26.9%。

(三)数据编码

1. 笔译策略指标

本实验在考察受试者所运用的笔译策略时，综合了郭纯洁[12]和文军、殷玲[18]各自提出的翻译策略，并根据本次实验的具体情况，拟出了22项笔译策略。每项笔译策略相对应的符号及所表示意义如表4所示。

表4 笔译策略指标

代表符号	意义
S1 →	直译
S2 →	意译
S3 →	启动背景知识
S4 →	匹配
S5 →	转换
S6 →	调整
S7 →	归纳
S8 →	解释
S9 →	评论
S10 →	注解
S11 →	回避
S12 →	比较和选择
S13 →	检查
S14 →	同化
S15 →	异化
S16 →	监控
S17 →	自我评估
S18 →	查字典
S19 →	读源语片段
S20 →	通读全文
S21 →	回译
S22 →	发现问题

2. 有声思维数据分析

3名测试教师对于所得到的26份可靠、有效有声思维数据进行了编码整理，编码分析的规则如表 5 所示。

表 5　有声思维数据分析规则

符号	意义	举例
【S1-S22】	翻译策略指标	黄色的叶子，什么什么的，不管了【12】
...	5 秒（含 5 秒）以内的停顿	... (2s) broad, 辽阔的，is that?
......	5 秒以上的停顿	使什么惊讶，...... (9s) 把什么什么打倒在地，
(1-12s)	受试者停顿秒数	floor the gang plows...... (6s),
/ /	受试者解决一个翻译单位的片段	/level land, what is level land? 【S22】/
(!)	能体现焦虑、不安等情愫的口头表达	尼玛的!……(8s) 唉，shit! (!)

（四）数据统计

3 名测试教师将 26 名受试者根据焦虑得分分为 3 组，逐一考察在高、中、低 3 组不同焦虑级度的每名受试者在笔译两段不同性质材料时所使用的策略种类和所使用策略的频率。表 6 展示了 T9 对测试材料一笔译的有声数据。

表 6　T9 的有声思维数据统计示例（焦虑级度：中）

笔译策略	频次
S1	9
S2	8
S3	2
S4	8
S5	3
S6	2
S7	0
S8	4
S9	0
S10	0
S11	3
S12	12
S13	6
S14	0
S15	0

（续表）

笔译策略	频次
S16	2
S17	6
S18	37
S19	9
S20	1
S21	0
S22	3
总计	115

26 名受试者的数据经过如上统计后发现，22 项翻译策略中的绝大多数策略都在实验中被受试者所运用，其中，笔译测试材料一时，S12、S18、S19 使用频率最高，这说明在笔译文学测试材料时，受试者能对于生成的母语在词汇和句法上不断比较、考量（S12），这和不断阅读源语片段，体会其中含义（S19）是相辅相成的，而对于源语中难于理解或把握的词汇要借助字典找到母语中最佳匹配的词语；笔译测试材料二时，S1、S3、S13 使用频率最高，这说明在笔译科普测试材料时，受试者对于科普词汇的理解和母语生成的把握要大于文学词汇，因此多运用了直译法，并且受试者能借助自身的背景知识辅助确定源语片段大意。在两篇测试材料中均未被用到的为 S10 和 S21。

（五）分析和讨论

关于焦虑级度和笔译策略的内在关联

3 名教师将 26 位受试者的焦虑得分分别和笔译策略种类及策略频次展开相关性分析，得到如下结果。

表 7　焦虑得分和策略种类相关性分析

		焦虑得分	策略种类
焦虑得分	Pearson Correlation	1	.495**
	Sig. (1-tailed)		.005
	Sum of Squares and Cross-products	341.885	240.000
	Covariance	13.675	9.600
	N	26	26

（续表）

		焦虑得分	策略种类
策略种类	Pearson Correlation	.495**	1
	Sig. (1-tailed)	.005	
	Sum of Squares and Cross-products	240.000	688.000
	Covariance	9.600	27.520
	N	26	26
**. Correlation is significant at the 0.01 level (1-tailed).			

表 8　焦虑得分和策略频次相关性分析

		焦虑得分	策略频次
焦虑得分	Pearson Correlation	1	.505**
	Sig. (1-tailed)		.004
	Sum of Squares and Cross-products	341.885	1178.577
	Covariance	13.675	47.143
	N	26	26
策略频次	Pearson Correlation	.505**	1
	Sig. (1-tailed)	.004	
	Sum of Squares and Cross-products	1178.577	15907.115
	Covariance	47.143	636.285
	N	26	26
**. Correlation is significant at the 0.01 level (1-tailed).			

由此可见，焦虑得分和笔译策略种类及频次均存在显著相关关系。经统计，中焦虑的受试者所使用策略种类累计达 239，占总策略种类累计 286 的 83.57%；所用策略频次达 1218，占总策略频次 1458 的 83.54%。从 26 名受试者的译文质量来看，经 3 名测试教师的认真浏览和比对发现，中焦虑受试者的译文质量要明显高于高、低焦虑受试者的译文质量。这说明在笔译时，中焦虑受试者能广泛、频繁、有效运用各种策略，促进目标语译文的生成。

六、结论

通过本次有声思维实验可看出：

（1）相关分析结果显示，焦虑和笔译策略的运用与频次均有显著相关。只有中焦虑的受试者能较为全面地运用各项翻译策略，解决各种问题，促进母语的生成，较好地完成笔译任务。

（2）针对不同性质的测试材料，中焦虑受试者所采用的策略也不同：在笔译文学测试材料时，被运用最多的 3 种策略是比较选择、查字典和读源语片段；在笔译科普测试材料时，被运用最多的策略是直译、启动背景知识和检查。这说明受试者更善于生成科普性质的母语。有关这一点在受试者回答调查问卷中的一个问题时也得到了印证：在回答调查问卷中的问题之一"您所翻译的两篇材料中，您更喜欢哪一种文体？为什么？"时，经统计，87% 的受试者均选择了测试材料二，原因有"语言更易于理解"、"能更准确地把握文章含义"、"翻译时语言容易表达"等。

参考文献：

[1] 李奕，刘源甫．翻译心理学概论 [M]．北京：清华大学出版社，2008：98.

[2] Spielberger C D. Manual for the State-Trait Anxiety Inventory [M]. Paloalto, CA: Consulting Psychologists Press, 1983: 3.

[3] 陈仲庚．实验临床心理学 [M]．北京：北京大学出版社，1997：2.

[4] 刘聪慧．大学生英语学习焦虑研究 [M]．青岛：中国海洋大学出版社，2008：3.

[5] 刘绍龙．翻译心理学 [M]．武汉：武汉大学出版社，2007：29.

[6] 康志峰．口译焦虑的动因、级度及其影响 [J]．外语研究，2011（4）：81-85.

[7] 康志峰．口译焦虑对交替传译的效应与影响 [J]．中国科技翻译，2012（1）：19-22.

[8] 许明武，左洪芬．现场口译中译员"减压策略"举隅 [J]．中国翻译，2008（3）：79-83，98.

[9] 黄建凤，宋亚菲．口译的怯场心理分析及对策 [J]．上海翻译，2007（4）：45-47.

[10] 龚龙生．心理压力对口译解码过程的影响 [J]．外语电化教学，2006（2）：41-44.

[11] Ericsson K A, Simon H A. Protocol Analysis: Verbal Reports as Data [M].

Cambridge: The MIT Press, 1984: 23-25.

［12］郭纯洁. 有声思维法［M］. 北京：外语教学与研究出版社，2007：191-194.

［13］Lörscher W. Translation Process Analysis. In Gambier Y, Tommola J (Eds.). Translation and Knowledge [D]. Turku: University of Turku, Center for Translation and Interpreting, 1993.

［14］Séguinot C. The Translation Process: An Experimental Study [M]. Toronto: H. G. Publications, 1989: 21-53.

［15］苗菊. 有声思维：翻译内在过程探索［J］. 外语教学与研究，2005（6）：43-46.

［16］李德超. TAPs翻译过程研究二十年：回顾与展望［J］. 中国翻译，2005（1）：29-34.

［17］蒋素华. 关于翻译过程的研究［J］. 外语教学与研究，1998（3）：57-60.

［18］文军，殷玲. 翻译过程中翻译策略的实证性研究：基于英语专业大学生的有声思维调查［J］. 解放军外国语学院学报，2010（4）：75-80.

［19］Cassady J C, Johnson R E. Cognitive Test Anxiety and Academic Performance [J] . Contemporary Educational Psychology, 2002, 27 (2): 292.

（选自广州市哲学社会科学发展“十二五”规划2012年度课题“广州旅游宣传资料中文化专有项英译策略研究——基于粤籍英语专业大学生的有声思维调查”。课题负责人：翟秋兰；成员：王冉、王丽娟、杨荣。）

大学生志愿者激励机制困境与制度优化

——以广州市在校大学生志愿者为例

卢书欣（广州工程技术职业学院）

一、问题的提出与研究意义

继 2010 年广州亚运会后，广州各高校大学生志愿服务的热情日益高涨，但仍然存在“招募易、流失大”等问题。为更好地促进大学生志愿活动的开展，探求激励大学生更为有效地参与志愿服务的途径，本课题以广州市在校大学生志愿者为研究对象，通过调查问卷、访谈等形式，对在校志愿者进行研究，全面了解大学生参与志愿服务的动机以及现有激励机制存在的问题，提出了促使激励制度的完善和发展的相应措施，以推动大学生志愿活动的开展。

二、相关研究现状述评

（一）国外相关研究现状

志愿者活动最早出现在 19 世纪，至今已经历了百余年的发展，从最初的自发性慈善活动到有组织、有系统、全球化的一项社会公共事业。各国先后通过法律法规、组织建设以及志愿动机研究等证实志愿者活动在现代社会发展中的重要作用和地位。国外对志愿者和志愿服务的研究因人、因地、因时而定，总而言之志愿者及志愿者精神的探索在西方发达国家非常丰富，已形成了完备的实践和理论体系，主要集中在如下几个方面：

1. 志愿服务的概念与内涵

约翰·威尔生（John Wilson）认为志愿服务意味着一种通过免费、自愿地贡献自己的时间使得他人、团体或组织受益的行动，并且指出，这一界定并不否认志愿者从志愿活动中获益，但这些利益是否包括物质奖励还需要深入探讨。

布鲁德尼（Brudney）认为志愿服务可以被看作是个人行为向公共领域的一种延伸。玛利亚（Maria）等人认为志愿者是将其余暇时间或知识贡献给服务他人的有益活动，而不期待任何回报的人。

2. 志愿服务的功能

Newmann 和 Rutter（1983）研究指出，志愿服务可以帮助青少年提高胜任力，增强自主性，促进理解能力、抽象思维能力、解决问题能力的提高。

Clary 和 Snyder 认为志愿服务具有价值、理解、提高、职业、社会、保护六个功能。

3. 志愿行为的动机

嘉斯科里（Cuskelly）和哈林顿（Harrington）认为志愿者的动机一般包括：社会联系、帮助他人、获得认可、满足他人的需要、协助组织达成目标、个人的充实感、发展技能、寻找乐趣、获得成就感以及提升形象等。

帕克（Parker）认为志愿者的动机来自四个方面：一是利他性（帮助他人）；二是交换（期待得到某种回报）；三是信仰（传播自己的信仰）；四是休闲（满足休闲体验）。

克拉里（clary）等人认为人们参与志愿活动是为了达到不同的社会心理目标，并总结了几种主要的动机变量：社会、价值、职业、理解、宣扬和保护。

Jones（2000）的研究则表明，加拿大青年人参加志愿服务主要基于以下原因：追逐某种信仰、运用自身技能和经验的愿望、开发潜能、提高工作机会、与其他志愿者交友。

4. 志愿行为或服务的影响因素

Raskoff 和 Sundeen（1998）的研究表明，志愿服务的成功出现依赖于多种因素的综合作用：教育结构、父母的兴趣、家庭教育、服务总时间额、工作安排、性别、种族、利他主义倾向等，在学校中拥有社区服务准备的学生从服务项目中收获更多。

Richard G. Niemi、Marya Hepburn 和 Chrischapman（2000）等人通过调查发现，青年学生的社区服务参与率与学生、家庭、学校特色有关。他们同时认为，政治学识、新闻关注度、个人参与社区服务拥有的技能、服务效能、忍耐力等因素与志愿服务行为密切相关。

Louisa Penner（2004）探讨了影响美国大学生参与志愿服务的概念模型，认为影响因素主要是个人背景、个人价值取向、社会压力和情感刺激。

Debbie Haskileventhal 等人（2008）对 12 个国家大学生的专业背景对参与志愿服务的影响进行了研究，发现人文专业的学生参与志愿服务的情况最多，商科其次，而社科类学生参与得最少。

5. 志愿者和志愿服务管理与评估

Joan E. Pynes（2002）对于公共和非营利组织中志愿人员的招聘、选拔、培训、评估和管理做了细致的分析。James 和 Kathleen（1993）、Sue 和 Steve（1986）、Nancy（1996）、Steve 和 Rick（1996）分别对志愿者的领导和管理、志愿者招募、培训、监督、激励、营销、公共关系、服务评估等内容进行了分析。

6. 志愿者激励

哈罗德·孔茨（Harold Koontz）给激励定义为：激励是应用于动力、愿望、需要、祝福以及类似力量的整个类别。亨利·西斯克（H. L. Sisk）把激励描述为："当我们谈到激励时，指的是具有三个显著特点的行为。第一，被激励行为的产生是连续的，即这种行为将延续相对较长的一段时间；第二，被激励的行为是指向预订目标的；第三，这种行为产生于一种感觉到的需要。"

耶鲁大学教授弗洛姆在《工作与激励》一书中提出了著名的期望理论，通过考察人们的努力行为与其获得的最终奖酬之间的因果因素，来说明激励过程并以选中合适的行为达到最终的奖酬目的。

哈佛大学教授斯金纳基于心理学领域提出了激励的强化理论，主张通过环境改变对行为产生某种积极的刺激，以增强其工作的成就感，在物质和精神层面刺激人下一步工作活动的展开。强化理论要求管理者要因时因人地采取不同的强化模式，及时反馈工作信息，通过正负强化的方式促进积极的工作行为。

（二）国内研究现状

国内相关研究起步较晚，在学习和借鉴西方国家研究的基础上，从20世纪80年代开始，不少学者结合我国社会实际对志愿服务开展了广泛的研究，研究成果主要集中在志愿者或志愿服务概念界定、志愿服务现状梳理、国外理论与经验介绍、志愿服务中存在问题的分析以及相关政策建议等方面。

丁元竹、江汛清（2001）认为，志愿服务是任何人志愿贡献个人时间和精力，在不为物质报酬的前提下，为推动人类发展、社会进步和社会福利事业而提供的服务。

刘珊（2005）通过实证分析，发现了青年志愿者在服务过程中存在的角色能力不足和责任心不强等问题；张杨（2007）通过剖析大学生志愿服务活动，指出了我国青年志愿服务存在的四个突出问题：缺乏严密的组织体系，服务对象局限化，活动内容较单一，志愿服务成长机制尚未真正形成。

邱建国（2008）梳理分析了青年志愿者激励机制现状；蒋新红（2011）认为，我国志愿者激励机制存在对志愿者的参与动机要求缺乏针对性、志愿者组织自身建设不完善等一系列问题。

黄志民（2005）认为应从组织机构、项目开发、制度保障等三个主要方面着手，健全完善高校青年志愿服务体系。

董晨燕（2008）从建立健全志愿者组织管理、项目开发运作、骨干志愿者培养和志愿服务制度保障等方面着手发展青年志愿服务。

陈永凤（2009）则用自组织理论的观点考察高校青年志愿者工作，从系统的开放性、非线性、远离平衡态和涨落的自组织特性审视高校青年志愿者组织的特性和志愿者工作的问题，使高校青年志愿者组织成为自组织过程。

蒋新红（2011）认为，为加强我国志愿者激励机制建设，必须健全志愿者组织自身的激励机制，完善政府激励机制，培育社会激励机制。

综上所述，国外学者对志愿服务的研究主要集中于志愿服务概念、志愿者行为和志愿服务管理与评估等方面，尤其对志愿者的行为动机、行为方式和激励影响因素等进行了深入的研究，并有大量的实证分析，形成了相对完整的理论体系和政策体系。国内学者的研究则主要集中在概念界定、现状梳理、国外经验介绍、问题分析和对策建议上，相对较为宏观和浅显，显现了理论研究和实证研究与发达国家的差距。因此，基于文献分析和调查访谈数据，运用科学的研究方法，系统梳理大学生志愿者激励机制现状和分析激励机制困境，探索和构建优化大学生志愿者激励机制的制度体系和分析框架，形成大学生志愿者激励机制的指导思想、基本原则和具体制度安排，是本课题研究的主要工作目标和努力方向。

三、研究思路、内容和方法

（一）研究思路

首先，本研究将基于文献法与政策梳理，有效评估国内外志愿服务激励机制的研究现状，形成研究所需的理论逻辑与分析框架。其次，通过问卷调查和深度访谈，深入了解大学生志愿者的特点、类别、志愿服务参与度、激励源、影响因素等。进而，结合相关理论，梳理大学生志愿者激励机制困境。最后，基于上述现状分析、困境梳理和美国志愿者激励机制设计的制度经验与实践启示，结合广州实际，提出优化大学生志愿者激励机制的建议，如加强对志愿精神的弘扬；健全培训制度；满足志愿者的培训需求；完善评估制度，满足志愿者公平、公正的需求；完善奖惩制度，满足志愿者的多元需求；加强信息化管理等。

（二）主要研究内容

1. 大学生志愿者激励机制现状分析

从三个方面来梳理大学生志愿者激励机制现状：一是描述大学生志愿者的特点、群体分类、社会影响等，指出现有激励机制忽视志愿者需求导致志愿者流失；二是梳理影响大学生志愿者激励机制的内外因素，指出现有激励机制看重外在激励因素，忽略自我激励；三是以高校志愿活动为立足点，指出高校志愿者组织缺乏系统完整的组织制度。

2. 国外大学生志愿激励借鉴

重点分析了美国大学志愿者激励机制的有益因素。在美国，志愿服务得到了全社会的大力支持，拥有广泛的群众基础和良好的社会声誉，这与美国有效的激励机制密切相关。

3. 优化大学生志愿者激励机制的政策建议

（1）政府在宏观上发挥好激励机制的规范和引导作用。

（2）高校在大学生激励机制构建方面有待进一步完善：①加强对志愿精神的弘扬；②健全培训制度，满足志愿者的培训需求；③完善评估制度，满足志愿者公平、公正的需求；④完善奖惩制度，满足志愿者的多元需求；⑤对志愿者实行信息化管理。

（3）重视大学生志愿者自我激励的培养。

（三）研究方法

（1）文献研究法。通过对本领域国内外研究专著、论文、数据、网络报道的收集和分析，了解志愿者和志愿服务的相关知识和理论，整理和总结我国当代大学生志愿激励机制的现状，从中发现问题，提出对策。

（2）政策分析法。对政府及高校发布的志愿者管理制度、激励措施和方法进行总结研究，指出其存在的合理性，结合实际情况，发现高校激励制度架构和激励措施实施过程中存在的问题和缺陷。

（3）访谈法。在论文撰写中，先后对广州从化地区市属高校部分志愿者进行了沟通和交流，了解高校志愿者对参与服务的动机以及对志愿激励的评价。

（4）比较研究法。运用比较研究分析国内大学生志愿者与美国大学生志愿者激励管理的异同，进而借鉴美国的有益经验。

（5）问卷调查法。设计了“大学生志愿者激励机制调查问卷”，收集素材，掌握第一手资料。此次调查共发问卷345份，回收问卷345份，回收率100%，有效问卷340份，有效率98.6%，并对数据进行分析和总结。通过问卷调查，了解在校大学生参与志愿活动的情况以及对激励机制的认识。

四、大学生激励机制的现状分析

（一）大学生志愿服务激励机制的含义

美国哈佛大学心理学家威廉·詹姆斯教授经试验得出：在缺乏激励的环境中，个体能力仅发挥20%—30%；在激励环境中，同一个人可发挥80%—90%的能力。激励就是通过有效的手段、方法激发人的动力，调动积极性，实现组织目标和满足个体需要[1]。

大学生志愿服务激励机制是指国家、高校、志愿组织等各类主体为促进大学生志愿服务的发展，制定一系列宏观的制度性的政策规定与管理规范，采用适当的方式激发大学生服务行动的模式[2]。

（二）大学生激励机制的现状分析

1. 忽视志愿者需求导致志愿者流失

凡能吸引大学生参与志愿服务，并调动其服务积极性的因素都是志愿激励因素。大学生参与的内在需求包含利他需求、精神需求、发展需求和社交需求等，内在需求都能产生志愿者行动的激励。

问卷调查结果显示，大学生在参与志愿服务中，最看重精神需求，100% 认为参与目的是“展示自我，体现自身价值，得到满足感和成就感”；其次是利他需求，出于社会责任心，91% 选择“服务他人”；90% 由于社交需求选择“结交新朋友，扩大交际圈”；88% 看重发展需求，希望通过志愿服务“增长社会经验，对找工作有好处”；30% 是为了消磨空闲时间；仅有两人选择“学校的规定”、“获得一定的物质补贴”。

关于退出志愿服务的原因有：“时间因素，与个人生活或学习相冲突”（100%）；“对志愿者权益的保障比较欠缺”（50%）；“社会因素，多数人对志愿者有偏见”（50%）；“经济因素，参加志愿者服务要自己花钱”（40%）。

从问卷和访谈中发现，当前的大学生激励机制存在忽视志愿者的群体特征和动机需求，未立足大学生实际发展需要制定激励制度，导致大学生参与度不够广泛，志愿者积极性随入校时间延长而锐减，不能长期坚持服务，志愿者“流失率”较大等问题。

2. 看重外在激励因素，忽略自我激励

外在激励因素包含物质因素、组织因素和环境因素。物质因素方面，问卷中显示，92% 的学生要求为志愿者建立专项经费支持，43% 的学生表示在志愿服务中曾贴钱花费，30% 的学生表示希望主办方能提供一定的奖金。

组织因素方面，90% 的志愿者表示在志愿服务中“大多数时候心情是愉快的”，10% 的志愿者总是非常愉快的。良好的组织氛围能稳定志愿者队伍，增强凝聚力和愉悦感，是志愿服务中重要的激励因素之一。

环境方面，79% 的志愿者建议“社会媒体应给予广泛关注和更有力的支持”，社会应增强对志愿服务的认同度；60% 的志愿者希望得到“社会及亲朋的支持和肯定”；80% 的志愿者看重“主办方或志愿者组织中肯的评价”。可见志愿者希望

在全社会范围内为志愿者、志愿活动营造良好的社会环境。高校是大学生最主要的外在环境，校方的支持、周围同学的态度同样会影响大学生志愿者的参与度。

调查中仅有10%的志愿者重视自我激励。志愿者本人是激励机制的主客体，同样在激励机制中发挥重要作用，重视志愿者的自我激励是完善激励机制需要强调的内容。

3. 高校志愿者组织缺乏系统完整的组织制度

合理的激励机制是推进大学生志愿服务持续有效发展的保障。调查结果显示，49%的学生认可当前的激励制度，认为效果明显；30%的学生觉得一般；21%的学生认为志愿激励机制效果不大。可见，志愿激励机制并未深入学生的内心，其效果未得到志愿者的广泛认可，主要原因是高校志愿者组织缺乏系统完整的管理制度，从而导致激励机制推行困难，具体体现在以下四个方面：

一是缺乏公平公正的评估机制。调查中，100%的学生认为高校应有规范的表彰和奖励，70%的学生认为激励措施在执行中流于形式，30%的学生认为激励政策不够公平。大学生志愿活动理应得到认可和赞扬，但由于缺乏公平全面的评估机制，会极大地影响激励机制效用的发挥。

二是奖励制度不健全。我们强调志愿、奉献的精神，但也应对志愿者进行政策倾斜和物质补贴。在志愿活动中，不少志愿者退出的原因是参加志愿活动还要“自己贴钱”，打击了志愿者的积极性。另外高校对大学生的表彰和鼓励形式单一，奖励范围狭窄，志愿服务很难为志愿者今后的发展增添砝码，难以深层次地激发大学生的参与热情。

三是缺乏培训激励。培训激励是为志愿者提供培训、学习的机会，提高其服务技能的激励方式。在调查中显示，89%的志愿者在志愿服务活动前未接受过任何培训；只有11%的志愿者曾经接受过培训。在培训的内容中，主要涉及志愿者基本信念、团队归属感等问题，较少涉及从事志愿服务所需的专业技能培训。

四是缺乏完善的组织管理。如缺乏对志愿者有计划的招募和甄选；发布志愿信息的方法和渠道不通畅；团队建设不强，难以激发志愿者的团队精神和归属感；缺乏对志愿者的档案管理和服务记录等。

五、国外大学生志愿激励机制的启示——以美国为例

美国是一个志愿者的国度，志愿者组织、企业、政府共同构成了维护社会运作的三大支柱。在美国，志愿服务得到了全社会的大力支持，拥有广泛的群众基础和良好的社会声誉。美国高校大学生参与志愿服务的人数占总人口的半数以上，每人平均每周的志愿服务时间约 3.5 小时[3]。美国大学生参与志愿服务的自觉性和广泛性，与美国有效的激励机制密切相关。

（一）志愿精神激励

尼克松总统曾发表过这样的论断："志愿服务是美国生活方式的标志之一。"志愿服务已成为美国人生活的重要部分，志愿精神的追求已内化为公民的信仰并成为自觉行为。在美国，志愿精神之所以能得到国民的广泛认可，成为引以为荣的国家精神，是有着深远的宗教、文化渊源的：整个美国社会，大多数志愿组织都有教会背景，大学生参与各项志愿服务正是体现"施爱于人"的教义精神。美国志愿精神历经多年的延续，今天已成为一种美国文化——极力推崇个人奋斗、自由竞争又倡导平等、正义、爱心与帮助。可以说，精神追求是美国人参与志愿活动的动机之一，长久地激励着民众参与志愿服务的热情。

（二）政府的支持和引导

志愿者事业的发达与政府的推动、引导密不可分。美国历届政府均重视志愿服务，先后制定了《国内志愿服务法》（1973 年）、《国内志愿服务修正法》（1989 年）、《国家与社区服务机构法》（1993 年）、《志愿者保护法》（1997 年）、《爱德华 · 肯尼迪服务美国法》（2009 年）等法律。

美国国家和社区服务社团 2008 年 7 月 27 日发布的《美国志愿者活动》报告指出，自从 2002 年布什政府号召大力开展志愿活动以来，志愿者人数激增，尤其是在校大学生。2007 年，美国约 6180 万 16 岁以上的人参加志愿活动，义务工作时间人均 80 小时，创造了超过 1620 亿元的价值[4]。有效的制度激励手段吸引了更多的志愿者加入，防止了志愿者流失，维持了队伍的稳定。

（三）高校的大力提倡和支持

20 世纪 80 年代中期，美国共有 121 所院校联合制定协议，使学生参加志愿活

动规范化和制度化。2009 年“国家与社区服务机构”要求与联邦教育部和各州政府合作，选定并资助 25 所高等院校（含两年制的社区学院）作为“服务校园”计划（Campus of Service）的示范单位，这些高校要通过各种项目和活动有效地吸收大学生志愿者，并开展与志愿服务密切相关的学习活动[4]。

（四）培训激励

美国非常看重志愿者的个体发展，建立了科学的培训体系，通过培训提升个人能力，激发大学生的参与热情。如美国高校大多开设有志愿服务的相关课程和培训，与专业课程相结合的志愿服务可以申请学分。务实的培训，既为大学生志愿服务提供了专业化的支撑，又满足了志愿者个体发展的需要。

（五）经济激励

在美国，大学生志愿者的经济激励主要体现在升学、就业方面。参加为美国服务的志愿者大学生，服务期为 1 年，服务期满后可以得到 2 个学期共 9450 美元的奖学金（不能以现金形式支取，仅用于缴纳学费），并且在选择联邦职业时可免于考试。而参加全国民事社区服务队的志愿者，凡年龄在 18 岁到 24 岁的，10 个月的服务期满后可得到 6000 美元的津贴及 2362.5 美元的一次性奖学金[3]。1994—2006 年美国志愿队员得到的教育奖励超过 10 亿美元[4]。很多名校如哈佛大学、耶鲁大学、普林斯顿大学等都将是否参加过志愿服务作为录取新生的标准之一，看重申请人在高中阶段的志愿服务情况。美国政府明确将志愿服务经历认定为有效的工作经历，鼓励政府、企业在招聘时给予志愿者优先录用的资格[5]。

（六）信息化管理提高志愿者的参与机会

美国大学生志愿者组织众多，信息化管理的程度很高，如登录由美国志愿服务组织“国家和社区服务队”创建的“服务美国网站”，输入申请者资料和服务要求，系统可以推荐和安排适合的志愿项目供人选择。各个志愿者组织对志愿者的系统化管理也非常到位，从志愿者招募、录用、监督到后期服务效果的评估等等，都有详细的记录[5]。

六、优化大学生志愿者激励机制的政策建议

激励机制的运作模式是激励主体与激励客体通过激励因素相互作用的方式。大

学生志愿激励机制的主体有政府、社会、高校及志愿者组织、志愿者个体；客体则是大学生志愿者个体。作为激励机制的主客体，都应该积极推动大学生志愿激励机制的建设和发展。

（一）政府在宏观上起好激励机制的规范和引导作用

我国的志愿者之所以数量不足，民众参与度不广，与我国缺乏培养、发展志愿者事业的法律法规有关。大学生是志愿者活动的主力军，政府应该结合我国国情，贴近高校实际，借鉴国外志愿者激励机制的做法，制定与高校志愿活动相关的法律法规，如推行志愿者注册制度和志愿时间储蓄制度等。一来可在法律的层面上认可大学生志愿者的活动；二来可为大学生志愿活动提供支持、保护和保障，维护志愿者利益，保证大学生参与的热情。

（二）高校的大学生激励机制有待进一步完善

高校是大学生志愿活动的开展者和组织者，与志愿者距离最近，发挥的作用最大，在构建完善的激励机制上肩负着重要的作用。

1. 加强对志愿精神的弘扬

高校是志愿精神培养的重要阵地。在我国，志愿精神定义为“奉献、友爱、互助、进步”，在校志愿者多为 90 后青年，从调查中发现，他们通常简单地把志愿者理解为好人好事，尚未领悟到志愿精神的真正内涵。高校应广泛深入地对志愿精神进行宣传、教育，弘扬志愿文化，要从内心培养大学生的社会责任感，把志愿服务变成自觉的公民行为。在宣传途径上，高校应重视新媒体的应用，选择校园网、微博、微信、QQ 群、手机等大学生易于接受、浏览消息的渠道；在宣传内容上，应以本校学生为立足点，挖掘学生周围大学生志愿服务的优秀案例，树立榜样，让学生对志愿精神有更深刻的认识和理解，激励和带动更多学生正确地认识和参与志愿活动；将志愿精神与德育教育结合起来，对志愿者参与动机进行正确引导，激发他们的服务意识，维护志愿者队伍。

2. 健全培训制度，满足志愿者的培训需求

高校在开展志愿服务的同时，应提供足够的时间加强志愿者培训。第一要注重志愿者综合素质的提高，如责任感、志愿精神、工作使命感、社交礼仪、应急措施、人际关系等的培训，为志愿者的未来发展提供空间；第二要重视专业技能培

训，针对每项志愿活动，根据志愿服务的项目和岗位要求，制定合适的培训内容和培训方式，提升志愿者的服务质量和效率；第三，高校应加大志愿服务的课程建设，纳入教学计划，由各级团组织承担组织管理工作，引导学生完成一定量的志愿服务，增强大学生对志愿服务的体验、认同和热爱。

专业化的培训与综合素质培训相结合，一是可提升志愿者的个人素养、服务技能、技巧，提高服务质量，减少志愿者在服务工作中遇到的困难和障碍；二是可通过培训满足了志愿者自身的成长和发展，是一种有效的激励方式。

3. 完善评估制度，满足志愿者公平、公正的需求

评估是对志愿者进行激励的前提条件和重要依据。高校应结合本校实际情况，以服务质量、服务时间为主要考评内容，建立可操作的工作标准和考核细则，对每次志愿服务、每名志愿者给予客观系统的评价，满足志愿者公平、公正的需求，确保每名志愿者都能了解自己的业绩、评价，总结经验，改善工作，促进发展。

4. 完善奖惩制度，满足志愿者的多元需求

建立多层次、多形式的表彰奖励制度：

第一，每年高校都应定期开展志愿服务的评比表彰，面向志愿者个体和志愿者组织，设立多层次的奖项，如“十佳志愿者”、“十佳志愿团队”等等。多层次的评比表彰办法，奖励覆盖面大，可更好地发挥激励人心的作用。

第二，正式表彰与非正式表彰相结合。正式表彰包括评优评先、颁发荣誉证书等，每年在特定的时期举行；非正式表彰随时进行，贯穿志愿服务始终，如语言的鼓励、对志愿者正确行为的肯定、提供交流机会、总结经验等方式。

第三，精神激励与物质激励相结合。精神激励包括荣誉激励、榜样激励等，而物质激励的方式可多种多样：一是补贴志愿者在提供服务时产生的经济支出，如交通补贴、用餐补贴、通讯津贴等；二是实物性奖励，如为优秀者提供一定的奖学金；三是无形的物质形式，如“时间储蓄”，为升学、就业增加筹码等。物质激励不会与志愿精神相悖，反而会更好地促进志愿精神的传播，吸引更多人参与志愿服务。

第四，正面激励与负面激励相结合。正面激励可激发动力，负面激励可规范行为。对违反志愿者行为规范的志愿者应给予批评和惩戒。通过这样的方式，促使犯错的志愿者改进，规范其他志愿者的行为，激励他们遵守志愿者的行为规范。

5. 信息化管理

建立校内志愿者服务平台，对高校志愿者组织进行信息化管理。每位在校生可以通过账号和密码登录系统，进行志愿服务活动的申请、审批、认证、记录。同时利用平台功能发布志愿服务信息、招募志愿者等，实现对全校志愿服务的动态管理。

（三）重视大学生志愿者自我激励的培养

“工作的报酬本身就是工作。”这句话指出了自我激励的无比重要。志愿者如果能在工作中实现自我价值，获得成就感、愉悦感、满足感，那么即便是外在激励有所欠缺，仍然能保持志愿服务的热情。志愿者自我激励包含自我价值激励、自我成就激励、自我提升激励、自我快乐激励。志愿组织在开展志愿活动时，应该从以上激励内容重视志愿者的自我激励的培养。

参考文献：

［1］万勇．美国体育志愿者激励机制初探［J］．体育世界，2009（5）．

［2］赵辉．大学生志愿者激励机制研究［D］．大连：东北财经大学，2010．

［3］王亚科．美国大学生志愿服务的成功经验及其启示［J］．产业与科技论坛，2010（9）：5．

［4］徐彤武．联邦政府与美国志愿服务的兴盛［J］．美国研究，2009（3）．

［5］张健，王萍．美国体育志愿服务激励机制及其启示［J］．南京体育学院学报，2012（2）．

（选自广州市哲学社会科学发展“十二五”规划2012年度课题“大学生志愿者激励机制困境与制度优化——以广州为例”。课题负责人：卢书欣；成员：丘巴比、叶娜、马颖欣、韩旭、吴怡娜、林国强、王露芳。）

市民化进程中的农民工信息保障体系研究

杨　玫（广州大学）

一、问题的提出

改革开放以来，中国的城市化以人类历史上从未有过的规模进行着，有力地推动了我国经济与社会的快速发展。但是，大多数农民工身在城市，却不能完全融入城市，“半城市化”特征突出成为我国目前城市化进程中面临的主要难题之一。国家发展与改革委员会秘书长杨伟民表示，“半城市化”是指农村人口向城市人口转化过程中的一种不完整状态，是农民工没有完全市民化，土地城市化快于人口城市化所带来的问题。我国城市化的下一步重点将确定在“农民工市民化”上，为此，国家每年需投入成本约2万亿元[1][2]。2012年8月，中国社会科学院发布了《中国城市发展报告（2012）》。报告显示，2011年，中国城镇人口达到6.91亿，城镇化率首次突破50%关口，达到了51.27%，城镇常住人口超过了农村常住人口。但是，大量进城务工的农民工虽然已被统计为城镇居民，却没有真正融入城市，市民化程度很低。今后20年内，中国仍将有2亿多农民需要转移到城镇就业和居住，再加上近年来已经进入城镇但还没有完全市民化的农民，未来全国将有4亿至5亿农民需要在各方面全面实现市民化，这将是中国实现向城市型社会转型面临的关键问题[3]，是中国经济社会发展中一系列问题的焦点。能否解决好这一问题是中国能否顺利快速地跨入工业化、现代化时代的决定性因素，关系到社会的和谐与稳定，考验着政府的智慧。

农民工的市民化是一个包涵内容非常广泛的问题。制度化构成对农民工市民化固然有着重要的影响，政府也在积极采取措施推进包括户籍、就业、社会保障等在内的制度改革。但是信息保障，是目前亟须重视、亟待解决的一个重要问题。

信息被看作是与人类生存和发展紧密相关的重要资源，尤其是在信息时代，信息资源彰显了其独特的重要社会价值，信息权利被看成是人们政治权利、公民权利、经济和社会权利实现的基础。信息贫困不仅是经济贫困的源头，还被认为是贫富差距进一步扩大之源。在信息社会中，弱势群体境况的改变离不开一定的信息保障，弱势群体只有在改变了自身的信息弱势之后，才有可能改变自身的命运。

农民工离开乡村，进入城市这个陌生的信息环境之中，与城市居民相比，处于明显的信息弱势，不仅直接导致农民工信息福利的减损，还会影响农民工的决策和行为选择，对农民工市民化造成广泛影响。国家信息化专家咨询委员会副主任周宏仁将我国农民工面临的主要困难归结为八大问题：就业问题、培训问题、社会保障问题、权益维护问题、子女入学问题、生活文化问题、土地流转问题、政治参与问题。这八大难题涉及政治、经济、文化等各个领域，但都与信息相关，"都包含有信息采集不足、流通不畅、利用不充分的问题"[4]。这说明目前我国农民工市民化的信息保障问题还没有得到足够的重视，信息保障工作与农民工的信息需求差距甚大。建立较为完善的农民工信息保障体系，不能解决农民工面临的所有问题，但是，肯定会有助于这些问题的解决[4]。

二、市民化进程中的农民工信息保障体系的构建

建立较为完善的农民工信息保障体系需要政府主导，社会各界广泛参与。

（一）政府的主导作用

政府是最主要的信息发生源，而且政府信息往往关系民生，维系公平。在农民工市民化信息保障体系的构建中，政府的主导作用主要体现在组织建设、制度建设、信息化建设、资金支持、政府信息服务的提供等多个层面，以信息公平促进经济社会公平。

1. 组织建设

农民工走出农村、进入城市、实现就业、融入城市的整个过程中，每一个环节都有其特定的信息需求，而整个过程所涉及的信息来源多而杂，至少涉及包括劳动和社会保障部、农业部、民政部、公安部、教育部、财政部、国土资源部等在内的

13个政府部门以及农民工输出和输入的多个省份[4]。而农民工群体的信息需求与政府部门的设置不是一一对应的，往往一个信息诉求会涉及多个机构、多个部门或多个级别的政府，不是单一部门就可以满足的。农民工通常会因为无法辨别对口的政府部门，不知从何处去获得所需的信息，从而影响其市民化进程。需要建立一个统一管理农民工市民化相关信息资源的信息平台和信息服务体系，将农民工市民化信息保障工作纳入统一、规范、有效管理的轨道，彻底改变农民工信息提供多头管理、分散负责的局面。

这是一个比较复杂的、需要各方协同的、巨大的系统工程，需要在国家层面成立权威的农民工信息保障管理机构，具有协调、管理、组织、联络等功能，负责制定重大方针政策和发展规划，协调部门之间、各级政府之间的分工与协作，解决资源建设的共性问题，进行信息资源的共建共享与联合保障。同时，在相应的国家信息化机构中设立针对农民工的服务部门，利用其全国范围内的信息化子机构，开展面向农民工的信息化建设和服务工作。与农民工市民化相关的各级政府应改革原来的外来人口管理机构，建立由政府或政府综合部门牵头、多部门参加的，对进城农民工管理服务进行综合协调的机构和工作协调机制，强化信息服务机制，为改进管理、加强信息保障功能创造必要的组织保障。

2. 制度建设

健全和完善与农民工信息保障相关的法律法规，使农民工信息保障工作走上规范化的轨道，明确规范主体各方在农民工信息保障中的职责、权限和分工。

研究制定《弱势群体信息保障法》，从法律上规范信息保障提供的主体、资金来源、运作管理，建立相关主体的责任追究机制，以便切实落实每一个环节，确保农民工在市民化进程中享有信息保障。加快《信息化促进法》的立法步伐，运用信息政策对信息领域的信息差距和分化进行调控、规范和引导。在全面推进国家信息化的同时，向信息化发展水平较低的地区和群体进行政策和资源倾斜，缩小区域之间、城乡之间和不同社会群体之间信息技术应用水平的差距，解决信息社会的“数字鸿沟”问题，增进社会公平，创造机会均等、协调发展的社会环境。

整合完善现有的与农民工市民化相关的法律法规，在与农民工市民化密切相关的户籍、劳动就业、社会福利、社会保障、医疗保险、教育、政治参与等制度的制定和完善过程中，加入信息保障条款，规定每一制度的告知责任方以及对违规行为的举报奖励制度。将信息素养教育的相关内容纳入职业教育的范畴之中，在相关的职业教育法规中予以明确。

建立健全科学有效的农民工诉求表达机制，制定规范完备的民意调查制度、信息公开制度、听证会制度、协商谈判制度、民工投票选举制度等等，疏通农民工的信息反馈渠道。

通过以上措施，形成比较完善的农民工市民化信息保障法规体系，建立系统完备的实施机制、保障措施及程序。

3. 信息化建设

完善信息化基础设施建设，建立与农民工信息保障制度相适应的一体化管理和网络化服务制度，加大对农民工群体的信息资源配置支持，为信息公平提供物质保障。

研究建立全国性和区域性的农民工信息服务系统，统筹建立全国性和区域性的“农民工门户网站”，加强农民工市民化相关信息的搜集、管理、服务工作，强化信息资源建设，制定信息开发、信息整合和信息运行标准与规范，将信息资源的开发、整合、运行三个环节进行有效的衔接，统筹规划建设农民工市民化相关数据库。通过互联网，整合部门间、区域间缺乏系统性的信息资源和服务，打破资源建设中的条块分割，推动与农民工市民化相关的各部门、各级政府、用人单位信息资源开放，加强整体协调性，实现信息沟通和共享。并在此基础上扩充服务功能，提升服务水平。按照农民工的信息需求对信息资源进行分类整合和管理，为农民工提供“一门式”的政府信息服务。对社会上其他农民工信息服务的提供方给予支持。对公益性网站给予适当的资金和技术支持，充分发挥其对特殊群体的服务作用；对门户网站提供适当的资源支持，引导其尽快走市场化之路，整合到一体化的农民工信息服务体系的框架下。形成政府搭建平台、社会各方共同建设的良好态势。

政府相关部门应以改善农民工信息保障为出发点，以社会公共信息资源整合为重点，整合各类与农民工市民化相关的政府服务和社会服务信息，建立起整体优化、内容丰富、结构合理、服务多样的信息服务体系和信息资源共享平台，致力于为农民工群体提供更便捷、更经济的信息服务。

4. 资金支持

加大财政投入，加强整个社会尤其是基层社区的信息化基础设施建设及信息资源建设。加大对作为社会信息资源保障中心的图书馆的经费投入，完善图书馆服务网络建设，加强与农民工市民化相关的文献资源建设。尤其是对面向农民工群体提供信息服务的基层公共图书馆加大投入力度，加快基层图书馆的资源建设和现代化步伐。设立农民工市民化信息保障专项资金，为各类农民工信息保障项目提供资金支持。

5. 政府信息公开与服务

目前，政府信息占全社会信息资源的80%[5]，内容涉及国家和社会公共事务的方方面面，具有巨大的开发潜力、重要的使用价值和经济价值。政府信息服务直接关系到国民经济和社会发展的状况以及人民群众的切身利益，对于市民化进程中的农民工尤其重要。

各级政府应建立及时的信息发布制度，扩大政府信息公开的范围，加强政府信息共享，强化政府公共信息服务能力，多渠道加强对农民工的信息服务。综合利用媒体、网络、社区服务、图书馆服务等方式，广开信息发布渠道，同时做好信息反馈工作；各级公共信息服务机构要免费向农民工开放，设置专门的农民工服务部门，提供一站式服务；社区和政府的行政服务中心，要开设面向农民工的专门的服务窗口，集中为农民工服务；开通专门面向农民工的咨询服务、投诉建议、政策支持、困难帮助等方面的专线服务电话，选派专门的咨询员，建立规范快捷的咨询反馈流程，及时为农民工提供服务；完善城市综合信息查询系统建设，将电子信息平台摆上城市的大街、广场、商业区、社区，让农民工不需要任何设备和费用就可以通过触摸屏免费了解和咨询与农民工市民化相关的信息；组织专门的社会力量，对农民工市民化相关信息资源进行深度开发，满足农民工深层次的信息需求；多形式、多途径开展面向农民工的信息素养教育，引导农民工提高对信息重要性的认识，树立信息观念，强化信息意识，提高信息能力，调动农民工获取和利用信息的积极性。

综上所述，政府在解决农民工信息保障问题上负有重要责任，但并不是要大包大揽，而是要在充分履行政府职能的基础上，发挥好社会各界的作用，整合各方资源和力量，明确不同性质的机构应承担的任务，形成有序分工、公平竞争的体制和政策环境。

（二）大众传媒架起信息桥

在信息时代的现代社会，传媒对人们的生活具有深远的影响，传媒是公民信息来源的主要渠道。美国社会学家英克尔斯曾经典地论述过大众传媒的普及和发展对人们现代性的影响："大众传媒给人们带来有关现代生活诸多方面的信息，向人们输入新观念，显示新的行为方式，启迪并探讨纷呈多样的意见；刺激并加强对教育与流动性的期望……从而培养更大的现代性。"大众传媒在为农民工提供信息的同时，不可避免地给农民工的城市经历与认知带来冲击，促发其思想与价值观念的改变，加速其继续社会化的进程，进而有助于其积极融入城市生活[6]。大众传媒应充分认识到自身的社会责任，架起沟通农民工与社会、政府、城市市民之间的信息桥。

1. 沟通农民工与社会

大众传媒把人们与社会现实连接起来，扮演着农民工与社会的桥梁角色。大众传媒的传播在很大程度上构建了农民工对社会的认知，农民工利用媒介来认识城市社会生活的标准、模式和规范，通过媒介来了解他们在社会中所处的地位，了解他人对于自己的角色期待。因此，大众传媒要承担起让农民工打开视野、了解城市社会的责任，把农民工作为媒体的一个重要的受众群体，设置专门为农民工提供信息服务的版面，发展一定数量不以盈利为目的的专门面向农民工的公益性媒体，通过大量富有贴近性和亲和力的媒介话语，主动呈现农民工急需的城市社会生活服务资讯。

在新闻报道中正面宣传政府对农民工的重视、城市对农民工的需要和欢迎、农民工在促进经济社会发展过程中的重大作用和贡献等，加强农民工群体中的先进典型报道，为民工提供可资借鉴和学习的参照系，起到强化角色认知、榜样示范和社会整合作用。通过发展在农民工群体中普及率很高的手机媒体，提高农民工群体的媒体接触率，还可实现线索收集、读者调查、意见反馈等多种功能，为农民工了解与自己利益切实相关的各类信息、发出自己的声音、实现媒体表达提供便利。

2. 沟通政府与农民工

大众传媒作为联结政府与农民工的纽带，应为及时传递双方的意愿发挥应有的作用。

作为媒体，对政府信息的报道不同于一般的信息传递，要充分了解政府的相关政策，懂得政策制定的科学内涵和基本思路，深入研究当前农民工市民化的社会形势和农民工的具体需求，起到正确的舆论引导和积极的舆论推动作用，在全社会着力营造有利于农民工市民化的舆论环境。

目前，中央和地方都制定了一系列促进农民工市民化的户籍、社会保障等改革政策。这些政策蕴涵了鼓励农民工融入城市的态度、为农民工解决具体问题的决心和措施，大众传媒一方面要对这些新政策进行广泛宣传和深入分析、解读，为农民工找出蕴藏在这些政策背后的机会，帮助农民工发现并抓住机会，对农民工市民化给予实质性的帮助。另一方面，媒体要广泛听取和反馈农民工的意见，为政府决策提供参考，从而形成政府与农民工之间的良性互动机制。

3. 沟通市民与农民工

农民工市民化的过程也是一个再社会化的过程，而人的社会性的获得靠的是社会交往以及交往过程中的信息传播[7]。作为农民工的人际交往对象和信息交流传播的城市主要居住群体，市民必然在这个再社会化过程中扮演着重要的角色。与市民的互动是农民工了解城市文化、学习城市生活方式和生存技能、内化新的规范和价值取向的重要渠道。在农民工市民化过程中，大众传媒要积极、主动地发挥农民工与市民之间交流的桥梁作用，提供丰富而充裕的信息给传受双方。

有研究表明，城市居民了解农民工的主要途径是各类媒体，占所有途径的75.32%[8]。因此，媒体的引导对于城市居民理解农民工、接受农民工具有重要作用。媒体要充分报道农民工对城市建设和城市居民生活的不可替代的作用，宣传农民工对实施城镇化战略、推动工业化和现代化的重要意义，加强对农民工的正面典型宣传，展现该群体的生存状况、情感世界、人生故事等，树立农民工勤劳朴实、奋发有为的群体形象，给予农民工公正、客观的评价，在市民中营造理解农民工、包容农民工、尊重农民工和支持农民工市民化的氛围，培育城市居民与农民工之间的亲和度和认同感，逐步实现二者的同质化。

（三）公共图书馆的突出贡献

公共图书馆本身代表的就是一种社会对知识或信息进行保障的制度，它保障社会成员平等获取信息的机会，保障每一个公民求知的自由与权利，从而从知识和信息这一角度维护了社会的公正。公共图书馆的精神核心是提供免费的服务和平等的服务[9]。公共图书馆的开放、平等、公正，有利于农民工建立社会信任，提高社会资本，增强城市归属感，从心理上真正融入城市社会。

公共图书馆在农民工市民化信息保障中的突出贡献表现在下列方面。

1. 文化传播、社会教育

图书馆搜集、保存文化信息，肩负着提升民众文化素养、充实文化内涵的重责。农民工在图书馆中接触到城市社会文化信息，受到城市文明、价值观念和行为模式的熏陶，于潜移默化中实现价值观和生活方式的转变。

图书馆被称为“没有围墙的学校”，以促进学习型社会建设为己任，为公众终身学习创造机会和条件，提供信息资源，开展咨询服务，建立教育培训平台[10]，提供多元学习的教材，为农民工提供免费接受继续教育的设施、条件和机会，其所具有的公益性、便利性，对农民工形成很大的吸引力。图书馆通过给予农民工持续性的教育支持，提升其文化素质和职业技能，帮助他们向技术链的上游迈进，拓宽个人的就业空间，提高在城市的发展能力，缩小与市民群体的距离，快速地融入城市社会。图书馆还通过为农民工提供全方位的信息服务，对农民工进行城市文明教育、信息素养教育、心理健康教育，培养其现代性，促进其市民化。

2. 通过多渠道的信息服务，改变农民工的信息弱势，提升农民工的信息素养

图书馆通过开展公益性的信息素养教育和信息技术培训，缩小社会信息鸿沟，促进信息公平。通过网络导航、参考咨询等信息服务工作，将经过严格筛选和加工的信息资源提供给农民工，为农民工解答咨询、辅助决策，解决其市民化过程中遇到的现实问题，不仅增加农民工获取信息的机会，提高他们获取信息的能力，也在一定程度上改变他们的信息弱势地位，提高他们的城市适应能力。

3. 提倡健康休闲，加强农民工与市民的人际互动与交流

图书馆以便利、优越的环境条件和优质的服务，为农民工提供健康的休闲娱乐信息，寓教于乐，滋润心灵，既可让农民工消除工作疲劳，释放紧张情绪，还可帮助他们以休闲充实自我，陶冶情操，获得美的享受和精神幸福，提高其生活质量和生活满意度。

图书馆，尤其是社区图书馆作为地区的文化活动中心，为社区居民提供舒适宽

松的公共文化活动空间，也为农民工提供与城市居民平等接触和互动的机会。社会学家布劳认为，异质群体之间的交往，即使不亲密的交往也能够促进人们相互之间的理解，促进宽恕精神的发扬[11]。图书馆通过举办各种文化休闲活动，为农民工提供一个与城市市民互相学习交流、进行平等交往、享受平等服务的文化环境，有助于建立文化认同，消除农民工与城市市民之间的陌生感、疏离感，有助于农民工建立以业缘、趣缘、友缘等弱关系为主的异质型的城市社会关系网络，获取广泛而多元的信息支持。而且，作为一个提供公益性服务的公共文化场所，图书馆内的互动能突破市场功利主义的束缚，大大减少参与的风险，有助于产生人际信任，并可能发展成长期深入的交往。相关研究表明，城市市民与农民工之间的相互沟通、相互尊重、相互理解、相互帮助和信任，已经成为使农民工与城市社会生活相整合的关键因素[8]。农民工通过与市民互动，学习城市生活方式、行为规范，参与城市社会生活，逐渐适应城市，融入城市。

4. 培养公民意识，促进社会参与

图书馆既是搜集、组织、传递文化知识的机构，也是政府信息公开、传布政情的重要据点。图书馆通过提供社会、政治、经济等各类信息，拓展民众视野，提升民主素养，培养公民意识，促进社会参与。

农民工通过图书馆全面获取有效参与社会生活所必需的各种信息，包括城市社会的法律、规范、价值观念、风俗习惯、文化心理、社会舆论等各个方面的信息，了解政府政情，监督政府行政，保护自身权益，培养自身的主体意识、权利意识、社会参与意识，提高维权意识和参政能力。改变农民工群体政治参与不足、利益表达不充分的状况，扩大农民工群体在社会中的政治影响，改善弱势处境，建立身份感、归属感，促进社会融合。

（四）企业的社会责任

企业是农民工在城市中赖以生存的组织，对他们有着最直接、最广泛的影响作用。企业应成为促进农民工市民化的基础性力量。企业社会责任要求企业不能在损害利益相关方尤其是劳动者利益的基础上获得利润，在其自身取得发展的同时，应使所有与企业相关的各方也取得发展，实现企业经济目标和社会目标的统一[12]。改善农民工的信息状况，促进农民工的信息保障，帮助农民工解决信息问题，应该是企业履行社会责任的一部分。

首先，企业应当在法律框架下建立和完善与农民工信息保障相关的规章制度，全面推行厂务公开、监督公开、民工参与制度。完善企业内部培训机制，把信息素养教育及农民工市民化相关法规权益的培训纳入企业的正常业务培训范畴内。设置专职或兼职信息员，建立或与公共图书馆合作建立图书室或图书馆分馆，提供互联网、计算机等信息设施给农民工使用，多渠道增加农民工接触大众媒介的机会。

其次，通过组织的正式传播和人际传播，促进农民工市民化。

企业组织为农民工提供了一个组织化的学习场所。现代性的知识、技能、礼仪、规范等通过组织系统的正式传播，帮助农民工逐渐获得适应城市的现代性素质。例如，在企业的工作让农民工逐步形成守时、合作、纪律等城市观念。在企业生产的过程中，围绕如何生产、如何解决问题的信息传播，不断使知识和技能得到共享，并渗透着对于质量、产量等因素的职业价值观的传播。而企业组织中的各种规章制度通过组织的正式传播，为农民工的此类学习过程提供了很好的外在约束力，帮助农民工学习适应现代生活的态度、价值观、行为方式、知识和技能。

企业组织不仅为农民工的城市社会化提供了规范，还提供了“参照群体”——在企业共事的城市市民，以及较早进入城市环境、城市适应和城市社会化完成程度相对较高的其他农民工。通过与“参照群体”的人际传播、信息互动，农民工从认知、认同，到模仿、学习，进入城市人这个社会角色，不自觉地理解角色背后的城市文化、习俗和规范，在文化模式层面与城市社会发生互动；逐渐适应城市社会的行为规范、价值观念、审美模式、语言习惯等文化[13]。

（五）社区的社会融合作用

社区是社会和文化的缩影，是个人生活的基本社会环境，也是农民工适应城市文明最重要的城市空间载体。通过社区生活信息的传播交流，影响农民工对人文地理环境和时空知识的了解；通过参与社区生活，让农民工了解社会的种种规范对个体的约束形式；社区为农民工提供广阔的社会化场所和多种社会化服务，提供新的社会角色扮演的机会，帮助他们构成新的价值观念体系和行为规范。《国务院关于解决农民工问题的若干意见》明确指出：“要构建以社区为依托的农民工服务和管理平台。鼓励农民工参与社区自治，增强作为社区成员的意识，提高自我管理、自我教育和自我服务能力。发挥社区的社会融合功能，促进农民工融入城市生活，与城市居民和谐相处。完善社区公共服务和文化设施，向农民工开放，要依托社区开展专业化的社区工作，促进农民工与本地居民的互动和交往。”[14]

社区要充分发挥组织、沟通、服务功能，促进社会整合。充分利用社区信息化建设和智慧社区建设的有利契机，整合信息资源，利用社区的信息网络，实现信息共享，为农民工群体提供有针对性的信息服务。社区应设立免费或低价接入互联网的公共服务场所，提供电子政务、劳动就业、教育培训、医疗保健、社会保障等方面的信息服务。设立农民工咨询服务部，开展定点宣传，定期举办各种农民工市民化政策宣讲会，接受农民工信息咨询，并通过向农民工咨询来了解农民工的真正需求，建立农民工信息反馈的常态机制。提高农民工社区参与程度，培养其对社区的归属感。

社区交往是消除隔离和社会排斥的一剂良药。社区要积极采取措施，创造社区内农民工与市民的互动交往机会，并援以良好的信息引导，实现二者之间的良好沟通关系。如积极开展适合市民和农民工共同参与的文化活动，促进彼此的交流和沟通，消除彼此之间的隔膜和疏离；强化社区内的非正式的自然信息网络，加以有效引导，把分布区内的大小信息网络联系在一起，形成一个有效的邻里援助信息网络系统，帮助区内弱势群体。

（六）社会组织的参与与监督

充分发挥工会组织在维护农民工信息权益方面的作用。各级工会组织可通过加强立法参与和政策参与，积极提出对策建议，推进有关农民工信息保障法律法规和政策的制定，实现对农民工信息权益的源头维护。近年来，广东省总工会先后参与起草了广东省的《工会劳动法律监督条例》、《厂务公开条例》和《职工权益保障规定》等政策法规[12]，这是一个很好的开始和示范。除政策的制定，各级工会组织还要加强对农民工信息保障相关法律法规执行情况的监督检查，以保证其有效实施。

充分发挥民间组织的积极作用，让民间组织在农民工信息保障事务中担当推动者与参与者。成立一个全国性的、由政府主导的、旨在推进农民工市民化的非政府组织，借助组织传播渠道，给流动中的农民工以信息保障，推进农民工市民化进程。农民工民间组织具有民间性、社会性、公益性、直接性、针对性等属性[15]，可为农民工提供信息权益维护、信息技术培训、信息咨询、信息援助与各类信息交流服务。民间组织更接近农民工，能够更好地了解他们的实际信息需求和信息保障情况，表达他们的信息诉求。可以填补政府供给与农民工需求之间的空白。民间组织的非政府性、去政治性等特征在对弱势群体的帮扶方面，可以完成政府机构完成效果不好的一些工作，对政府起到积极的补充甚至示范性作用，有效地促进社会整合。

综上所述，要解决市民化进程中农民工的信息保障问题，必须建立一个政府主导、社会各界广泛参与的全方位的农民工市民化信息保障体系（如下图所示），提高农民工的信息能力，保障农民工的信息权益，改变农民工的信息弱势，为农民工顺利市民化奠定基础，进而促进农民工的市民化进程。

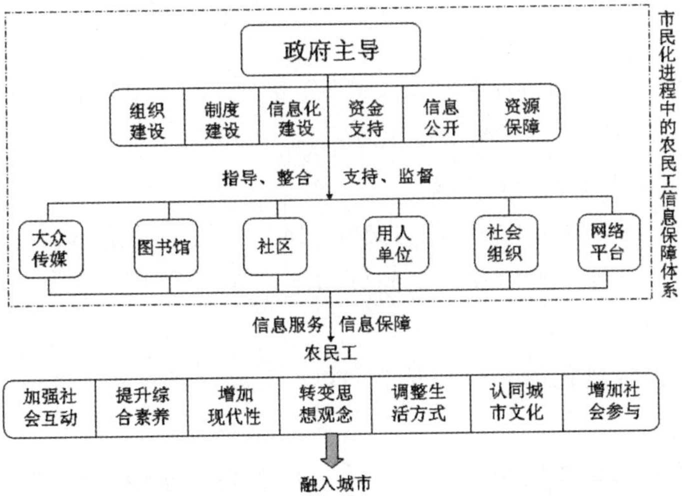

参考文献：

［1］谢卫群．中国发展报告2010：中国已进入“半城市化时期”［EB/OL］．东北网，2010-10-10［2011-08-03］．http://internal.dbw.cn/system/2010/10/10/052760660.shtml.

［2］孙毅蕾．城市化重点：解决农民工市民化［N］．羊城晚报，2010-10-12（A07）．

［3］中国社会科学院发布《中国城市发展报告（2012）》［EB/OL］．中国经济网，2012-08-14［2012-09-10］．http://luxury.ce.cn/html/2012/csdc_0814/85683.html.

［4］周宏仁．建设一体化的农民工信息服务体系［J］．中国信息界，2005（18）：11-17.

［5］程万高．政府信息资源开发利用［M］．北京：科学出版社，2009：15.

［6］郑欣．新生代农民工的城市适应：基于传播社会学的视角［EB/OL］．中国改革论坛网，2011-06-17［2011-08-03］．http://www.chinareform.org.cn/economy/agriculture/Practice/201106/t20110618_113479.htm.

［7］柴志明，冯溪屏．社会学原理［M］．杭州：浙江大学出版社，2005：267.

［8］李红艳．乡村传播与城乡一体化［M］．北京：社会科学文献出版社，2009：163，238.

［9］邱燕燕．弘扬和培育现代公共图书馆精神［J］．图书馆，2006（4）：26.

［10］中国图书馆学会．图书馆服务宣言［EB/OL］．［2012-09-10］．http://www.gslib.com.cn/xh/ztnh/xyca.htm.

［11］布劳．社会生活中的权利与交换［M］．北京：华夏出版社，1988.

［12］郑功成，等．中国农民工问题与社会保护［M］．北京：人民出版社，2007：424，506.

［13］丁苏萍．渡往城市的“船”［D］．上海：复旦大学新闻学院，2008：15-17.

［14］中华人民共和国中央人民政府．国务院关于解决农民工问题的若干意见［EB/OL］．中国政府网，2006-03-27［2012-09-10］．http://www.gov.cn/jrzg/2006-03/27/content_237644.htm.

［15］王竹林．城市化进程中农民工市民化研究［M］．北京：中国社会科学出版社，2009：249.

（选自广州市哲学社会科学发展“十二五”规划2012年度课题“外来工融入城市过程中的图书馆服务研究——以广州为例”。课题负责人：杨玫；成员：龚焕燊、谢艳伶、曲哲、林英、张正、王延红、吴力武。）

域外媒体报道中的广州形象研究

张丽平（广东工业大学）

本课题中的“域外媒体”是指广州区域以外的媒体，大范围限定在我国范围内，考察我国兄弟省市和中央媒体有关广州的报道。具体分析它们有关广州的报道议题、报道倾向及其建构出的广州形象特点，同时分析它们有关广州的报道框架，并据此对广州形象的对外传播提出建议。

本课题组把报纸媒体作为主要的考察对象，考虑到报纸的性质、级别、发行量、发行范围等因素，从中央级报纸中选择了《人民日报》和《中国青年报》，从省市级报纸中选择了《新民晚报》和《楚天都市报》，共四份报纸作为研究对象。通过慧科新闻搜索数据库，搜集四家报纸一年来（时间跨度从 2011 年 7 月 1 日到 2012 年 6 月 30 日）所有关于广州的报道，以此为研究样本，展开分析，为课题研究提供基本依据。

一、广州形象的域外媒体再现

1. 域外媒体有关广州的报道状况

前人已有研究证实，政治与经济地位是一个地区能否得到媒体关注的根本原因。本课题组通过样本搜集发现，在一年中《人民日报》刊登有关广州的报道 234 篇，《中国青年报》刊登 160 篇，《新民晚报》刊登 244 篇，《楚天都市报》刊登 234 篇。《中国青年报》有关广州的报道偏少，与其版面数量较少有关，其他三家报纸平均 1.5 天就有一篇关于广州的报道。总体来说，四家媒体对广州进行了较高频次的报道，这也说明广州的政治经济地位决定了广州相对于我国其他地区更容易获得域外媒体资源。

域外媒体相对于本地区而言是“他者”，对某一地区的报道容易受到“事件驱动”模式的影响——某一地区只有在发生重要事件或自然灾害时才会得以报道，从而使该地区呈现出单一的媒介形象。例如，汶川很少出现在媒体报道中，但因为地震一时成为媒体报道的中心，于是其他形象被忽略，地震多发的形象深入人心。域外媒体有关广州的报道也不可避免地受到“事件驱动”的影响，但并非主流，广州的政治、经济、文化、社会等都成为域外媒体报道的主题，但在诸多的报道主题中，政治、经济是最受关注的。具体如下：

表 1　四家报纸有关广州报道主题分布

		政治	经济	社会	科教	文化	体育	市民	交通	其他	总数
人民日报	频数	70	45	41	19	15	29	3	4	8	234
	占比	30.0%	19.2%	17.5%	8.1%	6.4%	12.4%	1.3%	1.7%	3.4%	100%
中国青年报	频数	42	30	24	25	6	15	9	2	7	160
	占比	26.3%	18.8%	15.0%	15.6%	3.8%	9.4%	5.6%	1.3%	4.4%	100%
新民晚报	频数	41	49	54	12	27	44	10	6	1	244
	占比	16.8%	20.1%	22.1%	4.9%	11.1%	18.0%	4.1%	2.5%	0.4%	100%
楚天都市报	频数	27	35	48	10	8	68	15	11	12	234
	占比	11.5%	15.0%	20.5%	4.3%	3.4%	29.1%	6.4%	4.7%	5.1%	100%
总数	频数	180	159	167	66	56	156	37	23	28	872
	占比	20.6%	18.2%	19.2%	7.6%	6.4%	17.9%	4.2%	2.6%	3.2%	100%

2. 域外媒体有关广州报道的议题细分及形象关键词描述

本课题在划分政治、经济、社会、科教、文化等报道主题的前提下，对各个主题所涉及的议题进行了分类和归纳，同时对域外媒体有关广州的报道进行了文本分析，概括出有语义指向的形象关键词。具体见下表：

表 2　四家报纸有关广州的报道议题细分及形象关键词描述

政治	议题：政府及其部门行为；政治风气；政策法规；社会管理；公务员；公车治理。
	形象关键词：改革的探路者；大胆创新管理；信息公开透明；尊重民意；民主、开放、高效；文明城市、幸福城市；便民、惠民；政府挥霍、奢华；公共财政问题；社会保障有失公平；政府对公车、公共设施涨价等监管不够；基层公务员素质不高；面临大城市问题。

（续表）

经济	议题：广州企业；展会；消费生活；市场环境；宏观经济；房地产。
	形象关键词：广州企业质量问题、诚信问题；逐利；市场存在法律真空、不公平竞争及其消费者欺诈；广州引领车市风向标；广州企业发展迅速；技术创新；“企业办社会”值得肯定；经济转型，新产业，新高度；南沙开发；帮扶青年创业；展会发达；最佳商业城市。
社会	议题：社会风尚；事故；治安执法；农民工；志愿者；流行病。
	形象关键词：打工者工作环境恶劣，生活艰辛；各类事故频发；暴力执法；罪犯隐匿广州；赌博、抢劫、偷盗、霸市等犯罪活动时有发生；流行疾病时有发生；城市感恩精神；爱心互助，见义勇为；创新执法；食品安全执法有成效；志愿服务模式创新；已形成志愿服务社会氛围。
科教	议题：科技；人才培养；幼儿园教育；中小学教育；高等教育；职业教育。
	形象关键词：幼儿园学位紧、入园难，乱收费；财政投入不公平；优质教育资源分配不均；教师失职；高等教育逐利，牺牲学生权益，学术不端现象存在；职业学校校园秩序混乱；世界一流的超算中心；产学研推动科技创新；重视人才培养；性教育和媒介素养教育有特色；职业教育前景好。
文化	议题：历史文化；景观；地方风俗；小吃；文化活动。
	形象关键词：岭南文化；岭南风光秀美，古朴典雅；工艺品精美；“辛亥革命”；悠久的革命传统；旅游观光休闲地。
体育	议题：广州恒大；广州足球；亚运会；各种比赛举行。
	形象关键词：广州体育俱乐部发达；举办大型足球、篮球比赛；“恒大模式”，资本和体育的结合；恒大烧钱，制造泡沫；广州恒大活跃了中国足球。
市民	议题：市民行为个性；市民休闲生活；广州富商；其他典型人物。
	形象关键词：敢于表达诉求，争取权益，监督政府；见义勇为，帮扶他人；孝道；具有志愿精神；爱旅游、爱生活，颇有艺术气息；富商炫富；富人挑战伦理法制，破坏社会公正。
交通	议题：航空运输；轨道交通；节假日交通情况。
	形象关键词：机场维权；机场冲突、事故，秩序混乱；新高铁线开通；航班班次增加，交通更便利。

3. 域外媒体报道中的广州形象特点

（1）广州在政治和社会管理方面表现出改革“探路者”形象

广州的政治和社会管理是受域外媒体关注的焦点议题，尤其是《人民日报》、《中国青年报》对该议题的关注超过了任何其他议题，几近三分之一，市民类报纸对该议题的报道也占据了相当比例。广州出台的政策法规、社会管理中的创新做法曾多次激起媒体的关注和讨论，如价格调整听证会、新闻发布制度、政务微博开通、民间募捐管理、基层公务员选拔等，虽然褒贬不一，但是建立起了积极作为、改革探索的形象。这一形象对广州而言有积极意义，既形成了广州特有的政治风格，也符合广州作为改革开放前沿城市长久以来形成的大胆、创新、“敢为天下先”

的城市精神。

（2）科教、治安和“广州制造”一起构成了广州形象的短板

在科教主题中，涉及广州科技的报道较少，但是有关广州教育四家报纸均以批评为主，如：《人民日报》有关广州科教的报道共有19篇，其中批评报道9篇，中性报道6篇，肯定报道4篇；《中国青年报》共有25篇，其中批评报道10篇，中性报道14篇，肯定报道1篇；《新民晚报》和《楚天都市报》对于广州科教报道分别有12篇、10篇，批评性报道分别有9篇、8篇，无肯定报道。其批评主要集中于幼儿园和中小学教育方面，反映广州的入学难、教育投入和教育公平等问题。

在社会主题中，广州的治安犯罪执法是域外媒体报道的重点：《人民日报》有关广州社会的报道41篇，其中治安犯罪执法报道14篇；《中国青年报》有关广州社会的报道24篇，其中治安犯罪执法报道6篇；《新民晚报》有关广州社会的报道54篇，其中治安犯罪执法报道27篇；《楚天都市报》有关广州社会的报道48篇，其中治安犯罪执法报道25篇。虽然广州治安犯罪问题经过了整治，但负面报道还是频繁出现，尤其是《新民晚报》、《楚天都市报》等市民类报纸热衷于该议题报道，在市民社会中建构了非常“刻板化”的广州治安形象。

域外媒体在对广州的经济报道方面，毁誉参半，虽然有经济活跃、商贸发达、创业创新氛围浓厚等方面的褒奖，但媒体再现中“广州制造”形象欠佳，广州企业不诚信、逐利，制假售假、以次充好现象不绝。

（3）体育、展会日益成为广州的城市名片，提高了城市的曝光率和影响力

亚运之后，在广州举办的体育赛事逐渐增多，活跃的体育比赛增强了广州的媒体曝光率。尤其是以广州恒大、富力为代表的体育俱乐部，频繁参加各类赛事，并把大型赛事引入广州，吸引大批媒体前来报道，客观上提高了广州的影响力。如《楚天都市报》有关广州恒大的报道就达到53篇（总数234篇），《新民晚报》有关广州恒大的报道有37篇（总数244篇），《中国青年报》有关广州恒大的报道有11篇（总数160篇），《人民日报》有关广州恒大的报道有21篇（总数234篇）。广州恒大俱乐部是典型的“体育＋商业”模式，在影响力骤增的同时，也被贴上“烧钱”、“奢侈”的标签。媒体评论中无论是褒奖还是批评，都会联系到恒大集团，以及背后所代表的广州企业和广州氛围。因此，域外媒体报道恒大赛事，其意

义不仅在于娱乐或者传播体育竞技，对于广州而言还在于它能让受众对广州这座城市产生丰富的联想和情感迁移。

展会是域外媒体对广州报道的又一热点，其中有关广州车展的报道最多，这与广州汽车产业发达，以及国内汽车消费热潮有关；其次受关注的是广交会；除此之外，广州举办的各类行业展会，如动漫展、中小企业博览会等也多次被媒体提及。媒体评价广州的展会具有风向标意义，能够反映行业走势和经济环境。广州的展会从一个侧面反映了广州的商业形象，是广州“千年商都”的延伸和拓展。

（4）外来务工人员、志愿者和市民交织组成了多元的广州社会生活图景

外来务工人员是广州社会构成的重要部分，四家媒体对广州的外来务工人员都有不同程度的提及，而且报道都充满悲情。媒体中的广州外来务工人员是“讨薪者”、“维权者”，是患病的父子，是在恶劣的环境下忙碌工作的人，反映了广州生活的艰辛和不易。

志愿者是近年来广州社会的又一“标签性”群体，频繁出现在媒体的报道中。他们爱心接力，帮扶他人，服务社区，组建“血液银行”，发动“微募捐”，推动着社会的文明和进步，形成广州社会一道夺目的风景，而且媒体评价广州的志愿服务正逐步形成社会氛围。

市民不是域外媒体关注的重点，但有关广州市民的报道特征非常鲜明，如广州市民见义勇为，敢于直言，勇于抗争，富有公民意识。此外，广州市民的休闲生活也成为域外媒体对广州社会描述的一部分。

二、域外媒体对广州的报道框架分析

1. 信息来源：本地媒体和新华社是域外媒体报道广州的重要信息来源

《人民日报》、《中国青年报》等中央级媒体在有关广州的报道上有自建的新闻源，但总体来说，由于地域原因，域外媒体能直接获得有关广州的报道有限，本地媒体、新华社就成了他们报道广州的重要信息源。本课题考察的四家报纸频繁引用广州本地媒体的信息，如《广州日报》、《羊城晚报》、《南方都市报》、《新快报》、《信息时报》、《南方日报》等，其中《广州日报》、《羊城晚报》被引用的频次最高。此外，新华社作为中国的国家通讯社，为各类媒体供稿，它对广州的报道直接影响域外媒体对广州的报道。

2. 报道主题：政治和经济主题是域外报纸媒体的主流话语

我国的新闻生产在很大程度上受制于我国强大的“政治—经济—社会”模式，这种模式决定了我国主要城市在报纸媒介中的形象不是行政形象就是经济形象。《人民日报》、《中国青年报》有关广州政治和经济主题的报道量分别占49.1%和45.0%，几近一半；而《新民晚报》、《楚天都市报》虽为地方市民类报纸，但有关广州政治和经济主题的报道也占了整个报道量的三分之一。尽管广州的各个主题在域外媒体中都有所呈现，但不可忽视政经形象才是域外报纸媒体传递出的最强而有力的方面。

3. 报道视角：要闻取向VS趣味性、接近性取向

《人民日报》、《中国青年报》把广州报道较多地纳入“要闻”框架。有关广州的新闻一般出现在重要版面，如“要闻”、“头版”、“特刊”、“话题”等版面，回应的都是政治、经济中较重要且具有代表性的问题，如广州的市场环境、经济运行、出台的政策法规、社会管理等方面。

《新民晚报》、《楚天都市报》作为有较大区域影响的市民类报纸，以刊登本地新闻为主，有关广州的报道多出现在“中国新闻”、“评论”、“体育娱乐”等版面。其新闻选择看重趣味性，同时也非常重视接近性，当广州的人和事与本地有联系时，则会激发它们的报道兴趣。随着广州影响力的提升，这类媒体通常较关注诸如广州和本地的交通、经济往来，本地人在广州的情况，广州的事件或行为对本地的启示和借鉴意义等。

4. 报道倾向：不同性质的媒体对广州的选择、建构大相径庭

《新民晚报》、《楚天都市报》有关广州的报道表现出明显的批判倾向。《新民晚报》中对广州表现出态度倾向的报道有116篇，其中批判性报道70篇，肯定性报道46篇；《楚天都市报》表现态度倾向性的报道是88篇，其中批判性报道70篇，肯定性报道18篇。这类媒体乐于刊登负面、刺激的新闻，追求言辞的尖锐、犀利，形成了对广州报道的偏见。

《人民日报》、《中国青年报》有关广州的报道较为亲善。《人民日报》中对广州表现出态度倾向的报道有109篇，其中批评报道30篇，肯定报道79篇；《中国青年报》中对广州表现出态度倾向性报道有85篇，其中批评报道37篇，肯定报道

48 篇。肯定报道居主流，正面宣传是其对广州报道的主要倾向。

三、有关广州形象对外传播的几点建议

1. 警惕广州形象媒介再现中的“木桶效应”

“木桶效应”也称“短板效应”，是指一只水桶能盛多少水，并不取决于最长的那块木板，而是取决于最短的那块木板。域外媒体出现的有关广州的负面报道议题比较集中，主要集中在科教、治安、“广州制造”等方面，这些问题被媒体集中放大，将会影响人们对广州的整体评价。

2. 善用本地媒体和新华社，发挥其在广州形象对外传播中的“议程再设”作用

本地媒体和新华社是域外媒体报道广州的重要新闻来源，它们对域外媒体进行了“议程再设”。因此，重要事件需要首先重视对本地媒体和新华社发布，有意识地关注和影响本地媒体的报道重点和舆论走向，有助于广州形象的对外传播。

3. 利用公关调控改变“媒体偏见”和“刻板印象”

域外媒体因很少出现在本地新闻发生现场，更易受偏见影响。偏见会影响媒体的新闻价值判断和报道角度取舍，一则普通的新闻事件，怀有偏见的媒体可能习惯性地从负面角度解读。公关调控是改变媒体偏见的方式，城市形象的域外传播需要有公关意识，做好典型事件的传播策划，影响媒体的报道议程，有助于改变偏见，重塑形象。本课题研究中发现，政府部门引导的多起事件宣传客观上起到了形象矫正的作用，如对见义勇为的褒奖、对志愿者活动的推动等，引起媒体的关注和讨论，建立起了富有“人情味”的广州形象。因此，运用公关手段进行策略性传播是必要的。

4. 善用权威认同，提升广州的正面形象

对权威的认同或认可是一种普遍的社会认同心理，能够比较容易地获得社会支持。一个城市的知名企业、著名品牌、商界名流、学术权威、艺术明星、富有魅力的政治领导者等就是这个城市的形象符号，能在一定程度上起到权威认同的作用，而且其本身也是域外媒体极为关注的“新闻富矿”。如香港娱乐王国的媒介形象就是由娱乐明星与娱乐报道堆砌而来的。本课题发现，广州恒大、广州车企、广州展

会等是媒体常提到的代表广州的“权威”符号，在提升广州形象上有积极意义。但比较起北京、上海，同为一线城市，广州的权威符号却相对有限。

5. 提炼广州的特色内容，建构符合本地实际的地区识别要素

打造城市形象不可能面面俱到，形成特色内容，建构地区识别就显得非常必要。建构地区识别，需要在地区变化过程中寻找那些持久稳定的东西，并把这些成分培育为一种永恒的价值。域外媒体对广州体育和展会的报道很有代表性，给我们在思考此问题时以启示：体育越来越成为全民关注的话题，它不仅能为城市创造传播机会，还能让人联想到阳光、健康的形象，而且大型体育赛事还能赋予一个城市国际、高端的气质；展会的发达，体现了一个城市的经济影响，反映了城市的商业氛围，是广州“千年商都”的延续和拓展。域外媒体代表了“他者”视角，“他者”视角对我们思考广州特色、地区识别具有参考价值。

6. 广州形象的提升需要关注外来务工人员、志愿者、富裕阶层等特殊群体

这几类群体非常特殊，反映了多元的广州社会，有关这些群体的举动和措施，易于引发媒体的话语讨论。而且他们是广州社会重要的组成部分，广州的发展与变迁、问题与进步都能通过这些群体得以展现。

7. 城市形象的对外传播需重视对新媒体和社会化媒体的使用

本课题研究选用的媒体是报纸，是传统主流媒体的代表，发现传统主流媒体在地区形象建构上是相对单一的，侧重于政治、经济形象，不利于城市个性化元素的传播。从更广泛范围思考城市形象的对外传播，不能局限于传统主流媒体，如电视、报纸、杂志等，对新兴媒体和社会化媒体的运用同样不可忽视。

（选自广州市哲学社会科学发展“十二五”规划2012年度课题“域外媒体报道中的广州形象研究”。课题负责人：张丽平；成员：吴雁、肖琳芬、邓佩仪。）

关于珠三角民工荒和大学生就业难双重问题的探讨

邢　伟（广东交通职业技术学院）

一、农民工工作现状和当前心理状态

（一）农民工工作现状

制造业的竞争优势主要依靠成本低廉，其中劳动力成本的低廉更是重要环节。于是，制造业工人的工资通常在最低工资标准上下浮动。但是，随着通货膨胀等一系列因素的影响，工人要求更高的工资满足其生活的需求，这样产生了难以缓解的矛盾。于是，用工缺口就迟迟无法解决。而近年来由于内地基础设施的改善、人力资本的进步、政府政策的倾斜，以及沿海企业向内地搬迁，内地经济增长开始赶超沿海。这使得内地企业数量明显上升，用工需求增加，与沿海的工资差距缩小，对农民工的吸收加强，为农民工提供了在家乡就近就业的机会。还有背井离乡的隐性成本，导致农民工到沿海打工的积极性下降，也加剧了问题的严峻性。

由调查可知，有 68% 的用人单位为了应对"民工荒"采取了加薪的措施，而 31% 的单位则增加福利，只有 1% 的单位没有采取任何措施。总之有高达 99% 的用人单位采取了加薪或增福利的措施，可见"民工荒"对大部分用人单位来说还是相当严峻的问题。

（二）农民工当前心理状态

现今，婴儿潮一代的农民工已步入中年。农民工外出打工，但他们仍怀有乡土情结，对城市缺乏归属感，外出久了仍愿意回到家乡。一方面他们不愿意从事一些高强度的岗位，另一方面他们也面临子女教育、父母赡养等问题，再加上背井离乡的机会成本提升，就出现了农民工离开沿海、返乡就业的现象。新生代农民工多为独生子女，一方面适龄劳动力就少，另一方面他们在就业选择、工作条件、劳动保护上也有更高的要求，不再像父辈一样愿意在工资水平极低、长期加班的企业就业。而农村发展的优惠政策，国家对农业的补贴增加、提高农产品收购价，也使农业收益比过去有所提高，部分农民返乡从事规模种植和农产品加工。

“民工荒”在很大程度上是由农民工与用人单位的劳资矛盾引起的。由本次调查可知，高达65%的农民工选择工作的主要考虑因素是工资薪水的高低和福利保障。但是，近年来由于金融风暴等一系列因素的影响，用人单位普遍为农民工提供的工资待遇低。而在通货膨胀、新生代农民工的心理特点和内地的工资待遇不断向沿海地区靠拢等一系列因素的影响下，农民工要求更高的薪水，否则就不愿再到沿海地区打工。于是，爆发“民工荒”是这对矛盾最终深化并暴露的一个必然结果。

（三）“民工荒”——危害与机遇并存

对于珠三角地区，之前有较大的人口红利，使得大多数企业以初级制造业为主要营业方向，并能得到相应利润。而现在，随着社会平均水平的增加，劳动力价格增高，人口红利不断下降，以加工制造为主的珠三角地区企业受到冲击尤为明显。中小型企业较多，接收外单多，自主研发少，同质产业过剩，恶性竞争情况严重。企业经常拖欠工资导致农民工更倾向于打短工，企业跳槽现象严重，招工成本扩大，不利于长期经营，但是为了不交接外单超时违约金又必须招聘短工。与此同时，有些企业为了规避风险宁可不接外单，这不利于正常经营。而目前区域性的招工难，在几年后可能演变为全国现象。

“民工荒”现象的出现是经济发展到一定阶段的必然结果，妥当地解决“民工荒”问题也能成为经济发展的一个机遇。劳动力成本的上升将倒逼企业加大结构调整，实行产业升级，转变增长方式。同时也促使珠三角政府加大产业升级力度，更好地与产业结构升级相对较好的长三角地区竞争，恢复竞争优势。“民工荒”促使企业提高工人待遇，进而使劳动者报酬增加，福利得到保障，从而拉动消费，促使经济增长。劳动力供需条件逐渐变化，也将使我国一些改革的进程可以加快。工人的就业问题得到保障，可以使国家的很多改革政策没有后顾之忧。

二、大学生的就业状况

（一）大学生总体的就业状况

据教育部网站消息，教育部副部长杜玉波在2013年全国普通高校毕业生就业工作推进会上表示，2013年全国普通高校毕业生规模为699万人，比2012年增加19万人，再创历史新高，当前高校毕业生就业形势复杂严峻，就业工作已进入关键时期。

杜玉波称，由于我国宏观就业形势面临经济放缓、就业总量持续增加和结构性矛盾突出三重压力，针对高校毕业生的有效用人需求呈下降趋势。据2月初对近500家用人单位的统计，这些单位2013年计划招聘岗位数同比平均降幅约为15%。

从行业情况看，医疗卫生、咨询、电子商务、旅游、文化体育等行业用人需求略有增加，但钢铁、机械、采矿、能源、建筑等行业，用工需求不同程度减少。在调研的200多所高校中，约有60%的高校认为就业形势严峻，特别是很多地方高校反映用人需求下降或明显下降。部分毕业生也对就业前景感到担忧，少数毕业生甚至感到焦虑。

2013年6月9日上午，麦可思研究院与《麦可思研究》编辑部在中国社会科学院举行“2013中国大学生就业报告发布暨研讨会”。这是就业蓝皮书的第五年度发布，时逢中国大学毕业生“史上最难就业年”，备受关注。

《2013中国大学生就业报告》中数据指出，2012届大学生毕业半年后的就业率（90.9%）比2011届（90.2%）略有上升。其中，本科院校2012届毕业生半年后的就业率为91.5%，比2011届（90.8%）略有上升；高职高专院校2012届毕业生半年后的就业率（90.4%）比2011届（89.6%）略有上升。但是，麦可思与腾讯教育频道合作的2013届毕业生流向调查显示，从2012年10月29日至2013年4月10日，被调查的2013届硕士毕业生签约率为26%，低于2012届同期11个百分点；本科毕业生为35%，低于2012届同期12个百分点；高职高专毕业生为32%，低于2012届同期13个百分点。目前2013届高校毕业生总体签约进程与上届相比明显下滑。

在2012届大学毕业生中，有82.4%的人毕业半年后受雇全职或半职工作，2.0%的人自主创业。有8.5%的人处于失业状态，其中1.1%的人准备在国内或到国外读研，5.3% 的人准备继续寻找工作，还有 2.1% 的人放弃了继续求职和求学。2012 届大学生毕业半年后“受雇全职工作”的比例（81.3%）与 2011 届（81.0%）基本持平，而“无工作，继续寻找工作”的比例 2012 届（5.3%）较 2011 届（6.1%）降低了 0.8 个百分点，连续两年下降。

也就是说毕业生的就业率虽然是有所提高，但总体上还是很不乐观的，大学生所面临的就业压力也是比较大的。

高等院校连续数年扩招，使得本科生就业变得更加严峻。2013 年暑假大学毕业生超过 699 万，再加上历年还有一些积压没有就业的学生，估计总数在 700 多万，而在 2004 年分别仅为 280 万和 300 万。

毕业人数的增加，外加 2012 年大环境金融危机的影响下，大学生的就业更加成为问题。2013 年经济开始复苏，而复苏的速度是否能赶得上毕业生增长的速度，企业的用工需求量是否能达到毕业生就业的需求，都是等待进一步讨论的问题。

（二）珠三角大学生就业状况分析

1. 大学生就业期望值

在就业难压力下，大学生在择业方面较理智。由本次调查可知大学生普遍希望能够在一线二线城市工作，这说明大学生的目标还是比较远大的；但国际大都市并没有太多人选择，这说明大学生在目标远大的同时还是比较契合实际的；大学生选择工作考虑最多的是良好的发展前景和符合个人兴趣及发展规划，这说明大学生择业时是长远地考虑问题，当然优厚的工作待遇和良好的社会保障也是一个重要的考虑因素；面对当前就业难的形势，54% 的学生愿意先从基层做起，面对去小城镇农村或是一般工厂就业，大部分学生也表示，实在没有其他机会也可以接受，这些都说明在就业难压力下，大学生在择业方面较理智，学会更加长远地看待问题，先就业再择业。

2. 大学生就业态度

做好职业规划，着重提高自身素质。以前的大学生更倾向将就业难的责任推给社会环境及其他客观原因，当代的大学生更着重于提高自身素质。由本次调查可知，高达 54% 的学生认为所学专业知识和专业技能对自己将来的就业影响程度最大，54% 的大学生因为自己缺乏实际工作经验而烦恼，58% 的学生认为要通过提高技能来解决就业难问题。这表明大学生更倾向于从自身着手提高素质。

从本次调查中，我们可以欣喜地看到 58.5% 的学生有明确的就业目标与方向，在校期间学生便积极地为未来的就业做准备。甚至部分大一的学生就已经到相关单位进行过实习工作，可见在就业难的压力下，学生更注重就业方面的准备，做好职业规划。

3. 大学生对就业政策的了解程度

大学生普遍对就业政策了解不清。国家和地方各级政府接连出台就业鼓励政策，然而遗憾的是，没有学生非常了解此类政策，66% 的学生对此类政策表示不了解或不太了解。这导致很好的就业鼓励措施如同虚设，进而有学生反映政府的就业政策不够完善或合理。

更好地发挥就业鼓励政策的作用，政府除了出台政策外，还要提供更多的信息渠道、配套措施，并加强宣传，高校也应该做好配合工作，必要时可以成立就业政策研读小组，而作为学生则应主动细致研读就业政策。

4. 大学生就业难的原因总结

就业难在客观方面可能是学生缺少实操经验。珠三角产业结构特殊，企业所需要的大多为技工与中专生。皮革与汽车行业尤为突出，企业更看重人员的技术。如果要招收管理人员，一些有经验的技术人员会更受青睐，因为他们更了解这个行业，无论是整体人脉还是对公司内部的熟悉程度都表现突出，而这些是刚毕业出来的大学生所不具备的。另一方面，高校缺乏对学生动手能力的培养，与用人单位缺乏沟通，导致人才的培养与社会脱节。同时高校也容易忽视对学生的就业指导与培训。

在受访的应届职业院校毕业生中，仅有 20% 的人找到工作，而相比之下本科生或研究生以上学历的毕业生找到工作的比例为 2/3；认为就业形势严峻的专科生比例是 70.6%，相比之下，本科生或研究生以上学历的毕业生仅有 33.3% 的人认为就业形势严峻。

职业技术院校与综合性大学各有优势，职业院校的学生实践能力应该更强，但是由于大多职业技术院校并未发挥其优势，忽视了对学生实践能力的培养，导致学生就业困难，自信心受挫。

而在主观方面则可能是学生眼高手低，不够吃苦耐劳。毕业的人才若肯踏实到一线工作并逐步提升，还是有很大的职位空缺，若想直接当管理人员则比较困难。

尽管在就业难压力下，很多大学生还是以一线大都市的外企等大公司为奋斗目标，不满足于到中小企业就职，导致就业竞争严峻。大学生要求的工资普遍较农民工高得多，但大学生开始甚至不如民工有实践经验，导致就业难。

三、解决民工荒和大学生就业难的建议

（一）解决民工荒的建议

如何找到民工荒问题的解决之道？经济学家和人口学家提出了很多办法，比如调整生育政策，增加劳动力供给；调整产业结构；促进产业升级，鼓励机器代替人工以减少劳动力需求等等。对于地方政府和企业来说，最应该做的却是如何就地挖掘潜力，在颓势中寻找增量。

对大量农民工来说，城市尤其是沿海城市和大城市的吸引力正在逐渐减弱，企业的吸引力也正在逐渐减弱。城市不认同农民工，而农民工也缺乏对城市的认同感，这就需要有关部门要真正关心农民工权益，真心把农民工留在城市里，而不是使他们变为候鸟，在不停迁徙中浪费劳动力。

如果说以前大量企业的利润是建立在廉价使用农民工的基础之上，那么，为了破解“民工荒”，为了吸引农民工，它们就有必要开始尝试压缩利润空间，改善工人工作环境，加强企业文化建设。企业应认识到，要学会向农民工们“让利”了。具体建议如下：

1. 政府方面

政府要架起求职者与企业沟通的桥梁，对劳务资源进行合理配置。人力资源部门要全方位加强信息服务，开辟人力资源市场，多举办招聘洽谈场会，多渠道、多形式开辟求职、招工“绿色通道”，特别要将各招工企业岗位信息充分提供给求职人群，同时对城乡求职者年龄、技能等信息汇总提供给各招工企业。这可以使招工企业、求职者掌握所需信息，便于取舍选择。也可有针对性地进行输入地和输出地的直接对接，畅通供求渠道。

加大求职人员技能培训力度。加强多形式的技能培训是提升就业本领、满足企业用工需求的关键举措。政府应当组织成立专门培训机构，制定落实技能培训优惠政策，有组织、有计划、有针对性地进行职业技能培训，要立足企业需求实施“定向培训”、“订单培训”、“分级培训”、“分行培训”，鼓励扶持企业先招后训。实行

"车间教学"、"工厂教学"，协调好用工需求与供给关系。解决企业的招工难问题，对培训合格的求职人员要及时发放职业技能证书，方便求职就业。也可为技校、企业牵线实施定向培养输送，或者营建就业缓冲地带，用政府购买服务方式输送求职者进企业见习。

2. 企业方面

企业要有及时有效的岗位需求筛选分离机制，形成一套明确的岗位职业技术能力需求的标准和等级发展制度，积极开展人力资源开发项目。

随着各地经济的快速发展，广大农民工作为一种资源，必然会面临紧缺的问题，这使得企业必须要调整产业结构。原来靠劳动力、低成本进行扩张的时代已经过去了，企业应加快产业结构调整的步伐，从原来以发展劳动密集型的产业为主，转化为以知识型和科技型为主。

用工需要新思维，企业也要转变观念。要想缓解企业招工难问题，提高待遇是关键。这个待遇不光指工资，也包括其他保障，让农民工兄弟享受到和城市就业人员一样的待遇至关重要。就像有的对日本劳务输出企业的职位，一个月的薪酬达1万元，法律保障也比较完善，所以很多人都愿意去应聘。如果一味期待像以前那样用低廉的价格找一批不讲任何条件、只知道闷头干活的苦力，这种期待将不再现实，社会在发展进步，新的时代要有新的用工思维。

提高企业工人待遇，认真落实各项社会保障。企业经营者要转变观念，以人为本，把职工作为企业生存发展的第一资源，从长计议，合理地依照劳动法规和社会收入水平计发工薪，落实职工的各项社会保障，充分调动工人的积极性。企业经营者不能盯在职工身上节省生产成本，应向科学管理、产品质量和服务质量、技术改造升级要效益，只有这样，才是企业发展壮大的治本之策。

企业要营造良好的工作生活环境，稳固与职工的劳动关系。不仅要待遇留人，更要以感情留人。以往的就业难曾经流行一句话：今天工作不努力，明天努力找工作。现在企业面临的是：今天不对员工好，明天努力找员工！多数中小企业原有的招工优势正在丧失，在以人为本的新时代，企业必须转变观念，重视员工。只有企业为职工尽心，职工才会为企业尽力，企业不仅要落实好工资福利及各项保障，更要在工作、生活、就医、子女就学等方面为职工排忧解难。要针对职工需求设置学习、娱乐、体育、网络等设施和场所，使企业具有良好的文化氛围，增强企业的吸引力、亲和力，使职工具有归属感、成就感，与企业形成和谐稳定的劳动关系。

3. 农民工方面

农民工要明确职业生涯发展目标，在进入企业后要明确职业生涯发展的路径，并通过社会设置的能力提升机构，包括高等院校、行业培训机构等，进行能力方面的自我提升。

（二）解决大学生就业难的建议

1. 政府方面

同时缓解大学生就业难与民工荒问题，政府要大力创造更多适合大学生的就业岗位，对原来需要农民工的岗位进行调整升级，达到供需平衡。

（1）贯彻落实产业升级

在“民工荒”逐步扩张的同时，大学生就业愈加困难，实行产业升级将成为社会必然的趋势。

对于企业而言，劳动力的成本上升迫使以珠三角为首的纯加工、低附加值的企业转变自身的增长方式。而能否成功转型成为企业能否生存的关键，这有时需要外部环境的帮助。金融危机过后，经济较快回暖使得一些企业，尤其是珠三角地区以加工为主的企业措手不及，用工缺口严重。另一方面，中小企业的存活率一直不高，单以我们采访的狮岭镇来看，实际有6000多家企业，但只有1000多家注册，流动性大的问题十分严重。缺工的现象导致了公司不敢多接外单，使得利润下降，有些小企业不幸夭折，产业无法健康发展。与此同时，大学出来的高材生们走向社会又不能发挥自己的才能，没有合适的岗位给予他们，不能用自己的学识来推动产业发展，浪费了这些学生的知识资源。

（2）建立并完善产业链

在全球化的今天，各国之间的竞争已经不是产业的竞争，而升级为产业链的竞争。产业链一共包含7个环节，分别是产品设计、订单处理、批发经营、原料采购、运输、零售和制造。在目前的形势看来，美国等发达国家已经垄断了前6个环节，而我国则停留在“制造”这一最低端的环节。这一现象在珠三角地区尤为突出。“制造”的技术含量低，依靠低成本提供的竞争力弱，且不具有可持续性。另一方面，金融危机的延续下，大量制造企业倒闭，无法为大学生提供更多的就业岗位。相比之下，美国才是制造业大国，正是这前6个环节为美国的大学生提供了充足的就业岗位。而我国正因为停留在“制造”这一国际产业链环节才导致了大学生就业艰难。

寻找出一个恰当又行之有效的方式在国内建立完整的产业链模式，显得尤为重要。在此，我们建议可以采用建立高新园区的方式来实现产业链的完善。地方政府可以给予政策上的支持，为产业园或高新科技园大力招商引资，鼓励在园区建立产业链模式。而面对大学生落户在园区进行创业，更要建立创业基金为他们提供启动资金上的支持。一方面，在招商引资的过程中要注意不是单纯意义上的产业密集，而要逐步实现产品设计、订单处理、批发经营、原料采购、运输、零售和制造这7个环节的产业链的建立。另一方面，为了保证产业园的竞争力，要建立业绩考核机制，适时淘汰不合格的企业，选出优秀的企业继续完善产业链。而这些环节的逐步建立会为大学生提供大量适合他们的就业岗位，就业问题就迎刃而解。

（3）在高新技术园区发展“大学生密集型产业”

在对狮岭镇皮革皮具产业研究中心进行调研时，我们了解到，纵然有“中国皮具之都”的狮岭镇，依然匮乏国际知名品牌，甚至国内知名品牌都很罕见。而在花都人才交流中心采访学习时，人才交流部兼人才派遣部部长指出这是珠三角企业的通病。珠三角企业也并不是真正招不到工，而是招不到工资低廉的农民工。在低技术发展战略下，政府对技术研发和自主创新投资严重不足，这一领域恰好是需要大学生来完成的。“大学生密集型产业”是高技术产业和“虚”的产业，大学生就业难在于缺少这两种“大学生密集型产业”。

打造我国世界级品牌，采取虚拟化经营，需要雇佣大量大学生进行技术研发、外观设计、广告宣传（明星代言）。韩国三星手机仅仅外观设计就聘请了500多名艺术类的大学生，软件和硬件等技术类的大学生更是数量巨大。拥有真正的世界级金融服务业，经济类的毕业生就不必挤破脑袋去外国的投行，我们自己就能消化掉这些毕业生。拥有在世界范围内或者至少在亚洲范围内大行于世的软件、网游产品，我们就可以吸收大量计算机专业的大学生进行软件开发和产品生产。

大力发展“大学生密集型产业”，不仅能够缓解大学生就业难问题，还能更好地促进产业发展，更能够有效地提高劳动生产率。同时研发机器取代简单人力劳作，缓解民工荒现象。

（4）鼓励大学生创业

创业是大学生就业的一条有效途径。对大学生创业的有效支持是他们创业成功的保证。建立一系列大学生创业优惠政策，包括减税、创业基金等有力的支持，促使相关企业与创业大学生挂钩，向他们提供经验指导。尽管各地出台了扶持大学毕业生创业的优惠政策，但现实并不乐观。例如，2009年在云南省实施的“贷免扶补”创业小额贷款项目中，获政策支持自主创业的大学生只有1400多人，仅占7%。政策已经出台，但一些地方并没有专门的机构来指导大学毕业生，创业支持与服务方面并没有注重实效。“无资金、无经验、无人脉”是大学生创业的先天不足，大学生创业之初尤其需要政府、社会在政策、资金、技术上的大力支持。

珠三角地区政府应该对大学生创业进行严格考核，鼓励优秀的毕业生进行创业，而不是连就业都无法保障的大学生。创业不仅要求对该行业的运作十分了解，还应该具备非常广阔的人脉关系网。

2. 高校方面

（1）职业技术学院：工学结合

工学结合、实践能力强本应是职业技术学院学生的优势，但是在调研过程中，我们发现仍有不少学生反映在学习过程中仍是以书本知识为主，基本没有动手操练的机会。加上文凭不具备竞争优势，导致职业技术学院的学生就业困难。据了解，已有职业技术学院大胆尝试工学结合，让学生在实际的生产操作中提高实践能力和创新能力，也让教师在生产一线提高动手能力，成长为“双师型”教师。

（2）加强职业培训，成立就业政策研读小组

在我们的调查中不难发现大部分学生反映学校的就业指导不够，学生在校学习的知识不能够跟企业的要求很好地结合起来。这就要求学校能够切实做好职业培训工作。同学们面对当前的就业形势之所以没有信心，很大程度也是因为缺乏对企业要求的充分了解。事实上，找到自己心仪的工作并不难，只要学校教会学生自我包装的方法。我们在采访时，也有一位找到工作的毕业生自信地说，找到好工作并不难，关键是要有自信。我们的高校可以在教育阶段，比如说大学三年级、四年级就和一些企业挂钩，请一些企业的技术人员到学校开一些实用性的课程，进行就业即马上能用的技能的培训，这样就可以把企业和教育衔接起来。高校可以与企业合

作，建立定点实习项目，充分锻炼学生的职业素养。由校方统一管理安排，这样也可避免像花都区部分中小企业以难以管理为由拒绝大学实习生。

另外，在我们的调查中不难发现许多学生一方面反映国家、当地政府出台的有利于大学生就业的政策不够，一方面又表示对国家、政府出台的就业政策不甚了解，形成鲜明对比。而作为高校，应该带领大学生研读就业政策，抓好职业培训，这样可以稍微缓解大学生就业难的问题。

（3）加强创业指导

国家下发了有关促进大学生创业的利好政策，而高校作为培养大学生的基地，也应该切实抓好创业指导教育。为想创业的学生提供与创业相关的培训，还可以请导师为他们提供指导，更可以考虑为他们创业所需的银行贷款提供担保。例如效仿韩国的大学设立“创业支援中心”。创业支援中心实行“严进宽出”政策，对大学生要求进入中心的申请，韩国政府和学校进行严格筛选。寻求创业机会的大学生需要提供详细的创业计划，然后根据创业的方向，由大学教授和创业投资专业委员会组成的评价团来评审决定。如果能够通过筛选，顺利进入创业支援中心，接下来的路就变得顺畅了。

（4）积极组织学生进行社会实践

广为大众接受的观点认为，大学生的就业期望值与就业现状不符。部分大学生对就业的期望值过高，存在“非铁饭碗不干，非外企不干，非高工资不干，非管理行政人员不干”的误区。而有效地解决这样的问题，我们认为可以运用组织大学生进行社会实践的方法。组织社会实践活动，不仅能够使大学生们充分了解社会现状，适时调整就业观念，而且通过组织“三下乡”类型的社会实践，更能够锻炼大学生们吃苦耐劳的精神。据悉，现在众多高校都采取了组织学生进行社会实践的活动，取得了不错的效果。为了能够更好地达到实践效果，应该规范组织领导，由校方统一管理，这样能够形成更好的行为规范，也能将社会实践的效用发挥到最大。

3. 学生方面

（1）提早规划，长远规划

根据调查数据分析，大多数大学生对职业生涯并没有太清晰的规划，不懂得该怎么规划。而要解决大学生就业难问题，从丰满自身双翼做起，必须让大学生有系统、有步骤、循序渐进地进行职业生涯规划。大一便要开始认清自己日后职业的定位，在学习过程中逐步探索兴趣所在；大二锁定较精确的目标奋斗，为职业进行各项专业知识和资格考核的准备；大三在实习中摸索社会经验和工作试用技巧。同时，要分类整理出学期规划、学年规划，并时常进行自我考核，适时修改更切合实际的职业生涯规划。

（2）做好充分就业准备

为了保证在找工作时不会因为准备不当而手忙脚乱，对于在读的大学生来讲，做足充分的就业准备显得尤为必要。在调查中，大学生普遍认为求职时最困扰自身的因素是缺乏实际的工作经验，同时仍有一些同学宁愿相信招聘岗位条件过高，而不是思考自身为何达不到要求。为此我们觉得就业准备首先要建立良好心态，然后确立自己的目标并在相关领域进行实习，以了解这个行业是否真正适合自己。

从现在的大学生来看，他们对自己就业比较重视。许多同学表示有明确的就业目标与方向，看过有关求职方面的书，上过就业指导方面的课程，考过相关技术证书，努力为就业做好各方面的自我包装以适应社会要求。

（3）先就业后择业

随着就业形势的变化，大学生们应更新自己的就业观念，革除那些陈旧的观念，使自己从那些条条框框中解脱出来。把目光由原来的国家机关、重点单位转向中小企业和“三资”企业，就业地区由经济发达地区转向西部地区和经济欠发达地区，那些地方更能发挥自己的聪明才智。另外，大学生们要认清就业形势，主动学习和掌握就业技巧，提高择业能力，对自己要有正确的认识，合理地确定就业期望值。只有这样，才能摆正自己的位置，在就业竞争中处于主动地位。只有准确定位的大学生，才能顺利找到一份称心的工作，也必将珍惜工作岗位机会，从而在平凡的工作中演绎出自我的价值。在条件差不多的情况下，可以先就业后择业。

参考文献：

［1］珠三角遭遇用工荒缺口超200万 企业追要人［EB/OL］. 大河网－河南商报，2010-02-22［2012-11-22］. http://www.dahe.cn/xwzx/sz/t20100222_1749465.htm.

［2］王军锋. 破解沿海地区“民工荒”及对策研究：以宁波为例［J］. 经济丛

刊，2011（6）.

［3］黄湘燕. 从“民工潮”到“民工荒”的制度经济学解析［J］. 湖南财政经济学院学报，2011（1）.

［4］张士斌. 民工荒、大学生失业与低技能陷阱［J］. 青年研究，2009（1）.

［5］周兢. 进城农民的就业资本缺失问题探析［J］. 理论与改革，2010（1）.

［6］王春林. 发达国家农民工教育培训政策的探析［J］. 湖北社会科学，2011（3）.

［7］司建楠. 民工荒凸显城乡二元结构缺陷［EB/OL］. 中国工业新闻网，2010-04-28［2012-10-22］. http://www.cinn.cn/wzgk/cyl/203401.shtml.

［8］俞凤茹. 大学生择业过程中常见的心理障碍及其调适［J］. 教育与职业，2009（18）.

［9］王春超. 农民工流动就业决策行为的影响因素：珠江三角洲地区农民工就业调查研究［J］. 华中师范大学学报：人文社会科学版，2011（2）.

（选自广州市哲学社会科学发展“十二五”规划2012年度课题“关于珠三角民工荒和大学生就业难双重问题的探讨”。课题负责人：邢伟；成员：周西军、徐超、刘青、郑木溪、吴志平、杨伟莹、卓璧湖、周行。）